एलियट और हिंदी साहित्य चिंतन

एलियट और हिंदी साहित्य चिंतन

मोहनकृष्ण बोहरा

वाणी प्रकाशन

वाणी प्रकाशन का 'लोगो'
विख्यात चित्रकार मक़बूल फ़िदा हुसेन की
कूची से

वाणी प्रकाशन
21-ए, दरियागंज, नयी दिल्ली-110002
द्वारा प्रकाशित

फ़ोन : 0091#11#23273167, 23275710
फ़ैक्स : 0091#11#23275710
ई-मेल: vaniprakashan@gmail.com
vani_prakashan@yahoo.com
वेबसाइट : www.vaniprakashan.com

मूल्य : 125.00

प्रथम संस्करण : 2008

आवरण : वाणी प्रकाशन
नागरी प्रिंटर्स, शाहदरा, दिल्ली-110032
द्वारा मुद्रित

ELIOT AUR HINDI SAHITYA CHINTAN
by : Mohankrishan Bohara

प्रिय शोभा के लिए

स्नेह निर्भर बह गया है।
रेत ज्यों तन रह गया है।

अनुक्रम

भूमिका

टी.एस. एलियट की गणना विश्वविश्रुत कवियों में होती है। प्रथम विश्वयुद्ध और युद्धोत्तर काल में वह एक मूर्तिभंजक कवि के रूप में उभरा था। साहित्य-जगत में उसकी कविता 'द वेस्टलैंड' का युगान्तरकारी महत्त्व स्वीकार किया गया। उसके कवि-रूप से परिचय रखनेवाले यह भी जानते हैं कि जैसे उसने कविता को एक नया मुहावरा दिया था, वैसे ही उसने आलोचना को भी नई दिशा दी। उसके आलोचना सिद्धान्तों ने विशेषतः परम्परा-सिद्धान्त, निर्वैयक्तिकता सिद्धान्त, वस्तुनिष्ठ-प्रतिरूपण सिद्धान्त आदि ने साहित्य-जगत में भारी हलचल उत्पन्न की। साहित्य की स्वायत्तता का वह भारी पक्षधर था। उसने साहित्य पर रचना रचे जाने के कोण से ही ज्यादा विचार किया है। साहित्यालोचना को कवि से हटाकर कविता पर केन्द्रित करने में उसने अहम भूमिका निभाई थी।

ईसाई धर्म में दीक्षित होने के बाद उसने साहित्यालोचना में भी ईसाइयतभावित प्रतिमानों का विनियोग किया था। अपनी पुस्तक 'आफ्टर द स्ट्रेंज गॉड्स' में उसने समकालीन लेखकों की, उनकी धर्म-विमुखता के लिए, तीखी आलोचना की थी। इस वजह से वह विवादास्पद भी रहा परन्तु शीघ्र ही इस दृष्टि की सीमाएँ पहचान कर उसने अपनी साहित्य-दृष्टि को इसके बद्धकारी प्रभाव से मुक्त करने का प्रयत्न भी किया। उसने 'आफ्टर द स्ट्रेंज गॉड्स' के पुनः प्रकाशन पर सदा के लिए रोक लगा दी। पुनरीक्षण से न केवल उसमें धार्मिकता का आग्रह शिथिल हुआ बल्कि कविता के प्रति उसकी दृष्टि में भी परिवर्तन आया। महत्तम काव्यों का अनुशीलन कर उसने पाया कि चाहे वे धार्मिक हों या दार्शनिक, उनमें हमें स्वीकार्य या अस्वीकार्य हो सकने वाले मतवाद, विचारों या दर्शन से अधिक भी कुछ रहता है और वह कुछ उनमें कुछ इस तरह से अनुस्यूत हुआ रहता है कि वह उन्हें कलाकृति बना देता है। दाँते या शेक्सपीयर या गेटे (गोएथे) के धार्मिक विश्वास, विचार या दर्शन हमें स्वीकार्य हों किंवा नहीं, उनमें विवेक (विज़्डम) नाम का तत्त्व भी है जिसे हम सभी स्वीकार कर सकते हैं। हमें विशेष रूप से इस विवेक या प्रज्ञा को पाने के लिए ही इनका पारायण करना चाहिए। ये क्योंकि प्रज्ञा-पुरुष हुए हैं इसलिए इनमें से यदि कोई हमें नागवार

भी हो तो हमें उसके प्रति अपनी अरुचि या उदासीनता का शमन करना होगा। प्रख्यात धर्मों और दर्शनों के विषय में हमारा विश्वास रहता है कि इनमें से एक सही है और दूसरे गलत, लेकिन यह प्रज्ञा या विवेक सार्वभौम होता है, सभी के लिए समान और सर्वत्र समान। यदि ऐसा नहीं होता तो एक यूरोपीय व्यक्ति उपनिषदों से या बौद्ध-निकायों से लाभान्वित कैसे हो पाता!

हम देख सकते हैं कि कैसे उसने साहित्यालोचना को धर्म के दबाव से मुक्त करने का उद्यम किया। लेकिन केवल धर्मान्तरण की वजह से ही नहीं, अपने अनुभवों और वैचारिक-विकास के आलोक में भी उसने अपनी साहित्य-दृष्टि में परिवर्तन-परिवर्द्धन किया था। अपने सैद्धान्तिक निरूपणों और मूल्यांकनों की अन्य आलोचकों द्वारा की गई आलोचनाओं पर उसने आग्रहमुक्त होकर विचार किया था और उनमें सत्यांश पाकर उसने अपने अतिवादी मन्तव्यों में संशोधन भी किया था। यह बात मिल्टन, शैले, गेटे (गोएथे), लॉरेंस आदि महत् लेखकों के उसके द्वारा किए गए विवेचन पर भी लागू होती है और निर्वैयक्तिकता-सिद्धान्त जैसे निरूपणों पर भी। हम देख सकते हैं कि उसमें अपने विचारों के प्रति हठधर्मिता नहीं थी। उसका वैचारिक परिवर्तन उसकी बौद्धिक ईमानदारी दर्शाता है।

लक्ष्य करने की विशेष बात यह है कि उसके वैचारिक-विकास में सातत्य का सूत्र अनुस्यूत हुआ रहा है। यों, विकास और सातत्य परस्पर विरोधी पद और धारणाएँ हैं। सातत्य बना रहेगा तो विकास कैसे होगा? लेकिन एलियट के सन्दर्भ में इसका अर्थ यह है कि अपने वैचारिक-विकास में वह मूल पथ से हट नहीं गया था। उसने अपना आत्मविश्लेषण किया, अब तक अस्वीकार्य रहे लेखकों का पुनर्पाठ किया, अपने पूर्वाग्रहों का शमन किया, दृष्टि का विस्तार किया, लेकिन अपनी मूल-दृष्टि की तात्विकता छोड़ नहीं दी थी। इसी अर्थ में सातत्य उसमें बना रहा है। उसकी सततता विकास का अवरोधक तत्त्व नहीं है। निर्वैयक्तिकता पर जो आग्रह उसने प्रारम्भ में 'ट्रेडिशन' निबन्ध में किया था, 'येट्स' निबन्ध में (और उससे पहले भी) वह संस्कारित हुआ है। लेकिन देखने की बात यह है कि अपने संस्कारित मत में साहित्य में व्यक्तित्व की जो अभिव्यक्ति एलियट को स्वीकार्य हुई है, वह रूपान्तरित व्यक्तित्व की अभिव्यक्ति ही है, स्थूल व्यक्तित्व की नहीं। याने एक अर्थ में व्यक्तित्व का निषेध उसमें बना भी रहा है। इसी अर्थ में विकास के साथ सातत्य उसमें निर्वहित हुआ है। एलियट के मतानुसार किसी भी लेखक की महत्ता की जाँच का एक निकष यह भी है कि उसमें विकास हुआ है या नहीं और विकास के साथ सातत्य का निर्वाह हुआ है या नहीं—कहने की आवश्यकता नहीं कि उसका अपना आलोचनात्मक लेखन इस निकष पर खरा उतरता है।

× × ×

एलियट का अध्ययन मैंने अपनी आलोचनात्मक-क्षुधा की तृप्ति के लिए किया था। सन् 1959 में मैंने उसका एक निबन्ध 'द सोशल फंक्शन ऑफ पोइट्री' 'कविता की सामाजिक भूमिका' पढ़ा था। इस निबन्ध को पढ़ते हुए मैंने उसे अपनी विचार-वृत्ति की अनुकूलता में पाया था। मेरे मन में भी ऐसी धारणा थी कि जो साहित्य किसी सामाजिक उद्देश्य की पूर्ति को लक्ष्य में रखकर नहीं रचा जाता, सामाजिक उपादेयता उसकी भी निश्चित रूप से होती है; परन्तु उस उपादेयता की कोई स्पष्ट व्याख्या तब मेरे मस्तिष्क में नहीं थी। एलियट के निबन्ध में मैंने जो व्याख्या पाई, मेरा सोच अंशतः तो उसका निकटवर्ती था लेकिन निबन्ध मुझे कहीं दूर तक ले गया और उसने मेरी चेतना को अकस्मात जगा दिया। यह निबन्ध मेरे लिए नेत्रोन्मीलक था। आज पचास वर्ष बाद भी उसका प्रभाव मेरे मानस पर है जबकि उस काल की मेरी मनोदशा को प्रभावित करने वाली बहुत सी रचनाओं का प्रभाव विलुप्त हो चुका है। मैं इस निबन्ध से पहले उसका 'परम्परा और प्रतिभा' (ट्रेडिशन एंड इंडिविजुअल टेलेण्ट) निबन्ध पढ़ चुका था। अज्ञेयकृत इसका 'रूढ़ि और मौलिकता' शीर्षक से किया गया छायानुवाद भी मैंने पढ़ा था लेकिन इस क्लासिक निबन्ध का मर्म तब मेरे तईं इतना उजागर नहीं हुआ था, वह तो कालक्रम में चर्चित-चर्वण होते होते ही हुआ। बहरहाल, कविता की सामाजिक भूमिका का विश्लेषण पढ़कर ही मुझमें एलियट के साहित्य-चिन्तन में अवगाहन की जिज्ञासा जाग्रत हुई। उन्हीं दिनों मैंने एलियट की पुस्तकें खरीद कर पढ़ीं। यह निहायत अहैतुकी अध्ययन था जो मैंने अपने बौद्धिक रंजन और अपनी साहित्यिक-चेतना की जागृति के प्रलोभन से किया था।

हिन्दी के साहित्यालोचकों को तब मैं पढ़ चुका था लेकिन किसी के भी पाठ ने मेरा वैसा विचारोत्तेजन नहीं किया जैसा एलियट ने किया और न ही किसी ने वैसी ज्ञानात्मक स्फूर्ति और आनन्द ही दिया कि उसका आंशिक अध्ययन मुझमें उसके सम्पूर्ण पाठ की वृत्ति उकसा देता। किसी भी लेखक की महत्ता की जाँच की यह भी एलियट द्वारा दी हुई ही एक और कसौटी है कि उसका आंशिक अध्ययन उसके सम्पूर्ण के प्रति उत्सुकता जगा पाता है या नहीं। एलियट का अनुशीलन करते हुए मैंने पाया कि वह अपनी इस कसौटी पर भी खरा उतरने वाला लेखक है। उसके प्रस्तावों और विश्लेषणों में रचनाओं में गहरे पैठ कर एक अछूते और निराले कोण से प्रश्नों को छेड़नेवाली पैनी दृष्टि है, चिन्तन की मौलिकता है और ताजगी और शक्ति भी है। इसका अध्ययन मुझे कभी उबाऊ नहीं लगा। अपने मार्जन का उसके जैसा खुलापन और उसके जैसी बौद्धिक ईमानदारी भी मुझे बहुत कम लेखकों में मिली। पुनर्पाठ से उसे पढ़ने का आनन्द बढ़ता है। मैंने उसे पूर्णतः आयत्त कर लिया है, यह मैं आज भी नहीं कह सकता हूँ। उसे पढ़े हुए मुझे एक अर्सा बीत गया है लेकिन अब भी जब कभी अवसर मिले, मैं उसे पुनः पढ़ना चाहूँगा।

एलियट के अनुशीलन के बाद हिन्दी-आलोचना से गुजरते हुए मुझे जहाँ कहीं भी एलियट का उल्लेख मिलता था या उससे विचार-साम्य दृष्टिगत होता था, मैं सजग हो उठता था। बाद में कुछ लेखकों को मैंने एलियट से उनकी निकटता का वास्तव जानने के लिए पढ़ा।

आचार्य रामचन्द्र शुक्ल ने अंग्रेजी के कुछ साहित्यालोचकों को पढ़ा था; आई. ए. रिचर्ड्स का उल्लेख उनमें मिलता है, लेकिन एलियट का उल्लेख उनमें नहीं मिलता। शुक्लोत्तर आलोचकों में डॉ. नगेन्द्र ने एलियट के निर्वैयक्तिकता सिद्धान्त के प्रारम्भिक प्रतिपादन पर कुछ विचार किया था और उसके मत से अपनी असहमति जताई थी। लगता है, एलियट अन्यथा भी उन्हें रुचिकर नहीं हुआ। यही बात आचार्य नन्ददुलारे वाजपेयी के लिए भी कही जा सकती है। वस्तुतः इन आलोचकों की रुचि किसी भी दूसरी भाषा के साहित्य और साहित्यानुशीलन में रही नहीं जान पड़ती। डॉ. रामविलास शर्मा हिन्दी के आलोचक और अंग्रेजी के प्राध्यापक थे। उन्होंने स्वसम्पादित, 'समालोचक', पत्रिका में एलियट पर विचार किया था लेकिन यह विचार एलियट की कविता पर ही केन्द्रित रहा। उसकी कविता उन्हें गले नहीं उतरी थी इसलिए उन्होंने उसकी आलोचना ही की है। एलियट के आलोचनात्मक-चिन्तन पर उनका किया हुआ विचार मेरे देखने में नहीं आया है।

हिन्दी-साहित्य के उच्चतर-अध्ययन में पश्चिमी-आलोचना के अन्तर्गत एलियट के सिद्धान्त भी पढ़ाये जाते हैं इसलिए तद्विषयक पुस्तकों में एलियट का विवेचन भी मिलता है। लेकिन ऐसी पुस्तकों में विवेचन की स्थिति कितनी दयनीय है और कितनी गैर-जिम्मेदाराना भी, इसका एक लेखा-जोखा मैंने तब तैयार किया था, जब यह पुस्तक लिखी जा रही थी लेकिन अब जब यह छप रही है, मैंने वह अध्याय हटा दिया है; एक तो इसलिए कि तीस वर्ष पहले का वह आकलन आज अधूरा होने के लिए ही अभिशप्त होता; दूसरा इसलिए कि ऐसे लेखन को उजागर करना आज उसे अनुचित महत्त्व देना भी माना जा सकता है और हो सकता है, उसे सुरुचिपूर्ण भी न माना जाय। एलियट और रामचन्द्र शुक्ल तथा एलियट और हजारीप्रसाद द्विवेदी के साहित्यिक-विचारों का तुलनात्मक-अध्ययन भी कभी मैंने प्रकाशित कराया था लेकिन इस समय वह भी इस पुस्तक में नहीं है। कुछ लेखकों ने एलियट पर शोधकार्य किया है, ऐसी जानकारी भी मुझे मिली परन्तु कोई प्रकाशित शोध-कार्य मेरे देखने में नहीं आया। एलियट की मृत्यु पर हिन्दी पत्र-पत्रिकाओं में उस पर सामग्री प्रकाशित हुई थी लेकिन अंग्रेजी पत्र-पत्रिकाओं के मुकाबले वह प्रारम्भिक किस्म की और श्रद्धांजलिमूलक ही अधिक थी। वस्तुतः हिन्दी में एलियट पर कोई तोषदायक पुस्तक मेरे देखने में नहीं आई है। प्रस्तुत पुस्तक भी हिन्दी-साहित्यकारों के चिन्तन पर एलियट के प्रभाव का विवेचन है, उसके सिद्धान्तों का विवेचन इसमें नहीं है; यह अलग बात है कि प्रभाव-विवेचन के पृष्ठभूत उसके

सिद्धान्तों की चर्चा इसमें आद्यन्त हुई है। परन्तु सिद्धान्त-विवेचन का स्थान यह नहीं ले सकती। वह एक पृथक पुस्तक है और वह भी शीघ्र ही प्रकाशित होगी।

यहाँ किए गए प्रभाव-विवेचन के सन्दर्भ में एक बात स्पष्ट रहनी चाहिए। दूसरी भाषा के साहित्य और उसकी आलोचना के अनुशीलन से हमारी भाषा और साहित्य के समृद्ध होने की सम्भावना तो असंदिग्ध रूप से रहती है, उससे हमारे सोच की संकीर्णता का परिहार भी होता है, लेकिन फिर भी यह कहना आवश्यक है कि किसी भी लेखक ने दूसरी भाषा के किसी लेखक-विशेष को कितना पढ़ा है, या नहीं पढ़ा है, यह उस पर विचार करने और उसके बारे में राय कायम करने की उपयुक्त राह नहीं है। उसके मूल्यांकन का पैमाना तो यह कतई नहीं हो सकता। लेकिन जब कुछ बड़े लेखक किसी लेखक-विशेष को महान और विचारयोग्य पाते हैं तो विचार करने का एक क्षेत्र यह भी बन आता है कि उसका प्रभाव हमारी भाषा के किसी लेखक पर कितना है और यह भी कि वह प्रभाव कितना बद्धकारी रहा है या उसने विचार की कोई नई दिशा भी खोली है या नहीं। किसी भी लेखक पर विचार करने का यह क्षेत्र सीमित जान पड़ सकता है, सीमित होता भी है, लेकिन इसके फलितार्थ उतने सीमित नहीं होते। प्रभावित होने वाले लेखक की अपनी वैचारिकता का आकलन भी इसके अंगभूत समझना चाहिए।

मैंने अपने प्रस्तुत अध्ययन के लिए चार लेखकों को चुना है; अज्ञेय, डॉ. देवराज, मुक्तिबोध और दिनकर। इन चारों पर अपने को केन्द्रित करने के पहले तक मेरी धुँधली-सी धारणा यह थी कि अज्ञेय को छोड़कर हिन्दी में एलियट का कोई गम्भीर अध्येता नहीं है। लेकिन डॉ. देवराज का अध्ययन करने से यह धारणा भंग हुई। और, दिनकर का अनुशीलन तो और भी नेत्रोन्मीलक रहा। मुक्तिबोध पर एलियट के प्रभाव की बात तो आज भी एकाएक कोई मार्क्सवादी स्वीकार नहीं करेगा। लेकिन उनके रचना-प्रकियात्मक विवेचन पर उसका प्रभाव स्पष्ट परिलक्षित होता है। मुझे सन्तोष है कि इन लेखकों का यह लगभग अछूता पक्ष इस विवेचन में उभरा है।

यह संयोग है कि ये चारों रचनाकार हिन्दी के कवि-आलोचक हैं। डॉ. देवराज की प्रतिष्ठा आलोचक के रूप में भी विशेष है, लेकिन उनके अध्ययन से ज्ञात होता है कि व्यावहारिक-आलोचना में उन्होंने कम ही रुचि दिखाई है; उन्होंने स्फुट साहित्य-चिन्तन ही अधिक किया है, इसलिए मैंने उनका समावेश भी अज्ञेय, मुक्तिबोध और दिनकर के साथ साहित्य-चिन्तकों की श्रेणी में ही किया है। साहित्य-चिन्तक किन्हीं शास्त्रीय मानों के सहारे विचार नहीं करता, वह अपने ही अनुभवों और अध्ययन के आलोक में विचार करता है। उसका चिन्तन उन्मुक्त होता है यद्यपि उसकी अपनी रचना-प्रकृति उसकी सीमा हो जाती है लेकिन तब भी उसकी दृष्टि हमें साहित्य में नई पैठ दे सकती है। उसकी जिज्ञासा वृत्ति ही उसे दूसरे महत्

रचनाकारों में रुचि लेने के लिए उकसाती है और उनके मनन-मन्थन से वह अपने लिए कुछ चिन्तन-कण पा लेता है। एलियट के अध्ययन से इन साहित्यिकों ने उसमें अपने लिए जो चिन्तन-कण पाए थे, उनका निदर्शन मैंने किया है। लेकिन केवल प्रभाव-निदर्शन न इनके साथ न्याय्य होता, न स्वयं में पर्याप्त ही। प्रभाव ग्रहण करनेवाले लेखकों की अपनी चिन्ताधारा को सम्यक् रूप से आयत्त किए बिना प्रभाव-निदर्शन का अर्थ और औचित्य बहुत सीमित होता और उसके भ्रामक होने की आशंका भी थी। इसलिए मैंने जिन पर प्रभाव की चर्चा की है, पहले उनकी साहित्य-दृष्टि को आयत्त किया है, तदुपरान्त एलियट के साथ उनके विचार-साम्य या उन पर एलियट के प्रभाव की चर्चा की है।

हिन्दी-जगत को एलियट से परिचित कराने का श्रेय अज्ञेय को है। उसके 'ट्रेडिशन...' निबन्ध का हिन्दी में छायानुवाद उन्होंने 'रूढ़ि और मौलिकता' शीर्षक से किया था। वह निबन्ध 'त्रिशंकु' निबन्ध-संग्रह में है। इसी संग्रह में एक निबन्ध 'केशव की कविताई' का एक पात्र कहता है कि 'एलियट की बात सोचने लायक होती है'। इन सोचने लायक कई बातों ने उनके विचारों को प्रभावित किया है। उत्तर-अज्ञेय की पुस्तकों में उनके टिप्पणीनुमा-आलोचनात्मक लेखन को देखने से ज्ञात होता है कि उनका एलियट का अध्ययन या कि उस पर चिन्तन मनन उनमें बाद में भी चलता रहा था यद्यपि तमाम प्रभाव के बावजूद साहित्य-दृष्टि अज्ञेय की अपनी ही है। डॉ. देवराज में भी एलियट का अनुशीलन सतत चलता रहा जान पड़ता है। उन्होंने अज्ञेय से भी आगे बढ़कर लिखा है कि एलियट की प्रत्येक उक्ति विचारणीय होती है। डॉ. देवराज इन उक्तियों पर मनन-मन्थन करते रहे हैं और उनका निष्कर्ष-नवनीत उनकी दृष्टि का सतत संस्कार भी करता रहा है। लेकिन प्रभाव उन पर उक्तियों ने ही अधिक डाला है यानी एलियट का स्फुट अध्ययन ही उन्होंने अधिक किया है, उसका व्यवस्थित अध्ययन उन्होंने नहीं किया है इसलिए उसके सिद्धान्तों की व्यवस्थित आलोचना हमें उनमें नहीं मिलती। लेकिन जैसी भी विधि उनके अध्ययन की रही हो, एलियट का महत्त्व-ज्ञापन उन्होंने अंकुठित भाव से किया है। उन्होंने यहाँ तक लिखा है कि बौद्धिक परिपक्वता में टी.एस. एलियट अपने क्षेत्र में उतनी ही ऊँची कोटि का विचारक है जितना बर्ट्रेण्ड रसेल या आइंस्टाइन अपने क्षेत्रों में। मुक्तिबोध ने भी अंग्रेजी-आलोचकों में कॉलरिज के साथ एलियट को भी 'मुख्यतः विचारणीय' पाया था। उन्होंने कविता की रचना-प्रक्रिया पर जो विचार किया है, उस पर हमें एलियट के रचना-प्रक्रिया विषयक चिन्तन का विशेष प्रभाव दिखाई पड़ता है यद्यपि इस प्रभाव को ग्रहण करके उन्होंने अपने स्वतन्त्र सिद्धान्त का निर्माण किया था।

दिनकर पर एलियट का प्रभाव विस्मयकारी है। वे एलियट के सम्पर्क में कब आये, यह निश्चयपूर्वक नहीं कहा जा सकता, लेकिन यह निश्चित है कि प्रारम्भ

में एलियट की महत्ता उन्हें मान्य नहीं थी। उन दिनों जब 'तार सप्तक' का प्रकाशन हुआ था, साहित्य-जगत में यह प्रवाद प्रचलित था कि प्रयोगवाद का प्रवर्तन एलियट के प्रभाव से हुआ है। दिनकर का मत भी कुछ ऐसा ही था। उन्हीं दिनों प्रयोगवाद के लिए उन्होंने लिखा था कि 'यह समझ में नहीं आता कि विप्लव और संघर्ष के पथ पर आरूढ़ देश में ऐसी कविताओं का जन्म क्यों हो जो रक्तहीनता के दोष से पीड़ित और पाण्डु हों।' इस 'रक्तहीनता और पाण्डु रोग' पर एलियट की 'ऊसरभूमि' (द वेस्टलैण्ड) की छाया अनचाहे ही दिख जाती है। गृहीत प्रभाव को देशी रंग में रंगने में, उसे अपने मुहावरे में ढालने में, गद्य-शिल्पी दिनकर अत्यन्त सिद्धहस्त रहे हैं; उसी कौशल ने बंजर-भूमि को पाण्डु-रोग में बदल दिया है। लेकिन इस मूल्यांकन के दस वर्ष बाद 'प्रयोगवाद' लेख (1956) में प्रयोगवाद का पुनरावलोकन करते हुए उन्होंने लिखा कि 'एलियट को आदर्श मानकर चलने में भारत के नवयुवकों का कोई अपमान भी नहीं है। एलियट आसानी से आज विश्व के सर्वश्रेष्ठ कवि माने जा सकते हैं।' हम देख सकते हैं कि प्रारम्भ में जो एलियट उन्हें मान्य नहीं था, बाद में वही एलियट उन्हें विश्व के सर्वश्रेष्ठ कवि के रूप में मान्य हुआ। प्रारम्भ में एलियट का निर्वैयक्तिकता का सिद्धान्त भी दिनकर को ग्राह्य नहीं था लेकिन बाद में इसी सिद्धान्त का तात्विक प्रतिपादन, स्रष्टा और भोक्ता का पार्थक्य, उनकी 'कला' शीर्षक कविता में बखूबी अनुस्यूत हुआ मिलता है।

यहाँ यह स्पष्ट करना आवश्यक है कि निर्वैयक्तिकता-सिद्धान्त के प्रथम प्रतिपादन में एलियट ने व्यक्तित्व से पलायन की जो बात कही थी, वह दिनकर को गले नहीं उतरी थी। ज्ञातव्य है कि आगे चलकर स्वयं एलियट ने भी इसका मार्जन किया था। इस दृष्टि से अपनी इस आलोचना में दिनकर सही थे। रचना से व्यक्तित्व का आत्यन्तिक निरसन उन्हें (याने दिनकर को) मान्य नहीं था। एलियट ने भी 'येट्स' निबन्ध में और उससे भी बहुत पहले 'सैक्रेड-वुड' काल में ही फिलिप मैसिंजर पर लिखे गए निबन्ध और एलिजाबेथकालीन अन्य नाटककारों पर अपने निबन्धों में भी शिल्प कौशल से अर्जित निर्वैयक्तिकता को दोयम दर्जे की चीज ही माना है। शेक्सपीयर से तुलना करते हुए फिलिप मैसिंजर को उसने जो उससे निम्न दर्जे का लेखक ठहराया, उसका कारण यही था कि शेक्सपीयर व्यक्तित्ववान रचनाकार था जबकि मैसिंजर में व्यक्तित्व का अभाव था; उसकी निर्वैयक्तिकता एक शिल्पकार की, कौशल से अर्जित निर्वैयक्तिकता थी। लेकिन तब दिनकर यह नहीं देख पाए थे कि यह बात एलियट-परम्परा और प्रतिभा-निबन्ध में भी लिख चुका था, यह कहते हुए कि व्यक्तित्व से पलायन यानी निर्वैयक्तिकता का मर्म भी वही जान सकता है, जिसके व्यक्तित्व होता है। (यानी व्यक्तित्व का आत्यन्तिक निषेध उसमें तब भी नहीं था यद्यपि अभिव्यक्ति उसकी तब निर्दोष नहीं थी)। दिनकर जब तुलसी और बिहारी पर एक साथ विचार करते हैं और बिहारी को तुलसी से नीचे

दर्जे का कवि पाते हैं, तब उनका आधार एलियटीय निकष ही होता है। इसी निकष पर दिनकर पाते हैं कि तुलसी का व्यक्तित्व महान था जबकि बिहारी में व्यक्तित्व का अभाव था। यह तुलना एलियट द्वारा की गई शेक्सपीयर—मैसिंजर की तुलना से सहज ही तुलनीय है। यहाँ दिनकर ने एलियट को उक्ति-प्रमाण से ही नहीं, सिद्धान्त-प्रमाण से भी पाया है।

दिनकर की आलोचना का उपर्युक्त निदर्शन यह दर्शाता है कि एलियट के जिन सिद्धान्तों के वे कायल हुए, उन्होंने उनको भली प्रकार से आत्मसात किया और अपनी व्यावहारिक आलोचनाओं में उनकी सटीक चरितार्थता दिखाई। इसी तरह 'साकेत' का विश्लेषण उन्होंने जिस तरह से किया, उसमें एलियट के परम्परा-सिद्धान्त की नेत्रोन्मीलक चरितार्थता देखी जा सकती है। एलियट कहता है कि वर्तमान युग में किसी सार्थक नई कृति का प्रकाशन अतीत की कृतियों के प्रचलित मूल्यांकन को बदल देता है। दिनकर अपने मुहावरे में कहते हैं कि वर्तमान अपनी आग से परम्परागत इतिहास को खौलाता है। इस खौलाने में ही साकेत की व्याख्या कैसे भवभूति के उत्तर रामचरित का नया अर्थ उद्भासित करती है, यह दिनकर ने उजागर किया है। इसी तरह रीतिकाल का मूल्यांकन करते हुए उन्होंने घनानन्द पर और आधुनिक काल के सन्दर्भ में भारतेन्दु पर भी जो विचार किया है, वह भी परम्परा-सिद्धान्त की चरितार्थता है। दिनकर ने परम्परा-सिद्धान्त का व्यवस्थित निर्वचन नहीं किया है लेकिन इसे उन्होंने किस तरह से आत्मसात किया था, यह हम उनकी इन व्याख्याओं में देख सकते हैं।

दिनकर पर एलियट के स्फुट प्रभाव की चर्चा भी मैंने की है लेकिन इस (स्फुटता) के विषय में यह कहना आवश्यक है कि ऐसा कतई नहीं है कि दिनकर में एलियट से मिलने वाला विचार-साम्य एलियट का प्रभाव ही हो। दिनकर ही नहीं, यह बात अन्य सभी साहित्य-चिन्तकों के लिए भी कही जा सकती है बल्कि कही जानी चाहिए भी। यह दो रचनाधर्मियों के सोच की सांयोगिक समानता भी हो सकती है। आखिर तो ये सभी लेखक एक ही पथ के पथिक थे इसलिए रचना-रहस्य से कोई भी अनभिज्ञ कैसे हो सकता है! ऐसी स्थिति में हर विचार-साम्य को प्रभाव मान लेना, रचनाकार के साथ अन्याय भी हो सकता है। कई बार एक रचनाकार का एक विचार, एक पंक्ति या उसके द्वारा किए गए एक पद के प्रयोग में भी दूसरा रचनाकार अपने लिए एक सिद्धान्त की पदचाप सुन ले सकता है। और कभी कोई लेखक सीधे भी विचार ग्रहण कर सकता है। दोनों बातों में अन्तर करना होगा। इसी तरह, स्फुट विचार-साम्य होने या विचार ग्रहण करने पर भी दो लेखकों में दृष्टिगत अन्तर हो सकता है। इन्हीं सब स्थितियों को ध्यान में रखते हुए मैंने प्रयत्न यह किया है कि आलोच्य-लेखकों का समग्र-लेखन मेरे पृष्ठभूत रहे और उनकी वैचारिकता के सन्दर्भ में ही प्रभाव का अनुशीलन हो। फिर भी यह स्वीकार करने में मुझे संकोच नहीं है

कि कहीं-कहीं जाने-अनजाने स्फुट साम्य देखकर उसे भी मैंने जो एलियट का प्रभाव कह दिया है, वह मेरा अपना आग्रह भी हो सकता है। बहरहाल, अपने इस अनुशीलन में मैंने पाया है कि हिन्दी-साहित्य-चिन्तकों ने एलियट का प्रभाव चाहे ग्रहण किया हो, उनकी साहित्य-दृष्टि उनकी अपनी ही है। एलियट के प्रभाव ने उसे जहाँ-तहाँ संस्कारित किया है और हिन्दी-आलोचना के लिए विचार की नई दिशाएँ भी खोली हैं, लेकिन अपनी वैचारिकता का परित्याग उन्होंने नहीं किया है, यह बात भी मैंने भलीभाँति दिखाई है।

× × ×

यह पुस्तक जब लिखी जा रही थी, तब मेरा विचार था कि जो लेखक जीवित हैं, मैं उनके साथ अपने इन विचारों का साझा करूँ और इसमें उन्हें कुछ अनौचित्य जान पड़ता हो तो अपना पक्ष उनके सामने रखूँ या अपने मत में संशोधन करूँ। दैव-दुर्विपाक से डॉ. देवराज और दिनकर जी से यह साझा नहीं हो सका। संयोगवश, जब मैं आबू पर्वत के निकट सिरोही (राजस्थान) में कार्यरत था, तब फरवरी 1982 में अज्ञेयजी ने आबू पर्वत पर वत्सल निधि शिविर का आयोजन किया था। उस अवसर का लाभ उठाकर मैं उनसे मिलने गया। मैंने अपना अज्ञेय-एलियट निबन्ध उन्हें पढ़कर सुनाया। चालीस पृष्ठों में टंकित वह निबन्ध उन्होंने मनोयोगपूर्वक सुना। सुनने के बाद उनकी प्रतिक्रिया थी, देयर इज नथिंग अनफेयर इन इट। मुझे तसल्ली हुई।

यह निबन्ध ही नहीं, यह पुस्तक भी 1977 में ही ब्यावर में टंकित हो चुकी थी। उन दिनों के आगे पीछे ही नन्दकिशोर आचार्य भी सिरोही आए थे। अज्ञेय-एलियट निबन्ध उन्होंने भी देखा था। मैंने चाहा था कि यह पुस्तक तभी प्रकाशित हो जाती लेकिन दुर्भाग्यवश नहीं हो सकी। वास्तव में, उन्हीं दिनों इसी की पूरक पुस्तक एलियट के साहित्य-चिन्तन पर लिखी जा रही थी। मेरे मन में यह विचार आ गया कि दोनों पुस्तकों को एलियट के साहित्य-चिन्तन के दो भागों के रूप में प्रकाशित करा देना ठीक रहेगा। सम्भवतः ऐसे ही किसी विचार के कारण इस पुस्तक के प्रकाशन को मैंने कुछ समय के लिए टाल दिया। परन्तु तब अचानक ही एक ऐसी कठिनाई आ गई कि उस पुस्तक को बीच में ही रोक देना पड़ा। उसे रोक कर मैं एक अन्य कार्य में व्यस्त हो गया। आए थे हरि भजन को ओटन लगे कपास। पानी ढाल में ही बहता है। मैंने भी कुछ सहज लेखन चुन लिया। मूल कार्य अधर में लटक गया। वह अधलिखी पुस्तक लिखे-अधलिखे कागजों के ढेर में दब गई और उसके पूरी होने की प्रतीक्षा में यह लिखी हुई पुस्तक भी दफन हो गई।

× × ×

जनवरी 2007 की एक सर्द रात को अचानक ही श्री अरुण माहेश्वरीजी का फोन आया कि वे एलियट पर लिखी हुई मेरी पुस्तक प्रकाशित करना चाहते हैं।

मुझे विस्मय हुआ। इन्हें कैसे ज्ञात हुआ है कि मैंने एलियट पर कुछ काम किया है। वैसे, इस पुस्तक के अज्ञेय व मुक्तिबोध विषयक कुछ अंश 'दस्तावेज' और 'पूर्वग्रह' में प्रकाशित हो चुके थे; एक अन्य पत्रिका में दिनकर विषयक आलेख के अंश भी छपे थे। लेकिन जब उन दिनों भी इनका कोई नोटिस नहीं लिया गया, तो उस प्रकाशन की स्मृति आज भला किसे होगी! पिछले ही वर्ष एलियट के पद्यनाट्य-चिन्तन पर मेरा एक आलेख 'रंग-प्रसंग' पत्रिका में छपा था। लेकिन माहेश्वरीजी की जानकारी का आधार वह नहीं था। मुझे स्मरण आया कि आबू-पर्वत के जिस कॉटेज में मैंने अज्ञेयजी को अपना आलेख सुनाया था, उसमें ओम थानवीजी भी मौजूद थे। माहेश्वरीजी की जानकारी का आधार थानवीजी की सूचना ही होनी चाहिए; वही थी भी।

माहेश्वरीजी के फोन ने मुझे असमंजस में डाल दिया। जो पुस्तक तीस वर्षों से टंकित पड़ी हुई है, उसके प्रकाशन में तब भी कोई अड़चन नहीं थी, जब यह लिखी गई थी, और जो भी थी, वह तो अब भी बनी हुई है, तब फिर, इस समय इसका प्रकाशन क्या उचित होगा? पुस्तक जब लिख दी गई थी, तभी प्रकाशित हो जाती तो एक बात थी, लेकिन समय गुजरने के बाद शायद अवचेतन में यह विचार पलने लगा कि इस बीच में हिन्दी में एलियट को लेकर जो कुछ और लिखा गया है, उसकी जानकारी प्राप्त कर उस पर भी विचार करके उसे जोड़ना उचित होगा। शायद इसी विचार ने इस पुस्तक का प्रकाशन नहीं होने दिया।

माहेश्वरीजी को मैंने तत्काल क्या उत्तर दिया मुझे स्मरण नहीं है। लेकिन उनके फोन के बाद यह प्रति-विचार मेरे मन में आया कि जिन चार लेखकों पर मैंने विचार किया है, उनकी अधिकांश पुस्तकें तब तक प्रकाश में आ चुकी थीं और उन पर विचार इस पुस्तक में हुआ है। उन पर एलियट के प्रभाव जैसे विषय को लेकर किसी और लेखक ने कुछ खास लिखा भी नहीं है, तब इस पुस्तक को यथावत प्रकाशित करा देने में क्या अनौचित्य है? इस बीच डॉ. रमेशचन्द्र शाह की एक पुस्तक 'सबद निरन्तर' मेरे देखने में आई। उसमें सीधे एलियट पर कोई विचार नहीं था, लेकिन एलियट के विचारों के सन्दर्भ उसमें अनेक थे और उन सन्दर्भों में एलियट के मन्तव्यों की उनके द्वारा की गई व्याख्या मुझे निरंकुश जान पड़ी थी। ऐसी असावधान व्याख्याएँ यत्र-तत्र अन्य लेखकों में भी मेरे देखने में आई थी। शाह जी जैसा अंग्रेजी-साहित्य का और एलियट-साहित्य का ज्ञाता भी ऐसी मनमानी व्याख्या करेगा तो हिन्दी में एक गलत प्रवृत्ति को बल मिलेगा। इसका विचार कर मैंने शाहजी की व्याख्याओं का प्रत्याख्यान करना आवश्यक समझा। वह प्रत्याख्यान 'सबद निरन्तर और टी.एस. एलियट' शीर्षक से 'इन्द्रधनुष भारती' पत्रिका के जनवरी-मार्च'92 के अंक में प्रकाशित हुआ था। 'आर्नाल्ड की वेदी पर एलियट की बलि' शीर्षक से वही आलेख इस पुस्तक के परिशिष्ट में है। एलियट के सन्दर्भों

की गाहे-बगाहे निरंकुश व्याख्या करने की प्रवृत्ति दर्शाने के तौर पर वह आलेख इस पुस्तक में रखा गया है।

इस पुस्तक को प्रकाशित कराने में एक अन्य अड़चन यह लगी कि मेरे अपने विचारों में कुछ बदलाव आ गया है। आलोचना-जगत में जो नई विचार-सरणियाँ आ गई हैं, उनके सन्दर्भ में भी कुछ विचार किया जा सकता है। मैं अपनी ही कुछ टिप्पणियों में कुछ परिवर्तन-परिवर्द्धन करना चाहूँगा। लेकिन ठीक इसी समय पुनर्विचार करना भी मुझे सहज नहीं लगा। प्रूफ-शोधन के समय कहीं-कहीं कुछ जोड़-तोड़ की चेष्टा मैंने की भी लेकिन उसी से मैंने लक्ष्य किय कि वीणा का एक तार भी छेड़ा जाए तो पूरी वीणा झंकृत होती है। नतीजा यह होगा कि मुझे पुस्तक नये सिरे से लिखनी होगी। यह अभी कदापि सम्भव नहीं होगा। जिन पुस्तकों के लेखन में मैं अभी उलझा हुआ हूँ, उन्हें अधर में छोड़ देना मुझे व्यावहारिक नहीं लगा। पुस्तक को अधूरा छोड़ने का तिक्त आस्वाद मैं अभी भूला नहीं हूँ।

मैं ऊहापोह में ही था कि एक अन्य विचार मस्तिष्क में कौंधा। जिस रूप में मैंने एलियट को चालीस वर्ष पूर्व पाया था, उसका एक पाठ तो यह है ही। आज यदि कहीं-कहीं अपनी ही टिप्पणियों से मैं अपने को असहमत पाता हूँ, तब भी इससे इंकार नहीं करूँगा कि यह पाठ मेरा है। यदि संयोग जुट जाता तो यह पुस्तक तभी प्रकाशित हो जाती। ऐसी स्थिति में इस पाठ को आज प्रकाशित होने देने से रोकने का कोई औचित्य नहीं लगा। मुझे जो अन्यथा कहना है, वह सोच-विचार करके अगले संस्करण में भी कहा जा सकता है। टिप्पणियों में भी जोड़ा जा सकता है।

इस पुस्तक की टिप्पणियाँ मेरे लिए मूल प्रतिपादन से कम महत्त्वपूर्ण नहीं हैं। वे मेरे प्रसंग-प्राप्त विचार हैं जिन्हें मूल लेखन में जोड़ना उस समय की टंकण-व्यवस्था में वैसा सुलभ नहीं था, जैसा आज के कम्प्यूटर-टाइपिंग में है। इसलिए इन्हें विवेचन प्रवाह को पूर्णता देने के अंगभूत रूप में देखा जाना चाहिए।

× × ×

आज जब मैं भूमिका लिखने बैठा हूँ, यह समझ नहीं पाता हूँ कि मुझे क्या लिखना चाहिए। भूमिका में आखिर होता क्या है? उसमें प्रमुखतः यह प्रयत्न रहता है कि लेखक अपने कोण से पुस्तक देखे जाने के लिए अध्येता को प्रेरित करता है। मेरी स्थिति वह भी नहीं है। जब इसे मैंने लिखा था तब मुझे इसके सारे सन्दर्भ कंठाग्र थे, टिप्स पर थे। आज वह स्थिति नहीं है। आज सब कुछ बिसर गया है। आज तो मैं इसे केवल यह कहकर प्रकाशित करवा रहा हूँ कि तीस-चालीस वर्ष पूर्व एलियट का मेरा पाठ यह था। अज्ञेय, डॉ. देवराज, दिनकर विषयक निबन्ध तो उनके जीवित रहते ही लिखे गए थे, उनमें प्रयुक्त वर्तमानकालिक क्रियाओं को भी यथावत रहने दिया गया है।

यदि श्री अरुण माहेश्वरीजी का आग्रह नहीं होता तो यह पुस्तक अभी

प्रकाशित नहीं होती। बाद में भी कब किस रूप में प्रकाशित होती, इस विषय में कुछ भी कहने का कोई अर्थ नहीं है। इसलिए इसको सामने लाने का श्रेय उन्हें ही है। इसी तरह श्री ओम थानवीजी को भी मैं इसके प्रकाशन का श्रेय देना चाहूँगा। उन्होंने मुझसे पूछा होता तो शायद एक बार मैं मना ही करता लेकिन उन्होंने प्रकाशक से प्रस्ताव कराकर मुझे प्रलोभित किया, इसलिए मैं मना नहीं कर सका। इसके प्रकाशन के समय मैं श्री ओम थानवीजी को और श्री अरुण माहेश्वरीजी को धन्यवाद देता हूँ।

आज जब यह पुस्तक प्रकाशित हो रही है, मैं डॉ. देवराज उपाध्याय और श्री नेमिचन्द्र जैन 'भावुक' का कृतज्ञतापूर्वक स्मरण करता हूँ। भावुकजी द्वारा स्थापित संस्था अन्तर प्रांतीय कुमार साहित्य परिषद् से जुड़कर मैंने साहित्यिक संस्कार पाए और साहित्यिक-विमर्श का मंच भी पाया। भावुकजी का स्नेह मुझ पर आज भी है। परिषद की वजह से ही मुझे डॉ. देवराज उपाध्याय जी का भी सान्निध्य प्राप्त हुआ और उन्हीं की प्रेरणा से आलोचनात्मक-लेखन में मेरी प्रवृत्ति हुई। यदि वे जीवित रहते तो यह पुस्तक कभी की छप गई होती। काश! आज वे होते। मैं अपने आत्मीय मित्रों श्री देवीलाल माथुर 'कमलेश' और डॉ. देवनारायण आसोपा को भी याद करता हूँ। इन्हीं की संगति से मैं परिषद् की ओर आकर्षित हुआ। आज इनकी साहित्यिक-रुचि में वह प्रगाढ़ता नहीं रह गई है जो पचास के दशक में थी लेकिन मेरी स्थिति तो यह हो गई कि उसे छुट्टी न हुई जिसे सबक याद हुआ।

मकर संक्रान्ति, सन् 2008

–मोहनकृष्ण बोहरा
मनीष मंजिल, रघुनाथपुरा,
सिवांचीगेट, जोधपुर (राजस्थान) 342001
0291-2618276

एलियट और हिन्दी साहित्य चिंतन

अध्याय-1

अज्ञेय

हिंदी-जगत को टी.एस. एलियट की आलोचना से परिचित कराने का श्रेय मुख्य रूप से अज्ञेय को है। 'त्रिशंकु' में उन्होंने एलियट के बहुचर्चित निबंध 'ट्रेडिशन एंड इंडिविजुअल टेलेण्ट' का 'रूढ़ि और मौलिकता' शीर्षक से 'लगभग भावानुवाद' किया है। हिंदी-आलोचना में अज्ञेय और एलियट की तुलना का उपक्रम इसी आधार पर प्रारंभ हुआ जान पड़ता है। स्वयं अज्ञेय ने अपनी साहित्यिक सजातीयता रॉबर्ट ब्राउनिंग और डी.एच. लॉरेंस के साथ ज्ञापित की है,[1] लेकिन साहित्य-चिंतक अज्ञेय पर प्रभाव एलियट का ही अधिक है। इस प्रभाव को उनकी दृष्टि का केंद्र-बिंदु नहीं कहा जा सकता लेकिन इसका आकर्षण उनमें प्रबल रहा है और इसने उनकी दृष्टि का संस्कार भी किया है, इससे इनकार नहीं किया जा सकता।

व्यक्तित्व

अज्ञेय और एलियट के विचारों में समानता का निदर्शन करने से पूर्व यह देखना रोचक होगा कि दोनों लेखकों के व्यक्तित्वों में भी काफी समानता मिलती है। दोनों का जीवन उनके पाठकों में समान रूप से जिज्ञासा का विषय रहा है। अपने जीवन-तथ्यों के प्रकाशन के प्रति, और इसीलिए आत्मकथा लिखने अथवा जीवनी लिखे जाने के प्रति, दोनों ही समान रूप से उदासीन रहे हैं।[2] दोनों का पारिवारिक जीवन और भी गोपनशील रहा है। (यह गोपनशीलता ही लोगों में इनके जीवन के प्रति जिज्ञासा का एक प्रमुख कारण रही है; अन्यथा हम कितने लेखकों के जीवन से परिचित होते हैं!) सेना में भर्ती होने का अवसर दोनों के पारिवारिक जीवन में आया था लेकिन एलियट हर्निया का मरीज था इसलिए उसे सैनिक सेवा में नहीं लिया गया जबकि अज्ञेय क्रांतिकारी दल के सदस्य ही नहीं रहे, सैनिक भी रहे। पत्रकारिता के क्षेत्र में भी दोनों ने कार्य किया। एलियट ने थोड़े समय तक 'द इगोइस्ट' का, और फिर लंबे समय तक 'द क्राइटेरिया' का संपादन किया। अज्ञेय का संपादन क्षेत्र अपेक्षया विस्तृत रहा, उन्होंने प्रतीक, वाक्, दिनमान जैसे सावधि-पत्रों से लगाकर 'नवभारत टाइम्स' जैसे दैनिक पत्रों तक का संपादन किया। दोनों ही सामाजिक-सांस्कृतिक

विचारक भी रहे हैं, यद्यपि इस क्षेत्र में दोनों के विचारों में पर्याप्त मत-भिन्नता ही नहीं, असहमति ही अधिक मिलती है। लेकिन वैचारिक-स्पष्टता बल्कि प्रखरता और दृढ़ता दोनों में एक-सी मिलती है। अपनी दृढ़ता के लिए मूल्य भी दोनों को चुकाना पड़ा लेकिन समझौता किसी ने भी नहीं किया।

साहित्यिक-क्षेत्र में

रचनात्मक-लेखन के क्षेत्र में दोनों पहले कवि हैं, बाद में कुछ और।[3] आलोचक के रूप में भी दोनों ने बहुत प्रतिष्ठा पाई है। (यद्यपि इस क्षेत्र में एलियट का महत्त्व विश्व-व्यापी रहा है, वैसी कोई ख्याति अज्ञेय को नहीं मिली, अज्ञेय उतने बड़े आलोचक हैं भी नहीं, वे साहित्य के स्फुट चिंतक ही अधिक हैं।) लेकिन अपने आलोचक-रूप को दोनों ने ही अपेक्षया कम महत्त्व दिया है।[4] दोनों की साहित्यालोचना जिस वर्ग में आएगी, उसे एलियट के वर्गीकरण में 'कवि-आलोचक' वर्ग की आलोचना कहा जाएगा। इस वर्ग के आलोचक के लिये एलियट ने निर्द्वंद्व भाव से लिखा है कि उसकी आलोचना को उसकी कविता की सापेक्षता में देखा जाना चाहिए क्योंकि ऐसा आलोचक कविता का वस्तुनिष्ठ निर्णायक (जज) उतना नहीं होता, जितना कि अपनी कविता का पैरोकार होता है।[5] कुछ यही विचार अज्ञेय का है। अपने लिए उन्होंने लिखा है कि 'आलोचना मैंने की है, पर अपने कवि-रूप की रक्षा के लिये'।[6] लेकिन यहीं यह कहना आवश्यक है कि कवि-आलोचक की आलोचना में आत्मनिष्ठता के लिए चाहे कितनी ही रियायत एलियट ने ली हो, स्वयं उसकी आलोचना काफी वस्तुनिष्ठ है, और यही बात हम अज्ञेय के लिए कह सकते हैं।[7]

दोनों ही लेखकों ने नए काव्यांदोलनों के प्रवर्तकों के रूप में प्रतिष्ठा पाई और दोनों ही समान रूप से रोमानीवाद-विरोधी प्रसिद्ध हुए। अपनी-अपनी भाषा को परिष्कृत करने का कार्य भी दोनों ने किया। (यद्यपि इस क्षेत्र में अज्ञेय की भूमिका ज्यादा महत्त्वपूर्ण ठहरेगी) दोनों ने ही साहित्य को साहित्य के रूप में देखा है और उसी रूप में उस पर विचार किया है। दोनों में जो विचार-साम्य मिलता है (और अज्ञेय में एलियट का प्रभाव ग्रहण करने योग्य जो धरा मिलती है) उसका प्रमुख हेतु यही है।

अज्ञेय, एलियट और लॉरेंस

वस्तुतः एलियट की कविता के बजाय उसके काव्य-चिंतन ने ही अज्ञेय को उसके प्रति विशेष आकर्षित किया। 'केशव की कविताई' का एक पात्र कहता है कि 'एलियट की बात सोचने लायक होती है।'[8] इन सोचने लायक बहुत सारी बातों का प्रभाव जाने-अनजाने अज्ञेय के काव्य-चिंतन पर आया है। दोनों के अध्येता को कई स्थलों पर इसकी प्रतीति सहज ही होगी यद्यपि अपने-आप में यह एक परस्पर-विरोधी बात लगती है कि अज्ञेय ने लॉरेंस का प्रभाव भी ग्रहण किया है, और एलियट का भी;

जबकि अंग्रेजी-साहित्य के ये दोनों महारथी एक-दूसरे के विरोधी थे। समाधान इसका यह है कि मूलतः अज्ञेय का कवि न लॉरेंस का उपजीवी है, और न उनका आलोचक एलियट की आलोचना का अनुगामी है।

अज्ञेय जो लॉरेंस के प्रति आकर्षित हुए, उसका कारण लॉरेंस की गीतात्मक संरचना, उसका लय-लालित्य, रचते हुए शब्दों को जीते चलना, उन्हें अपनी भावात्मक गहनता से अनुप्राणित करते चलना आदि बातें जान पड़ती हैं। अज्ञेय की शैली में इन गुणों का समाहार हम सहज ही देख सकते हैं। लॉरेंस की तरह ही उन्होंने भी अपने को समाज में अकेला पाया था; लेकिन फिर भी लॉरेंस की निजी नैतिकता का आग्रह और उसकी वैयक्तिक-स्वातंत्र्य की धारणा उन्हें आकर्षित नहीं कर सकी। व्यक्ति-स्वातंत्र्य का विचार यद्यपि अज्ञेय का चिंता-केंद्र रहा है लेकिन इस धरातल पर भी वे लॉरेंस के ऋणी नहीं हैं।

एलियट ने लॉरेंस का महत्त्व नहीं पहचाना हो, ऐसी बात नहीं है, लेकिन लॉरेंस उसे रास नहीं आया था। अंतिम वर्षों में ही वह उसके प्रति कुछ उदार हो सका था, जब उसने 'लेडी चैटर्लीज लवर' विषयक मुकद्दमे में लॉरेंस के पक्ष में खड़ा होना स्वीकार किया था;[9] लेकिन उसकी वैयक्तिक नैतिकता उसे गवारा नहीं हुई। वस्तुतः उसकी यह नैतिकता ही एलियट के लिए उन 'स्ट्रेंज गॉड्स' में से थी जिनके विरुद्ध वह (एलियट) खड्गहस्त था। दीक्षित ईसाई होने के बाद एलियट का आग्रह ईसाई नैतिकता के लिए बढ़ गया था। 'आफ्टर स्ट्रेंज गॉड्स' पुस्तक में उसने अपने समकालीन-साहित्य का परीक्षण ईसाइयत से गृहीत प्रतिमानों के आधार पर किया है और इस कसौटी पर खरे नहीं उतरने वाले लेखकों की उसने कटु आलोचना की है। लॉरेंस भी इस आलोचना का शिकार हुआ है। अस्तु।

लेकिन अज्ञेय ने एलियट का प्रभाव स्वीकार किया है, इसका अर्थ यह बिल्कुल नहीं है कि उन्होंने एलियट की ईसाई नैतिकता को अपना लिया है। अज्ञेय ने स्वयं पर ईसाइयत का प्रभाव भी स्वीकार किया है लेकिन जो अर्थ ईसाइयत का एलियट के निकट था, वह अज्ञेय के निकट नहीं है। एलियट ने अंततः आत्मा के साथ-साथ बाह्य-सत्ता पर भी बल दिया है। यह बाह्य-सत्ता उसके लिए ईश्वर ही नहीं है, इसमें उसने चर्च और उसके कर्मकांडीय विधि-निषेधों का भी समावेश किया है। लिखा अज्ञेय ने भी है कि 'केवल अपने में जो है उसके प्रति समर्पण काफी नहीं है। अपने से बाहर और बड़ा भी कुछ है जिसके प्रति भी उतना ही निस्संग समर्पण वास्तव में चरित्र की पूर्ण विकसित और परिपक्व अवस्था है।[10] लेकिन उनके लिए यह 'बाहर' और 'बड़ी चीज' धर्म की रूढ़ और औपचारिक सत्ता नहीं है। फिर, 'बाह्य' को स्वीकार करते हुए भी व्यक्ति को उत्तरदायी उन्होंने स्वयं के प्रति ही माना है। उन्होंने साफ लिखा भी है कि 'आस्तिक ईसाई का यह तर्क मैं दूषित समझता हूँ कि उत्तरदायित्व (जो विवेक का दूसरा नाम है) किसी अन्य के प्रति है।'[11] (लेकिन क्योंकि

ईसाई धर्म में पाप की स्वतंत्र सत्ता स्वीकृत है और व्यक्ति को मूलतः पापग्रस्त और अपूर्ण माना गया है इसलिए दायित्व उसमें अंततः स्वयं के प्रति नहीं, किसी अन्य व पूर्ण के प्रति ही हो सकता है। इसी के अनुरूप एलियट ने वैयक्तिक प्रतिभा से बढ़कर महत्त्व परंपरा को दिया है। धर्म में बाह्य सत्ता ईश्वर और चर्च की है और साहित्य में परंपरा की।

परंतु 'आफ्टर स्ट्रेंज गॉड्स' के उपरांत आलोचक एलियट धर्म के दायरे से निकलकर पुनः साहित्यिकता के प्रकृत पथ पर लौट आया और कृति की महानता के हेतुभूत उसमें अनुस्यूत धर्म या दर्शन को नहीं, लेखक के विवेक को प्रतिष्ठित करके उसने आलोचना को धर्म के अंकुश से मुक्त कर दिया। अज्ञेय ने इसी एलियट का प्रभाव ग्रहण किया है। अज्ञेय के एलियट के निकट जाने का सेतु ब्राउनिंग रहा हो सकता है। एलियट के निकट-पूर्ववर्ती कवियों में ब्राउनिंग में ही रचना-कर्म में अवचेतन की प्रधानता और अर्थ की अनिर्दिष्टता की स्वीकृति विशेष रूप से मिलती है; एलियट के ब्राउनिंग के प्रति आकर्षण के कारणों में यह कारण प्रमुख है। अन्य कारणों में ब्राउनिंग के एकालापी नाटकों का रचना-विधान भी रहा है। संयोग से, अज्ञेय भी ब्राउनिंग के प्रशंसक रहे हैं, यद्यपि उसके प्रेम-काव्य के विशेषकर। उसके कई उद्धरण उनके लेखन में भी मिलेंगे। रचना-कर्म विषयक ब्राउनिंग के विचारों से भी उन्होंने सहमति व्यक्त की है। कुछेक स्थलों पर उनके विचार जो एलियट से प्रभावित जान पड़ते हैं, वे वास्तव में एलियट से नहीं, ब्राउनिंग से ही प्रभावित हैं।[12] ब्राउनिंग को एलियट का मनोनीत कवि पाकर भी अज्ञेय एलियट की ओर अधिक आकर्षित हुए हो सकते हैं।

एलियट ने लिखा है कि अंग्रेजी में सर्वप्रथम ब्राउनिंग को दुर्बोध्य कवि कहा गया था। हम जानते हैं कि बाद में एलियट को भी इसी श्रेणी में रखा गया। यह रोचक संयोग ही कहा जाएगा कि अज्ञेय की गणना भी कभी हिंदी के दुर्बोध्य कवियों में होती थी।

बहरहाल, एलियट और अज्ञेय का अनुशीलन करने पर हमें दोनों में प्रभूत विचार-साम्य मिलता है, हेतु इसका दोनों की समानधर्मिता, या संयोग, या अज्ञेय द्वारा किया गया एलियट का अध्ययन, या कुछ भी रहा हो सकता है। ऐसी स्थिति में अज्ञेय का निजत्व पाने के लिए हमें गहराई में जाकर इस समानता के स्वरूप का विश्लेषण करना होगा। लेकिन इससे पूर्व इस समानता की बानगी देख लेना अनुचित नहीं होगा।

स्फुट विचार-साम्य के निदर्शन

प्रारंभ में अज्ञेय पर एलियट के 'परंपरा' निबंध का विशेष प्रभाव लक्षित होता है। इस निबंध में एलियट ने दो सिद्धांतों का प्रतिपादन किया है, परंपरा-सिद्धांत का और

निर्वैयक्तिकता के सिद्धांत का। अज्ञेय में इन दोनों का प्रभाव दूर तक अनुस्यूत हुआ मिलता है। परंपरा और कवि के संबंधों को निरूपित करते हुए एलियट ने लिखा है कि 'कवि अतीत को लोथ (लम्प) के रूप में ग्रहण नहीं कर सकता।' उसे उसको परिश्रमपूर्वक आयत्त करना होगा। इसी का भावानुवाद करते हुए अज्ञेय ने लिखा है कि 'कोई भी लेखक अतीत को ज्यों का त्यों, सत्तू के गोले की तरह निगल नहीं सकता।'[13] आगे चलकर, उनके मौलिक चिंतन में यही 'गोला', 'पोटली' बन गया है। 'आधुनिक हिंदी साहित्य' में उन्होंने लिखा है कि "परंपरा, कम से कम, कवि के लिए कोई पोटली बाँधकर अलग रखी हुई चीज नहीं है जिसे वह उठाकर सिर पर लाद ले और चल निकले।"[14] 'जोग लिखी' में उन्होंने लिखा है कि "परंपरा, तोड़ी नहीं जाती, बदली जाती है या आगे बढ़ाई जाती है।"[15] 'अद्यतन' में परंपरा का स्वरूप स्पष्ट करते हुए उन्होंने लिखा है कि "निरंतरता की पहचान ही वास्तव में इतिहास-बोध का मूल और प्रारंभ है—सभी कला-स्रष्टा-चित्रकार-मूर्तिकार, कवि—अपने-अपने स्तर पर उस निरंतरता में नित्य नई कड़ी जोड़ते चलते हैं।"[16]

इन सभी विचारों में एलियट के विचारों से दूर तक समानता मिलेगी। वास्तविकता तो यह है कि परंपरा-प्रसंग में प्रारंभिक अज्ञेय के विचार दूर तक एलियट की स्थापनाओं के ऋणी रहे हैं।

अज्ञेय ने एलियट के निर्वैयक्तिकता के सिद्धांत को भी स्वीकार किया है। इस सिद्धांत का मर्म भोक्ता और स्रष्टा का पार्थक्य है जिसकी स्वीकृति हम 'शेखर' की भूमिका में पाते हैं और अन्यत्र भी। एलियट ने कालक्रम में अपने निर्वैयक्तिकता के विचार का विकास किया और रचना में रचनाकार के दृष्टिकोण के रूप में उसके व्यक्तित्व के समावेश को उचित बल्कि आवश्यक ठहराया। (शेक्सपीयर को उसने महान् इसी आधार पर कहा है कि उसमें दृष्टिकोण की सततता भी मिलती है और उसका विकास भी।[17] इस कसौटी पर खरे नहीं उतरने के कारण ही उसने फोर्ड और मैसिंजर जैसे नाटककारों को निम्न श्रेणी का कहा है। कुछ इसी प्रकार का वैचारिक विकास हम अज्ञेय में भी पाते हैं)। व्यक्तित्व के निषेध के उपरांत, दृष्टिकोण के रूप में व्यक्तित्व की अभिव्यक्ति की स्वीकृति हमें अज्ञेय में भी मिलती है। 'जोग लिखी' में उन्होंने लिखा है कि मैं मतवाद प्रेरित साहित्य साधना नहीं करता लेकिन "इसका अभिप्राय यह नहीं होता कि मेरे सिद्धांत या विचार नहीं हैं या कि जीवन के प्रति मेरा कोई दृष्टिकोण अभी तक नहीं बना है।"[18] रचना में दृष्टिकोण के समावेश को भी उन्होंने उचित ठहराया है और उसके विकास की अपेक्षा भी उन्होंने की है।[19]

अपने 'येट्स' निबंध में एलियट ने निर्वैयक्तिकता के एक और रूप की चर्चा की है; यह रूप वह है जिसमें कवि अपने निजी एवं गहन अनुभव के वैशिष्ट्य को सुरक्षित रखते हुए जीवन के किसी सामान्य सत्य को व्यक्त कर देता है।[20] अज्ञेय ने अनुभव

की अद्वितीयता और अर्थ की साधारणता को जो प्रतिभा का इष्ट कहा है, वह एलियट के उपर्युक्त विचार की सर्वथा अनुरूपता में है। एलियट ने बहुत पहले निजी अनुभव को रचना में कुछ संपन्नतर, विलक्षण, निर्वैयक्तिक और सार्वजनीन बनाकर रूपांतरित करने की शेक्सपीयर की क्षमता को रेखांकित किया था। इसी प्रकार, अज्ञेय ने भी 'त्रिशंकु' में व्यक्ति-सत्य को व्यापक-सत्य बनाने की बात कही है।[21] दोनों लेखकों की दोनों ही स्थितियों में तत्वभूत समानता लक्ष्य की जा सकती है। इस प्रकार, रचना में रचनाकार की निर्वैयक्तिकता के विषय में भी अज्ञेय एलियट से प्रभावित कहे जा सकते हैं।

एलियट की आलोचना उसकी अपनी रचना-प्रक्रिया के सजग निरीक्षण का परिणाम थी इसीलिए उसने 'वर्कशाप क्रिटिसिज़्म' कहा है। अज्ञेय भी कवि-आलोचक ही हैं। 'भवन्ती,' 'अन्तरा,' 'शाश्वती' जैसे संकलनों को पाठकों के सामने रखते हुए उन्होंने भी जाने-अनजाने यही लिखा है कि ''जिस कारखाने में रचना होती उसका भी एक सहज अवलोकन वह कर ले।''[22] हम देख सकते हैं कि एलियट का 'वर्कशाप' ही अज्ञेय का 'कारखाना' बन गया है। यह केवल एक शब्द का ही ग्रहण नहीं है, उससे एलियट का जो अभिप्रेत है, उसका ग्रहण भी है। अंतर यही है कि एलियट ने अपने निरीक्षण और चिंतन को सैद्धांतिकता का रूप भी प्रदान किया है जबकि अज्ञेय अपने चिंतन के स्फुट कण बिखेर कर ही रह गए हैं। यदि वे उन्हें सुशृंखलित कर सिद्धांत-प्रतिपादन भी करते तो निश्चय ही उनके आलोचक का महत्त्व बढ़ जाता।

अपने समकालीन-जीवन की काव्यात्मक-अभिव्यक्ति के लिए एलियट को तत्वमीमांसी कवियों का मुहावरा अधिक उपयुक्त जान पड़ा था। अपनी आलोचना में उसे अपनाने का औचित्य प्रतिपादित करते हुए उसने लिखा है कि ''जैसी कि हमारी आज की सभ्यता है, इसकी संभावनाएँ अधिक हैं कि हमारे कवि जटिल हों। हमारी सभ्यता में जटिलता और विविधता है और एक परिष्कृत संवेदना वाले मानस को प्रभावित करते हुए ये बातें विविध और जटिल काव्य-सृष्टि का हेतु हो सकती हैं। आज के कवि को अधिकाधिक ग्रहणशील, संदर्भगर्भित और कूट होना होगा ताकि वह भाषा को बलात् और आवश्यकता पड़ने पर व्याकरणच्युत करके भी अर्थ में ढाल सके।''[23] आधुनिक कविता में दुरूहता का औचित्य अज्ञेय ने भी कुछ इसी प्रकार की शब्दावली में प्रतिपादित किया है। उन्होंने लिखा है कि 'भाषा को अपर्याप्त पाकर विराम-संकेतों से, अंकों और सीधी-तिरछी लकीरों से, छोटे-बड़े टाइप से, सीधे और उल्टे अक्षरों से, लोगों और स्थानों के नामों से, अधूरे वाक्यों से—सभी प्रकार के इतर साधनों से कवि उद्योग करने लगा कि अपनी उलझी हुई संवेदना की सृष्टि को पाठकों तक अक्षुण्ण पहुँचा सके।'[24] दोनों कथनों की तुलना करके कहा जा सकता है कि एलियट ने भाषा को बलात् और व्याकरणच्युत करके अर्थ में ढालने की जो बात कही है, अज्ञेय ने उसी का स्वरूप जैसे कुछ और स्पष्ट करके रख दिया है।

रचना में विचार-तत्त्व के समावेश पर एलियट ने लिखा है कि ''जब कविता में निबद्ध मतवाद, सिद्धांत, विश्वास अथवा जीवन-दृष्टि ऐसी होती है कि पाठक उसे सुसंगत, प्रौढ़ और अनुभवजनित स्वीकार कर सके, तब वह उसके आस्वादन में अवरोधक नहीं होती, चाहे फिर वह उसे स्वीकार्य हो अथवा अस्वीकार्य।"[25] अज्ञेय में भी यह विचार हमें लगभग इसी रूप में मिल जाता है, चाहे इसे विचार-साम्य मान लें, चाहे प्रभाव। उन्होंने लिखा है कि ''कवि के लिए महान चिंतक होना कतई आवश्यक नहीं है पर जब वह वैचारिक स्तर पर हमें झकझोरना चाहता है तब उससे यह अपेक्षा स्वाभाविक है कि उसके विचार स्पष्ट, संगत और प्रतीतिकर हों।''[26]

विचारों की मूल्यवत्ता के विषय में अज्ञेय ने लिखा है कि ''कृति विचारों के लिए नहीं है और न उसके मूल्य का निर्धारण अंततः विचारों पर है।''[27] इस आशय के विचार एलियट में कई स्थलों पर मिल जाएँगे। एक जगह तो उसने यहाँ तक लिखा है कि यदि शेक्सपीयर ने किसी श्रेष्ठतर दर्शन के अनुसार लिखा होता तो उसकी कविता घटिया होती।[28] बात यह है कि दांते की 'कॉमेडी' में निबद्ध दर्शन सुचिंतित और गहन है जबकि शेक्सपीयर में ऐसे किसी व्यवस्थित दर्शन का अभाव है लेकिन एलियट का मत है कि ''इसी से दांते महत्तर कवि नहीं हो जाता और न ही इसका अर्थ यह है कि हम शेक्सपीयर की तुलना में दाँते से अधिक सीख सकते हैं।''[29] स्पष्ट है कि एलियट ने भी रचना में निबद्ध दर्शन की वैचारिक घनता को रचना के मूल्यांकन में कोई महत्त्व नहीं दिया है।

कविता की महानता के रहस्य का चिंतन करते हुए एलियट इस निष्कर्ष पर आया था कि महान् कृति में निबद्ध धर्म या दर्शन वह तत्त्व नहीं होता, जिसकी वज़ह से रचना का संपर्क पाठक को बदल डालता है। वह तत्त्व होता है, विवेक। धर्म या दर्शन कुछ को स्वीकार्य होगा तो कुछ को अस्वीकार्य होगा, लेकिन उसमें निबद्ध 'विवेक' सभी को स्वीकार्य होगा। एक महान् लेखक की कृति में निबद्ध विवेक की साक्षी उसका पारायण करने वाले पाठक की यह प्रतीति होती है कि 'उसके मनोयोगपूर्वक अध्ययन की वज़ह से मैं स्वयं को अधिक विवेक संपन्न अनुभव करता हूँ।'[30] अज्ञेय ने भी कृति की महानता इसी में देखी है कि उसका संपर्क पाठक को बदल देता है। 'जोग लिखी' में उन्होंने लिखा है कि 'महान् रचना हमें बदल देती है।'[31] 'शाश्वती' में उन्होंने लिखा है कि "कृति को पढ़कर पाठक को लगे कि 'मैं पढ़ने से पहले जो था वह अब नहीं रहा...' संवेदन का ऐसा रूपांतरण हो तभी बात बनती है।"[32] 'भवन्ती' में उनका कथन है कि 'उत्कृष्ट साहित्य पढ़कर मैं फिर वह नहीं हो सकता जो मैं पहले था।'[33] इस प्रकार, अज्ञेय में यह विचार अनेक स्थलों पर मिलेगा। यह उनके अपने अनुभव और चिंतन-मनन का फल भी हो सकता है और एलियट के प्रभाव की अनुगूँज भी।[34]

स्फुट विचार-साम्य तो अज्ञेय और एलियट में और भी कई स्थलों पर मिलेगा। एलियट का विचार है कि "कला में कभी विकास नहीं होता लेकिन उसकी सामग्री कभी ठीक एक-सी नहीं रहती।"[35] अज्ञेय ने लिखा है कि "मौलिकता शायद इस चिरंतन आविष्कार का नाम है कि कला के क्षेत्र में वास्तव में नया कुछ नहीं होता।"[36] एक कवि के दूसरे से ग्रहण करने के विषय में एलियट ने लिखा है कि "अच्छा कवि जब दूसरे से ग्रहण करता है तब वह उसे श्रेष्ठ बना डालता है; और नहीं, तो कम से कम उसे कुछ भिन्न तो बनाता ही है।"[37] अज्ञेय ने 'संवत्सर' में लिखा है कि "अच्छा लेखक सीधे दूसरे लेखक से ग्रहण नहीं करता".... (यदि करे तो) "बहुत संभव है, इस अपनाने में वह उसे रूपांतरित ही कर दे।"[38] 'सर्जना के क्षण' में यह कहते हुए वे एलियट के और भी निकट चले गए हैं कि "रचना में महत्त्व इस बात का नहीं होता कि कवि ने कहीं से कुछ लिया या नहीं : महत्त्व का इस बात का होता है कि जो लिया उसका उसने किया क्या...उससे बनाया क्या।"[39] स्मरणीय है कि एलियट ने अपनी व्यावहारिक आलोचनाओं में प्रायः इसी पैमाने का प्रयोग किया है।

कुछ स्थानों पर संदर्भगत भिन्नता के बावजूद दोनों का विचार-साम्य हठात् ध्यान आकर्षित कर लेता है। जो विचार एलियट ने पद्य-नाटक के संदर्भ में प्रतिपादित किए हैं, उनसे समानता रखने वाले कई एक विचार अज्ञेय ने 'आधुनिक हिंदी साहित्य' पुस्तक में कहानी के संदर्भ में रखे हैं। रचना में अर्थ के स्तरों की चर्चा एलियट ने शेक्सपीयर के नाटकों के संदर्भ में की है और पद्य-नाटककार के लिए कवि दृष्टि आवश्यक ठहराई है। अज्ञेय ने यह बात कहानीकार के लिए आवश्यक ठहराई है।[40] एलियट ने पद्य-नाटक के प्रभाव को यथार्थवादी नाटक की तुलना में अधिक गहरा ठहराया है, यद्यपि साथ ही उसने स्वीकार किया है कि यथार्थवादी नाटक के प्रभाव में एक तात्कालिकता होती है जो पद्य-नाटक उत्पन्न नहीं कर सकता।[41] ठीक यही बात अज्ञेय ने निरी यथार्थवादी कहानी और कवि-दृष्टि संपन्न कहानी के अंतर पर विचार करते हुए कही है।[42] इस प्रकार, कुछ स्थलों पर संदर्भगत भिन्नता के उपरांत भी गृहीत प्रभाव का निरूपण कठिन नहीं जान पड़ता।

कहीं-कहीं अज्ञेय में एलियट का सादृश्य-विधान भी मिल जाता है। एलियट ने कवियों की प्रतिष्ठा में आने वाले उतार-चढ़ाव की चर्चा करते हुए लिखा है कि किसी भी कवि की प्रतिष्ठा सदैव एक-सी नहीं रहती; यह तो शेयर बाजार है जिसमें निरंतर उतार-चढ़ाव आता रहता है। कुछेक बड़ी हस्तियों में उतार-चढ़ाव एक सीमा तक ही आता है (उससे आगे नहीं जाता); मिल्टन आज 104 पर बोला गया है तो कल $94\frac{1}{4}$ पर, लेकिन इससे (उसकी स्थिति में) कोई विशेष अंतर नहीं आता।[43] अज्ञेय ने कवि के अपने विचारों में आने वाले परिवर्तन के लिए इसी रूपक का प्रयोग किया है।

उन्होंने लिखा है कि "बंबई व्यापार की नगरी है। वहाँ के मुहावरे में कहा जाय कि यह केवल आज का, इस समय का कोटेशन है। कल को अगर बदल जाय...तो यह न समझना होगा कि अपनी बात का खंडन किया जा रहा है, केवल यही समझना होगा कि वह कल का कोटेशन है जो कि आज से भिन्न है।"[44] यहाँ एलियट का प्रभाव निर्भ्रांत है यद्यपि बात उतनी सटीक नहीं बन पड़ी है, जैसी कि प्रायः अज्ञेय में अन्यत्र मिलती है।

सावधानी की आवश्यकता

इस निदर्शन को और भी आगे बढ़ाया जा सकता है। लेकिन इसमें जो खतरा है, उसे भी समझ लेना आवश्यक है। दोनों लेखकों में विचार-साम्य के एकाधिक हेतु हो सकते हैं; कहीं वह इसलिए हो सकता है कि दोनों का प्रेरक स्रोत कोई तीसरा ही लेखक है; कहीं वह समस्याओं और एप्रोच के साझेपन के कारण और कहीं वह दोनों के एक ही पथ के पथिक होने के नाते अनुभवजनित समानता के कारण भी हो सकता है। आवश्यक नहीं कि हर समानता का हेतु प्रभाव ग्रहण ही हो।

एक उदाहरण से बात स्पष्ट हो जाएगी। सृजन की उन्मेषधर्मिता के विषय में एलियट ने लिखा है कि "व्यक्ति का सरोकार जीवंत वस्तुओं से होता है जिनके विकास के अपने नियम होते हैं, जो सदैव तार्किक नहीं होते, लेकिन जिन्हें तर्क को बस स्वीकार करना होता है। जैसे हवा, वर्षा और ऋतुओं को अनुशासित नहीं किया जा सकता, वैसे ही इस ओर की बातों को पूर्णतः नियोजित नहीं किया जा सकता, न व्यवस्था ही दी जा सकती है।"[45] कुछ इसी आशय की बात अज्ञेय ने भी कही है। उन्होंने लिखा है कि 'यह आगे है, मैं इधर ही बढ़ूँ', ऐसी कामना लेकर कला उस दिशा-विशेष में नहीं बढ़ती; ठीक उसी प्रकार जिस प्रकार पुरवा हवा यह नहीं सोचती कि 'यह पूर्व है, मैं इधर बढ़ूँ।' पूर्व-पश्चिम का सवाल तब उठता है जब हवा किसी ओर को बह निकलती है।"[46] दोनों के सादृश्य-विधान में जो समानता है, उसे देखकर यह कहना निरापद लग सकता है कि अज्ञेय ने एलियट का प्रभाव ग्रहण किया है। एलियट की 'हवा' अज्ञेय में जो 'पुरवा' बन गई है, उसे सहज ही अज्ञेय की किसी भी विचार को आत्मसात करने और उसे देशी (या भारतीयता के) रंग में रंगने की उनकी अद्‌भुत क्षमता के प्रमाणभूत माना जा सकेगा (क्योंकि ऐसा आत्मसातीकरण अज्ञेय में अन्यत्र भी या कि प्रायः सर्वत्र ही मिलेगा); लेकिन यहाँ वास्तविकता यह है कि अज्ञेय का यह सादृश्य-विधान अनुकरणजन्य नहीं है। समानता वस्तुतः सांयोगिक है। प्रमाण इसका यह है कि जिस निबंध से एलियट का अंश उद्धृत है उसका, और 'त्रिशंकु' का भी, प्रकाशन काल 1945 है। 'त्रिशंकु' के लेख लिखे तो और भी पहले जा चुके थे। (1941 में ही)।

इससे अज्ञेय की निजता भली-भाँति सूचित होती है और इसी सबब से यह कहना आवश्यक है कि दोनों के विचार-साम्य के आधार पर कुछ भी निष्कर्षित करने से पूर्व अज्ञेय को उनकी समग्रता में देखना आवश्यक है। इसी से उनके निर्माण में एलियट की भूमिका का वास्तविक मूल्यांकन किया जा सकेगा।

इस दृष्टि से दोनों लेखकों की सृजन-प्रक्रिया विषयक विचारों और दोनों के अर्थ एवं प्रेषणीयता विषयक विचारों की तुलना प्रासंगिक एवं नेत्रोन्मीलक होगी। इन दो प्रसंगों पर, और विशेष रूप से पहले प्रसंग पर, दोनों लेखक बार-बार लौटे हैं और इन संदर्भों में दोनों के विचारों में इतनी एकरूपता मिलती है कि यदि हम गहरे नहीं जाते हैं तो इस बात की आशंका रहेगी कि यह मान बैठें कि अज्ञेय का सृजन या अर्थ-विषयक चिंतन एलियट के अनुकरण का प्रतिफल है। यह तो अज्ञेय को उनकी समग्रता में आयत्त करके ही जाना जा सकेगा कि अज्ञेय की विचारभूमि अंशतः ही एलियट की साझी है, वह सर्वत्र और संपूर्णतः समान नहीं है; वह अंशतः भिन्न भी है। यदि अज्ञेय को एलियट की या स्वयं उन्हीं की कसौटी पर कसें (कि महत्त्व इस बात का होता है कि लेखक ने दूसरे से जो कुछ लिया, उसका उसने किया क्या) तो कहना होगा कि वे एलियट से प्रभाव-सूत्र ग्रहण करके ही नहीं रह गये हैं, उन्होंने नया ताना-बाना भी बुना है। वे न केवल आगे गये हैं, उनकी राह भिन्न भी है।

सृजन-प्रक्रिया विषयक दोनों के विचारों का तुलनात्मक अनुशीलन

सृजन-प्रक्रिया के विषय में एलियट का विचार है कि कवि-मानस अपने अध्ययन से, और जीवन के निरीक्षण से, निरंतर उपादान ग्रहण करता चलता है। 'इस तरह का चयन कदाचित् संपूर्ण संवेदनशील जीवन पर्यन्त चलता रहता है।'[47] रचना के निर्माण में इसी संग्रह में से कतिपय तत्त्व अनुस्यूत होते हैं (लेकिन उसका कोई प्रामाणिक ब्यौरा देना स्वयं कवि के लिए भी संभव नहीं होता क्योंकि यह व्यापार चेतन धरातल पर ही नहीं, अवचेतन में भी चलता रहता है)। 'परंपरा' निबंध में उसने लिखा है कि 'कलाकार का मन एक प्रकार का भंडार है जिसमें अनेक प्रकार की अनुभूतियाँ शब्द, विचार, चित्र, इकट्ठे हुए रहते हैं, उस क्षण की प्रतीक्षा में जब तक कि कवि-प्रतिभा के ताप से एक नया रसायन, एक चमत्कारिक योग उत्पन्न नहीं हो जाता।'[48] यह क्षण अनिर्दिष्ट होता है। 'जब तक कोष टूट नहीं जाते, हम नहीं जान पाते कि कैसा अंडा सेया जा रहा था।'

अज्ञेय के सृजन-विषयक विचारों पर उपर्युक्त विचार का पूरा-पूरा प्रभाव देखा जा सकता है। 'त्रिशंकु' में उन्होंने कई स्थलों पर स्पष्ट कहा है कि सृजन चेष्टित व्यापार नहीं है, दिये हुए ढाँचे पर साहित्य का निर्माण कराने की आशा भ्रामक है, परिणाम को परख कर उसकी चेष्टा का आरोप बीज पर कर देना भूल है, आदि-आदि।[49] आगे चलकर, 'अंतरा' में रचना-प्रक्रिया के विषय में उन्होंने लिखा है कि 'सर्जक प्रतिभा निरंतर चयन भी करती रहती है, अनुभूतियों अनुभवों का, विचारों-कल्पनाओं

का, शब्दों-ध्वनियों-अर्थों-अभिप्रायों का, जिन सबको कूट-पीस छान-सान जला-पका कर वह कभी कला रूप की सृष्टि करेगी।'[50] 'आत्मनेपद' में उन्होंने लिखा है कि 'सहसा उदित होने वाले 'सत्य' वास्तव में सहसा मूर्त्त नहीं होते, मूर्ति का उद्घाटन ही सहसा होता है और हम उद्घाटन के क्षण को निर्माण का क्षण मान लेते हैं यद्यपि वह न जाने कितने लंबे संचय-अपचय, क्षरण-निरूपण का परिणाम होता है।'[51]

'आत्मनेपद' और 'अंतरा' दोनों के उद्धरणों को एक साथ मिलाकर देखें तो पाएँगे कि दोनों मिलकर वह बात भलीभाँति कह देते हैं जो एलियट के उपर्युक्त उद्धरण में कही गई है। इससे आगे बढ़ने पर 'संवत्सर' में स्मृति के रचनात्मक धर्म की चर्चा हमें लगभग उसी शब्दावली में मिलती है जिसका प्रयोग एलियट ने किया है।[52]

अज्ञेय ने रचना के क्षणों का और उसमें रचनाकार की विवशता का जो विवेचन किया है, वह भी एलियट से प्रभावित जान पड़ता है। एलियट ने लिखा है कि "उस कविता में जो उपदेशात्मक या वर्णनात्मक नहीं होती, और न ही जिसका कोई व्यक्त सामाजिक लक्ष्य ही होता है, कवि इस दुर्बोध्य वृत्ति (ह्वाट शैल आई बी) को पद्य में ढालने का प्रयत्न करता है।... जब तक वह कह नहीं चुकता, वह यह बताने की स्थिति में नहीं होता कि उसे क्या कहना है। इस कहने के यत्न में वह दूसरों को कुछ भी समझाने की चिंता से कतई ग्रसित नहीं होता... वह तो एक प्रकार के बोझ से आक्रांत होता है जिससे मुक्ति पाने के लिए उसे उसका प्रसव करना ही होगा। रूपक बदलें तो कह सकते हैं कि वह एक प्रेत-बाधा से त्रस्त होता है जिसके आगे वह स्वयं को असहाय-सा पाता है क्योंकि अपनी प्रथम अवस्था में इसका कोई रूपाकार, नाम-धाम कुछ नहीं होता, शब्द और उनसे निर्मित कविता, एक प्रकार से, इस प्रेत-बाधा के निवारक मंत्र होते हैं। पुनः दूसरे शब्दों में, कवि अपने भीतर जो तीव्र छटपटाहट अनुभव करता है, उससे मुक्ति पाने के लिए ही रचने का कष्ट सहता है, किसी को कुछ संप्रेषित करने के लिए नहीं। जब शब्द अपने उचित क्रम में अंतिम रूप से संयोजित हो जाते हैं तब—या जिसे कवि मान ले कि यही वह श्रेष्ठतम संयोजन है जो वह पा सकता था तब—उसे एक बार चुकने की, तुष्टि की, मुक्ति की, लगभग आत्मोत्सर्ग की अनुभूति होती है जो स्वयं में वर्णनातीत है। इसके उपरांत ही वह कविता को कह सकता है कि 'जाओ! किसी पुस्तक में अपना स्थान बनाओ और मुझ (कवि) से अपने में और अधिक रुचि की अपेक्षा न करो।'[53]

अज्ञेय के निकट भी कविता का 'सर्जन एक यंत्रणा भरी प्रक्रिया है'[54] लेकिन फिर भी रचना-कर्म में प्रवृत्त होना कवि की एक विवशता है। अवश्य ही, 'त्रिशंकु' में यह विवशता वैयक्तिक ही नहीं, पारिस्थितिक भी मानी गई है।[55] लेकिन कालांतर में यह वैयक्तिक ही स्वीकार कर ली गई है। 'आत्मनेपद' में उन्होंने लिखा है कि 'मैं

इसीलिए लिखता हूँ कि स्वयं जानना चाहता हूँ कि क्यों लिखता हूँ—लिखे बिना इस प्रश्न का उत्तर नहीं मिल सकता है। वास्तव में सच्चा उत्तर यही है। लिखकर ही लेखक उस आभ्यंतर विवशता को पहचानता है जिसके कारण उसने लिखा और लिखकर ही वह उससे मुक्त हो जाता है। मैं भी उस आंतरिक विवशता से मुक्ति पाने के लिए, तटस्थ होकर उसे देखने और पहचान लेने के लिए लिखता हूँ। मेरा विश्वास है कि सभी कृतिकार... इसलिए लिखते हैं।'[56] अज्ञेय ने, थोड़े-बहुत हेर-फेर के साथ एलियट का रूपक भी स्वीकार किया है यद्यपि उन्होंने अपने ढंग से उसका संस्कार कर दिया है। उनका कथन है कि "कवि जब सत्य से ऐसा भीतरी साक्षात् करता है। तब मानो वह एक बलि-पुरुष की तरह देवताओं का मनोनीत हो जाता है और काव्य-कृति ही उसका आत्म-बलिदान है, जिसके द्वारा वह देवताओं से उऋण हो जाता है। यही देवता से उऋण होने की छटपटाहट वह विवशता है जो लिखाती है—फिर वह ऋण-परिशोध तत्काल हो जाय या वर्षों बाद—यह दूसरी बात है।"[57]

सृजन-प्रक्रिया में रचनात्मक-आवेश की जिस स्थिति को एलियट ने प्रेतबाधा कहा है, उसकी वैज्ञानिक व्याख्या करते हुए उसने उसे 'मनो-सामग्री'[58] भी कहा है। इसके भी बहुत पहले उसने 'द यूज़ ऑव् पोइट्री' में भी इसे 'अवचेतन का दबाव'[59] ही कहा था।

रचनात्मक-आवेश की वैज्ञानिक व्याख्या करते हुए अज्ञेय ने भी उसे अवचेतन का दबाव ही माना है। उन्होंने लिखा है कि 'देवता के आवेश की भी चर्चा मैंने की थी, लेकिन मनोरचना में चेतन और अवचेतन का उल्लेख कर देने के बाद यह स्पष्टीकरण उचित ही होगा और शायद संगत भी कि प्रतिभा के उन्मेष में यह आवेश किसी बाहरी सत्ता, 'यक्ष' अथवा 'देवता' का आवेश नहीं होता है।'[60] अन्यत्र, उन्होंने रचना-यज्ञ और निरंतर आहुति से स्वाहा होते हुए स्रष्टा की जो चर्चा की है, उसमें एलियट के प्रेतबाधा वाले रूपक का संस्कार पौराणिकता की धरा पर किया गया है, वैज्ञानिक व्याख्या उसकी भी यही होगी।

सृजन की स्वतः स्फुरणता पर ही नहीं, उसमें अभ्यास की आवश्यकता पर भी दोनों के विचारों में समानता मिलती है। एलियट ने लिखा है कि कवि को निरंतर रचने का अभ्यास करते रहना चाहिए ताकि जब प्रेरक क्षण आए तब वह उसके लिए अपने को तत्पर पाए,[61] अथवा असमर्थ अनुभव न करे। अज्ञेय ने लिखा है कि "जिस खेत से बीज अंकुरित होगा, उसकी निराई करते रहना अंकुरण की प्रक्रिया में योग देना है।"[62] एलियट का प्रभाव यहाँ भी स्पष्ट है यद्यपि यह कहना आवश्यक है कि अज्ञेय की बात देशी रंगत के कारण ही विशेष नहीं है बल्कि वह अधिक सटीक और अधिक कलापूर्ण भी है। (यद्यपि अज्ञेय का निजत्व केवल उनके कलात्मक प्रस्तुतीकरण में या गृहीत को भारतीय संस्कार या देशी रंग देने में ही नहीं है, जैसाकि हम आगे

चलकर देखेंगे)।

एलियट का कवि कविता रचते समय उसे रच डालने क्रे अतिरिक्त और कोई सरोकार नहीं रखता और रचकर उसके प्रति वह तटस्थ हो आता है। रचित कविता के लिए अज्ञेय का कवि भी कुछ यही कहता है कि 'वह कविता अच्छी है या बुरी इससे मुझे मतलब नहीं है;'[63] और इसी प्रकार, जब कृतिकार कृति को 'अंतिम रूप से अपने से अलग कर देता है—कृति तब पाठक की हो जाती है और कृतिकार उससे मुक्त हो जाता है।'[64]

कभी एलियट ने रचयिता के व्यक्तित्व को निरा माध्यम माना था, ऐसा माध्यम जो निर्माण में योग तो देता है लेकिन स्वयं उससे अछूता रह जाता है।[65] परंतु कालांतर में उसने अनुभव किया कि लेखक अपना स्व ही पात्र को प्रदान नहीं करता बल्कि वह स्वयं अपने रचित पात्रों से प्रभावित भी होता है।[66] अज्ञेय ने भी 'जोग लिखी' में कुछ ऐसी ही बात लिखी है कि "कृति जितनी कृतिकार द्वारा रची जाती है उतनी स्वयं कृतिकार को रचती भी है।"[67]

इस प्रकार, प्रक्रिया-विषयक दोनों के विचारों में काफी दूर तक समानता मिलती है। दोनों ही रचना के 'नियमातीत उन्मेषमूलक धर्म' पर बल देते हैं.... दोनों के लिए सृजन एक यातना है, रचकर ही कवि उससे मुक्ति पाता है, निरंतर अभ्यास इस कार्य में उसका सहायक होता है, आदि-आदि बातें मोटे तौर पर दोनों को स्वीकार्य हैं। जहाँ इस समानता का एक प्रमुख हेतु यह है कि दोनों में ही साहित्य को साहित्य के रूप में देखने का आग्रह मौलिक रूप से विद्यमान है (उसी ने उस भूमि का निर्माण किया है जहाँ अज्ञेय ने एलियट को अपना समानधर्मी पाया है) वहीं इसका दूसरा हेतु, अज्ञेय द्वारा किए गए एलियट के अनुशीलन का जाने या अनजाने में उन पर आया प्रभाव है। (यह संभव है कि कुछ विचार सजग रूप से ग्रहण किए गए हों और अधिकांश ऐसे हों जो एलियट के अध्ययन के समय उन्हें प्रभावित कर उनके अवचेतन में पैठ गये हों और उसी प्रकृति के प्रसंग के विश्लेषण में अवसर पाकर उनके विवेचन में अनुस्यूत हो आए हों, लेकिन इससे यह बात झूठी नहीं पड़ जाती कि अज्ञेय ने एलियट का प्रभाव ग्रहण किया है)।

लेकिन बात इतनी ही नहीं है, इसीलिए इतनी सहज भी नहीं है। वस्तुतः प्रभाव के इस निदर्शन के आधार पर कुछ भी निष्कर्षित करने से पूर्व हमें अज्ञेय के मंतव्यों को उसकी समग्रता में पाना होगा और उन्हें सूक्ष्मतापूर्वक देखना-समझना होगा।

प्रस्तुत संदर्भ में ही विचार करें तो देखेंगे कि सृजन-प्रक्रिया दोनों के निकट लगभग एक-सी है परंतु सूक्ष्मतापूर्वक विचार करने पर ज्ञात होगा कि दोनों में एक तात्त्विक अंतर भी है। एलियट का कवि एक आभ्यंतर विवशता के कारण रचता है; रचता अज्ञेय का कवि भी अपनी आभ्यंतर विवशता के कारण ही है लेकिन दोनों में

तात्त्विक अंतर यह है कि अज्ञेय का कवि रचकर अपनी विवशता को पा लेता है जबकि एलियट ने कहीं भी यह स्वीकार नहीं किया है कि कवि रचकर अपनी विवशता को पा लेता है। गहरे जाने पर हम पाएँगे कि यह अंतर भी अंततः उपलक्षण है, उस गहरे अंतर का जिसे हम दृष्टि-भेद कह सकते हैं।

एब्बे ब्रेमांड का विचार है कि 'कोई कवि, जितना ही अधिक वह कवि है, अपने अनुभव को संप्रेषित किए जाने की आवश्यकता से उतना ही अधिक पीड़ित रहता है।'[68] एलियट ने इस विचार का तीव्र खंडन किया है। यदि कविता को एक निश्चित अनुभव का संप्रेषण मान लिया जाय तो कवि की उस विवशता को पा लेने में कोई कठिनाई नहीं रह जाती जिससे वह पीड़ित होता है, लेकिन एलियट का विचार है कि कवि-मानस में कई अनुभव और अन्य तत्त्व इस प्रकार घुले-मिले रहते हैं कि कविता की रचना करते हुए कवि उनमें से किसे व्यक्त करने के लिए कितना उद्विग्न होता है, इसे जान पाना स्वयं कवि के लिए भी संभव नहीं रह जाता।[69] कवि का अपनी विवशता को नहीं पहचान पाना, इस विचार की पूर्ण संगति में ठहरेगा। एक अन्य स्थल पर एलियट ने लिखा है कि 'कवि के भीतर एक रचना-भ्रूण पल रहा होता है जिसके लिए उसे शब्द संधान करना होता है, लेकिन जब तक वह (उपयुक्त) शब्द पा नहीं लेता, वह यह नहीं जान पाता कि उसे कैसे शब्द चाहिए; इस भ्रूण को वह तब तक नहीं जान पाता जब तक कि वह उपयुक्त शब्दों के उपयुक्त क्रम में रूपांतरित नहीं हो जाता। और, जब शब्द मिल जाते हैं तब वह वस्तु (मनःस्थिति) अदृश्य हो जाती है जिसके लिए शब्द चाहिए थे और उसका स्थान ले लेती है, कविता।'[70]

निस्संदेह शब्द स्थितियों का संप्रेषण करते हैं लेकिन क्योंकि कविता में प्रयुक्त शब्द गहरी व्यंजना, निहितार्थ और प्रतीकात्मकता लिये हुए होते हैं इसलिए उनका रहस्य खोले बिना उस मनःस्थिति को पाना सहज नहीं होता, कविता जिसकी वाचक होती है। क्योंकि रचते समय कवि रचनाकर्म में ही गहरा डूबा हुआ होता है इसलिए उसका ध्यान किसी अन्य बात की ओर जा ही नहीं पाता; और, रच चुकने के बाद स्थिति बदल जाती है। उस मनःस्थिति का स्थान ले लेती है, कविता। यहाँ लक्ष्य करने की बात यह है कि उन शब्दों से या कि उस कविता से ठीक उसी वस्तु का ठीक उसी रूप में (उस मनःस्थिति का, उन अर्थों-अभिप्रायों और निहितार्थों का जिनकी सांकेतिक सघनता उसमें उस समय छाई होती है) पुनः पा लिया जाना संभव नहीं है। कवि का अपनी विवशता को नहीं पा सकने का हेतु यही है।

कविता और कवि के संबंधों पर विचार करते हुए एलियट ने और भी स्पष्ट किया है कि रचना रच चुकने के बाद कवि को उसका विशेषाधिकार संपन्न जानकार नहीं माना जा सकता।[71] इससे भी कवि की स्थिति सामान्य पाठक से विशेष भिन्न नहीं रह जाती, इसलिए उसकी कविता रचने अपनी विवशता के हेतु को नहीं पा सकने की

बात स्पष्ट हो जाती है। यदि कवि अपनी विवशता के हेतु को पा ले तो उसे उसका विशेष जानकार मानना ही तर्क-संगत होगा। लेकिन एलियट का मत तो यही है कि जब रचना रच जाती है, तब कुछ रहस्यमय घटित हो जाता है;[72] उसने यह नहीं कहा है कि एक रहस्य उद्घाटित हो आता है।

अज्ञेय इस विचार से सहमत नहीं हैं (सजग रूप से उन्होंने इस पहलू पर विशद विचार नहीं किया है लेकिन प्रसंग-प्राप्त जो विचार हमें मिलते हैं, उनके आधार पर वे इससे सहमत नहीं जान पड़ते)। उनका कवि कविता रचकर अपनी हेतुभूत विवशता को पहचान लेता है। ऐसी स्थिति में हम कह सकते हैं कि सृजन-प्रक्रिया के प्रसंग पर अज्ञेय के विचार चाहे एलियट से कितने ही प्रभावित क्यों न हों, समग्र रूप में देखे जाने पर उनका मंतव्य एलियट की न केवल अनुकृति नहीं है बल्कि उनकी दिशा भी भिन्न है। वस्तुतः दोनों में जो दृष्टिगत अंतर है (जिसका विचार हम आगे चलकर करेंगे), यह उसी का उपलक्षण है।

अर्थ और प्रेषणीयता विषयक चिंतन का तुलनात्मक अनुशीलन

दोनों कवि-आलोचकों का अर्थ और प्रेषणीयता विषयक चिंतन भी इसी संदर्भ में विचारणीय है। कविता के अर्थ पर विचार करते हुए एलियट ने लिखा है कि "पाठक के रूप में हम जो अनुभव करते हैं, वह 'ठीक' वही नहीं होता जो कवि ने रचते समय किया था, और न उसके 'वही' होने में कोई तुक ही है, यद्यपि कवि के अनुभव से उसका कुछ सम्बन्ध निश्चय ही होता है।"[73] एक जगह उसने लिखा है कि "कविता का अर्थ तो वह है जो एक संवेदनशील पाठक उसमें से अपने लिए पाता है।"[74] एक अन्य स्थल पर उसकी बात और भी स्पष्ट है कि "एक कविता अलग-अलग पाठकों को बिल्कुल अलग-अलग अर्थ देती जान पड़ सकती है और ये सभी अर्थ लेखक के अभिप्रेत अर्थ से भिन्न हो सकते हैं—पाठक का अर्थ-संधान लेखक से भिन्न हो सकता है, फिर भी उसके समान ही वैध बल्कि उससे श्रेष्ठ हो सकता है।"[75] जब कविता के पाठक का अर्थ कवि के अर्थ से भी श्रेष्ठ हो सकता है, तब कवि को उसकी अपनी रचना का प्रामाणिक भाष्यकार नहीं मानने का एलियट का विचार कदापि अनुचित नहीं कहा जा सकता। दोनों बातें एक-दूसरे की संगति में ही ठहरेंगी। और, जब कविता का लेखकीय अभिप्रेत ही निश्चित रूप से नहीं जाना जा सकता, तब पाठक का उसका पाना निश्चित किया ही कैसे जा सकता है? और, जब लेखक के अर्थ का कोई प्रमाण नहीं, और जब पाठक के उसकी बात को पाने का कोई औचित्य (और आधार) भी नहीं, तब प्रेषणीयता का भी क्या आधार? इसलिए एलियट ने बात को दूसरे प्रकार से रखते हुए कहा है कि "यदि कविता एक प्रकार का संप्रेषण है, तब भी जो संप्रेष्य है, वह कविता स्वयं है, उसमें अनुस्यूत विचार और अनुभव तो सांयोगिक है।"[76] यानी कविता किसी विचार या अनुभव के संप्रेषण का

साधन नहीं है, वह तो स्वयं समूची संप्रेषित होती है, वह अलग से कुछ संप्रेषित नहीं करती। यह कहकर उसने अपना मत और भी स्पष्ट किया है कि "संप्रेषण कविता की व्याख्या नहीं करेगा।"[77]

अज्ञेय ने भी अर्थ और प्रेषणीयता के प्रश्नों पर विचार किया है। 'आत्मनेपद' में हमें लेखक और पाठक की अर्थगत भिन्नता की स्वीकृति मिल जाती है। प्रारंभ में यह संकोचमूलक है, बाद में सहज-स्वीकार्य। एक जगह उन्होंने लिखा है कि "छोटी कविताओं का अर्थ गलत भी समझा जा सकता है। (और बिल्कुल नहीं भी समझा जा सकता है) लेकिन ऐसा हो तो वह अनिवार्यतया कविता का ही दोष है, ऐसा क्यों माना जाय।"[78] यहाँ भिन्न अर्थ के गलत होने की आशंका है, और उसे 'दोष' भी नहीं माना गया है, लेकिन फिर भी उसकी संभावना को स्वीकार कर लिया गया है। आगे चलकर भिन्नता को स्पष्टतः स्वीकार किया गया है। उन्होंने लिखा है कि "वर्तमान स्थिति में कोई भी कवि ऐसा कुछ नहीं कर सकता है जिसे सब समान रूप से समझ सकें और वह समान रूप ठीक वही हो जो कवि समझाना चाहता है।"[79] इस विचार को एलियट के अलग-अलग पाठकों के अलग-अलग अर्थ पाने वाले विचार से मिलाया जाय तो दोनों में काफी समानता मिलेगी। (यद्यपि अज्ञेय की स्वीकृति में एक विवशता का भाव है) आगे चलकर, अज्ञेय ने इस भिन्नता को कविता की शक्ति के रूप में देखा है। त्रिशंकु की कथा का नूतन आख्यान करते हुए उन्होंने लिखा है कि "वह अर्थ उसमें (कथा में) है या नहीं, कथाकार ने रखा था या नहीं, इसका उत्तर कौन क्या दे सकता है। काव्य की शक्ति इस उत्तर के सहसा न दिए जा सकने में ही है। यही है जो कलाकृति को कलाकार से बड़ा बनाती है—इसी में उसकी अंतःसत्वता है जिसके लिए आवश्यक नहीं कि कलाकार ने उसे देखा-पहचाना हो, या (वह) उसे आयत्त कर चुका हो।"[80] इस कथन में कृतिकार के कृति के अर्थ-अभिप्रायः से पूर्णतः परिचित नहीं हो सकने को जो स्वीकृति मिली है, उसे एलियट के प्रभाव-क्षेत्र का विस्तार ही कहा जाएगा। अज्ञेय में यह विस्तार उत्तरोत्तर बढ़ता गया है।

'जोग लिखी' में अज्ञेय ने लिखा है कि एक कवि के बारे में तो प्रसिद्ध ही है कि उससे उसकी एक कविता का अर्थ पूछा गया तो उसने कहा : "जब मैंने लिखी थी तब दो जन उसका अर्थ जानते थे—एक भगवान और एक मैं; अब तो सिर्फ भगवान ही जानता है।"[81] इसकी तुलना एलियट के इस विचार से की जा सकती है कि "समय बीतने के साथ, अपनी रचनाओं के संदर्भ में, कवि की स्थिति निरे एक पाठक की सी हो सकती है; वह अपना मूल अर्थ विस्मृत कर सकता है।"[82] यही बात उसके इस कथन में है कि जब शब्द मिल जाते हैं, तब वस्तु अदृश्य हो जाती है।

रचनात्मक भाषा के प्रयोग की समस्या पर विचार करते हुए अज्ञेय एलियट के और भी निकट चले गए हैं। उन्होंने लिखा है कि "यह प्रयोग हमें ऐसे क्षेत्र में ले जाता

है जहाँ किसी को यह कहने का अधिकार नहीं रहता—स्वयं कवि को भी नहीं कि अमुक अर्थ या अमुक-अमुक अर्थ ही यहाँ से ग्रहण किए जा सकते हैं और दूसरे अर्थ अग्राह्य हैं—सोचिये कि भाषा के साथ कितनी बड़ी उलझन जोड़ दी गई है—मैं आपसे कुछ बात कहूँ और साथ-साथ यह भी मानने को बाध्य होऊँ कि अपनी बात का जो अर्थ मैं लगा रहा हूँ या समझ रहा हूँ जरूरी नहीं कि उसका अर्थ वही हो या उतना ही हो। कि आपको अधिकार है कि आप उसका दूसरा भी अर्थ लगा लें।"[83] अज्ञेय का यह प्रतिपादन एलियट के लेखक और पाठक के अर्थ को समान रूप से वैध ठहराने वाले विचार के कितना निकट है, कहने की आवश्यकता नहीं। 'जोग लिखी' में अज्ञेय ने यह बात भलीभाँति स्पष्ट की है कि एक ही बात को पृथक-पृथक ढंग से ग्रहण किए जाने का कारण पाठकों की संस्कारगत एवं पारिस्थितिक भिन्नता होती है।[84] इससे इस बात की और भी पुष्टि होती है कि पृथक-पृथक अर्थ ग्रहण किये जाने की बात अज्ञेय ने पूर्णतः स्वीकार कर ली है। 'असाध्य वीणा' के किये भी उन्होंने यह बात स्वीकार की है।

अपनी आलोचना में एलियट ने कविता की व्याख्या (इंटरप्रिटेशन) किये जाने का कठोर निषेध किया है।[85] उसका दृढ़ मत है कि कविता के अर्थ और उसकी व्याख्या के फेर में पड़ने वाला व्यक्ति, एक ही पाठ में उसका अर्थ निचोड़ लेना चाहता है जबकि(श्रेष्ठ) कविता का अर्थ एक ही पाठ में या किसी एक ही व्याख्या में निश्शेष नहीं होता। एलियट ने कविता रच जाने पर कुछ रहस्यमय घटित हो जाना जो स्वीकार किया है, उसका भी निहितार्थ यह है कि उसमें अर्थ की अशेष संभावनाएँ हो सकती हैं। कॉलरिज ने लिखा है कि "कविता का सर्वाधिक आनन्द तभी आता है जब उसे पूर्णतः नहीं, केवल सरसरी तौर पर ही समझा जाय।"[86] इसी स्थिति में उसके प्रति एक खुलापन रह सकेगा। एलियट ने कॉलरिज के (हाऊसमैन द्वारा अनुमोदित) मत से सहमति व्यक्त की है। स्वयं उसने कविता के रच जाने पर कुछ रहस्यमय घटित हो जाने को जो स्वीकृति दी है, वह कृति में अर्थ की अशेष संभावनाओं की ही स्वीकृति नहीं है, उसे पाने के लिए उसके प्रति खुलेपन का मार्ग प्रशस्त करना भी है। अज्ञेय ने भी लिखा है कि "कला के सच्चे ग्रहण में अज्ञात के प्रति एक खुलापन बल्कि समर्पण आवश्यक है। अज्ञात से बचने के लिए ही हम रचना को रचना के रूप में ग्रहण न कर उसका अर्थ ग्रहण करना चाहते हैं।"[87] हम देख सकते हैं कि एलियट का रहस्य, अज्ञेय का अज्ञात है; यद्यपि देखना यह भी होगा कि दोनों का प्रेरक स्रोत, यदि कोई है तो, कॉलरिज है। यदि एलियट ने कॉलरिज से ग्रहण करके रहस्यमयता की बात अपनी ओर से जोड़ी है तो एलियट से पाकर अज्ञेय ने उसमें कुछ और अभिवृद्धि की है। उनके कथन में एलियट का रहस्य, व्याख्या-निषेध, अर्थ की अशेष संभावनाएँ, सभी कुछ समा गये हैं।

हम कह सकते हैं कि अज्ञेय और एलियट के कविता के अर्थ और प्रेषणीयता विषयक विचारों में भी पर्याप्त समानता है। बात गलत नहीं होगी; लेकिन जैसा कि कहा जा चुका है, कि बात इतनी ही नहीं है, इसलिए इतनी सहज भी नहीं है।

अज्ञेय को उनकी समग्रता में आयत्त करने पर हम पाएँगे कि यह तो उन्होंने अपने विकास-क्रम में ही पाया था कि रचना का अर्थ उसके रचयिता और पाठक के लिए अलग-अलग हो सकता है, अन्यथा प्रारंभ में उनकी चिंता का केंद्र यही था कि कवि अपना अभिप्रेत पाठक तक कैसे पहुँचाए। 'तार सप्तक' के 'वक्तव्य' में आधुनिक कवि की समस्याओं की चर्चा करते हुए उन्होंने लिखा है कि "जो व्यक्ति का अनुभूत है, उसे समष्टि तक कैसे उसकी संपूर्णता में पहुँचाया जाय। यही पहली समस्या है।"[88] कहने की आवश्यकता नहीं कि यह समस्या, इस रूप में, एलियट की समस्या कभी नहीं रही, जबकि अज्ञेय हमें बराबर इस समस्या से जूझते दिखाई देते हैं।[89] प्रस्तुत संदर्भ में यही बिंदु एलियट से उनका प्रस्थान भेद है।

हम कह सकते हैं कि अज्ञेय का पाठक कवि से भिन्न कोई अन्य व्यक्ति नहीं है, स्वयं उसी का अंशावतार है। 'भवन्ती' में उनका कथन भी है कि "हो सकता है कि जिस पर अभिव्यक्ति की जाए, वह बाहर का सामाजिक न हो, कवि का ही अंशावतार हो,"[90] लेकिन उनके चिंतन में यह बात दूर तक नहीं जा पाई है। लिखा उन्होंने 'जोग लिखी' में भी है कि "कवि अपने ही एक अंश को श्रोता बनाकर कविता कहता है। उसी से वह जानता है कि संप्रेषण हुआ है या नहीं,"[91] कुछ ऐसी ही बात एलियट ने भी लिखी है कि कसौटी यही है कि जब आप अपनी कविता "अपने तईं पढ़ते हैं तो वह आपको कैसी लगती है...यदि कविता आपको उपयुक्त लगती है तो आप आशा कर सकते हैं कि अंततः पाठक भी उसको अपना लेगा।"[92] लेकिन वास्तव में आलोच्य-स्थिति कविता रचे जाने के क्रम की ही एक अवस्था है, प्रेषणीयता का प्रश्न उसके रचे जा चुकने के बाद का प्रश्न है, और उसके लिए अज्ञेय ने प्रायः पृथक पाठक का आग्रह ही किया है। तथ्य तो यह है कि 'तार सप्तक' में उन्होंने अंशावतार के विचार का तो उपहास ही किया है। 'वक्तव्य' में उन्होंने लिखा है कि ऐसा प्रयोग अनुज्ञेय नहीं है जो 'किसी की किसी पर अभिव्यक्ति' के धर्म को भूलकर चलता है। जिन्हें बाल की खाल निकालने में रुचि हो वे कह सकते हैं कि 'यह ग्राहक या पाठक कवि के बाहर क्यों हो—क्यों न उसी के व्यक्तित्व का एक अंश दूसरे अंश के लिए लिखे। अहं का ऐसा विभागीकरण अनर्थहेतुक हो सकता है।'[93] स्पष्ट है,। उन्होंने यह विभागीकरण स्वीकार नहीं किया है।

'जोग लिखी' में संप्रेषण से अपना तात्पर्य समझाते हुए उन्होंने लिखा है कि "कवि के प्राणोन्मेष में इस बात का महत्त्व होता है कि जहाँ कवि एक भोक्ता के रूप में अचूक प्रत्यभिज्ञा से यह जानता है कि यह मुझे कुछ 'मिला', यह मुझे कुछ 'दिखा',

यह मैंने कुछ 'छुआ', इत्यादि, वहाँ वह उतने ही दृढ़ प्रत्यय से यह भी जानता रहता है कि मैं यह 'मिला होना,' यह 'दिखा होना', यह 'छुअन' दूसरे तक भी पहुँचा सकता हूँ जो भोग के क्षण में मेरा सहभागी और भोक्ता नहीं था। ठीक उसी प्रत्यभिज्ञा और प्रतीति में सर्जक कवि भोक्ता मनुष्य से अलग हो जाता है : वह जानता है कि वह दूसरे काल और दूसरी स्थिति के दूसरे व्यक्ति तक भी पहुँच सकता है और अपनी उपलब्धि उसे बाँटता है जिसे उसने कभी अपने भौतिक चक्षुओं से देखा भी नहीं है।''[94] इस उद्धरण में दूसरे के तईं 'अपनी उपलब्धि' बाँट सकने की बात सर्वथा निर्भ्रांत रूप से कही गई है। इस कथन का महत्त्व, एलियट से अज्ञेय की तुलना के संदर्भ में, दोहरा है। एक तो इसमें मान लिया गया है कि कवि की अनुभूति सुनिश्चित होती है; दूसरे, इसमें 'अन्य' तक 'उसका' संप्रेषण भी निश्चयात्मक माना गया है। एलियट को ये दोनों ही बातें अस्वीकार्य थीं।

एलियट के कवि की अनुभूत होती है, कविता की सामग्री, न कि कविता। रचित कविता कवि की जानी हुई सामग्री से भिन्न चीज हो उठती है क्योंकि उसमें अवचेतन से कई तत्त्व आ मिलते हैं जो स्वयं उसकी जानकारी में नहीं होते। इसी तरह, रचित रचना में संबंधित प्रसंग के कुछ अंश छूट भी सकते हैं। उसके कितने भाग का किस रूप में सवावेश होगा, यह इस पर निर्भर नहीं करेगा कि वह प्रसंग लेखक के जीवन में कितनना महत्त्वपूर्ण रहा है बल्कि इस पर करेगा कि रचना-संदर्भ में उसकी प्रासंगिकता और मूल्यवता कितनी है। ऐसी स्थिति में वह दृढ़तापूर्वक किसी निश्चित के संप्रेषण की बात कैसे कह सकता है। और इसीलिए, कविता पढ़कर पाठक कवि के अभिप्रेत को पाए, यह बात भी उसके तईं बेमानी हो जाती है।

इस प्रकार, प्रेषणीयता के प्रसंग में भी हम देखते हैं कि दोनों विचारकों में प्रचुर समानता होते हुए भी अंतिम विश्लेषण में न केवल उनमें भिन्नता मिलती है, बल्कि तीखा विरोध भी दिखाई पड़ता है।

यहाँ यह स्पष्ट करना आवश्यक है कि एलियट ने संप्रेषण का निषेध नहीं किया है। उसका आग्रह तो इस बात पर है कि कविता पृथक से कुछ संप्रेषित नहीं करती; वह तो स्वयं समूची संप्रेषित होती है; और इस पर भी कि संप्रेषण कविता की व्याख्या नहीं है; इस पर नहीं, कि संप्रेषण ही नहीं होता। उसने स्पष्ट लिखा है कि "यदि कविता केवल कवि के लिए ही है तो वह निजी और अपरिचित भाषा में होगी, और जो कविता केवल कवि के लिए होगी, वह कविता कतई नहीं होगी।''[95] याने कविता कवि की सर्वथा निजू चीज नहीं है। उसके लिए पाठक का होना आवश्यक है और केवल होना ही काफी नहीं है, उसका कविता से प्रभावित होना भी आवश्यक है। उसने लिखा भी है कि 'यदि कविता पढ़कर हम द्रवित होते हैं तो उसका हमारे लिए कुछ अर्थ है, कदाचित् वह कुछ महत्त्वपूर्ण है लेकिन यदि हम द्रवित नहीं होते हैं तो वह कविता के रूप में निरर्थक है।'[96] स्पष्ट है कि संप्रेषण की सार्थकता इसमें है कि

कविता पाठक को प्रभावित करे। लेकिन पाठक कविता से कैसे प्रभावित हो, वह उसमें क्या पाए, आदि बातें एलियट ने दृढ़ प्रत्यय से जानने योग्य नहीं मानी हैं। रचने में प्रवृत्त उसका कवि इन बातों से चिंतित नहीं होता, और रच चुकने के बाद उसका इस विचार को महत्त्व देने का कोई अर्थ नहीं रह जाता। वस्तुतः इन प्रश्नों को उसने संप्रेषणीयता के अंगभूत स्वीकार नहीं किया है।

एक जगह अज्ञेय ने भी लिखा है कि 'हम कहते हैं 'रचना ने हमें छुआ...' 'रचना हमारे भीतर बजती है'.... यह छूना, छुआ जाना, यह भीतर बजना ही संप्रेषण का आयाम है।'[97] कठिनाई यही है कि अज्ञेय इसे ही पर्याप्त नहीं समझते, इसीलिए उनके संप्रेषण में पाठक के लिए कवि के अभिप्रेत को पाने का समावेश भी है। यह एलियट से उनकी तात्विक भिन्नता है।

कुल मिलाकर, हम देखते हैं कि जिन प्रसंगों में अज्ञेय के विचार एलियट के विचारों से प्रभावित हैं, उन्हीं प्रसंगों में उनके विचार एलियट से भिन्न भी हैं। याने दोनों में अभिन्नता नहीं है। इसका कारण यह है कि दोनों की विचारभूमि में काफी हद तक समानता होते हुए भी दोनों के चिंतन की दिशा एक नहीं जान पड़ती। यदि हम अज्ञेय के प्रस्थानों पर विचार करें और उनकी भिन्नता की प्रकृति को देखें तो हम उनकी दृष्टि को पा सकते हैं।

अज्ञेय की दृष्टि : व्यक्तित्व का आग्रह

अज्ञेय अपने लेखन में प्रारंभ से ही व्यक्ति-स्वातंत्र्य पर बल देते आये हैं। सत्य का स्रोत अथवा चेतना का आविर्भाव उन्होंने व्यक्ति में ही माना है और उसे ही मूल्यों का स्रष्टा भी स्वींकार किया है। उसे सर्वोपरि महत्त्व देने का कारण यह है कि जिन मूल्यों को वह रचता है, उनकी रक्षा के लिए वह अपने प्राणों की बलि देकर उन्हें अपने से ऊपर प्रतिष्ठित कर देता है।[98] इसी पृष्ठभूमि में वे व्यक्ति के व्यक्तित्व और उसकी स्वाधीनता की रक्षा पर बल देते आए हैं। 'त्रिशंकु' में यांत्रिकता और औद्योगीकरण की प्रमुख बुराई उन्होंने इसी में पाई है कि इनके कुप्रभाव से व्यक्ति के व्यक्तित्व का लोप और संस्कृति का ह्रास हो रहा है। इस लोप और ह्रास ने ही उन्हें गहरा गोदा है और यह इसी का परिणाम है कि वे इसके रक्षण के लिए निरंतर चिंतन-तत्पर दिखाई देते हैं। उनके निकट कला 'कलाकार का अपने को प्रमाणित करने का प्रयत्न है'; उसका अपनी 'अपर्याप्तता के विरुद्ध विद्रोह' है; "एक प्रकार का आत्मदान है जिसके द्वारा व्यक्ति का अहम् अपने को अक्षुण्ण रखना चाहता है।''[99]

इस अक्षुण्णता का आग्रह उनमें इतना प्रबल है कि उनका व्यक्ति अपना व्यक्तित्व चरम समर्पण के क्षणों में भी पूर्णतः विसर्जित नहीं कर पाता; चाहे फिर यह समर्पण प्रेम के मार्ग में किया गया हो, या साधना के मार्ग में या फिर रचना के मार्ग में।

वास्तव में, यह व्यक्तित्व के रक्षण का आग्रह ही है जो अज्ञेय की आलोचना-दृष्टि के मूल में क्रियाशील रहकर उन्हें एलियट से पृथक कर देता है। सृजन-प्रक्रिया के संदर्भ में उन्होंने कवि के लिए, कविता रचकर, अपनी हेतुभूत विवशता को पा लेना जो संभव माना है, वह सृजन के मूल में व्यक्तित्व का अनुष्ठान ही है। यह विवशता व्यक्ति के व्यक्तित्व का ही आत्यंतिक तत्त्व होती है और उसे पाना एक प्रकार से लेखक का रचना में अपने व्यक्तित्व के सन्निवेश के प्रति आश्वस्त होना है। इसी प्रकार, अर्थ-चिंतन के संदर्भ में कवि का दृढ़ प्रत्यय से अपने पाए हुए को दूसरों तक पहुँचा सकने का दावा करना भी प्रकारांतर से प्रेषणीयता के मूल में व्यक्तित्व की प्रतिष्ठा करना है। जब कवि अपनी कविता में निबद्ध अनुभूति को निश्चयात्मकता से जान रहा होता है, तब उसका उसे उतनी ही दृढ़ता से संप्रेषित कर सकने का आग्रह असंगत नहीं कहा जा सकता।

सामान्यतः अज्ञेय के परंपरा-विषयक विचार एलियट के तद्विषयक विचारों का रूपांतरण जान पड़ेंगे, लेकिन सजगतापूर्वक देखें तो व्यक्तित्व के आग्रह की छाप वहाँ भी अंकित हुई मिल जाएगी। एलियट के अनुसार सही अर्थ में एक नई कृति के अवतरण से परंपरा में बदलाव आता है। अज्ञेय ने इसे स्वीकार किया है, लेकिन वे यहीं नहीं थमे हैं, आगे भी गये हैं। उनके लिए किसी लेखक का परंपरा को बदल डालना समाज से लेखक का अपना व्यक्तित्व स्वीकृत कराना भी है। उनके निकट, यह व्यक्ति के व्यक्तित्व का घनीभूत रस होता है जो "परंपरा के अनुकूल अपने को नहीं बनाता वरन् पूर्ण स्वीकृति चाहता है।"[100]

एलियट के परंपरा-विचार का एक पहलू 'अतीत के वर्तमान' का विचार है। यह 'वर्तमान' वर्तमान-जीवन से कटा हुआ तो नहीं होता, हो भी नहीं सकता क्योंकि उसे (अतीत को) वर्तमान अपनी अपेक्षाओं और प्रासंगिकता में ही ग्रहण करता हैए लेकिन यह देख लेना भी कठिन नहीं है कि इस पर बल ने एलियट को वर्तमान जीवन को रचना में अनुस्यूत करने पर बल देने से रोका है (यद्यपि इसका यह अर्थ बिल्कुल नहीं कि स्वयं एलियट अपने समकालीन जीवन और उसकी समस्याओं के प्रति सजग नहीं था या ये समस्याएँ उसकी रचनाओं में नही हैं। 'वेस्टजैण्ड' तो समकालीन जीवन की बंजरता पर लिखी हुई कविता ही है)। लेकिन हम उसे लेखक के लिए वर्तमान की सजगता को आवश्यक ठहराते नहीं पाते जबकि अज्ञेय में जितना बल परंपरा पर है, उतना ही, बल्कि उससे अधिक बल, वर्तमान को पाने पर है। वर्तमान पर यही बल उन्हें मूल्य-चिंतन की ओर ले गया है जो फिर व्यक्तित्व का सजग प्रतिफलन ही है।

यही बात काल-चिंतन के विषय में कही जा सकती है। निरंतर गतिशील काल-प्रवाह में व्यक्ति के 'अमरत्व के क्षण' को पा लेने के अज्ञेय के विचार को भी

हम उनके व्यक्तित्व के आग्रह की अनुरूपता में देख सकते हैं।[101]

सारांशतः व्यक्तित्व की अक्षुण्णता का आग्रह ही अज्ञेय की साहित्य-दृष्टि का मूल-तत्त्व जान पड़ता है। इस आग्रह से उनका जो आलोचना-पैटर्न उभरता है, एलियट के साथ उसकी संगति नहीं बैठती, वैसे चाहे उन्होंने एलियट का प्रभाव कितना ही ग्रहण क्यों न किया हो!

एलियट से भिन्नता

अज्ञेय की एलियट से भिन्नता की वज़ह एलियट की ईसाइयत में तलाशी जा सकती है। ईसाई-धर्म जिस बाह्य सत्ता पर बल देता है, वह व्यक्ति से सर्वोपरि होती है, व्यक्ति उसके आगे नगण्य होता है। साहित्य में क्योंकि यह सत्ता परंपरा की होती है, इसलिए व्यक्ति उसके आगे तुच्छ ही हो सकता है। लेकिन यहाँ यह विचार ऊपरी तौर पर ही ठीक लगता है, गहराई में जाने पर इसका अनौचित्य स्पष्ट हो जाता है।

पहला कारण तो यह है कि 'परंपरा' निबंध एलियट ने ईसाई धर्मांतरण के कोई एक दशक से भी पहले लिख दिया था। उस समय ईसाइयत के प्रति उसका वैसा कोई लगाव नहीं था, जैसा दीक्षा-ग्रहण करने के बाद हुआ, बल्कि तब उसमें धर्म-विरोधी भावना ही प्रबल थी। उसकी पहचान ही 'मूर्तिभंजक कवि' के रूप में की गई थी। दूसरा, और, और भी प्रबल कारण यह है कि इस निबंध में परंपरा का अभिप्राय जिस परंपरा से है, वह साहित्यिक-परंपरा ही है, ईसाई-परंपरा नहीं। ईसाई-परंपरा की चर्चा हमें 'आफ़्टर स्ट्रेंज गॉड्स' में मिलती है। कई लोगों ने भ्रमवश इन दोनों परंपराओं को गड्डमड्ड कर दिया है।

वह जन्मतः ईसाई था और ईसाइयत के कतिपय संकेत भी उसकी आलोचना में मिलते हैं, इस आधार पर परंपरा को कोई उसमें सहजतः उतर आए ईसाई-प्रभाव के रूप में ही देखना चाहे, तो उस संदर्भ में इतना ही कहना पर्याप्त होगा कि उसका परंपरा-सिद्धांत जितना परंपरा का गौरव-गान है, उतना ही व्यक्तित्व के महत्त्व का आख्यान भी है। यह रचनाकार का व्यक्तित्व ही होता है जो परंपरा को बदल डालता है। इसी प्रकार, निर्वैयक्तिकता के सिद्धांत में भी उसने अंततः व्यक्तित्व की अभिव्यक्ति को स्वीकार किया है। मैसिंजर पर लिखते हुए तो उसने यहाँ तक लिख दिया है कि व्यक्तित्व की सबलता या दुर्बलता ही वास्तव में, रचना की सबलता या दुर्बलता का हेतु होती है।

आलोचना के क्षेत्र में प्रभाववाद का प्रत्याख्यान करते हुए एलियट ने आलोचना में आलोचक के व्यक्तित्व के हस्तक्षेप का कठोर निषेध किया है, लेकिन 'आलोचना परंपरा और प्रयोग'(1929) निबंध तक आते-आते उसने निर्द्वंद्व भाव से स्वीकार कर लिया कि आलोचना का आलोचक के व्यक्तित्व और उसकी रुचि और पूर्वग्रहों से

सीमित होना सहज स्वाभाविक बात है। वास्तव में व्यक्तित्व के हस्तक्षेप का निषेध उसने किसी धार्मिक आधार पर करने के बजाय प्रभाववाद के दुष्परिणामों को दृष्टिगत रखते हुए विशुद्ध साहित्यिक आधार पर किया था।

मिडलटन मरी ने आलोचना में आलोचक की अंतरात्मा की आवाज़ की अभिव्यक्ति के सिद्धांत को स्वीकार किया है। एलियट ने उसका तीव्र खंडन किया है। लेकिन एलियट की आलोचना से परिचित व्यक्ति जानता है कि स्वयं एलियट में दर्जनों स्थानों पर यही आवाज़ निर्णायक रही है।

वस्तुतः यह समझना ही गलत है कि एलियट ने व्यक्तित्व का महत्व अस्वीकार किया है। निर्वैयक्तिकता के प्रतिपादन में भी उसने स्पष्ट किया है कि व्यक्तित्व के विलयन की बात भी वे ही समझते हैं, जिनके व्यक्तित्व होता है। यह वास्तव में सृजन-प्रक्रिया का निरीक्षण ही है जो उनके प्रमुख साहित्य-सिद्धांतों की उत्सभूमि है और व्यक्तित्व के हस्तक्षेप को स्वीकार या अस्वीकार उन्होंने उसी संदर्भ में किया है। उनका निर्वैयक्तिकता का सिद्धांत, अर्थ-विचार, प्रेषणीयता का चिंतन आदि प्रक्रिया के विश्लेषण से निष्पन्न विचार हैं और उसकी उन्मेषधर्मिता से जोड़कर देखे जाने पर ही सही संदर्भ में समझे जा सकते हैं। परंपरा का सिद्धांत इस विशेष अर्थ में उन्मेषधर्मिता से जुड़ा हुआ नहीं है, इसलिए उसमें हम उसे जितना महत्त्व परंपरा को देते हुए पाते हैं, उतना ही व्यक्तित्व को देते हुए भी देख सकते हैं। उसका भाषा-चिंतन भी रचनाकार के व्यक्तित्व को रेखांकित करता है।

एक जगह उसने लिखा है कि इस लोक या परलोक में कोई चीज किसी दूसरी का स्थानापन्न नहीं हो सकती है।[102] इस दृष्टि से परिचालित उसका चिंतन किसी चीज के महत्त्व को पहले से ही स्वीकार या अस्वीकार करके नहीं चला है, इसलिए उसमें सतत रूप से व्यक्तित्व का अवमूल्यन या अतिमूल्यन जैसी कोई बात तलाशना उसके साथ न्याय करना नहीं होगा। इसके विपरीत, अज्ञेय के साहित्य-चिंतन में जहाँ-तहाँ उनका सामाजिक और अन्य क्षेत्रीय चिंतन भी अनुस्यूत हो आया है और इसी के परिणाम में व्यक्तित्व के महत्त्व की स्वीकृति उनमें सतत रूप से बनी रही है। उनमें कई स्थलों पर जो अंतर्विरोध आ गए हैं, उसका हेतु इस सततता में ही समझना चाहिए। एलियट से उनकी भिन्नता का मूलाधार भी यही है।

अज्ञेय में अंतर्विरोध

अज्ञेय ने कविता की रचना-प्रक्रिया को कविता की भूमि पर उतरकर पाने की चेष्टा की है, और क्योंकि यही कार्य एलियट ने किया था, इसलिए उनका विवेचन एलियट के अत्यंत समीप ठहरता है। क्योंकि एलियट ने सृजन-उन्मेष की अनायासता का प्रतिपादन किया है, इसलिए उसने अर्थ के विषय में कोई आग्रह नहीं किया है और न उसने प्रेषणीयता के विषय में इस विचार को स्वीकार किया है कि पाठक कवि के

अभिप्रेत को पा लेता है। जहाँ तक अज्ञेय सृजन की धरा पर रहे हैं, वहाँ तक उन्होंने भी इन बातों को स्वीकार किया है; लेकिन जहाँ कहीं व्यक्तित्व का विचार उनमें प्रबल हुआ है, उन्होंने सहजता को विस्मृत कर दिया है और सजगता-संभव बातों का आग्रह भी करने लगे हैं। निदान, उनमें अंतर्विरोध आ गए हैं।

एक ओर उन्होंने रचयिता के मानस में विभिन्न तत्त्वों के विलयित होते चलने और उसमें से एक सर्वथा नये रचना-रसायन के बन आने को स्वीकार किया है, लेकिन दूसरी ओर उन्होंने लेखक के लिए अपनी विवशता के हेतु को पा लेना संभव माना है। एक ओर उनके अनुसार रचना में अवचेतन की भूमिका प्रबल होती है, तो दूसरी ओर उनका कवि अपनी अचूक प्रत्यभिज्ञा से अपनी अनुभूति को जान भी रहा होता है। जो अवचेतन से आता है, उसे जान रहे होना, स्वयं में एक विरोध है। इसी प्रकार, एक ओर उन्होंने यह संभव माना है कि कविता रचकर कवि उसके अर्थ को भूल जाय, लेकिन दूसरी ओर उन्होंने, अपने अभिप्रेत को अपनी समग्रता में समष्टि तक पहुँचाना भी संभव माना है। उनका कवि जितनी अचूक प्रत्यभिज्ञा से अपने अनुभूत को जानता है, उतने ही दृढ़ प्रत्यय से अपनी उपलब्धि को दूसरों में बाँट भी सकता है। अब, इस भूलने और उसे दूसरों तक संप्रेषित कर सकने में भी स्वयं में एक तीखा अंतर्विरोध है। लेकिन अज्ञेय में दोनों स्थितियाँ बनी हुई हैं। यह वस्तुतः उनके साहित्यिक-चिंतन में सामाजिक आग्रहों के सम्मिलन का परिणाम है। किसी न किसी रूप में ऐसा आग्रह हम उनमें प्रारंभ से ही पाते हैं।

'त्रिशंकु' में जहाँ उन्होंने एक ओर निर्द्वंद्वभाव से कहा है कि साहित्यिक कृतित्व की दिशा पहले से निश्चित नहीं की जा सकती,[103] वहीं उन्होंने दूसरी ओर ऐसे साहित्य की माँग भी की है जो विद्रोह की प्रेरणा दे। ऐसे साहित्य को उन्होंने महान साहित्य भी माना है। उनका कथन है कि यदि लेखक के 'उद्वेग ने उसमें प्रतिरोध और युयुत्सा की भावनाएँ जगाई हैं, उसे वातावरण या सामाजिक गति को तोड़कर नया वातावरण और नया सामाजिक संगठन लाने की प्रेरणा दी है, तभी उसकी रचनाएँ महान् साहित्य बन सकेंगी।[104] इन दोनों बातों में भी एक तीक्ष्ण विरोध स्पष्ट है। 'आत्मनेपद' में उन्होंने अपने 'त्रिशंकु'-काल का पुनरावलोकन करते हुए लिखा है कि "समाज को बदलने का मेरा आग्रह तत्कालीन वेल्स के आग्रह से कुछ कम न था।"[105] इससे भी इस बात की पुष्टि होती है कि त्रिशंकु-काल में वे समाज को बदलना चाह रहे थे और साहित्य को उन्होंने उसके साधनभूत नियोजित किया था। दूसरी ओर, उसी काल में यह प्रश्न भी उन्हें मथ रहा था कि "क्या ऐसी चेष्टित रचना साहित्य हो सकती है।"[106]

अपने इस अंतर्विरोध से स्वयं अज्ञेय भलीभाँति परिचित थे। इसका निराकरण करते हुए उन्होंने लिखा है कि "जब साहित्यकार अनुभूतियों का चित्रण ही नहीं,

उससे आगे बढ़कर अनुभूतियों का यथार्थ (आब्जेक्टिव) वस्तु-जगत के साथ कार्य-कारण-संबंध भी व्यक्त कर देता है, तभी उसे वह तटस्थता प्राप्त होती है और उसकी रचना को वह शक्ति, जो परिवर्तन को संभव बनाती है।''[107] बात बहुत स्पष्ट नहीं है, लेकिन जितनी भी है, उसमें यह मान लिया गया लगता है कि रचना-निबद्ध अनुभूति का स्वरूप और उसके उत्स आदि सुनिश्चित होते हैं, और कि यथार्थ-जगत के साथ उसका संबंध कार्य-कारण-संबंध होता है। सामान्य अनुभूति का वस्तु-जगत के साथ ऐसा ही संबंध होता है लेकिन जीवनानुभूति रचनागत अनुभूति बनते हुए अपने विशुद्ध रूप में नहीं रह पाती; उसमें अन्यान्य तत्त्वों के आ मिलने से वह एक जटिल चीज हो जाती है इसलिए उसके लिए यही बात नहीं कही जा सकती। यदि इसका अर्थ कवि-रचित वस्तु-जगत से ही लिया जाय तो तटस्थता तो संभव लगती है, लेकिन उससे सामाजिक परिवर्तन भी संभव हो जाएगा, ऐसा कैसे माना जा सकता है। जो भी हो, आगे चलकर स्वयं अज्ञेय को भी इस निराकरण से कोई परितोष नहीं हुआ। उन्होंने भी अनुभव किया कि यह समाधान तात्कालिक ही था। 'आत्मनेपद' में उन्होंने स्पष्ट शब्दों में लिखा है कि 'साहित्यकार समाज को बदलता है... इस किशोर मोह से मैंने छुटकारा पा लिया है।'[108]

लेकिन अज्ञेय का अंतर्विरोध 'आत्मनेपद' में निश्शेष हो गया हो, ऐसा नहीं है। जहाँ उन्होंने समाज को बदलने के किशोर-मोह से छुटकारा पाने की बात लिखी है, ठीक उसी क्रम में उन्होंने लेखक के लिए एक अन्य भूमिका नियत करते हुए लिखा है कि ''समाज में मूल्यों की प्रतिष्ठा ही उसका सच्चा सामाजिक कर्म है।''[109] (दोनों ही भूमिकाएँ एलियट की दृष्टि से लेखक की साहित्येतर भूमिका कही जाएँगी)। अज्ञेय के उत्तर-लेखन में भी उनके चिंतन का यही स्वर मुखर है। 'आलवाल' में उन्होंने लिखा है कि ''मैं लेखक एक आत्यंतिक विभूति जिसका काम है मूल्यों की खोज और प्रतिष्ठा।"[110] एक अन्य स्थल पर उन्होंने लिखा है कि ''कवि के नाते भी मैंने कुछ मूल्यों पर आग्रह करना आवश्यक समझा है।"[111] इन मूल्यों में 'स्थायी नैतिक मूल्यों की प्रतिष्ठा' भी है। 'जोग लिखी' में भी उन्होंने कला के प्रति निष्ठा के साथ चाहा है, 'मानव जीवन मात्र के बुनियादी मूल्यों के प्रति निष्ठा और साहित्य-मात्र में उसकी अभिव्यक्ति।'[112] 'स्रोत और सेतु' में उन्होंने यह कहकर इस भूमिका को और भी निर्भ्रांत कर दिया है कि "यह लेखक का विशेष उत्तरदायित्व हो जाता है कि वह स्वाधीनता के परिमंडल के लिए संघर्ष करे। और यही उत्तरदायित्व है जो उसे दूसरे प्रकार के बौद्धिकों से अलग करता है।"[113]

इस प्रकार, उत्तर-अज्ञेय ने लेखक पर स्वतंत्रता के लिए संघर्ष और मूल्यों के निर्माण का दायित्व डालकर उसके लिए एक वैसी ही (अतिरिक्त) भूमिका नियत कर दी है जैसी कि प्रारंभ में 'त्रिशंकु' में उसे विद्रोह की प्रेरणा देने की जिम्मेदारी सौंपकर

की थी। दोनों ही भूमिकाएँ साहित्यिक-कर्म से न केवल 'इतर' ठहरेंगी बल्कि उनमें साहित्य के साधनभूत रह जाने की आशंका भी प्रबल हो जाएगी।

महती कृतियाँ मूल्यों का निर्माण नहीं करती हों, ऐसा विचार एलियट का भी नहीं था। नैतिक-मूल्यों से स्खलन के लिए उसने उत्तर-एलिजाबेथीय नाटककारों की कटु आलोचना भी की है। लेकिन उसका दृढ़ मत था कि किसी प्रकट लक्ष्य से बँधे बिना साहित्य अपनी भूमिका ज्यादा अच्छी तरह से निभाता है। परंतु अज्ञेय ने निर्द्वंद्व भाव से लेखक पर मूल्यों के निर्माण का दायित्व डाला है। इसी का परिणाम यह हुआ है कि होते-होते वे लेखक और सामाजिक-चिंतक को एक ही भूमि पर ले आए हैं। 'शाश्वती' में उन्होंने लिखा है कि "लेखक के नाते हमारी स्वतंत्रता का महत्त्व केवल इतना नहीं है कि हम जो चाहें लिख सकें; यह भी है कि हम समाज को वैसा बनाने को स्वतंत्र हों, जैसा हम उसे बनाना चाहते हैं—इस अर्थ में फिर एक बार सर्जक साहित्यकार और क्रांतिकर्मा सामाजिक कर्मी साथ जुड़ जाते हैं। दोनों ही मानव की रचनाधर्मिता की रक्षा और उसकी स्वाधीनता की रक्षा और विस्तार के लिए समान रूप से प्रयत्नशील है।"[114] यहाँ 'लेखक के नाते' पद रेखांकित किया जाना चाहिए। एक अन्य स्थल पर उन्होंने दोनों को यह कहकर अध्यात्म के सूत्र से भी कस दिया है कि 'सामाजिक कर्म की भी और रचनाकर्म की भी सफलता संपूर्ण सत्ता की पहचान में है।'[115] विचारणीय यह है कि एक ही लक्ष्य की प्राप्ति के अनेक साधनों में लक्ष्य की समानता के आधार पर ही अभिन्नता कैसे स्थापित की जा सकती है। उनकी अपनी-अपनी प्रकृति का विचार करना भी आवश्यक है।

अज्ञेय जैसा सुलझा हुआ चिंतक इस आधारभूत बात से अपरिचित नहीं हो सकता। कई स्थलों पर उन्होंने साहित्य की अस्मिता को कर्म से अलग भी पहचाना है। 'अंतरा' में उन्होंने लिखा है कि "शब्द कभी कर्म का स्थानापन्न नहीं हो सकता।"[116] भवन्ती में उन्होंने लिखा है कि "कविता भी कर्म की प्रतिस्थानीय या प्रतिभू न है न हो सकती है। जो कवि कवि-कर्म को ही सामाजिक-कर्म मान लेता है, वह फिर कुछेक भौंडे शब्द और ढेर-सा फिचकुर लोगों के आगे डालकर अपने दायित्व को पूरा हो गया मान ले सकता है।" [117] 'आलवाल' में उन्होंने दोनों में पार्थक्य करते हुए लिखा है कि "कर्म के द्वारा अस्मिता की उपलब्धि, कर्म में अस्ति की पहचान—रास्ता तो है, पर यह साहित्य-कर्म से अलग ले जाने वाला रास्ता है—यानी इस अर्थ में साहित्य-लेखन कर्म नहीं है।"[118] इस प्रकार, हम देखते हैं कि अज्ञेय स्थिति के वास्तव से पूर्णतः परिचित हैं लेकिन इसके उपरांत भी उन्होंने साहित्यिक और सामाजिक-चिंतन को एक ही धरातल पर ला खड़ा किया है और इससे उत्पन्न होने वाली असंगतियों का सम्यक् विश्लेषण और निराकरण नहीं किया है। यही विस्मयकारक है। 'शाश्वती' में उन्होंने इस अंतर्विरोध को स्वीकार करते हुए लिखा है कि

"अंततोगत्वा नैतिक-मूल्यों और कला-मूल्यों का एक विरोध रह जाता है जिसका समाधान नहीं है : जाना हुआ नहीं है या कम से कम मुझे नहीं दीखता।"[119]

'अद्यतन' में अज्ञेय ने अपने प्रेषणीयता-विषयक विचारों में मिलने वाले अंतर्विरोध को दूर करने का कुछ प्रयत्न किया है। उनका प्रस्ताव है कि रचना का अर्थ पाते हुए हम प्रयोजनवती भाषा और उसके 'निर्भ्रांत अर्थों' से प्रारंभ करें और फिर 'साहस-यात्राओं' पर निकलें।[120] अभिप्राय यह कि पहले हम रचना का सतही अर्थ ग्रहण करें जो लगभग सर्वग्राह्य होगा, और फिर भाषा का अतिक्रमण करें। 'स्वाभाविक है कि ऐसी यात्रा में कुछ समान दृश्य सबको दीखेंगे, लेकिन यह भी उतना ही स्वाभाविक है कि रुचिभेद, संस्कार-भेद और अवधान-भेद के कारण अलग-अलग लोगों को कुछ अलग-अलग चीजें भी दीखेंगी।'[121] सामान्यतः बात ठीक मालूम होती है लेकिन विचार करने पर जान पड़ता है कि यह पथ तार्किक ही अधिक है, व्यावहारिक उतना नहीं। कथात्मक रचनाओं के संदर्भ में तो हम फिर भी एक हद तक निर्भ्रांत अर्थ पा सकते हैं, और नहीं तो कम से कम उसकी अपेक्षा तो कर ही सकते हैं, लेकिन जिसे एलियट ने 'मननशील कविता' कहा है, उसके संदर्भ में यह बात लागू नहीं होती। यह तो सभी चाहेंगे कि एक निर्भ्रांत अर्थ हाथ आ जाय लेकिन व्यवहारतः ऐसा होता नहीं। इस दृष्टि से एलियट का अर्थ-चिंतन ज्यादा वस्तुनिष्ठ है और विश्व की आधुनिक कविता की जटिलता को पूर्णतः उजागर करता है। एलियट का प्रभाव ग्रहण करके भी अज्ञेय अपने अंतर्विरोध को दूर नहीं कर पाये हैं। वस्तुतः यह विरोध उनमें अंत तक बना ही रहा है।

इस प्रकार, अज्ञेय की साहित्य दृष्टि को आयत्त करने पर हम पाते हैं कि उन्होंने कला की उन्मेषधर्मिता का गठजोड़, व्यक्ति-स्वातंत्र्य के अपने आग्रह के साथ करना चाहा है और अर्थ की अशेष संभावनाओं को निर्भ्रांत अर्थ के साथ जोड़ना चाहा है। क्योंकि दोनों बातों में सहज अभिन्नता नहीं है इसलिए उनके उस चिंतन में असामंजस्य आ गया है। यहाँ यह शंका भी उठती है कि कहीं एलियट का प्रभाव अज्ञेय की चिंताधारा में एक विरोधाभास तो नहीं है? और यदि नहीं, तो वास्तविकता क्या है? क्या इस अंतर्विरोध का समाहार संभव है?

समाहार

किसी भी गंभीर रचनाकार में किसी अन्य लेखक के विचारों के प्रति आकर्षण का होना इस बात का सूचक होता है कि स्वयं रचनाकार के चिंतन में वैसी वृत्ति है अथवा उसके लिए अनुकूल भूमि है। अंतर्विरोध का हेतु होकर कोई भी प्रभाव दूर तक प्रसार नहीं पा सकता है। हमारा विचार है कि अज्ञेय का अंतर्विरोध एलियट के प्रभाव से प्रसूत नहीं है, यह उनके अपने विचारों का द्वंद्व है और यदि हम सतर्कतापूर्वक उनके

विचारों का अनुशीलन करें तो इस विरोध के परिहार का सूत्र हमें उनके चिंतन में ही मिल जाता है। मुख्यतः उलझन इस बात को लेकर है कि यदि रचना सहसा उन्मेषित हो जाती है तो वह व्यक्ति-स्वातंत्र्य और अन्य मूल्यों की सजग वाहक कैसे बन सकेगी?

अज्ञेय ने रचनाकार के लिए परंपरा को आयत्त करने के साथ-साथ परिवेश से संपृक्ति पर भी बल दिया है। यह बल हमें उनमें त्रिशंकु-काल से ही मिल जाता है। उनका मंतव्य कुछ यह जान पड़ता है कि परिवेश के साथ संपृक्ति से कृतिकार परिवेश को भी वैसे ही आयत्त कर सकता है, जैसे अतीत के अनुशीलन से वह परंपरा को करता है। युगीन-जीवन पर किया गया उसका विचार ही उसे अंततः मूल्य-चिंतन की दिशा में ले जाएगा। यदि वह अपने निरूपित मूल्यों को अपनी हार्दिकता और समूचेपन से संवेदित किए रहेगा तो वे मूल्य उसके जीवन से अभिन्न होंगे। (रचनाकार स्वयं मूल्यों का निरूपण करे, यह भी आवश्यक नहीं है, वह दूसरों द्वारा निरूपित मूल्यों को भी अपना सकता है। आवश्यक यही है कि वह उन्हें संवेदित किए रहे।) ऐसी स्थिति में उसका आचरण और चिंतन भी उनसे ओत-प्रोत रहेगा और इस बात की भी संभावना रहेगी कि वे उसके रचनात्मक-लेखन से भी सहज निःसृत हों; कम से कम रचना की उन्मेषधर्मिता से उनका कोई विरोध नहीं रहेगा। अज्ञेय में इसकी संभावना इसलिए भी बनती है कि उनका व्यक्ति जिन मूल्यों को रचता है, उन्हें वह अपने जीवन में पूर्णतः अंगीकार किए चलता है और उनके प्रति ऐसा समर्पित रहता है कि उनकी रक्षा के लिए प्राणों की बलि तक देने में भी नहीं हिचकता। जो मूल्य जीवन में इस तरह गहरे उतरे हुए होंगे, रचना में उनका निवेश किसी सजगता की अपेक्षा नहीं करेगा। इस तरह, सहज उन्मेषित हो जाने वाली रचना में भी उन मूल्यों का सर्जन हुआ मिल जाएगा या कम-से-कम मिल सकने की संभावना तो बन ही जाएगी। इस रूप में विचार करने पर हम देखेंगे कि अज्ञेय में मिलने वाले अंतर्विरोध का परिहार हो जाता है।[122]

इस व्याख्या का पोषण स्वयं अज्ञेय के विचारों से भलीभाँति किया जा सकता है, चाहे वे स्वयं इसके प्रति इतने सजग न भी रहे हों। मूल्यों की सर्वोपरिता की बात वैसे तो उनमें लगभग सर्वत्र मिलती है किन्तु 'स्रोत और सेतु' में वह स्पष्टतापूर्वक प्रतिपादित की गई है; मूल्यों के रचना से सहज निःसृत होने की बात भी अन्यत्र स्वीकृत है। 'आधुनिक हिंदी साहित्य' में एक स्थल पर उन्होंने लिखा है कि "प्रत्येक कला के मूल में भी एक जीवन दर्शन होता है। आवश्यक नहीं कि उसके प्रति कला सचेत भी हो, वह अंशतः या संपूर्णतया अवचेतन भी हो सकता है। पर उसका होना अनिवार्य है। कलाकार का विवेक उसी पर आश्रित है, उसी से उसके मूल्य प्रतिमान निःसृत होते हैं।"[123]

अज्ञेय में कोई सामंजस्य पाना है, तो उसका सूत्र यही है। कठिनाई यही है कि उन्होंने परिवेश और मूल्यों आदि पर अतिरिक्त बल दिया है और इनके लिए संघर्ष को लेखक के रूप में लेखक का अतिरिक्त दायित्व ठहराया है, इसी से यह शंका होती है कि इनका निर्वाह लेखक से अतिरिक्त सजगता की माँग करेगा और वह सजगता रचना की सहज उन्मेषधर्मिता के विरोध में ठहरेगी। यदि वे अपने अतिरिक्त बल को संयत करते और सामंजस्य के सूत्र स्वरूप का भी विशह विवेचन करते तो उनका आलोचक अपने प्रखर रूप में सामने आता।

एलियट ने लेखक के रूप में लेखक का कोई अतिरिक्त दायित्व स्वीकार नहीं किया है। विरोधाभास उसमें भी है लेकिन सृजन से इतर बातों पर आग्रह नहीं रहने से उस विरोध में भी समाहार के सूत्र पा लेना कठिन नहीं रह जाता। उसने एक ओर सृजन में अवचेतन की प्रबल भूमिका और निर्वैयक्तिकता पर बल दिया है और दूसरी ओर सृजन में व्यक्तित्व के समावेश को आवश्यक ठहराया है बल्कि उसे रीढ़वत् महत्त्व भी दिया है। इन दोनों बातों में एक विरोधाभास है लेकिन क्योंकि उसने लेखक के लिए कोई इतर दायित्व नियत नहीं किया है इसलिए आलोचकों के लिए उसकी यह कहकर व्याख्या करना संभव हो गया है कि कविता की रचना-प्रक्रिया में व्यक्तित्व निश्शेष हो जाता है (यही निर्वैयक्तिकता है) लेकिन रचित कविता में से उसके वैशिष्ट्य का लोप नहीं होता है (यही व्यक्तित्व का निवेश है)। यही बात अज्ञेय के लिए भी कही जा सकती है। लेकिन यह कहना कुछ ज्यादा उचित होता, या कम कठिन होता, यदि वे सामंजस्य के स्वरूप का स्पष्ट विर्वचन करते।

यहाँ यह रेखांकित करना आवश्यक है कि अज्ञेय का अपने आग्रहों पर बल कुछ शिथिल भी होता, तब भी वे एलियट की अनुकृति नहीं बनते। व्यक्तित्व और परिवेश का प्रस्ताव उन्हें एलियट से विशिष्ट ही रखता। साहित्य की स्वायत्तता का कोई भी चिंतक साहित्यकार के व्यक्तित्व की अवहेलना नहीं कर सका है। निर्वैयक्तिकता पर बल देने वाला एलियट कवि-मानस को प्लेटीनम की भाँति केटेलिक एजेंट करार देकर भी बहुत दूर तक नहीं जा सका है। उसे व्यक्तित्व के समावेश को स्वीकार करना ही पड़ा है। ऐसी स्थिति में, अज्ञेय का प्रारंभ से ही व्यक्तित्व पर बल देना यह सूचित करता है कि साहित्य की नब्ज की पकड़ उनकी अपनी है। यद्यपि जिस समय अज्ञेय एलियट की ओर आकर्षित हुए थे, उससे काफी पहले ही एलियट रचना में व्यक्तित्व के समावेश को स्वीकार कर चुका था, लेकिन फिर भी यह कहना निरापद है कि अज्ञेय जिस एलियट की ओर आकर्षित हुए, वह निर्वैयक्तिकता का प्रतिपादक एलियट ही था, व्यक्तित्व के समावेश को स्वीकार करने वाला एलियट नहीं। वस्तुतः एलियट आलोचना-जगत में अपने निर्वैयक्तिकता के सिद्धांत के कारण ही प्रसिद्ध हुआ था। ज्ञातव्य यह भी है कि अज्ञेय ने अनुवाद 'परंपरा' निबंध का ही किया था

जिसमें निर्वैयक्तिकता का सिद्धांत प्रतिपादित हुआ मिलता है। फिर, 'त्रिशंकु' में व्यक्तित्व पर जो बल मिलता है, उसका तेवर भी एलियट से भिन्न है। वह वस्तुतः अज्ञेय का अपना ही है। इसी तरह, परिवेश और मूल्यों पर बल भी उनका अपना है; कम से कम इन क्षेत्रों में वे एलियट के ऋणी नहीं हैं।

यहीं यह कहना आवश्यक है कि किसी भी लेखक के लिए परंपरा की चेतना जितनी अनिवार्य है, परिवेश से उसकी सम्पृक्ति और मूल्यों का उसका चिंतन भी उतना ही अनुपेक्षणीय है। अवश्य ही, कलाकार का अपने जीवन में परिवेश की चेतना प्राप्त करना और मूल्यों का चिंतन करना एक बात है, और रचना रचने के क्षणों में इनके प्रति जागरूक होना बिल्कुल दूसरी। अज्ञेय इस अंतर से भलीभाँति परिचित हैं; उन्होंने लिखा भी है कि कलाकार का दर्शन उसके अवचेतन में रह सकता है और उससे भी मूल्य निःसृत हो सकते हैं, लेकिन इसका विशद प्रतिपादन उनमें नहीं मिलता। एलियट जब कहता है कि रचना में अनुभूत विश्वासों के लिए ही स्थान है, ओढ़े हुओं के लिए नहीं अथवा कला किसी निर्दिष्ट लक्ष्य के प्रति जागरूक हुए बिना अपनी भूमिका ज्यादा अच्छी तरह से निभाती है, तब वह यही बात कहता है, लेकिन क्योंकि यह उसका सुचिंतित मत है इसलिए यह उसमें दृढ़तापूर्वक प्रतिपादित हुआ मिलता है। लगता है कहीं गहरे में एलियट का यह प्रभाव अज्ञेय की दृष्टि का संस्कार करता रहा है। लेकिन यह चिंत्य ही कहा जाएगा कि अपने उत्तर-काल में उन्होंने चिंतन के स्फुट-कण बिखेर कर ही संतोष कर लिया, उन्हें आलोचना का विशद रूप देने का कोई श्रम नहीं किया।

बहरहाल, परिवेश पर बल देने वाले अज्ञेय को, परंपरा पर बल देने वाले एलियट का अनुकर्ता नहीं कहा जा सकता। साहित्य के लिए जितनी परंपरा अनिवार्य है, उतना ही परिवेश अपरिहार्य, इसलिए अज्ञेय को एलियट का विरोधी भी नहीं कहा जा सकता। क्योंकि साहित्य को साहित्य के रूप में देखने के प्रश्न पर दोनों विचारक एक ही धरातल पर खड़े हैं, इसलिए कुछ कहना ही है तो अज्ञेय को एलियट का पूरक कहा जा सकता है यद्यपि इसका अर्थ यह बिल्कुल नहीं होगा कि पूरक कहे जाने भर से वे एलियट की कक्षा के साहित्य-चिंतक मान लिए जाएँ।

संदर्भ

1. 'कंटेंपरेरी इंडियन लिट्रेचर' में अज्ञेय का लेख
2. रसेल कर्क : एलियट, पृष्ठ 4

   टी.एस.मैथ्यूज : ग्रेट टॉम, आमुख।

   रामकमल : शिखर से सागर तक (अज्ञेय की जीवनी)

   अज्ञेय : आत्मनेपद, पृष्ठ 192; अंतरा : पृष्ठ 80

   वैयक्तिक जीवन के प्रकाशन के प्रति उदासीनता के उपरांत भी उत्तर-अज्ञेय में जीवन

के कुछेक प्रसंगों का प्रकाशन मिल जाता है। एक स्थल पर तो एक प्रकार की वसीयत जैसी चर्चा भी मिलती है। द्रष्टव्य : भवन्ती, पृष्ठ 132-35। लेकिन एलियट में ऐसी चर्चा भी कम ही मिलती है यद्यपि जीवनियाँ एलियट की अधिक लिखी गई हैं।

3. एलियट की कब्र पर मृत्यु-लेख
   अज्ञेय : भवन्ती, पृष्ठ 46
4. एलियट : ऑन पोइट्री एंड पोएट्स, पृष्ठ 106
   अज्ञेय : भवन्ती, पृष्ठ 46
5. ऑन पोइट्री, पृष्ठ 26
6. भवन्ती, पृष्ठ 48
7. अज्ञेय, निश्चय ही, एलियट की कोटि के आलोचक नहीं हैं; लेकिन एलियट की यह बात उनकी आलोचना पर भी लागू होती है कि कवि-आलोचक की आलोचना आलोचना के रूप में भी प्रतिष्ठा प्राप्त होनी चाहिए, उसे मात्र इसलिए ही ख्यात नहीं होना चाहिए कि उससे उस कवि-आलोचक की कविता को समझने में सहायता मिलती है।
8. अज्ञेय : त्रिशंकु, पृष्ठ 96
   तुलनीय : डॉ. देवराज : साहित्य-चिंता, पृष्ठ 131
   'एलियट की प्रत्येक उक्ति विचारणीय होती है।'
9. एलियट : टू क्रिटिसाइज़ द क्रिटिक, पृष्ठ 24-25
10. अज्ञेय : आत्मनेपद, पृष्ठ 83
11. भवन्ती, पृष्ठ 141
12. अज्ञेय : जोग लिखी, पृष्ठ 12
    तुलनीय : एलियट : द यूज़, पृष्ठ 130 व 126
    द्रष्टव्य : टिप्पणी 81
13. त्रिशंकु : पृष्ठ 33
    द्रष्टव्य : एलियट : सिलेक्टेड ऐसेज़, पृष्ठ 16
14. सच्चिदानंद वात्स्यायन (अज्ञेय) : आधुनिक हिंदी साहित्य, पृष्ठ 227
    द्रष्टव्य : पृष्ठ 234; लगभग ऐसा ही कथन।
15. जोग लिखी, पृष्ठ 84
16. अज्ञेय : अद्यतन, पृष्ठ 131
    तुलनीय : एलियट : सिलेक्टेड ऐसेज़, पृष्ठ 14-15
17. सिलेक्टेड ऐसेज़, पृष्ठ 203
18. जोग लिखी, पृष्ठ 110-111
19. अंतरा : पृष्ठ 89
    अज्ञेय ने रचनाकार के दृष्टिकोण में विकास की जो अपेक्षा की है, वह सर्वेश्वर पर की गई उनकी एक टिप्पणी में देखी जा सकती है। सर्वेश्वर के प्रति शिकायत करते हुए उन्होंने लिखा है कि 'सर्वेश्वर में अभी तक जो स्पष्ट और संयत और प्रतीतिकर है वह

अब भी वही है जो दस-पन्द्रह वर्ष पहले था।'

20. भवन्ती, पृष्ठ 136
    तुलनीय : ऑन पोइट्री, पृष्ठ 225
    एलियट ने निर्वैयक्तिकता के दूसरे रूप का जो प्रस्ताव किया है, वह मुक्तिबोध में ज्यादा अच्छे ढंग से व्यक्त हुआ है।
    द्रष्टव्य : मुक्तिबोध रचनावली, 5/457 (5/94 व 5/206) भी द्रष्टव्य।
21. सिलेक्टेड ऐसेज़, पृष्ठ 137
    तुलनीय : त्रिशंकु, पृष्ठ 115
22. ऑन पोइट्री, पृष्ठ 106-107
    तुलनीय : अज्ञेय : शाश्वती, निवेदन, पृष्ठ 5
23. सिलेक्टेड ऐसेज़, पृष्ठ 289
24. आत्मनेपद, पृष्ठ 36
25. एलियट : द यूज़ ऑव पोइट्री, पृष्ठ 96
26. अज्ञेय : अंतरा, पृष्ठ 89
27. जोग लिखी, पृष्ठ 117
28. सिलेक्टेड ऐसेज़, पृष्ठ 137
29. वही, पृष्ठ 136
30. ऑन पोइट्री, पृष्ठ 226
31. जोग लिखी, पृष्ठ 35
    द्रष्टव्य : पृष्ठ 28, 116, 189
32. अज्ञेय : शाश्वती, पृष्ठ 121
33. भवन्ती, पृष्ठ 54
34. गहराई में जाकर देखें तो इन दोनों में प्रस्तुत संदर्भ में एक अंतर मिलेगा। एलियट पाठक में जिस बदलाव की बात करता है, वह बदलाव विवेक-प्रसूत है। अज्ञेय का बल संवेदन पर है। संवेदन पर प्रभाव की बात एलियट ने भी की है, वह इससे भी परिचित है कि संवेदन का प्रभाव समूचे व्यक्तित्व को प्रभावित करता है लेकिन सम्पन्नतर विवेक की बात उनके निकट उससे आगे का सोपान है। परंतु अज्ञेय संवेदन और विवेक में अंतर करके दोनों कीक पृथक चर्चा करते दिखाई नहीं पड़ते।
35. सिलेक्टेड ऐसेज़, पृष्ठ 16
36. अज्ञेय : आलवाल, पृष्ठ 9
37. सिलेक्टेड ऐसेज़, पृष्ठ 206
38. अज्ञेय : संवत्सर, पृष्ठ 132
39. अज्ञेय : सर्जना के क्षण, पृष्ठ 11
40. एलियट के पद्य-नाटक विषयक विचार 'द यूज़' (पृष्ठ 153) और 'ऑन पोइट्री' (निबंध-कविता और नाटक) में द्रष्टव्य। अज्ञेय के विचारों के लिए 'आधुनिक हिंदी साहित्य' में 'कहानी : यथार्थ संप्रेषण की समस्याएँ' निबंध पठनीय।

41. सिलेक्टेड ऐसेज़, पृष्ठ 115
42. अज्ञेय : आधुनिक हिंदी साहित्य, पृष्ठ 123
43. ऑन पोइट्री, पृष्ठ 48
44. जोग लिखी, पृष्ठ 77
45. ऑन पोइट्री, पृष्ठ 24
46. त्रिशंकु, पृष्ठ 77
47. द यूज, पृष्ठ 78
48. सिलेक्टेड ऐसेज़, पृष्ठ 19; अज्ञेय कृत अनुवाद, त्रिशंकु, पृष्ठ 38; द यूज : पृष्ठ 114[ण]
49. त्रिशंकु, पृष्ठ 68, 69, 77 आदि द्रष्टव्य
50. अंतरा, पृष्ठ 6
51. आत्मनेपद, पृष्ठ 228-229
52. संवत्सर, पृष्ठ 77
53. ऑन पोइट्री, पृष्ठ 98
54. भवन्ती, पृष्ठ 5
55. त्रिशंकु, पृष्ठ 76
56. आत्मनेपद, पृष्ठ 236
57. वही, पृष्ठ 239
58. ऑन पोइट्री, पृष्ठ 98
59. द यूज़, पृष्ठ 144
    यहाँ स्मरणीय है कि डॉ. नगेन्द्र ने एलियट के कविता के स्वतः स्फुरण के विचार को अवैज्ञानिक कह कर उसकी कटु-आलोचना की है और अपनी ओर से इस स्वतः स्फुरण की मनोवैज्ञानिक व्याख्या की है। यदि वे एलियट का सम्यक् अध्ययन करते तो उन्हें वह व्याख्या एलियट में ही मिल जाती। इस प्रसंग के लिए द्रष्टव्य लेखक का आलेख–डॉ. नगेन्द्र, एलियट और रिचर्ड्स।
60. जोग लिखी, पृष्ठ 66.
61. एज़रा पाउण्ड की चुनी हुई कविताओं की एलियट की लिखी हुई भूमिका से।
62. जोग लिखी, पृष्ठ 69
63. आत्मनेपद, पृष्ठ 239
64. वही, निवेदन, पृष्ठ 7
65. सिलेक्टेड ऐसेज़, पृष्ठ 17,18
66. ऑन पोइट्री, पृष्ठ 94
67. जोग लिखी, पृष्ठ 112
68. द यूज़, पृष्ठ 138
69. वही। पृष्ठ 30 भी द्रष्टव्य
70. ऑन पोइट्री, पृष्ठ 97-98
71. द यूज़, पृष्ठ 126; 130

72. ऑन पोइट्री, पृष्ठ 112
73. द यूज़, पृष्ठ 126
74. ऑन पोइट्री, पृष्ठ 113
75. वही, पृष्ठ 30-31
76. द यूज़, पृष्ठ 30
77. वही, पृष्ठ 138;
    द्रष्टव्य : पृष्ठ 115
78. आत्मनेपद, पृष्ठ 31
79. वही, पृष्ठ 158
80. वही, पृष्ठ 229-230
81. जोग लिखी, पृष्ठ 12
    यही वह प्रसंग है जिसकी तुलना एलियट से की जा सकती है (द यूज़, पृष्ठ 130;126); की भी गई है; लेकिन वत्सल-निधि के आबू-शिविर (1982) के समय लेखक की अज्ञेयजी से जो भेंट हुई, उसमें उन्होंने पूछा कि क्या आप यह जानते हैं कि यह कवि कौन था? फिर, स्वयं ही इसका उत्तर देते हुए बोले कि यह कवि ब्राउनिंग था।
82. द यूज़, पृष्ठ 130, 126
83. अद्यतन, पृष्ठ 62
84. जोग लिखी, पृष्ठ 27-28
    तुलनीय : द यूज़, पृष्ठ 141; ऑन पोइट्री, पृष्ठ 31-32
    अलग-अलग पाठकों के अलग-अलग अर्थ पाने की चर्चा एलियट ने कई स्थलों पर की है। लेकिन उसका सम्यक् कारण-विवेचन उसमें नहीं मिलता। अज्ञेय के 'जोग लिखी' में इसका कुछ स्पष्टीकरण हमें मिल जाता है।
85. विल्सन नाइट : व्हील ऑव् फायर; एलियट कृत भूमिका पृष्ठ XVI
    द्रष्टव्य : सिलेक्टेड ऐसेज़, पृष्ठ 32
86. द यूज़, पृष्ठ 139
87. जोग लिखी, पृष्ठ 36
88. अज्ञेय (सम्पादित) : तार सप्तक, पृष्ठ 79
89. जोग लिखी, पृष्ठ 185
90. भवन्ती, पृष्ठ 77
91. जोग लिखी, पृष्ठ 185
92. ऑन पोइट्री, पृष्ठ 78
93. तार सप्तक, पृष्ठ 76-77(त्रिशंकु, पृष्ठ 116)
94. जोग लिखी, पृष्ठ 64
95. ऑन पोइट्री, पृष्ठ 100

96. वही, पृष्ठ 30
97. शाश्वती, पृष्ठ 122
98. अज्ञेय : स्रोत और सेतु, पृष्ठ 116
    द्रष्टव्य : अंतरा, पृष्ठ 35
    उन्होंने लिखा है कि "कोई दार्शनिक या तार्किक पद्धति समाज या राष्ट्र की स्वतंत्रता को एक चरम मूल्य के रूप में प्रतिष्ठित नहीं कर सकती, अगर वह व्यक्ति-स्वातन्त्रय के अपहरण का अनुमोदन करती है।"
99. त्रिशंकु : 'कला का स्वभाव और उद्‌देश्य' द्रष्टव्य
100. वही, पृष्ठ 51
101. संवत्सर, पृष्ठ 79
    अज्ञेय का 'अमरत्व का क्षण' एलियट के 'निश्चल क्षण' का निकटवर्ती जान पड़ता है, लेकिन व्यक्तित्व का आग्रह एलियट में नहीं है। अज्ञेय ने स्मृति के कालातीत पक्ष पर बल देकर स्वयं के विचार को एलियट से पृथक किया है लेकिन यहाँ इसकी पड़ताल अपेक्षित होगी कि क्या एलियट ने स्मृति के कालबद्ध पहलू पर बल दिया है? यहाँ इस बात का स्मरण करना अप्रासंगिक नहीं होगा कि एलियट की परंपरा की धारणा काल के कालातीत आयाम पर ही बल देती है, कालबद्धता उसमें नहीं है।
102. द यूज़, पृष्ठ 113
103. त्रिशंकु, पृष्ठ 68, 69
104. वही, पृष्ठ 53
105. आत्मनेपद, पृष्ठ 85
106. त्रिशंकु, पृष्ठ 68
    हिंदी साहित्य जगत में अज्ञेय अपने साहित्यिक आग्रहों के लिए ही ज्यादा जाने गए हैं, उन पर अधिकोश प्रहार भी इन्हीं आग्रहों के लिए किए गए हैं लेकिन उनके अनुशीलन से ज्ञात होता है कि प्रेषनीयता, स्वतंत्रता के लिए संघर्ष, मूल्य-चिंतन आदि के रूप में सामाजिकता का निवेश भी उनमें त्रिशंकु-काल से ही मिलता है बल्कि वहाँ ज्यादा प्रबल है। लेकिन यह सामाजिक उद्देश्परक रचना की सामाजिकता के साथ गड़मड्ड नहीं की जानी चाहिए।
107. वही, पृष्ठ 78
108. आत्मनेपद, पृष्ठ 60
109. वही, पृष्ठ 101
110. अज्ञेय : आलवाल, पृष्ठ 13
111. वही
112. जोग लिखी, पृष्ठ 32
113. स्रोत और सेतु, पृष्ठ 18

114. शाश्वती, पृष्ठ 85
115. वही, पृष्ठ 103
116. अंतरा, पृष्ठ 44
117. भवन्ती, पृष्ठ 69
118. आलवाल, पृष्ठ 24
119. शाश्वती, पृष्ठ 115
120. अद्यतन, पृष्ठ 63
121. वही
122. यहाँ अज्ञेय और मुक्तिबोध के विचार तुलनीय हैं। अपनी विचार व्यवस्था का प्रतिपादन करते हुए मुक्तिबोध ने आभ्यंतरीकरण की जो बात कही है, वह आदर्शों को आचरण में उतार लेने की बात ही है। उसका अभिप्राय भी यही है कि कवि को अपने आचरण द्वारा उस दृष्टि तक स्वयं ही पहुँच जाना चाहिए जो उसके सामने बाह्य आग्रहों द्वारा प्रस्तुत की गई है। इससे वह विचार-दृष्टि उसकी भाव-दृष्टि बन जाएगी। न्यूनाधिक रूप से यही बात अज्ञेय के लिए भी कही जा सकती है, इसलिए इस हद तक दोनों में सहमति देखी जा सकती है। लेकिन मुक्तिबोध के विचारों को समग्रतः आयत्त करने पर जान पड़ता है कि उनकी विचार-दृष्टि दूर तक वर्ग-दृष्टि से बँधकर रह गई है। अज्ञेय ने ऐसा कोई बंधन स्वीकार नहीं किया है। दूसरा अंतर यह है कि मुक्तिबोध ने उन आदर्शों के रचना में (यथावत्) उतर आने तक उनका पीछा किया है। वे आदर्शों के आचरण में उतरने की बात से ही संतुष्ट नहीं थे, रचना में उन्हें उसी रूप में पाना भी चाहते थे; उन्होंने आदर्श, आचरण और रचना में एक प्रकार का समीकरण स्थिर कर लिया था; उनकी विचार-व्यवस्था इसी प्रकार की व्यूह रचना है। मूल्यों के प्रति अतिरिक्त सजगता उत्तर-अज्ञेय में भी काफी है, लेकिन उन्होंने रचना में उनके यथावत् उतरने तक उनका पीछा नहीं किया है। कृतिकार का दर्शन उसके अवचेतन में भी रह सकता है, यह कहकर उन्होंने रचनाकार को उसके प्रति अतिरिक्त सजगता से भी मुक्त कर दिया है। लेकिन जो भी हो, आदर्श, आचरण और रचना में समीकरण स्थिर करना, साहित्य के क्षेत्र में एक भ्रम को पाल लेना है। ऐसा भ्रम पाल लेने वालों के लिए मुक्तिबोध के एक लेख 'रचनाकार का मानवतावाद' में यह अंश पठनीय है कि 'कलाकार बाह्य अनुरोधों और आग्रहों को स्वीकार करके भी, और तदनुसार अपने अंतर्तत्वों की व्यवस्था का संस्कार करते हुए भी, उन अनुरोधों और आग्रहों को कलाकृति में अवतरित करे ही, यह आवश्यक नहीं होता—अर्थात् वह वैसा करेगा ही, यह अनिवार्य नियम नहीं है।' (5/352) यहाँ अंतर्तत्वों का संस्कार करने वाली बात रेखांकित करने योग्य है। मुक्तिबोध से परिचित व्यक्ति जानता है कि उनके मतानुसार इस हद तक कोई बाह्य आग्रह तभी पहुँच पाएगा जबकि 'लेखक अपने स्वयं के जीवनानुभवों से प्राप्त दृष्टि के रूप में' उन्हें पाएगा। (5/221) इसका सीधा अर्थ यह है कि वह उनके अनुरूप आचरण

करेगा। अब, जो विचार आचरण में उतर आएँगे और इस हद तक उतर आएँगे कि अंतर्तत्वों की व्यवस्था का संस्कार करने लगें, उनके लिए मुक्तिबोध का कहना है कि वे कलाकृति में आयें ही, यह आवश्यक नहीं है। इस प्रकार, कलाकृति के मनोविज्ञान की, विशेषतः आदर्श और आचरण से संबंधित उसके पहलू की, विशिष्टता इन पंक्तियों में बखूबी व्यक्त हुई है। विडंबना यह है कि अपनी विचार-व्यवस्था प्रतिपादित करते हुए मुक्तिबोध ने इस बात को भुला दिया है। उनके कवि के संवेदनात्मक उद्देश्य निश्चित होते हैं और वे वर्ग-विशेष की देन होते हैं और मुक्तिबोध रचना में उन्हीं का रूपायन चाहते हुए यह बात भुला देते हैं कि उनका यह आग्रह कलाकृति के उपर्युक्त मनोविज्ञान की अनुरूपता में नहीं ठहरता।

अज्ञेय ने रचना-प्रक्रिया का जो विवेचन किया है, उसे देखते हुए, यह बात उनकी अपरिचित नहीं हो सकती लेकिन जहाँ उन्होंने मूल्यों की, और प्राणों की बलि देकर मूल्यों की रक्षा की बात की है, वहीं इस मनो-पहलू का आकलन भी होना चाहिए था, लेकिन इसका स्पष्ट आकलन उन्होंने नहीं किया है।

123. आधुनिक हिंदी साहित्य, पृष्ठ 19

अध्याय-2

डॉ॰ देवराज

हिंदी-आलोचना में एलियट के साहित्य-चिंतन का प्रभाव, अज्ञेय के बाद, प्रमुख रूप से डॉ॰ देवराज की साहित्य-चिंता पर दिखाई देता है। अज्ञेय ने लिखा है कि 'एलियट की बात सोचने लायक होती है।[1] डॉ॰ देवराज ने लगभग उसी स्वर में बल्कि उससे आगे बढ़कर, कहा है कि 'एलियट की प्रत्येक उक्ति विचारणीय होती है।'[2] लेकिन उसके प्रभाव का ग्रहण दोनों ने अपने-अपने ढंग से किया है। अज्ञेय अधिकांशतः एलियट के सृजन-प्रक्रिया विषयक चिंतन की ओर आकर्षित हुए हैं जबकि डॉ॰ देवराज में यह पहलू लगभग अछूता रहा है; उन्होंने प्रतिमान-निरूपण के संदर्भ में किए गए उसके चिंतन-मनन से प्रभाव ग्रहण किया है।

एलियट के चिंतन का अनुशीलन डॉ॰ देवराज में हमें प्रारंभ से ही मिलता है। यह भी लक्ष्य किया जा सकता है कि एलियट के प्रति अनुराग उनमें उत्तरोत्तर वर्धित हुआ है यद्यपि अपनी दृष्टि का निर्माण उन्होंने स्वतंत्र रूप से किया है।

डॉ॰ देवराज की सैद्धांतिक-आलोचना की पहली पुस्तक 'साहित्य चिंता' के प्रारंभ में अंकित आदर्श-वाक्य इर्विंग बैबिट का है। बैबिट एलियट का गुरु था। उद्धृत वाक्य में कहा गया है कि 'आज की परिस्थितियों में प्रतिमानों के निरूपण की जटिल भूमिका निभाने वाले आलोचकों की आवश्यकता है।' अंग्रेजी-आलोचना में यह भूमिका एलियट ने निभाई थी। हिंदी में कुछ ऐसी ही भूमिका निभाने का यत्न डॉ॰ देवराज ने किया है। अतः यह स्वाभाविक ही है कि वे एलियट में कुछ समधर्मिता पाते। 'साहित्य-चिंता' के निवेदन में उन्होंने लिखा भी है कि 'प्रस्तुत लेखक पंडित रामचंद्र शुक्ल और टी.एस. एलियट की रस संवेदना से विशेष प्रभावित हुआ है।' इस प्रभाव के प्रति कृतज्ञता का भाव उनमें इत्ना गहरा है कि 'आधुनिक समीक्षा' में वह जगह-जगह उसके महत्त्व स्वीकार के रूप में प्रकट होकर भी निश्शेष नहीं हुआ है। निदान, 'प्रतिक्रियाएँ' पुस्तक शुक्लजी के साथ-साथ एलियट को भी समर्पित की गई हैं। उसका समर्पण वाक्य है, "स्वर्गीय पंडित रामचंद्र शुक्ल और टी. एस. एलियट को—मतभेद रखते हुए भी प्रस्तुत लेखक ने जिनसे बहुत अधिक सीखा है।"

एलियट के प्रति श्रद्धाभाव का ज्ञापन डॉ॰ देवराज के निवेदन और समर्पण में ही नहीं मिलता है, विवेचन में भी मिलता है। मार्क्स से गहरे प्रभावित होने के बावजूद उन्होंने एलियट की आलोचनात्मक-गरिमा निर्द्वंद्व भाव से स्वीकार करते हुए एक जगह लिखा है कि ''प्रगतिवादी आलोचक हिंदी पाठकों और लेखकों पर, थोड़े ही काल के लिए सही, इतना आतंक जमा सके यह भी हमारे जातीय मस्तिष्क के अपरिपक्व अथवा अल्पविकसित होने का चिह्न है... टी. एस. एलियट के देश में, जहाँ तक मुझे मालूम है, प्रगतिवादी आलोचना की ऐसी अतर्कित विजय कभी नहीं हुई। कोई मार्क्सवादी अंग्रेजी आलोचक इलियट का समकक्ष भी नहीं बन सका।''[3] यदि हम देखें कि डॉ॰ देवराज के निकट परिपक्वता का अर्थ वह चेतना है जिसे एलियट ने 'अतीत की समीक्षित चेतना', 'क्रिटिकल सैंस ऑव् द पास्ट,' कहा है और जिसकी गहरी कमी उन्होंने सामान्य रूप से ''अब तक की हिंदी-आलोचना'' में ही नहीं,[4] शुक्लजी जैसे 'उच्च कोटि के रसज्ञ आलोचक' में भी पाई है और उन्हें अप्रौढ़ तक कहा है,[5] तो यह देख लेना कठिन नहीं रह जाएगा कि एलियट उनके लिए कितने ऊँचे धरातल पर है। शुक्लजी भी उनके आदर्श रहे हैं, लेकिन जैसी कठोर टिप्पणियाँ उन्होंने यत्र-तत्र शुक्लजी के प्रति की हैं, वैसी एक भी कठोर टिप्पणी उनमें एलियट के प्रति नहीं मिलेगी। उसके प्रति उन्होंने प्रशंसा बल्कि श्रद्धा भाव का ज्ञापन ही अधिक किया है। 'आधुनिक समीक्षा' में उन्होंने लिखा है कि ''गेटे की तुलना में शैले तथा वर्ड्सवर्थ साहित्य के एकांगी तथा घटिया विचारक हैं। यह कमी टी. एस. एलियट में नहीं है।''[6] वह उनके अनुसार, ''अपनी पीढ़ी का सबसे बड़ा कवि और सबसे बड़ा आलोचक है। वह एक उच्चकोटि का विचारक भी है।''[7] उच्चता से उनका अभिप्राय यह है कि ''बौद्धिक परिपक्वता में टी.एस. एलियट अपने क्षेत्र में उतनी ही ऊँची कोटि का विचारक है जितना बर्ट्रेंड रसेल तथा आइन्स्टाइन अपने क्षेत्रों में।''[8] स्वयं अपने संदर्भ में एलियट उन्हें कितना स्पृहणीय जान पड़ता है, इसे 'प्रतिक्रियाएँ' (की विज्ञप्ति) के इस कथन में देखा जा सकता है, जहाँ उन्होंने लिखा है कि ''एलियट जैसे लेखकों के समीक्षात्मक कृतित्व को देखते हुए मुझे अपनी सीमाओं की तीखी अवगति होती रही है।'' यह कथन उस पुस्तक से है जिसमें उन्होंने 'संस्कृति बोध' नाम से एक नया प्रतिमान निरूपित किया है।

'साहित्य समीक्षा और संस्कृति बोध' में उन्होंने एलियट की गणना 'इतने बड़े युग के प्रति संवेदनशील' हो पाने जैसे 'श्लाघ्य और दुस्साध्य' कार्य कर सकने वाले विरल लेखकों में की है। उन्होंने लिखा है कि 'युग के ज्ञान-विज्ञान में नितांत सूक्ष्म भौतिक शास्त्र, रसायन शास्त्र, आदि के सिद्धांतों के अलावा नृत्तत्त्वशास्त्र, मनोविज्ञान, समाजशास्त्र आदि विद्याओं का समावेश है। उनसे कमोबेश अवगत होना हर लेखक के लिए साध्य नहीं है; उनका एक व्यापक दार्शनिक दृष्टि से आकलन करके अपना खुद का दृष्टिकोण बनाना किसी के भी लिए और ज्यादा कठिन है। विरले लेखक ही इतनी क्षमता रखते

हैं 'जैसे एलियट और सार्त्र।'[9] इस प्रकार, एलियट की व्यापक और गहन वैचारिक और उसकी आलोचनात्मक श्रेष्ठता के प्रति वे इतने आश्वस्त हैं कि उसका व्यक्तित्व उन्हें सहज ही विश्व के गिने-चुने चिंतकों और साहित्यालोचकों की पंक्ति में रखने योग्य जान पड़ता है।

इस सारे श्रद्धा भाव को देखते हुए डॉ॰ देवराज एलियट को समग्रतः आयत्त किए हुए हो सकते थे और उनकी आलोचना एलियट के रंग में रंगी हुई भी हो सकती थी, और उसकी कमियों का तीखा विश्लेषण करने वाली भी लेकिन वास्तव में ऐसा नहीं है। उनकी आलोचना उनकी अपनी स्वतंत्र दृष्टि का प्रतिफलन ही है। उसका निर्माण एक ओर उनके दार्शनिक ने किया है तो दूसरी ओर उन पर मार्क्सवाद के प्रभाव ने किया है। एक अन्य तत्त्व उन पर एलियट का प्रभाव भी है लेकिन उसने उनकी दृष्टि का सतत संस्कार ही अधिक किया है। इस प्रकार, कुल मिलाकर उनकी आलोचना-दृष्टि इन विभिन्न प्रभावों से निर्मित उनकी स्वतंत्र दृष्टि है।

रोमानीवाद का विरोध और क्लासिकवाद का समर्थन वह समान धरा है, जिस पर वे एलियट के साथ खड़े हैं। उनके एलियट के निकट जाने का आधार इसी भूमि ने प्रदान किया था। लेकिन साहित्यिकता का जो अनुशासन हमें एलियट में मिलता है, वह डॉ॰ देवराज में नहीं मिलता। उन्होंने साहित्य पर दर्शन का अनुशासन स्वीकार कर एलियट से अपना प्रस्थानभेद सूचित किया है। एलियट का प्रभाव उन पर कितना गहरा है, इसे पाने के लिए हमें उनके विचारों को और फिर उनमें आते गये परिवर्तनों को देखना होगा, तभी हम वास्तविकता को पा सकेंगे।

डॉ॰ देवराज की आलोचना-दृष्टि का निर्माण

डॉ॰ देवराज का प्रथम अनुराग दर्शन के प्रति है। साहित्यालोचना उनके लिए गौण कर्म है। संयोगवश, आलोचना एलियट के लिए भी गौण कर्म थी, और चिंतन-क्षेत्र में उसका प्रवेश-द्वार भी दर्शन ही था; उसका पहला रचित ग्रंथ दार्शनिक एफ.एच. ब्रैडले पर उसका शोध-प्रबंध था; और यदि अपने संकल्प से वह साहित्य के क्षेत्र में ही नहीं रह गया होता तो उसकी माँ का आग्रह और बर्ट्रेंड रसेल का अनुरोध उसे दर्शन के क्षेत्र में ही ले गए होते; लेकिन वह न केवल दर्शन के क्षेत्र में नहीं गया बल्कि आलोचना के क्षेत्र में भी उसने दर्शन के आतंक को स्वीकार नहीं किया। उसने केवल साहित्यिकता का अनुशासन ही स्वीकार किया है। साहित्य की स्वायत्तता उसमें अंत तक स्वीकृत हुई मिलती है। लेकिन डॉ॰ देवराज की आलोचना की बागडोर उनके दार्शनिक ने थामे रखी है। यह उसी का प्रभाव है कि डॉ॰ देवराज ने साहित्य से मनुष्य की चेतना का विकास चाहा है और साहित्य को उसका साधन भी बनाया है। उनके निकट 'साहित्य की सृष्टि.... मनुष्य के चेतनामूलक जीवन का अंग है,'[10] वह 'मनुष्य की मूल्य-दृष्टि को

शिक्षित और परिष्कृत करता है।'[11] उनका यही आग्रह मार्क्सवाद के प्रभाव से जुड़कर समाज के विकास की कामना में पर्यवसित हो गया है और साहित्य उसका साधन होकर रह गया है।

निश्चय ही, डॉ॰ देवराज मार्क्सवाद से भी संतुष्ट नहीं हैं, क्योंकि एक ओर उसमें उच्चतर नैतिक मूल्यों का आकलन नहीं मिलता है (जैसा कि उनका दार्शनिक चाहता है) तो दूसरी ओर वह कृति की रचनात्मक श्रेष्ठता के उपादानों का सम्यक् आख्यान भी नहीं करता (जैसा कि उन्होंने एलियट में पाया है) और इसीलिए हम उन्हें जहाँ-तहाँ मार्क्सवाद पर प्रहार करते हुए भी पाते हैं। लेकिन इसके उपरांत भी 'साहित्य-चिंताकार' की आलोचना का पट अधिकांशतः मार्क्सवादी सूत्रों से ही निर्मित है। 'आधुनिक समीक्षा' में उन्होंने जो लिखा है कि "नैतिक-सामाजिक दृष्टि से प्रस्तुत लेखक का आदर्श प्रायः वही है जो समाजवाद और साम्यवाद का,"[12] अथवा 'साहित्य समीक्षा और संस्कृति बोध' में भी उन्होंने जो स्मरण दिलाया है कि "हम अपने को मार्क्सवादी या प्रगतिवादी समीक्षा दृष्टि के निकट पाते हैं",[13] वह अकारण नहीं है।

यह मार्क्स का प्रभाव ही है कि 'साहित्य-चिंता' में उन्होंने कला का मर्म उसकी वस्तु में ही माना है। उनके अनुसार "कला की महत्ता ही नहीं उसका सौंदर्य भी माध्यम द्वारा प्रकाशित विषय-वस्तु से निरूपित होता है।"[14] कलात्मक अनुभूति तब ही सुंदर कही जा सकती है जब उसकी विवृति का विषय वस्तुगत सौंदर्य हो। हमारे अनुसार सुंदर की अनुभूति ही सुंदर अनुभूति है।'[15] वस्तु में उन्होंने मूल्य-भावना का समावेश भी किया है। वही वस्तु सुंदर होगी जिसे हमारी मूल्य-भावना सुंदर स्वीकार करे। अभिव्यंजनावादियों के इस मत से वे सहमत नहीं हैं कि वस्तु मात्र कला का विषय हो सकती है या कि विषय होकर श्रेष्ठ कला की सृष्टि कर सकती है। उन्होंने लिखा है कि यह इसी सिद्धांत (अभिव्यंजनावाद) का परिणाम है कि "प्रत्येक वस्तु रेल के इंजन का धुआँ अथवा बुद्ध का महाभिनिष्क्रमण-समान रूप से कला का विषय बन सकती है यदि कलाकार उसे अनुभव में पूर्णतया मूर्त कर सके, उसे यथार्थवाद का एक उग्रतम रूप दे देता है और उसका हमारी मूल्य-भावना सैंस ऑव् वैल्यूज... से कोई संबंध नहीं रह जाता।"[16] यहाँ वाक्य रचना कुछ उलझी हुई है लेकिन तात्पर्य स्पष्ट है कि महत्त्वपूर्ण काव्य-रचना के लिए वस्तु का हमारी मूल्य-भावना की दृष्टि से भी महत्त्वपूर्ण होना आवश्यक है; तभी साहित्य हमारी चेतना को समृद्ध कर सकेगा।

यह विचार 'साहित्य-चिंता' में सर्वत्र मिल जाएगा। एक जगह उन्होंने लिखा है कि "कृति विशेष का ठीक मूल्यांकन सिर्फ यही देखने से नहीं हो सकता कि कलाकार अपनी अभिमत अनुभूति को कितनी सफलता से व्यक्त कर सका है; हमें स्वयं उस अनुभूति का मूल्य देखना पड़ेगा"[17] यहाँ भी अनुभूति के मूल्य से आशय उसकी वस्तु के मूल्य से ही है अन्यथा यह कैसे कहा जाता कि "एक साधारण बात को पूर्ण सफलता

से कह देने की अपेक्षा एक असाधारण या जटिल बात को अपेक्षाकृत कम सफलता से कह सकना अधिक प्रशंसनीय हो सकता है।''[18] इसी क्रम में उन्होंने यही नहीं कहा है कि 'साहित्यिक-मूल्यांकन में वक्तव्य-विषय की उपेक्षा नहीं की जा सकती' बल्कि यहाँ तक कहा है कि 'केवल साध्य (भाषाबद्ध अनुभूति) पर दृष्टि रखने से भी काम चल सकता है।'[19]

वस्तु और मूल्य-चेतना पर विशेष बल देने के साथ-साथ हम यह भी देखते हैं कि उन्होंने अभिव्यक्ति का अवमूल्यन भी किया है। उनका प्रश्न है कि "क्या किसी गहरे अर्थ में अभिव्यक्ति का सौंदर्य अनुभूति के सौंदर्य से भिन्न होता है।"[20] और उनका उत्तर है कि ''काव्य साहित्य की शैली मूल्यांकन की अलग कसौटी नहीं है और जिन विशेषताओं का शैली में सन्निवेश किया जाता है वे प्रायः अनुभूति की विशेषताएँ होती हैं।''[21] उनके निकट ''प्रायः भाषा की कमी का अर्थ क्षेत्र-विशेष से सम्बद्ध अनुभव की कमी होती है।''[22] और यह कहकर तो कि ''आलोचना में शैली अर्थात् भाषा और अभिव्यक्ति संबंधी विशेषताओं का गुणगान नहीं होना चाहिए''[23] उन्होंने निर्द्वंद्व भाव से शैली और भाषा का अंतर्भाव अनुभूति में ही कर लिया है। इसी क्रम में उन्होंने यहाँ तक लिख दिया है कि ''वास्तव में शैली को लेकर वाहवाही देना, विशेषतः उच्च साहित्य के संबंध में, आलोचनात्मक असामर्थ्य का सूचक है।''[24]

डॉ॰ देवराज ने सृजन-व्यापार में अंतर्जगत का भी लगभग तिरस्कार किया है। साहित्य 'केवल अंतर्जगत' की अभिव्यक्ति होता है, अथवा उसमें 'मनुष्य के हृदय की अथवा उसके भीतर की किसी चीज की अभिव्यक्ति होती है,' ऐसी मान्यताओं को वे 'बहुत दूर तक भ्रममूलक' मानते हैं।'[25] उनके अनुसार 'साहित्य का आधार उतना ही यथार्थ ठोस और वस्तुमूलक है जितना कि विज्ञान का।'[26] विज्ञान की भाँति साहित्य भी; उनके लिए, 'आवेष्टन के प्रति प्रतिक्रिया है।'[27] एक जगह तो उन्होंने साहित्य को 'मनुष्य और उसके भौतिक-सामाजिक आवेष्टन के बीच रागात्मक संबंध स्थापित करने का अस्त्र' तक कहा है।[28] उनके वस्तुवादी आग्रह तो मार्क्सवादी प्रभाव सूचित करते ही हैं, यह अस्त्र वाली शब्दावली तो विशेष रूप से मार्क्सवादी है, और आगे भी व्यवहृत हुई मिलती है।

कहने की आवश्यकता नहीं कि यह दृष्टिकोण एलियट का नहीं था। वस्तु का निषेध उसने नहीं किया है, लेकिन उसे रचना के महत्त्व का आधार भी उसने नहीं माना है। उसने स्पष्ट लिखा है कि "यह रचना में ग्रथित होने वाले भावों या उपकरणों की महत्ता या गहराई नहीं है जो महत्त्वपूर्ण होती है, महत्त्वपूर्ण होती है रचना-प्रक्रिया की गहराई और उसका वह दबाव जिसमें सभी तत्त्वों का विलयन होता है।''[29] यह 'रचना-प्रक्रिया' कहीं भी डॉ॰ देवराज की चिंता का विषय बनी नहीं जान पड़ती। साहित्य उनके निकट केवल आवेष्टन के प्रति प्रतिक्रिया होकर ही रह गया है, सर्जन के धरातल

तक वह उठ ही नहीं पाया है। उनका स्पष्ट कथन है कि 'जिस प्रकार वैज्ञानिक विशिष्ट संबंधों या सत्यों को प्रकट भर कर देता है, उन्हें सृष्ट या आरोपित नहीं करता, उसी प्रकार साहित्य भी रागात्मक संबंधों की अभिव्यक्ति मात्र करता है, आरोप अथवा सृष्टि नहीं।'[30]

डॉ॰ देवराज ने नूतनता को साहित्यिक अनुभूति की विशेषता माना है लेकिन यहाँ भी वे अंतर्जगत के अछूते कोने को उद्भासित करना कला की नूतनता के लिए पर्याप्त क्या, उपयुक्त भी नहीं समझते। उनका विचार है कि "युग से विच्छिन्न कलाकार की अनुभूति अन्य विशेषताएँ भले ही प्राप्त कर ले वह नूतन अथवा मौलिक नहीं हो सकती।"[31] उनकी इस पुनरावृत्ति से उनकी बात और भी पुष्ट होती है कि 'उद्भावना की नूतनता अपने में विशेष महत्त्वपूर्ण नहीं; युग प्रकाशन का अस्त्र बनकर ही वह महत्त्वशालिनी होती है।"[32] एलियट ने कहीं भी युग के सचेष्ट प्रकाशन को, और इस अर्थ में किसी बात के सचेष्ट प्रकाशन को, साहित्य का लक्ष्य स्वीकार नहीं किया है।

साहित्य में वस्तु तत्त्व (और उसमें भी युगीन यथार्थ) पर विशेष आग्रह का स्वाभाविक पर्यवसान लेखक को निर्दिष्ट दिशा में ले जाने में हुआ है। डॉ॰ देवराज ने साहित्य को पहले चेतना की कूपमंडूकता से मुक्त करने का अस्त्र कहा है।[33] फिर उसे 'सांस्कृतिक तादात्म्य' का साधन बनाया है।[34] और अंततः सामाजिक-विषमताओं के निवारण और नवजीवन के निर्माण में उसकी भूमिका चाही है।[35] यह भूमिका सुधारक की भूमिका से भिन्न इसलिए होती है कि कलाकार मूल्य-भावना और मूल्य-दृष्टि जगाकर इसे निभाता है।

ये बातें एक प्रकार से डॉ॰ देवराज की आलोचना-दृष्टि की मुख्य बातें हैं। यद्यपि डॉ॰ देवराज अपनी इस दृष्टि का निरंतर संस्कार करते रहे हैं लेकिन फिर भी इनमें से कई एक बातें हमें उनकी आलोचना में आद्यंत मिल जाती हैं। ऐसे विचारक का एलियट के प्रति आकर्षण एक पहेली मालूम होता है। यह वस्तुतः उनकी बौद्धिक ईमानदारी और उदारता ही है कि वे एलियट की ओर उन्मुख ही नहीं हुए हैं, उन्मुक्त कंठ से उसकी प्रशंसा भी कर सके हैं। संभव है, अपने आग्रहों को संतुलित करने के लिए भी एलियट की ओर उन्मुख हुए हों।

एलियट का प्रभाव

डॉ॰ देवराज पर एलियट का प्रभाव हमें 'साहित्य-चिंता' से ही मिलने लगता है यद्यपि कहना कठिन है कि वहाँ वे एलियट की दृष्टि को आयत्त करने की ओर भी यत्नशील हैं। लेकिन आलोचना-कर्म विषयक विचारों में वे एलियट के काफी निकट देखे जा सकते हैं।

'आलोचना क्या है,' प्रश्न पर विचार करते हुए एलियट ने लिखा है कि "आलोचना का मूल तत्त्व एक अच्छी कविता को चुन पाने और एक कुकविता को रद्द करने की

योग्यता है।"[36] इसी संदर्भ में डॉ॰ देवराज ने लिखा है कि आलोचक को सबसे पहले यह जान सकना चाहिए कि "कोई कृति साहित्य है या नहीं, और वह अच्छा साहित्य है या बुरा, साधारण कृति है या असाधारण।"[37] हम देखते हैं कि दोनों ने लगभग एक ही बात कही है। एलियट के अनुसार आलोचना का लक्ष्य है, 'एल्यूसिडेशन ऑव् वर्क्स ऑव् आर्ट एंड करैक्शन ऑव् टेस्ट।"[38] डॉ॰ देवराज ने आलोचना को 'रस संवेदना का शिक्षण और परिष्कार"[39] कहा है। यह कथन एलियट की परिभाषा के उत्तरार्द्ध का सटीक भाषांतरण जान पड़ता है; पूर्वार्द्ध का रूपांतरण हमें अन्यत्र इस कथन में मिलता है कि समीक्षक 'कृति के स्वरूप को प्रकाशित करता है।'[40]

इस प्रकार की समानता के कई एक उदाहरण डॉ॰ देवराज में मिलेंगे। यहाँ यह कहा जा सकता है कि इन विचारों में ऐसा कुछ भी नहीं है कि डॉ॰ देवराज जैसे गंभीर विचारक को इनके लिए एलियट का मुखापेक्षी होना पड़े। बात गलत नहीं होगी। लेकिन एक बार जब हम डॉ॰ देवराज का सम्यक् अनुशीलन कर लेते हैं और उनमें एलियट से मिलने वाली समानता के प्रति आश्वस्त हो लेते हैं, तब उनमें यत्र-तत्र मिलने वाली सतही समानता की पदचाप भी बरबस ही हमारा ध्यान आकर्षित करने लगती है। ये उदाहरण इसी कोटि के हैं।

इससे आगे बढ़ने पर, साहित्य के गंभीर प्रश्नों पर भी हमें दोनों में वैचारिक समानता मिल जाती है। एलियट ने हर युग में नया साहित्य रचे जाने की आवश्यकता रेखांकित की है और तद्नुरूप साहित्यिक-सिद्धांतों में परिवर्तन की बात भी कही है। उसका विचार है कि हर युग की साहित्य से अपनी-अपनी अपेक्षाएँ होती हैं इसलिए हर युग को अपना साहित्य रचना पड़ता है, और क्योंकि आलोचना कविता से की जाने वाली अपेक्षाओं को दर्शाती है इसलिए उसे भी हर युग में बदलना होता है; "किसी एक व्यक्ति या युग की आलोचना कविता मात्र की प्रकृति का आकलन नहीं कर सकती।"[41] 'कविता की सामाजिक भूमिका' (1945) में इसी प्रश्न पर एक और कोण से विचार करते हुए उसने लिखा है कि निरंतर हो रहे भौतिक परिवर्तनों के दबाव से हमारा बाहरी जीवन ही नहीं, हमारी संवेदना भी बदलती जा रही है। युगीन-साहित्य में ही हम इस बदलाव की अभिव्यक्ति पा सकते हैं। अतीत का साहित्य चाहे वह कितना ही महान् क्यों न हो, हमारी इस भूख को नहीं मिटा सकता। यही कारण है कि हम कविता लिखना बंद करना गवारा नहीं कर सकते। दूसरे शब्दों में, हमें, नये लेखकों की आवश्यकता बनी ही रहती है जो महान् साहित्य रच सकें।[42]

इसी प्रश्न पर डॉ॰ देवराज ने जो विचार किया है, एलियट से उसकी समानता सहज ही लक्ष्य की जा सकती है। उन्होंने लिखा है कि क्योंकि हमारा परिवेश निरंतर बदल रहा है, इसलिए 'आज हम अतीत के महत्तम कलाकारों को पढ़कर भी पूर्णतया संतुष्ट नहीं हो सकते; हमें नये साहित्यकारों की अपेक्षा बनी ही रहती है।'[43] इसी प्रकार, साहित्यिक

सिद्धांतों के विषय में भी उनका विचार है कि 'वे वास्तविकताओं की व्याख्या के अपूर्ण प्रयत्न हैं।'[44] इन सिद्धांतों में होने वाले परिवर्तन के विषय में उनका मत है कि 'जब किसी नवीन कलाकृति की अनुभवगोचर महत्ता प्रचलित सिद्धांतों द्वारा व्याख्यायित नहीं होती, तब उसकी व्याख्या के लिए नए सिद्धांत की आवश्यकता पड़ती है।'[45] यहाँ 'अनुभवगोचर महत्ता' पद विशेष ध्यान देने योग्य है। एलियट के परंपरा-सिद्धांत में नई कलाकृति का अवतरण महत् कृतियों के स्वीकृत अनुक्रम को जो बदल डालता है, उसके हेतुभूत तत्त्व को डॉ॰ देवराज ने इस पद में अपने कोण से बखूबी व्यक्त किया है। यह वस्तुतः उनकी शैलीगत विशेषता है कि वे प्रायः प्रतीति में आने वाली लेकिन अभिव्यक्ति में छूट जा सकने वाली बारीक और उलझी हुई बातों को भी एकदम सटीक ढंग से व्यक्त करने की ईर्ष्यायोग्य सामर्थ्य रखते हैं।

डॉ॰ देवराज के ये सभी विचार एलियट की निकटता में ठहरते देखे जा सकते हैं, यद्यपि एलियट के निरूपण निश्चय ही ज्यादा पैने और गहरे हैं। जैसे, सिद्धांतों की अपूर्णता के उपर्युक्त प्रसंग में ही देखें तो एलियट का यह कारण-निरूपण वास्तविकता का ज्यादा सटीक उद्घाटन है कि हर सिद्धांत अपूर्ण रहने के लिए इसलिए अभिशप्त है कि उसका निर्माण एक व्यक्ति के सीमित अनुभव और रुचि के आधार पर किया जाता है।[46] इसी प्रकार, वर्तमान युग में महत् साहित्य की सतत सृष्टि की आवश्यकता का जो प्रतिपादन उन्होंने 'कविता की सामाजिक भूमिका' निबंध में किया है, वह भी कहीं अधिक गहरा और नेत्रोन्मीलक है। डॉ॰ देवराज उतनी गहराई तक नहीं गये हैं।[47]

यही बात डॉ॰ देवराज द्वारा किए गए एलियट के अनुशीलन मात्र के लिए कही जा सकती है। उन्होंने प्रायः उसके स्फुट विचारों का मनन ही अधिक किया है और सच तो यह है कि उसके सिद्धांतों को भी उन्होंने स्फुट विचारों के रूप में ही आयत्त किया है, समग्र रूप में नहीं। 'आलोचना का अधिकार' निबंध में परंपरा-सिद्धांत की जो चर्चा आई है, उसका संकेत ऊपर किया गया है। ('जब किसी नवीन कलाकृति की अनुभवगोचर महत्ता प्रचलित सिद्धांतों द्वारा व्याख्यायित नहीं होती, तब उसकी व्याख्या के लिए नये सिद्धांत की आवश्यकता पड़ती है' यह कथन परंपरा-विचार के एक पहलू को ही व्यक्त करता है)। 'साहित्य का मानदंड' निबंध में इसी सिद्धांत के एक और पहलू पर प्रकाश डालते हुए उन्होंने लिखा है कि 'आपेक्षिक मूल्य आँकते समय हमारी दृष्टि प्रायः किसी आदर्श पर टिकी रहती है। उच्चतर व्यक्तियों अथवा कृतियों के आविर्भाव के साथ ही हमारा यह आदर्श भी बदल जाता है और हमारा मूल्यांकन नवीन आदर्श के अनुकूल चलने लगता है।'[48] एलियट का प्रतिपादन भी यही है कि एक समर्थ नई कृति के प्रकाशन के पूर्व महती कृतियों में एक आदर्श अनुक्रम विद्यमान होता है लेकिन नई के प्रकाशन के उपरांत उस अनुक्रम के नैरंतर्य के लिए यह आवश्यक है कि उस समूचे में, यत्किंचित् ही सही, परिवर्तन हो ताकि उस क्रम में 'नई' का समावेश भी हो सके।

परिणामतः परंपरा के साथ हर कलाकृति का संबंध, उसका आनुपातिक महत्त्व और मूल्य पुनः अनुकूलित होते हैं। यही नये और पुराने की पारस्परिक अनुरूपता है।[49] महती कृतियों के परंपरा के साथ ही नहीं, उनके पारस्परिक संबंध और आनुपातिक मूल्य भी बदल जाते हैं। यही नई कृति के नयेपन का प्रभाव होता है और उसका प्रमाण भी। हम देख सकते हैं कि एलियट का प्रतिपादन अधिक गहरा है।

लेकिन यहाँ लेखनीय यह भी है कि डॉ॰ देवराज के आलोच्य-निबंध में ही कुछ ऐसी बातें भी आई हैं जो न केवल परंपरा-सिद्धांत की अनुरूपता में नहीं ठहरतीं बल्कि उसके विरोध में भी जाती हैं। उदाहरण के लिए एलियट के मतानुसार, कलाकार का अतीत के मानों से मूल्यांकन किए जाने का अर्थ यह नहीं है कि उसे विगत आलोचकों के मानों से जाँचा जाय। उसके निकट यह एक प्रकार की तुलना होती है जिसमें दोनों चीजें एक-दूसरे से तोली जाती हैं। किसी कृति का, किसी महत्ती कृति के केवल अनुरूप होना, उसके लिए नया होना नहीं होगा, बल्कि केवल अनुरूप होने वाली हो तो वह कलाकृति ही नहीं होगी।[50] इसी प्रसंग में डॉ॰ देवराज ने लिखा है कि "यदि अपेक्षाकृत श्रेष्ठ कृतियों की महत्ता सार्वकालिक है तो नियमों के बदले उन कृतियों को ही कलात्मक श्रेष्ठता का मापक क्यों न मान लिया जाय।"[51] ज्ञातव्य है कि एलियट ने महती कृतियों को मापक नहीं बनाया है। इसका कारण यह है कि उस स्थिति में महत्ती कृति, समर्थ नई के महत्त्व को आच्छादित कर सकती है। अतः यहाँ एलियट का तात्पर्य उस तुलना से है जिसमें नई और पुरानी एक-दूसरे से तोली जाती है। यह ठीक है कि डॉ॰ देवराज का लक्ष्य अपने निबंध में एलियट के परंपरा-सिद्धांत की व्याख्या करना नहीं है, उन्होंने तो अपने विचारों को स्वतंत्र रूप से रखा है, लेकिन उस रखने में उन्होंने एलियट का जो सहारा लिया है, उसे देखते हुए यह कहना निरापद है कि यहाँ वे उसके मुद्दे को उसकी पूर्णता में आयत्त नहीं कर पाये हैं। वैसे, एकाध संकेत उनमें भी आया है कि इस तुलना में ये दोनों एक-दूसरे की मापक बन जाती हैं।[52] लेकिन उनकी व्याख्या इस पहलू पर ऐसा कोई बल नहीं दे पाई है कि नई को, महती के तुल्य गौरव मिल जाय। उनकी दृष्टि अतीत के उच्चतम आदर्शों पर ही केंद्रित रही है और उन्होंने उन्हीं के साथ नहीं की 'तुलना' की है; नई के आविर्भाव से उन (महती कृतियों) पर आने वाले प्रभाव की चर्चा नहीं की है।

इसी प्रकार, डॉ॰ देवराज यह भी लक्ष्य नहीं कर सके हैं कि एलियट ने परंपरा-सिद्धांत के पूरक रूप में निर्वैयक्तिकता का प्रतिपादन किया था। यह सिद्धांत भोक्ता और स्रष्टा में पार्थक्य का सिद्धांत है। इस पार्थक्य का एक रूप यह भी है कि "वे प्रभाव और अनुभव जो व्यक्ति के लिए महत्त्वपूर्ण होते हैं, संभव है, कविता में उनका कोई स्थान न हो; और जो कविता में महत्त्वपूर्ण हो उठते हैं, संभव है, जीवन में उनका स्थान नगण्य हो।"[53] लेकिन इसी प्रसंग में, डॉ॰ देवराज ने अपने इसी निबंध में लिखा है कि "किसी

भी दशा में हमें यह प्रश्न तो उठाना ही होगा कि काव्य-विशेष में अभिव्यक्त अनुभूति कितनी महत्त्वपूर्ण है।"[54] जब हम जान लेते हैं कि अनुभूति से डॉ॰ देवराज का अभिप्राय अनुभूति की वस्तु और उसकी मूल्यवत्ता से है, तब तो यह कहने में कोई कठिनाई रह ही नहीं जाती कि उनका यह आग्रह (अनुभूति की वस्तु की मूल्यवत्ता का आग्रह) अंततः वैयक्तिकता का आग्रह ही है और यह उन्हें निर्वैयक्तिकता के सिद्धांत के विरोध में ले गया है। कहना कठिन है कि उन्होंने इसे लक्ष्य भी किया है।

डॉ॰ देवराज ने मार्क्स के प्रभाव को स्वीकार करते हुए दो-एक स्थलों पर हमें सावधान किया है कि एक विचारक दूसरे से प्रभावित हो सकता है लेकिन उसका उसे 'समग्रता में स्वीकार करना जरूरी नहीं' है।[55] बात ठीक है। यही बात हमें उनके एलियट से गृहीत प्रभाव के विषय में ध्यान में रखनी होगी; लेकिन हमें 'स्वीकार करने' और ग्रहण करने, और आयत्त करने में तो अंतर करना ही होगा। जहाँ तक एलियट के सिद्धांतों का प्रश्न है, डॉ॰ देवराज उन्हें पूर्णतः आयत्त करने का अवकाश पा सके हैं, ऐसा नहीं लगता। आगे चलकर, जब एक अन्य स्थल पर वे लिखते हैं कि 'कृति और जीवन यथार्थ के बीच कृतिकार का आना भी वांछनीय नहीं है (एलियट ने लेखकीय 'स्व' के लोप की इस प्रक्रिया को 'व्यक्तित्व का विसर्जन' कहकर संकेतित किया है)'[56] तब हमारा ध्यान बरबस ही उनके द्वारा गृहीत एलियट के सिद्धांत के उपर्युक्त विवेचित रूप पर चला जाता है। लेकिन तब यह भी कहना पड़ता है कि अनुभूति और उसकी वस्तु का महत्त्व आँकना चाहने वाला साहित्य-चिंताकार इसके ठीक दूसरे ध्रुव पर था। हम कह सकते हैं कि वहाँ उसकी दृष्टि एलियट से भिन्न थी, लेकिन यह कहना भी निरापद है कि एलियट का आशय उसने आयत्त नहीं किया था।

कुछ ऐसा प्रतीत होता है कि एलियट के निरूपणों में गहराई पाकर डॉ॰ देवराज ने उनका आनंद लिया है और उसी रौ में वे उसके जिन विचारों के कायल हुए हैं, उनको अपने चिंतन में समोते चले गये हैं, यह देखने का अवकाश भी उन्हें नहीं मिल पाया है कि वह सिद्धांत समग्रतः क्या कहता है जिससे आलोच्य विचार जुड़ा हुआ है।

दृष्टि संस्कार

एलियट का प्रभाव : शिल्प की ओर

'साहित्य-चिंता' से आगे की विकास-यात्रा में डॉ॰ देवराज की दृष्टि में बहुत-कुछ परिवर्तन हुआ है और इसके हेतुभूत जो प्रभाव उनमें क्रियाशील रहे हैं, उनमें एलियट का प्रभाव प्रमुख समझना चाहिए। ऐसा नहीं है कि उन्होंने अपने वस्तुवादी आग्रह बिल्कुल छोड़ दिए हैं, लेकिन ये आग्रह उनमें शिथिल अवश्य हुए हैं।

'आधुनिक समीक्षा' में उन्होंने लिखा है कि "आलोचक को कृतिविशेष में निबद्ध अनुभूति का विश्लेषण करना चाहिए। यह विश्लेषण आलोचना का ऐतिहासिक एवं

समाजशास्त्रीय पक्ष है।"[57] इस सिद्धांत के प्रणेता की आलोचना वस्तु-विमुख नहीं हो सकती। एलियट को आलोचना में वस्तु-विश्लेषण स्वीकार्य नहीं था। डॉ॰ देवराज ने विश्लेषण से अपना अभिप्राय स्पष्ट करते हुए लिखा है कि ''इस क्रिया को हम विश्लेषण से भिन्न व्याख्या—इंटरप्रिटेशन भी कह सकते हैं।"[58] ज्ञातव्य है कि यह विशेष रूप से इंटरप्रिटेशन ही था जिसके विरुद्ध एलियट खड्गहस्त दिखाई पड़ता है।[59]
लेकिन यहाँ यह कहना भी आवश्यक है कि 'आधुनिक समीक्षा' तक आते-आते डॉ॰ देवराज ने यह भी भलीभाँति पहचान लिया है कि आलोचक के लिए मात्र यह देखना ही पर्याप्त नहीं है कि 'आलोच्य लेखक ने क्या कहना चाहा है,' या उसका कथ्य 'कितना महत्त्वपूर्ण तथा जटिल है,' यह देखना भी आवश्यक है कि 'वह अपनी बात को कितने प्रभावशाली रूप में व्यक्त कर सका है।'[60] यह परिवर्तन एलियट के अनुशीलन से आये प्रभाव का परिणाम जान पड़ता है, और धीरे-धीरे यह प्रभाव बढ़ता गया है। 'प्रतिक्रियाएँ' में उन्होंने लिखा है कि "समीक्षक का प्रकृत कार्य है, कृति-विशेष में नियोजित जीवन-चित्रों की शक्ति और मार्मिकता, उनका संघटन व संबद्धता, उनमें निहित सौंदर्य एवं विवेक-दृष्टि आदि का विश्लेषण उपस्थित करना। इस विश्लेषण की सफलता के लिए यह जरूरी है कि समीक्षक अपना ध्यान शिल्प के उन उपकरणों की ओर ले जाए जिनके द्वारा कृति में आकलित जीवन-चित्रों को अन्विति और प्रभविष्णुता प्रदान करता है।"[61] शिल्प का इतना महत्त्व हम इससे पूर्व उनकी आलोचना में नहीं पाते। 'साहित्य समीक्षा और संस्कृति बोध' के निम्नांकित कथन में भी हम इसी दृष्टि का विनियोग पाते हैं कि आलोचक का 'ज्यादा बारीक काम उन कलात्मक या शैलीगत उपकरणों का संकेत करना है जिनका उपयोग लेखक करता या करता रहा है। मूल्यांकन की दृष्टि से उसे यह बताना चाहिए कि लेखक ने शिल्पगत उपकरणों या तरीकों का कितना सटीक उपयोग किया या नहीं किया है।'[62]

स्पष्ट ही, यह डॉ॰ देवराज का वैचारिक विकास है। पहले उन्होंने शिल्प का समावेश अनुभूति में ही कर लिया था, और उसके विश्लेषण में रुचि लेने वाले आलोचक को असमर्थ आलोचक कहकर उसका तिरस्कार तक किया था; अब, उसी शिल्प का विश्लेषण उनके यहाँ आलोचक का प्रकृत और ज्यादा बारीक काम हो गया है। इस परिवर्तन का श्रेय वैसे तो स्पिनगार्न को दिया जाना चाहिए क्योंकि 'साहित्य-चिंता' में यह स्पिनगार्न का मत ही है जिसका डॉ॰ देवराज ने निषेध किया है[63] (और उसके स्थान पर अनुभूति का मूल्य देखने का आग्रह किया है); लेकिन कालक्रम में एलियट का प्रभाव भी उन्हें शिल्प के पथ पर लाया हैं, यह बात उनके एलियट के प्रति व्यक्त किए गए श्रद्धाभाव से सूचित होती है; इसलिए इसका कुछ श्रेय एलियट को देना भी अनुचित नहीं कहा जा सकता। एलियट की व्यावहारिक आलोचनाओं में उसकी दृष्टि शिल्प पर ही

अधिक रही है। एक जगह तो आलोचना-व्यापार में व्याख्या का निषेध करते हुए उसने शिल्पगत उपादानों के विवेचन को ही आलोचक का कार्य क्षेत्र माना है।[64]

'आधुनिक समीक्षा' में डॉ॰ देवराज ने यह तो स्वीकार किया है कि आलोचक को यह भी देखना होगा कि आलोच्य-लेखक ने जो कुछ भी कहना चाहा है, उसे वह 'कितने प्रभावपूर्ण ढंग से कह सका है',[65] लेकिन अनुभूति का विश्लेषण अभी भी उनके लिए अपरिहार्य है। यह "आलोचना का ऐतिहासिक एवं समाजशास्त्रीय पक्ष है।"[66] परंतु आगे चलकर उन्होंने निर्द्वंद्व होकर स्वीकार कर लिया है कि "समीक्षक विश्लेषण के द्वारा कृति के स्वरूप को प्रकाशित करता है।"[67] हम देख सकते हैं कि पहले जो विश्लेषण समाजशास्त्रीय था, यहाँ आकर वही शिल्प-पक्ष का विश्लेषण हो गया है। यहाँ यह दोहराना भी अनुचित नहीं होगा कि विश्लेषण द्वारा कृति के स्वरूप को प्रकाशित करने वाली डॉ॰ देवराज आलोचना की परिभाषा की एलियट से प्रभावित ही नहीं है, उसकी आलोचना की परिभाषा 'एल्यूसिडेशन ऑव वर्क्स ऑव् आर्ट' का भाषांतरण भी है।

'साहित्य समीक्षा और संस्कृति बोध' में डॉ॰ देवराज ने लिखा है कि "स्वयं रचना का विश्लेषण करते हुए हमें मुख्यतया दो चीजें देखनी चाहिए : एक रचनागत बिंबों और अर्थों की प्रकृति और विस्तार; और दूसरे वह दृष्टि जो उक्त बिंबों और अर्थों को एकता या एकतानता के भावात्मक सूत्र में ग्रथित करती है।"[68] कहना अनावश्यक है कि यह विश्लेषण कृति के शिल्प-पक्ष का विश्लेषण ही होगा। इस प्रकार, हम देखते हैं कि डॉ॰ देवराज के वस्तुवादी आग्रह बराबर शिथिल होते चले गए हैं[69] और वे शिल्प-पक्ष की दिशा में बढ़ते चले गए हैं।

जीवन से साहित्य की ओर : कृतिकार से कृति की ओर

'आधुनिक समीक्षा' में डॉ॰ देवराज ने लिखा है कि 'अपनी विशिष्ट हैसियत से समीक्षक साहित्य का पारखी है, साक्षात् जीवन का पारखी नहीं।'[70] यदि अनुभूति के मूल्य और महत्त्व के निरूपण को जीवन की परख का ही एक रूप माना जाय, और नहीं मानने का कोई कारण नहीं है, तो कहना होगा कि साहित्य-चिंताकार ने यह अधिकार आलोचक को दे रखा था। 'आलोचना का अधिकार' निबंध में उन्होंने लिखा है कि "हमारी समझ में कृति विशेष का ठीक मूल्यांकन सिर्फ यही देखने से नहीं हो सकता कि कलाकार अपनी अभिमत अनुभूति को कितनी सफलता से व्यक्त कर सका है; हमें स्वयं उस अनुभूति का मूल्य देखना पड़ेगा।"[71] अनुभूति के मूल्य को स्वयं जीवन को देखना कैसे होगा, यह बात स्वयं डॉ॰ देवराज द्वारा दिए गए निम्नांकित उदाहरण से और भी स्पष्ट हो जाएगी। उन्होंने लिखा है कि "जिस प्रकार दो कर्म, दोनों ही अच्छे होते हुए भी, न्यूनाधिक महत्त्वपूर्ण हो सकते हैं, उसी प्रकार दो अनुभूतियाँ भी। दिन-भर के भूखे को भोजन देना अच्छा काम है; किंतु किसी डूबते हुए को बचा लेना ज्यादा अच्छा काम है।

इसी प्रकार कालिदास के 'उद्बाहुरिव वामनः' से प्राप्त होने वाली अनुभूति की अपेक्षा 'दीपशिखा इन्दुमती' में सन्निहित अनुभूति अधिक श्रेष्ठ है।"[72] इससे स्पष्ट है कि वे समीक्षक से जीवन की परख भी चाह रहे थे और इसीलिए उसमें इसके लिए अपेक्षित योग्यता की माँग भी करते रहे। उनके निकट कवि का "एक साधारण बात को पूर्ण सफलता से कह देने की अपेक्षा एक असाधारण या जटिल बात को अपेक्षाकृत कम सफलता से कह सकना अधिक प्रशंसनीय" था,[73] उसका हेतु भी यही है; जटिल बात में ही उन्होंने जीवन-तत्व की मूल्यवत्ता मानी थी।

डॉ. देवराज ने अपना विचार 'साहित्य-चिंता' में और भी स्थलों पर दोहराया है। 'कलागत सौंदर्य और महत्ता' में उन्होंने लिखा है कि "स्वयं शुभ कर्मों के भीतर क्षुद्र और महान् का भेद होता है, छोटाई और बड़ाई के दर्जे होते हैं। स्पष्ट ही एक साधारण अच्छे बालक अथवा किसान और गाँधी जैसे नेता की सत्यपरता में महत्ता का भेद है; गाँधी का व्यापार देश के विराट जीवन से संबद्ध है और उसे प्रभावित करता है। यहाँ भी कर्म-विशेष की महत्ता उसके क्षेत्र की विशालता पर निर्भर करती है। इसी प्रकार सत्य के क्षेत्र में; सच्चाई में समान होते हुए भी दो सत्य या सिद्धांत कम या अधिक महान् हो सकते हैं। किसी सत्य की महत्ता का माप उसकी विषय वस्तु की विशालता, उसके क्षेत्र की व्यापकता है।"[74]

लेकिन, आगे चलकर, आधुनिक-समीक्षाकार ने जीवन की परख का आलोचक का अधिकार छीन लिया। अब, उसकी कृति ही उसका रमण-क्षेत्र स्वीकार की गई है। यह वस्तुतः डॉ. देवराज का दार्शनिक ही था जो 'साहित्य-चिंता' में उनकी चिंता को अनुशासित कर रहा था, लेकिन 'आधुनिक-समीक्षा' तक आते-आते उनके साहित्यालोचक ने उसके दबाव से मुक्त होने का उपक्रम प्रारंभ कर दिया। जब उन्होंने अनुभूति के साथ-साथ अभिव्यक्ति का महत्त्व स्वीकार किया, तब यह स्वाभाविक ही था कि वे जीवन और जीवन दर्शन की परख विषयक अपने आग्रह पर भी पुनर्विचार करते। इसी के अनुरूप हम पाते हैं कि 'आधुनिक समीक्षा' में वे कृति में निबद्ध जीवन-दर्शन के मूल्यांकन की बात नहीं करते, प्रायः उसका निषेध ही करते हैं। 'अतीत का साहित्य' निबंध में उन्होंने लिखा है कि "भले ही एक अन्वेषक पंडित 'मेघदूत' अथवा 'बिहारी सतसई' को उन युगों की संस्कृति समझने के लिए पढ़े, अथवा इस कर्तव्य-भावना से कि उनके अध्ययन से देश की संस्कृति की रक्षा होती है, किंतु साहित्य के अधिकांश फक्कड़ प्रेमी इन दुश्चिंताओं से मुक्त होते हैं।"[75] स्वयं अपने लिए उन्होंने लिखा है कि संस्कृत के बहुत से ग्रंथ वे बार-बार इसलिए पढ़ते हैं कि उन्हें उनमें रस मिलता है। इसलिए नहीं कि उनकी मनोनीत कृतियों में उच्च कोटि का जीवन-दर्शन निबद्ध है। सैद्धांतिक धरातल पर भी उन्होंने स्पष्ट किया है कि 'साहित्य की उपयोगिता को किसी 'जीवन-दर्शन' अथवा 'जनहित' की परिधि में सीमित करके नहीं देखा जाता। हमारा अनुमान है

'मेघदूत' जैसी कृतियों की उपयोगिता उक्त दोनों कोटियों से भिन्न प्रकार की है। 'जीवन -दर्शन' की कसौटी न केवल कुछ कृतियों के लिए अपूर्ण है—वह विशिष्ट कलाकार के संपूर्ण कृतित्व को आँकने का भी अनिवार्य पैमाना नहीं है। दूसरे, 'जीवन-दर्शन' कलाकार बहुत कुछ अपने समाज और वातावरण से लेता है; वह खास तौर से उसकी अपनी लब्धि नहीं होता।'[76] और जो उसकी अपनी लब्धि नहीं है, उसे उसके मूल्यांकन का आधार बनाना, दर्शन के विषय में ही श्रेष्ठता अथवा हेयता का निर्णय करना है, कृति के विषय में नहीं। इस कसौटी को डॉ॰ देवराज ने इसलिए भी अस्वीकार किया है कि कई एक लेखकों के संदर्भ में इसका निर्णय करना भी सहज नहीं होता कि उनका जीवन-दर्शन क्या है। यह कठिनाई एलियट ने शेक्सपीयर का उदाहरण देकर स्पष्ट की है कि उसका जीवन-दर्शन क्या था, इसका निरूपण आलोचक आज तक नहीं कर पाए हैं; डॉ॰ देवराज ने वही कठिनाई कालिदास का उदाहरण देकर रखी है कि कालिदास ने मांसल कविता भी लिखी है और वैराग्य की कविता भी। 'आप कालिदास को भौतिकवादी कहेंगे या अध्यात्मवादी।'[77] स्पष्ट है कि इन प्रसंगों में वे कृतिकार से कृति की ओर आ रहे हैं।

प्राचीन-साहित्य ही नहीं, आधुनिक-साहित्य के संदर्भ में भी उन्होंने जीवन-दर्शन को मूल्यांकन का आधार स्वीकार नहीं किया है। 'हिंदी आलोचना : अगला कदम' निबंध में उन्होंने लिखा है कि 'यदि समीक्षक अतीत (के) साहित्यकारों के जीवन-दर्शनों के संबंध में उदार हो सकता है और यह सहन कर सकता है कि आज के पाठक भौतिकवादी ल्यूक्रीशियस एवं कट्टर धार्मिक दांते दोनों का अध्ययन करें, तो क्या वह आज के साहित्यिकों के संबंध में वैसी ही दृष्टि नहीं रख सकता? क्या जरूरी है कि इस युग के सारे साहित्यकार एक ही जीवन-दर्शन के अनुयायी हों। वस्तुतः आज ... किसी लेखक से एक कट्टर जीवन-दर्शन की मांग करना हठधर्मी ही नहीं, हद दर्जे की मूर्खता है।...पिछले तीस वर्षों की हिंदी-आलोचना साहित्य में अभिव्यक्त जीवन-दर्शन को कुछ ज्यादा महत्त्व देती आई है।... मुख्यतः प्रगतिवादियों के प्रचार से आज उपयोगी जीवन-दर्शन की मांग इतनी प्रबल हो गई है कि हम यह भूल ही गए हैं कि समीक्षक का प्रधान कार्य साहित्यकार के जीवन-दर्शन को परखना नहीं है।'[78]

स्पष्टतः यह चिंतन 'साहित्य-चिंता' में निबद्ध वैचारिकता का संस्कार है। यही संस्कार हम 'प्रतिक्रियाएँ' में पाते हैं। वहाँ उन्होंने लिखा है कि "समीक्षा की दृष्टि से विशेष महत्त्व की बात यह नहीं है कि कोई साहित्यकार किस सिद्धांत या संदेश को पाठकों तक पहुँचाना चाहता है, उस सिद्धांत या संदेश का मूल्यांकन समीक्षक का सीधा ध्येय नहीं है। उसकी दृष्टि से महत्त्वपूर्ण वह शिल्प या प्रक्रिया है जिसके द्वारा लेखक-विशेष अपने अभिमत अर्थों को न्यूनाधिक सफलता एवं शक्ति से प्रकट कर

पाता है।"[79] 'साहित्य समीक्षा और संस्कृति बोध' में भी उन्होंने लिखा है कि ''आलोचक अपनी निजी हैसियत से रचनाकार के जीवन-दर्शन, नैतिक दृष्टि आदि का संकेत करता है, सिर्फ यह कि वह उसके महत्त्व पर राय प्रकट नहीं करता।"[80] यहाँ भी आलोचक का "ज्यादा बारीक काम उन कलात्मक या शैलीगत उपकरणों का संकेत करना कहा गया है, जिनका उपयोग लेखक करता या करता रहा है।"[81]

कहने की आवश्यकता नहीं कि एलियट ने भी कृति की आलोचना में जीवन-दर्शन के मूल्यांकन को कोई महत्त्व नहीं दिया है। उसने बहुत पहले ही कहा था कि लेखक की प्रौढ़ता या अप्रौढ़ता उस संदेश के कम या अधिक होने पर निर्भर नहीं करती जो लेखक देता है।[82] दांते और शेक्सपीयर में किसी एक की श्रेष्ठता के विवाद में भी उसने स्पष्ट लिखा है कि दांते शेक्सपीयर से इसलिए श्रेष्ठ नहीं हो जाता कि उसके काव्य की पृष्ठभूमि में एक सुचिंतित दर्शन था जबकि शेक्सपीयर की पीठिका में उस अर्थ में निरूपित कर सकने योग्य, कोई दर्शन नहीं मिलता।[83] 'सिलेक्टेड ऐसेज़' में तो कई स्थलों पर यह बात दोहराई गई है। एक जगह तो उसने यहाँ तक लिख दिया है कि यदि शेक्सपीयर किसी श्रेष्ठ दर्शन के अनुसार लिखता तो सर्वथा घटिया कविता लिखता।[84] लेकिन डॉ॰ देवराज इस हद तक दर्शन की उपेक्षा नहीं कर सके हैं, इसलिए यह कहकर उन्होंने अपना एक् पाँव दूसरी ओर भी रख छोड़ा है कि 'समीक्षक साहित्यकार के जीवन-दर्शन की बिल्कुल ही उपेक्षा करे यह आवश्यक नहीं।'[85]

विश्वास का प्रश्न

रचना में व्यक्त लेखक के विश्वास के प्रश्न पर भी डॉ॰ देवराज के विचार एलियट से तुलनीय जान पड़ते हैं। एलियट ने लिखा है कि कवि कविता रचने के उद्देश्य से केवल किन्हीं विश्वासों का उपयोग कर लेता है जैसे कि वह अन्य सामग्री का करता है। कहना कठिन है कि वह उनमें विश्वास करता है, अथवा उस रूप में उनका कोई स्वतंत्र मूल्य है।[86] इस प्रसंग में डॉ॰ देवराज ने भी कुछ ऐसी ही बात लिखी है कि रचनाकार के निजी तथा धार्मिक विश्वास समीक्षा की दृष्टि से विशेष महत्त्व नहीं रखते। प्रारंभिक एलियट लेखक के विश्वासों को रचना की निरी सामग्री मानने पर ही दृढ़ था और डॉ॰ देवराज इसी एलियट के निकट ज्यादा ठहरते हैं। कालांतर में एलियट अपने इस मत के प्रति संशयग्रस्त हो आया था। 'दांते' पुस्तिका के परिशिष्ट में इस विषयक जो टिप्पणी उसने लिखी है, उससे यह बात भलीभाँति देखी जा सकती है। यह संशय उसमें उत्तरोत्तर दृढ़ होता गया है। लेकिन ज्ञातव्य है कि विश्वासों के महत्त्व को स्वीकार करके भी उसने लेखक के धार्मिक विश्वासों को रचना की श्रेष्ठता की कसौटी के रूप में स्वीकार नहीं किया है।

डॉ॰ देवराज एलियट के इस वैचारिक विकास से परिचित थे या नहीं, यह जानने का कोई साधन नहीं है, लेकिन जब वे लिखते हैं कि ''विशुद्ध साहित्यिक मूल्यांकन की

दृष्टि से एक तुलसीदास जैसा आस्तिक लेखक और ल्यूक्रेशियस जैसा भौतिकवादी लेखक दोनों ही महत्त्वपूर्ण हो सकते हैं, तब हम पुनः उन्हें प्रारंभिक एलियट की निकटता में देख सकते हैं। वे इस बात से अपरिचित नहीं हैं कि ''मानव जाति अनास्थावादी लेखकों पर आस्थावादी लेखकों को तरज़ीह देती आई है'', लेकिन इसके साथ ही यह कहकर कि ''ये विशुद्ध आलोचनात्मक प्रतिमान नहीं है'',[87] वे अपनी आलोचनात्मक वस्तुनिष्ठता का अच्छा परिचय देते हैं।

बहरहाल, रचनाकार के विश्वासों के प्रश्न पर एलियट के विचारों में चाहे विकास हुआ हो, कम-से-कम इस बात पर वह आद्यंत दृढ़ दिखाई देता है कि रचनाकार जिस विचार या दर्शन को रचना में निबद्ध करे, वह होना सुचिंतित चाहिए। उसने लिखा है कि "जब कविता में निबद्ध मतवाद, सिद्धांत, विश्वास अथवा जीवन-दृष्टि ऐसी होती है कि पाठक उसे सुसंगत, प्रौढ़ और अनुभवजनित स्वीकार कर सके तब वह उसके आस्वादन में अवरोधक नहीं होती, चाहे फिर वह उसे स्वीकार्य हो अथवा अस्वीकार्य।"[88] कुछ ऐसे ही प्रसंग पर विचार करते हुए डॉ. देवराज ने लिखा है कि ''समीक्षक के देखने की खास चीज यह है कि आलोच्य लेखक... की जीवन-दृष्टि जीवन-संबंधी यथार्थ के कितने गंभीर परिचय पर आधारित है।"[89]

'साहित्य-चिंता' में, उन्होंने साहित्य में युग जीवन का प्रकाशन आवश्यक ठहराया था लेकिन 'साहित्य समीक्षा और संस्कृति बोध' में उन्होंने युगीन जीवन और लेखक के विश्वास दोनों को ही साहित्य का मूल्य मानने से इनकार कर दिया है। उन्होंने लिखा है कि ''रचना का स्तर इस पर निर्भर नहीं करता कि उसमें समावेशित दृष्टि हमारे युग-बोध के कितनी करीब है। रचना की परिपक्वता एक तरह से युग विशेष के बोध और विश्वासों पर निर्भर नहीं करती।"[90]

इस प्रकार, कुल मिलाकर, जीवन के स्थान पर साहित्य के महत्त्व को स्वीकार करने और जीवन-दर्शन या विश्वासों और युगजीवन के समावेश के आग्रह को शिथिल करने और कृति के विश्लेषण में उसके शिल्प संघटन की बारीकी पर बल देने वाले विचार-क्रम की परिणति यह मान लेने में हुई है कि आलोचना का लक्ष्य केवल कृति होती है। डॉ. देवराज ने लिखा है कि ''समीक्षक के अवधान और अनुशीलन का मुख्य और संभवतः एकमात्र विषय उसके सामने मौजूद रचना है न कि रचनाकार का जीवन और परिवेश।"[91] स्मरणीय है कि मेरे द्वारा रेखांकित यह विचार एलियट की आलोचना-दृष्टि का प्रमुख विधायक तत्व है। वस्तुतः कवि-सापेक्ष आलोचना का प्रबल विरोध ही वह प्रस्थान बिंदु है, जहाँ से हम एलियट को अंग्रेजी आलोचना में नई राह बनाते हुए पाते हैं। उसने 'परंपरा' निबंध में ही स्पष्ट लिखा है कि सच्ची आलोचना और सहृदय अनुशंसा कवि नहीं, कविता केंद्रित होती है।[92]

अन्य प्रसंग

प्रारंभिक एलियट रचना की तरह ही आलोचना में भी व्यक्तित्व के हस्तेक्षप का घोर विरोधी था। डॉ. देवराज जब लिखते हैं कि ''सही ढंग से लिखी गई आलोचना का केंद्र आलोच्य कृति होती है, न कि खुद आलोचक का व्यक्तित्व''[93] तब भी उनकी पृष्ठभूमि की तलाश एलियट के प्रभाववादी-आलोचना-विरोधी लेखों में की जा सकती है। 'सेक्रेड वुड' के इन लेखों में एलियट की दृष्टि अतिवादी है। वहाँ उसने आलोचना में आलोचक की रुचि के लिए भी कोई अवकाश नहीं छोड़ा है। आगे चलकर, उसकी अतिवादी दृष्टि में शिथिलता आई और उसने आलोचना के आलोचक-व्यक्तित्व की सीमाओं से सीमित होने के तथ्य को स्वीकार कर लिया। लेकिन आलोचना की साहित्यिकता का आग्रह हम उसमें आद्यंत सुरक्षित पाते हैं। 'आलोचना के सीमांत' लेख में तो उसने जीवनीमूलक, मनोवैज्ञानिक, उत्सधर्मी, व्याख्यावादी आदि आलोचनाओं की साहित्यिकता पर निर्द्वंद्व होकर प्रश्न-चिह्न लगाया है। डॉ. देवराज जब लिखते हैं कि प्राचीन कवियों की आलोचना के लिए ''मनोवैज्ञानिक, जीवनीमूलक तथा समाजशास्त्रीय आलोचनाएँ (विशेष) प्रासंगिक नहीं जान पड़तीं;''[94] तब उनकी पीठिका में एलियट के उपर्युक्त निर्दिष्ट प्रश्न-चिह्न का प्रभाव देख लेना कठिन नहीं रह जाता, यद्यपि यहाँ भी उन्होंने प्राचीन साहित्य की सीमा बाँधकर और 'विशेष' का सतर्क प्रयोग करके वितर्क पक्ष से भी अपना नाता जोड़े रखा है।

इस प्रकार हम देखते हैं कि कालक्रम में डॉ. देवराज की आलोचना-दृष्टि में परिवर्तन आया है। 'साहित्य-चिंता' में जो विचार उन्हें स्वीकार्य नहीं थे, आगे की यात्रा में उन्होंने उनमें से कई एक को स्वीकार कर लिया है। इस स्वीकार की पृष्ठभूमि में यदि कोई एक नाम अधिकांश स्थलों पर प्रभावभूत पाया जा सकता है तो वह है, टी. एस. एलियट। उन्होंने अपने वैचारिक परिवर्तनों के हेतु रूप में एलियट को संदर्भित नहीं किया है, लेकिन यहीं आकर हम देख लेते हैं कि एलियट के प्रति उनकी अकुंठित श्रद्धा का ज्ञापन अकारण नहीं है। यहाँ यह दोहराना आवश्यक है कि इसका अर्थ न तो यह है कि अपने उत्तर काल में उन्होंने समग्र एलियट को पूर्णतः आयत्त कर लिया है, न यही कि जितना भी किया है, उसे उन्होंने पूर्णतः अपनाया है।

डॉ. देवराज के संपूर्ण संगृहीत आलोचनात्मक-लेखन में 'साहित्य में बुद्धितत्त्व' ('प्रतिक्रियाएँ' में संकलित) निबंध ही एक ऐसा निबंध है जिसका आलेख बहुत स्पष्ट रूप से और काफी दूर तक एलियट के निबंध (मैटाफिज़िकल पोएट्स) से प्रभावित होकर लिखा गया है। लेकिन यहाँ भी हम देखते हैं कि एलियट से सहमति के बाद भी, अंत में 'वितर्कात्मक प्रज्ञा' के स्थान पर सौंदर्यमूलक-दृष्टि को प्रधानता देकर उन्होंने एलियट से अपना पार्थक्य सूचित किया है। (यदि वे एलियट को समग्रतः आयत्त करते तो पाते कि आगे चलकर एलियट का आदर्श भी वितर्कात्मक-प्रज्ञा का प्रणेता डन न रहकर,

सौंदर्यमूलक-दृष्टि का सर्जक दांते हो गया था। और इसे संदर्भित किये रहने पर हम यह भी कह सकते हैं कि यह भी एलियट से उनका प्रस्थान नहीं, उन पर एलियट का प्रभाव ही है।)

× × ×

यहाँ यह देखना भी प्रासंगिक होगा कि डॉ॰ देवराज की शैली पर भी एलियटीय-शैली की छाप कहीं-कहीं मिल जाती है। वैसे, हिंदी-आलोचना में वे एक नया अंदाज लेकर आये; जो प्रश्न उन्होंने उठाये हैं, वे उनके पूर्ववर्तियों ने नहीं उठाये थे और इतनी शक्तिमत्ता से तो बिल्कुल नहीं उठाये थे। उनके विवेचन-विश्लेषण में एक तीक्ष्णता मिलती है और प्रयुक्त शब्दावली में एक नयापन मिलता है और प्रखरता भी; यह सब उनकी अपनी निधि है। प्रतिष्ठित लेखकों का निषेधमूलक स्वीकार जो हमें उनमें मिलता है, वह भी उन्हीं की अपनी प्रकृति में है, लेकिन एलियट के प्रभाव ने इसे गहराया मालूम होता है। एलियट को उद्धृत करते हुए उन्होंने लिखा है कि "एलिज़ाबेथ युग का अंग्रेजी साहित्य पूर्ण रूप से प्रौढ़ नहीं है, किंतु इसका अर्थ यह नहीं है कि उसका सफल मूल्यांकन कोई कम प्रौढ़ बुद्धि का आलोचक कर सकता है।"[95] डॉ॰ देवराज ने अपनी ओर से भी ऐसी निषेधात्मक स्वीकार वाली टिप्पणियाँ कई स्थलों पर की हैं। एक जगह उन्होंने लिखा है कि 'रवीन्द्रनाथ उतने बड़े कवि नहीं हैं जितने कि सूर-तुलसी। इस कथन का अर्थ यह नहीं लगाया जाना चाहिए कि रावीन्द्रिक साहित्य में उच्चतम कोटि की रचनाएँ नहीं हैं।'[96]

एलियट ने शैले गेटे या लॉरेंस ही नहीं मिल्टन और शेक्सपीयर जैसी महान प्रतिभाओं पर भी प्रश्न-चिह्न लगाये हैं। डॉ॰ देवराज ने भी तुलसी, रवीन्द्र, प्रसाद, शुक्ल आदि के महत्त्व पर निर्द्वंद्व भाव से प्रश्न-चिह्न लगाये हैं। लेखकों का श्रेणी-निर्धारण करने की प्रवृत्ति भी डॉ॰ देवराज में खूब मिलती है। इस प्रवृत्ति को भी एलियट के प्रभाव ने गहराया है। अवश्य ही, डॉ॰ देवराज का ध्यान इस ओर नहीं गया है कि एलियट ने मेजर और माइनर जैसे कई एक भेदों का निरूपण करने का आधार भी प्रदान किया है। कुछ ऐसे संकेत डॉ॰ देवराज ने भी दिये हैं लेकिन वे उतने गहरे और सुचिंतित नहीं हैं। उनका श्रेणीकरण भी निरंकुश ही अधिक जान पड़ता है।[97] उनका ध्यान इस ओर भी नहीं गया है कि एक ही प्रवृत्ति और एक ही भाव का अंकन करने वाले अनेक लेखकों में विद्यमान शेड्सगत अंतर का निदर्शन करने में भी एलियट अत्यंत निपुण हैं। वस्तुतः ऐसे अंतर के सफल निदर्शन के लिए आलोचक की पीठिका में आलोच्य-लेखकों का समग्र और गहन अध्ययन और उसकी पकड़ में उनकी प्रवृत्तियों का सूक्ष्म विश्लेषण और उनमें विद्यमान अंतर रहना चाहिए। लेकिन इसके लिए अपेक्षित अवकाश डॉ॰ देवराज को कम ही मिल पाया है। लेकिन क्योंकि इसके उपरांत भी अपनी आलोचना में उन्होंने यह (अंतर करने की) प्रवृत्ति अपनाये रखी है, इसीलिए उनकी आलोचना सर्वत्र एक-सा प्रभाव नहीं

छोड़ती।[98] लेकिन किसी भी लेखक को सीमित रूप से आयत्त करने की उनकी सीमाओं को स्वीकार किया जाय तो हम देखेंगे कि उन सीमाओं में उन्होंने अपनी सामर्थ्य असंदिग्ध रूप से प्रदर्शित की है।

अंतर्विरोध : दार्शनिक का दबाव

इस विवेचन से ज्ञात होता है कि डॉ॰ देवराज ने एलियट के अनुशीलन से अपने विचारों का संस्कार किया है। लेकिन, इस संस्कार-धारा के पार्श्व में ही हम उनमें उनकी प्रारंभिक चिंताधारा भी प्रवाहित होते हुए पाते हैं। इन दोनों धाराओं में सम्मिलन का कोई प्रकृत आधार दिखाई नहीं पड़ता लेकिन ये दोनों स्थितियाँ डॉ॰ देवराज के विकास के साथ-साथ उनमें बनी रही हैं, इसलिए उनकी आलोचना में अंतर्विरोध आ गये हैं।

'साहित्य-चिंता' से आगे की यात्रा में डॉ॰ देवराज ने रचना की आलोचना में उसके शिल्प के विश्लेषण का समावेश कर लिया है। 'साहित्य समीक्षा और संस्कृति बोध' में इस विश्लेषण को आलोचक का 'ज्यादा बारीक' कार्य कहकर उन्होंने उसे असंदिग्ध महत्त्व भी दिया है। लेकिन इसी पुस्तक में वे शिल्प के इस महत्त्व के प्रति शंकित भी हो उठे हैं। 'प्रस्तावना' में उन्होंने उसके महत्त्व के प्रति संशय ही व्यक्त किया है; और, रचना के विधायक तत्त्व के रूप में उसे दोयम श्रेणी की चीज ठहराया है।[99] इसकी पुष्टि उनके इस कथन से भी होती है कि "वास्तव में जिसे शिल्प कहते हैं वह, अंतिम विश्लेषण में, रचनात्मक अनुभव के विभिन्न अवयवों पर उपयुक्त गौरव देने की कला है। यह गौरव अंततः लेखकीय दृष्टि से निर्धारित होता है।"[100] इन विचारों का उत्स हमें उनकी प्रारंभिक-दृष्टि में मिल जाएगा जहाँ वे शिल्प के प्रति सर्वथा शंकित हैं। एलियट के अनुशीलन ने उनके आग्रहों को शिथिल तो किया है, लेकिन वे निश्शेष नहीं हुए हैं।

'आधुनिक समीक्षा' में उन्होंने (एलियट की तरह ही) आलोचक के लिए लेखक के जीवन-दर्शन को पा लेना और उसका मूल्यांकन करना न संभव माना है, न आवश्यक ही। ऐसा निषेध 'साहित्य समीक्षा और संस्कृति बोध' में भी मिलता है। लेकिन इसी पुस्तक में उन्होंने यह भी लिखा है कि "आलोचक का कार्य यह है कि वह इस (लेखकीय) दृष्टि को पकड़े और उसे पाठक की चेतना में सचेत अवगति के रूप में पहुँचा दें।'[101] और, यह कहकर तो कि "हम लेखक की समग्र जीवन-दृष्टि का मूल्यांकन कर सकते हैं,"[102] लगता है, वे निर्द्वंद्व भाव से अपने प्रारंभिक आग्रह की ओर लौट गये हैं। इसका विचार भी उन्होंने नहीं किया है कि उनके अपने वैचारिक विकास की संगति इससे कैसे बैठेगी।

इसी प्रकार, अंतर्विरोध की एक चिंत्य स्थिति आलोचक से उनकी माँग में आये उतार-चढ़ावों में भी दिखाई पड़ती है। 'आधुनिक समीक्षा' में उन्होंने स्वीकार किया है कि आलोचक लेखक से किसी निश्चित दर्शन की माँग नहीं कर सकता। 'साहित्य-चिंता' में वे ऐसी माँग को उचित समझ रहे थे। लेकिन 'आधुनिक समीक्षा' में ही उन्होंने लेखक

से कतिपय सर्व-स्वीकृत आदर्शों का निर्वाह चाहा है। उन्होंने लिखा है कि "समीक्षक लेखक से केवल एक माँग कर सकता है यह कि वह उन कल्याणकारी प्रवृत्तियों का विरोध तथा अकल्याणकारी प्रवृत्तियों का समर्थन न करे जिनके संबंध में विश्व के अधिकांश श्रेष्ठ विचारकों का निश्चित मतैक्य हैं। उदाहरण के लिए आज की दुनिया में जनतंत्र तथा समाजवाद के कतिपय सूत्र अधिकांश मानव-हितैषियों द्वारा स्वीकार किये जाते हैं, अतः समीक्षक को यह अधिकार हो सकता है कि वह इनका विरोध करने वाले लेखकों की निंदा करे।"[103] डॉ॰ देवराज इस बात से परिचित थे या नहीं, यह नहीं मालूम, लेकिन यह तथ्य है कि एलियट जनतंत्र का समर्थक नहीं था। एज़रा पाउण्ड की स्थिति तो और भी अलग रही है।

आगे चलकर, 'प्रतिक्रियाएँ' में उन्होंने आलोचक पर से यह अंकुश भी हटा लिया था कि वह जनतंत्र के विरोधियों की निंदा करे। वहाँ उन्होंने लिखा है कि "वस्तुतः मूल्यांकन की दृष्टि से यह विचारणा प्रसंगत (रिलेवेंट) नहीं है कि लेखक-विशेष संशयवादी है या आस्था संपन्न, वह आस्तिक है या नास्तिक, वह जनतंत्र समर्थक है या तानाशाही का, समीक्षा की दृष्टि से हम सिर्फ यह देखते हैं कि उसके द्वारा शब्दबद्ध की हुई अनुभूति में कितनी सूक्ष्मता और विस्तार, कितनी शक्ति और गहराई है। विशुद्ध साहित्यिक मूल्यांकन की दृष्टि से एक तुलसीदास-जैसा आस्तिक लेखक और ल्यूक्रेशियस जैसा भौतिकवादी लेखक दोनों ही महत्त्वपूर्ण हो सकते हैं।"[104]

देखने की बात यह है कि 'आधुनिक समीक्षा' में जनतंत्र -विरोधी लेखक निंदनीय कहा गया है जबकि 'प्रतिक्रियाएँ' में वह जनतंत्र-विरोधी होकर ही नहीं, तानाशाही-समर्थक होकर भी निंदनीय नहीं रहा है। कहना कठिन है कि इस परिवर्तन का हेतु एलियट नहीं है, लेकिन यह निश्चित है कि एलियट जनतंत्र का समर्थक नहीं था।

लेकिन और भी रोचक बात यह है कि 'साहित्य समीक्षा और संस्कृति बोध' में उन्होंने फिर जनतंत्र की रक्षा के समर्थन में हाथ खड़ा कर दिया है। और उसकी रक्षा का भार लेखक के कंधों पर डाल दिया है। उन्होंने लिखा है कि "हिंदुओं का जातिवाद आज जनतंत्र के रास्ते में बाधा बनकर खड़ा है।... इस तरह के गलत मूल्यों के प्रति विद्रोह लेखक का कर्तव्य है।"[105] जनतंत्र के रास्ते की बाधाएँ दूर करना चाहना, जनतंत्र का समर्थन करना और उसका रक्षण चाहना ही है।

यह निश्चय ही, डॉ॰ देवराज जैसे गंभीर विचारक के चिंतन की चिंत्य स्थिति है। इसी प्रकार की स्थिति आस्थावादिता को लेकर व्यक्त किए गए उनके विचारों में भी दिखाई पड़ती है। 'प्रतिक्रियाएँ' में उन्होंने विशुद्ध साहित्यिक मूल्यांकन की दृष्टि से आस्थावादी और अनास्थावादी दोनों प्रकार के लेखकों को समान रूप से महत्त्वपूर्ण माना है। मानव जाति चाहे आस्थावादी को विशेष महत्त्व देती हो, उन प्रतिमानों को उन्होंने यह कहकर अस्वीकार कर दिया है कि ये विशुद्ध आलोचनात्मक प्रतिमान नहीं हैं।

लेकिन 'साहित्य समीक्षा और संस्कृति बोध' में उन्होंने अपना विचार फिर बदल लिया है, और लिखा है कि "अनास्थावादी दर्शन को स्वीकार करके न कोई व्यक्ति ठीक से जीवित रह सकता है, न कोई जाति। इस तरह के अनास्थावाद का प्रचार खतरनाक चीज है, कोई भी जिम्मेदार और बड़ा लेखक या समीक्षक वैसे प्रचार का हामी नहीं हो सकता।"[106] विशुद्ध साहित्यिकता के नाम पर जो स्वतंत्रता लेखक और आलोचक को दी गई थी, आस्थावाद के नाम पर यहाँ आकर उसे छीन लिया गया है।

इन वैचारिक उतार-चढ़ावों का विश्लेषण करने से ज्ञात होता है कि यह वस्तुतः उन पर एलियट और कुछ उसी प्रकार के समानधर्मी आलोचकों के अनुशीलन का प्रभाव था कि वे साहित्य-समीक्षा को कृति-उन्मुखी बनाने वाले पथ के पथिक हो गये, अन्यथा वे प्रारंभ से ही और मूलतः साहित्यिकता के हामी विचारक नहीं थे। 'साहित्य-चिंता' में वे मूल्यों की, और विशेषतः नैतिक-मूल्यों की चिंता करते दिखाई पड़ते हैं। उत्तर-काल में अपने साहित्यिक-विचारों का पुनरावलोकन करते हुए जब उनके दार्शनिक ने पाया कि उनका साहित्यालोचक विशुद्ध साहित्यिकता के फेर में नैतिक मूल्यों की राह से हट गया है, तब वह उसे पुनः उसके प्रकृत पथ पर लौटा ले जाने के उद्योग में जुट गया। लेकिन अब विशुद्ध साहित्यिकता का पूर्ण परित्याग भी संभव नहीं था। ऐसी दुविधापूर्ण स्थिति में जो अंतर्विरोध एक मूल्यवादी आलोचक में, जिसकी ममता दर्शन पर विशेष हो, सहज संभव हैं, हम डॉ॰ देवराज में पाते हैं।

'प्रतिक्रियाएँ' में 'प्रभावित होने की बात' प्रसंग में प्रभाव-ग्रहण करने की क्रिया पर विचार करते हुए डॉ॰ देवराज ने लिखा है कि "जब एक समझदार व्यक्तित्व की दूसरे विचारवान् व्यक्तित्व से क्रिया-प्रतिक्रिया होगी तो पहले में दूसरे के विचार ज्यों के त्यों स्वीकृत नहीं हो सकेंगे.... वहाँ, पहुँचकर उन दृष्टियों या विचारों के साथ समझौता करना पड़ेगा जिनसे गृहीत व्यक्तित्व पहले से परिचित है। ऐसी हालत में वह गृहीत (या गृहीता) व्यक्तित्व विचारक व्यक्तित्व का पूरा अनुयायी नहीं बन सकेगा।"[107] इस कथन में हम डॉ॰ देवराज की स्थिति को समझने का सूत्र पा सकते हैं। उनकी साहित्यिक-आलोचना के पथ का निर्माण उनके दार्शनिक चिंतक ने और उन पर पड़े मार्क्सवाद के प्रभाव ने किया था। प्रभाव उन्होंने एलियट आदि आलोचकों का भी ग्रहण किया और उससे अपने विचारों का संस्कार करते हुए अपना पथ प्रशस्त किया। लेकिन क्योंकि उनके व्यक्तित्व का निर्माण काफी कुछ हो चुका था, इसीलिए उनके लिए एलियट का पूरा अनुयायी बन जाना संभव नहीं था। क्योंकि उनका दार्शनिक-चिंतक उनमें बराबर जागरूक रहा है, इसलिए भी अपने मूल-आग्रहों का आत्यंतिक परित्याग वे नहीं कर पाये हैं। निश्चय ही, इससे उनमें अंतर्विरोध आ गये हैं लेकिन इससे यह भी स्पष्ट होता है कि हमें उनके चिंतन-मूल को भी बराबर दृष्टिपथ में रखना होगा अन्यथा हम उनके साथ न्याय नहीं कर सकेंगे।

'साहित्य-चिंता' में डॉ॰ देवराज ने साहित्य की मनुष्य की चेतना के परिवेश के प्रति प्रतिक्रिया के रूप में देखा है और मनुष्य की मूल्य-चेतना पर उसका निर्दिष्ट प्रभाव भी चाहा है। उन्होंने लिखा है कि "हेय और वरणीय की चेतना जगाकर साहित्य मनुष्य की मूल्य-दृष्टि को शिक्षित और परिष्कृत करता है।"[108] यह दर्शन-प्रभावापन्न दृष्टि है। 'साहित्य समीक्षा और संस्कृति बोध' तक यह धारा हम उनके चिंतन में निरंतर प्रवाहित हुई पाते हैं। कहीं-कहीं यह क्षीण हो गई है लेकिन इसका सर्वथा लोप नहीं हुआ है। संस्कृति-बोध में भी उनका विचार यही है कि "साहित्य में हमारा जगद्बोध अपने को प्रायः मूल्यबोध के रूप में ही प्रकट करता है।"[109] साहित्यकार का प्राथमिक दायित्व भी उन्होंने यही नियत किया है कि वह "मूल्यों की चेतना को आगे बढ़ाने में अपना सशक्त योग दे।"[110] और इतना ही नहीं, उन्होंने उन मूल्यों को भी स्पष्ट किया है जिनकी रक्षा साहित्यकार को करनी है; जनतंत्र की रक्षा, जातिवाद का विरोध, सतीत्व के दुराग्रह का विरोध, आदि-आदि।[111]

यह सब कहने का तात्पर्य यह है कि यदि हम डॉ॰ देवराज की दर्शनभवित दृष्टि को ध्यान में रखें तो हमें उनके चिंतन में सततता मिल जाएगी। एलियट के प्रभाव को उन्होंने इस दृष्टि की सीमाओं में ग्रहण नहीं किया है, इसलिए जहाँ-तहाँ वे इन सीमाओं के परे जाकर विशुद्ध आलोचनात्मक-प्रतिमानों का समर्थन करते भी देखे जा सकते हैं। ऐसा समर्थन ही उनके अंतर्विरोधों का कारण बना है। निश्चय ही, यह उन्हें साहित्यिकता के अधिक निकट ले गया है और वह निकटता काफी-कुछ उनमें बनी भी रही है, लेकिन डॉ. देवराज को सही संदर्भ में पाने के लिए हमें उनकी मूल्य-चिंता को केंद्र में रखना होगा। कहने की आवश्यकता नहीं कि वे जो साहित्यिकता के अधिक निकट जाकर भी एलियट की अतिवादिता तक नहीं गए हैं, उसका हेतु भी यही है। (एलियट के अतिवादों को स्वीकार करने में उनके संकोच के संकेत पीछे किये जा चुके हैं।)

यहाँ यह भ्रम हो सकता है कि एलियट ने साहित्य में मूल्यबोध का निषेध किया है। अतः यह स्पष्ट करना आवश्यक है कि एलियट ने कहीं भी मूल्यबोध का निषेध नहीं किया है। उत्तर-शेक्सपीयर काल के नाटककारों में यत्र-तत्र मिलने वाली नैतिक-मूल्यहीनता पर उसकी टिप्पणियाँ काफी कठोर जान पड़ती हैं। लॉरेंस के प्रति आक्रोश का भी एक कारण उसके नैतिक मूल्यबोध का वैयक्तिक रूप ही समझना चाहिए। लेकिन इस धरातल पर एलियट और डॉ. देवराज में प्रमुख अंतर यह है कि एलियट ने रचना रचे जाने के क्रम में रचनाकार से मूल्यबोध के प्रति अतिरिक्त सजगता का और रचना में उसके चेष्टित निवेश का आग्रह नहीं किया है जबकि डॉ. देवराज ने उसके प्रति सजगता और (रचना में) उसके चेष्टित निवेश का आग्रह भी किया है। उन्होंने रचित रचना और रचनाकर्म की प्रक्रिया में कोई अंतर नहीं किया है। एलियट के साथ उनके विचारों का तुलनात्मक अध्ययन करने वाले को यह बात कौंधे बिना नहीं रहती कि डॉ॰ देवराज ने

प्रक्रिया के कोण से साहित्य पर विचार किया ही नहीं है। एलियट से उनकी भिन्नता का यह एक प्रमुख आधार है। ऑर्नाल्ड के संदर्भ में एलियट ने खिन्न विस्मय से कहा है कि उसने रचयिता के कोण से साहित्य को नहीं देखा था; खिन्नता का प्रमुख कारण यह था कि वह (ऑर्नाल्ड) स्वयं कवि भी था। कुछ-कुछ यही बात हम डॉ॰ देवराज के लिए कह सकते हैं क्योंकि वे भी कवि हैं और उन्होंने भी प्रक्रिया के कोण से साहित्य पर विचार नहीं किया है।

एलियट से भिन्नता

एलियट के लिए कविता कवि की चेतना का ही व्यापार नहीं है, उसके रचे जाने में उसके अवचेतन की भी विशेष भूमिका रहती है। उसका विचार है कि कवि की ज्ञात चीज कविता की सामग्री होती है, स्वयं कविता नहीं। इसका अर्थ यह है कि कविता की सामग्री और रचित कविता एक ही चीज नहीं होती। कारण यह है कि ज्ञात-सामग्री अवचेतन के दबाव से कटती-छँटती रहती है, और रचना रचे जाने के क्रम में भी अवचेतन के दबाव से उसमें ऐसा कुछ आ जुड़ सकता है जिसे लेखक पहले से नहीं जान रहा हो सकता है और संभव है, बाद में भी पूर्णतः न जान पाये। (पूर्णतः जान ले तो उसे अवचेतन कहने का औचित्य क्या?)। अतः कविता पर विचार करते हुए और उससे कुछ भी माँग करते हुए एलियट का मत यह प्रतीत होता है कि हमें अवचेतन की इस भूमिका को ध्यान में रखना चाहिए। स्वयं एलियट ने तो इसका ध्यान रखा ही है। इस चिंतन को हम अपनी सुविधा के लिए प्रक्रियाधर्मी चिंतन कह सकते हैं।

डॉ॰ देवराज ने एलियट के इस चिंतन को स्वीकार नहीं किया है। उनकी दृष्टि को हम सुविधा के लिए चेतनाधर्मी कह सकते हैं। साहित्य का आधार उनके लिए प्रारंभ से ही, विज्ञान की तरह, यथार्थ और ठोस वस्तु-जगत रहा है। इसी के अनुरूप उन्होंने रचना की क्रिया को भी लेखक की चेतना की सृष्टि माना है। अवचेतन की भूमिका को उन्होंने उसमें कोई महत्त्व नहीं दिया है,[112] बल्कि उन्होंने तो निर्द्वंद्व भाव से लिखा है कि "काव्य सृष्टि स्पष्ट ही किसी चेतन और सचेतन व्यक्ति या व्यक्ति चेतना से संबंधित होती है, ऐसी दशा में उस सृष्टि या कर्म को प्रक्रिया शब्द से संकेतित नहीं करना चाहिए।"[113] वे प्रक्रिया पक्ष से भी अपरिचित नहीं हैं, बल्कि उन्होंने लिखा भी है कि एक... "एक महत्त्वपूर्ण अर्थ में काव्य सृष्टि (या कला सृष्टि) एक स्वतःस्फूर्त, न्यूनाधिक अनियंत्रित या अर्द्धनियंत्रितव्यापार है, इसलिए उसे प्रक्रिया शब्द से अभिहित किया जा सकता है,"[114] लेकिन अपनी काव्यालोचना में उन्होंने इस पहलू का आकलन नहीं किया है। उन्होंने स्पष्ट लिखा है कि "काव्य सृष्टि में निहित रचना प्रक्रिया का विचार करते हुए हम आवश्यक रूप से मूल्यपरक दृष्टि को अपनाकर अग्रसर होते हैं।"[115] रचना के विभिन्न पहलुओं पर उन्होंने जो विचार किया है, उसमें भी हम उन पर मूल्य-परकता का आग्रह ही हावी हुआ पाते हैं।

जहाँ उन्होंने कलाकार की चेतना द्वारा 'आकलित सामग्री' की बात की है, वहीं उन्होंने बिंबों, अर्थों के 'मूल्यपरक दृष्टि से' आकलन का, उसकी पूर्व-शर्त के रूप प्रस्ताव किया है।"[116] लेखक से उनकी अपेक्षा यह है कि वह 'ज्यादा लंबे-चौड़े परिवेश के प्रति क्रियाशील हो।'[117] ऐसा लेखक उनके मतानुसार, प्रायः उन चीजों की कामना करता है जो जीवन को 'मूल्यों के ऊँचे धरातल पर प्रतिष्ठित करती हैं।'[118] अन्यत्र उन्होंने इसे ही 'ज्यादा बड़े प्रश्नों' से उलझना कहा है। जिन लेखकों का तनाव 'अखबारी स्तर की समस्याओं को लेकर होता है,' उनके लिए उन्होंने लिखा है कि "ऐसे लेखकों की रचनाएँ जल्दी ही समझदार पाठकों के लिए बासी पड़ जाती हैं।" "ज्यादा महत्त्वपूर्ण बोध या अवगति वह है जो, कुछ पात्रों द्वारा युगजीवन को और युगबोध के द्वारा इतिहास में फैले मानव-जीवन को उद्भासित करती है। हमारे लिए गहरे अर्थ में प्रभावशाली या महत्त्वपूर्ण वह है जो संपूर्ण मानव जाति और उसके इतिहास के लिए सार्थकता रखता है।"[119] लेखक अपने अनुभवों को ग्रथित करे तो उसे चाहिए कि वह उन अनुभवों को महत्त्व दे जिनमें 'सौंदर्य, शुचिता आदि के मूल्य अनुस्यूत रहते हैं।'[120] इसी, प्रकार साधारण जीवन-दर्शन को निबद्ध करने वाली पूर्ण सफल रचना की तुलना में उन्होंने महत्दर्शन वाली किंचित् कम सफल रचना को ज्यादा महत्त्व दिया है। वैसे तो उन्होंने लिखा है कि "आलोचनात्मक मूल्यांकन की दृष्टि से लेखक विशेष की दार्शनिक मान्यताएँ या मूल्यों संबंधी सांस्कृतिक पक्षपात महत्त्वपूर्ण नहीं है," किंतु इसके साथ ही उन्होंने यह भी लिखा है कि "एक अर्थ है जिसमें सांस्कृतिक मान्यताएँ जहाँ तक लेखक की दृष्टि का विस्तार करती हैं, उसे जीवन की सूक्ष्मताओं और द्वंद्वों को देखने की क्षमता देती है, वहाँ तक वे लेखन के धरातल को ऊँचा बनाने में सहायक होती हैं।"[121] इस प्रकार, चाहे सामग्री की दृष्टि से देखें, चाहे बोध की दृष्टि से, चाहे किसी भी अन्य दृष्टि से, डॉ. देवराज का आग्रह मूल्य-बोध पर बराबर रहा है। रचना में वे निश्चित रूप से उच्च मूल्यों का रूपायन चाहते हैं। यह दृष्टि, 'स्वयं उस अनुभूति का मूल्य' देखना चाहने वाली, साधारण-कथन की सफलता की तुलना में असाधारण-कथन की असफलता को प्रशंसनीय माननेवाली, रेल के इंजन की तुलना में बुद्ध के महाभिनिष्क्रमण को कविता के लिए अधिक उपयुक्त विषय मानने वाली और सत्य की महत्ता की माप वस्तु की विशालता और क्षेत्र की व्यापकता के आधार पर करने वाली दृष्टि ही है, जो प्रारंभ से ही मूल्यधर्मी रही है। एलियट की प्रक्रियाधर्मी दृष्टि से, यह चिंतनधर्मी दृष्टि भिन्न है।

× × ×

डॉ. देवराज की आलोचनात्मक उपलब्धि उनका 'संस्कृति बोध' प्रतिमान है। कई अर्थों में एलियट के 'परम्परा बोध' से प्रभावित होकर भी यह प्रतिमान (भी) एलियट से भिन्न ही है।

अपने नामकरण में, और शायद प्रेरणा में भी, यह सिद्धांत एलियट के परंपरा-बोध

का ऋणी जान पड़ता है। (डॉ॰ देवराज ने जो लिखा है कि 'हमारा अभिमत 'संस्कृति बोध' परंपरावादिता से नितांत भिन्न चीज है,'[122] उसका एलियट की 'परंपरा' से कोई नाता नहीं है; न समर्थन का, न विरोध का; यह एक भिन्न प्रसंग है। बहरहाल, इस पद का निर्माण तो एलियट के परंपरा-बोध की तर्ज पर ही किया गया है)। एलियट ने परंपरा में से जड़ और निर्जीव तत्त्वों को अलग कर दिया था, डॉ॰ देवराज ने भी संस्कृति बोध में से उन्हें पृथक कर दिया है।[123] इस बोध के अंगभूत डॉ॰ देवराज ने लेखक से जो विभिन्न ज्ञान-विज्ञानों को व्यापक रूप से आयत्त करने की माँग की है,[124] वह भी एलियट के 'क्लासिक्स और साहित्यिक' निबंध से प्रभावित देखी जा सकती है। इसी प्रकार, डॉ॰ देवराज ने अपने प्रतिमान का नियोजन करने वाले लेखक से सांस्कृतिक प्रत्ययों, प्रतीकों, मिथकों, मान्यताओं और मर्यादाओं की जैसी तीखी अवगति और उसकी रचनात्मक चरितार्थता चाही है, उसका सांकेतिक-ग्रहण उन्होंने 'कविता में संगीत' में निर्दिष्ट एलियट की 'एल्यूसिवनेस' से किया हो सकता है जिसमें निरा एक संदर्भ समूची सभ्यता और भाषा के इतिहास का पता दे जाता है।[125] लेकिन इस सबके बावजूद डॉ॰ देवराज के प्रतिमान की प्रकृत संगति एलियट के परंपरा-बोध से नहीं बैठती।

'संस्कृति-बोध' उनकी अपनी अब तक की वैचारिकता के विविध पहलुओं का सम्मिलित रूप है (आवश्यक नहीं कि वह समेकित और संश्लिष्ट भी हो) । उन्होंने लेखक से 'हमारी बोध वृत्ति याने चेतना का उन्मेष'[126] चाहा है, उससे 'जीवन और जगत के विस्तार तथा गहराइयों की चेतना'[127] चाही है, 'युग के आर्थिक सामाजिक संघटन तथा वैचारिक द्वंद्वों' और 'समसामयिक संस्थाबद्ध जीवन और विचारधाराओं से गहरा परिचय'[128] चाहा है, 'लंबे अनुभव और चिंतन से प्राप्त दृष्टि की मांग' की है क्योंकि वैसे दर्शन या दृष्टि के अभाव में लेखक किसी बड़े मसले पर उचित गौरव और प्रभाव के साथ नहीं लिख सकेगा, और न अपने समाज या पाठकों का उचित मार्गदर्शन ही कर सकेगा।'[129] इन सबके साथ-साथ उन्होंने लेखक से ज्ञान-विज्ञानों का विपुल अर्जन चाहा है।

डॉ॰ देवराज का अध्येता सहज ही देख सकता है कि इन सभी पहलुओं पर वे 'साहित्य-चिंता' से ही बल देते आये हैं। इस अर्थ में इस सिद्धांत-भ्रूण को हम उनके चिंतन-गर्भ में वहीं से पलता देख सकते हैं। वहाँ वे प्रतिमानों के निरूपण की समस्या से भी जूझते देखे जा सकते हैं। 'साहित्य का मानदंड' निबंध में उन्होंने लिखा है कि–

''विभिन्न साहित्यों एवं संस्कृतियों का तुलनात्मक अध्ययन सार्वभौम दृष्टि-उन्मेष अथवा सभ्यता की प्रगति के लिए आवश्यक है। ज्ञान की भाँति कला भी सार्वभौम है; भविष्य में विभिन्न राष्ट्रों के अधिकाधिक निकट आने पर उसकी यह सार्वभौमता और भी बढ़ जाएगी। अतः साहित्यिक मूल्यांकन भी अंतर्राष्ट्रीय मानों से नियंत्रित होने लगेगा। किसी भी भाषा में कलात्मक सृष्टि के महत्तम निदर्शन कम रहते हैं, अतः

साहित्यिक उत्कर्ष के अनेक रूपों से परिचित होने के लिए अन्यदेशीय साहित्यों का अध्ययन आवश्यक हो जाता है। इस प्रकार के अध्ययन द्वारा ही हम तरह-तरह की कलात्मक सृष्टि के मानों को प्राप्त कर सकते हैं।''[130]

एलियट के अध्येता को यहाँ यह बात कौंधे बिना नहीं रहेगी कि डॉ. देवराज के इस प्रतिपादन की पीठिका में एलियट के परंपरा-सिद्धांत का उनके द्वारा किया गया अनुशीलन भी प्रभाव डालता रहा है। एलियट की परंपरा यूरोपीय-परंपरा थी; अपने सिद्धांत को एलियट से भिन्न और व्यापक बनाने के उद्देश्य से ही उन्होंने उसे अंतर्राष्ट्रीय बना दिया है। इस अंतर्राष्ट्रीयता की अनुरूपता में ही उन्होंने आलोचक से ''मानवता के उपलब्ध अतीत को भी सांस्कृतिक आवेष्टन का भाग''[131] मान लेने का आग्रह किया है। हम उन्हें 'साहित्य समीक्षा और संस्कृति बोध' तक बराबर इस आग्रह पर बल देते हुए देख सकते हैं। वहाँ उन्होंने प्रतिभाशाली लेखकों को साधारण लोगों से प्रमुखतः इस आधार पर ही अलग किया है कि ''उनके परिवेश में संपूर्ण देश, संपूर्ण मानवता और एक प्रकार से संपूर्ण विश्व समाहित होता है।''[132]

लेकिन किसी एक सिद्धांत का दूसरे से भिन्न होना ही पर्याप्त नहीं है, उसे संश्लिष्ट, स्वतःपूर्ण और स्पष्ट भी होना चाहिए। लेकिन डॉ. देवराज का सिद्धांत जितना व्यापक है, उतना समेकित और संश्लिष्ट नहीं है। व्यावहारिक धरातल पर उसकी चरितार्थता और भी जटिल चीज है। जब समकालीन लेखकों में कोई भी लेखक उनकी कसौटी पर खरा नहीं उतरता, तब इसकी चरितार्थता को समझना और भी कठिन हो जाता है।

एलियट ने अपनी परंपरा को जो यूरोप तक ही सीमित रखा था, वह अकारण नहीं था। यूरोपीय इतिहास, ग्रीक व लैटिन भाषाओं में रचित क्लासिकल साहित्य और ईसाई धर्म वह संपदा है जो यूरोप के सभी देशों और भाषाओं की समान विरासत रही है। यूरोप के महान कृतिकारों की कृतियाँ इस विरासत से अनुप्राणित रही हैं और उन्होंने प्रतिदान में उसे प्रभावित भी किया है, इसलिए उन्हें एक सूत्र में बाँधने की कल्पना को एक उचित और सुदृढ़ आधार मिल जाता है। प्रभाव कोई कृति बाहर से भी ग्रहण कर सकती है और डाल भी सकती है, और डालती भी है, लेकिन उसी से वह उस महतक्रम में स्थान पाने की अधिकारिणी नहीं हो जाती। बाहर से प्रभाव ग्रहण करने और डालने वाले विचार की सच्चाई ही डॉ. देवराज के निरूपण का पोषण करती है, लेकिन उनका सिद्धांत अभी उस सूत्र को खोज नहीं पाया है जो समूचे विश्व की महती कृतियों को अनुक्रमित कर सके। कतिपय और अभाव, और असंगतियाँ भी इसमें हैं;, लेकिन अपनी इस स्थिति में भी यह प्रतिमान एलियट से उनकी भिन्नता सूचित करता है, इसमें संदेह नहीं।

डॉ॰ देवराज की आलोचना की एक विशेषता या भिन्नता यह है कि वे रचनाकार द्वारा अपनाई जाने वाली अपनी अभिप्रेत बातों का निदर्शन करके रचना के प्रभाव को उसके निश्चित प्रतिफल के रूप में बाँध लेते प्रतीत होते हैं। कवि के लिए ज्ञान-विज्ञान के विस्तृत अर्जन और परंपरा के व्यापक अनुशीलन का प्रस्ताव एलियट ने भी किया है। है लेकिन उसके कवि की रचना का स्वरूप इन सबसे निर्दिष्ट नहीं होता। रचना रचे जाने के धरातल पर उसने कवि को पूर्ण स्वतंत्र छोड़ दिया है और इसीलिए रचना में परंपरा का स्वरूप क्या हो, यह प्रश्न उसका विचारणीय विषय बना ही नहीं है। यह प्रश्न उसके लिए खड़ा ही तब होता है, जब रचना रच ली जाती है। डॉ॰ देवराज की स्थिति इससे बिल्कुल भिन्न है (क्योंकि उन्होंने कवि से कतिपय निश्चित बातों के निर्वाह का आग्रह किया है) और वह अधिक विषम इसलिए हो गई है कि उनके आग्रहों के कारण उनसे यह अपेक्षा तीव्र रूप से हो आती है कि वे इस बात का भी निरूपण करते कि जिन बातों का प्रस्ताव उन्होंने अपने प्रतिमान के लिए किया है, उनका समाहार कैसे होगा; लेकिन वे अभी प्राचीन कवियों में संस्कृति-बोध के स्फुट उदाहरण देकर ही रह गए हैं। समकालीन रचनाकारों में उसका जो निदर्शन उन्होंने किया है, वह अत्यंत असंतोषजनक है। कौन-सा लेखक अपने कृतित्व में किस प्रकार और किस सीमा तक इस बोध का रूपायन कर सका है, इसके सम्यक् विवेचन के बिना उनका मंतव्य अस्पष्ट ही रहा है।

वस्तुतः रचित साहित्य का मूल्यांकन करते हुए उसमें किन्हीं बातों की तलाश करना और किन्हीं बातों से निर्दिष्ट साहित्य-रचना की माँग करना ये दो भिन्न बातें हैं। एलियट ने इस बात पर कोई आपत्ति नहीं की है कि रचित-साहित्य का गैर-साहित्यिक उपयोग भी हो, लेकिन प्रतिमान या किसी अन्य दबाव से निर्दिष्ट होकर साहित्य की रचना की जाय, यह उसने कभी स्वीकार नहीं किया है जबकि डॉ॰ देवराज प्रतिमान-निर्दिष्ट साहित्य की माँग बराबर करते रहे हैं। लेखक को कैसा साहित्य रचना चाहिए और किन मूल्यों को अपनाना और किन को रद्द करना चाहिए, इसका विवेचन हमें 'साहित्य-चिंता' में भी मिलेगा और 'साहित्य समीक्षा और संस्कृति बोध' में भी। उनमें और एलियट में यह एक तात्त्विक अंतर है।

धर्मांतरण के बाद, 'आफ्टर स्ट्रेंज गॉड्स' में हम एलियट में भी कुछ ऐसी ही चेतनाधर्मी दृष्टि का विनियोग पाते हैं, लेकिन शीघ्र ही उसने अपनी इस दृष्टि के अनौचित्य को समझ लिया और इस पुस्तक के पुनःप्रकाशन पर रोक लगा दी। डॉ॰ देवराज ने भी एलियट के प्रभाव से अपनी दृष्टि का सतत संस्कार किया है। उनके वस्तुवादी आग्रहों को शिथिल करने में इसी प्रभाव ने मुख्य भूमिका निभाई है। 'प्रतिक्रियाएँ' में तो उन्होंने विशुद्ध आलोचनात्मक प्रतिमानों का महत्त्व स्वीकार किया है; लेकिन जब उन्हें लगा कि इस पथ पर आगे बढ़ने के लिए उन्हें अपनी मूल्यवादिता का

राजस्व चुकाना होगा, तब वे अपने मूल्यवादी आग्रहों की ओर अधिक सजग हो गए। ऐसी स्थिति में उनकी मूल्यवादिता का आकलन किए बिना हम उनकी आलोचना को नहीं पा सकते, चाहे इसकी सीमाएँ कुछ भी क्यों न हों। एलियट का प्रभाव उन्हें उनके प्रारंभिक आग्रहों की कट्टरता को शिथिल करने तथा पूरक-पक्ष की ओर सजग करने बल्कि यथाशक्य उस ओर प्रयाण को संभव बनाने में ही देखना चाहिए।

सीमाएँ

डॉ. देवराज इस बात से अपरिचित नहीं हैं कि साहित्य के इतर नियोजन में खतरा है। 'साहित्य-चिंता' में उन्होंने लिखा है कि "साहित्य युग को प्रकाशित करने का उपकरण है...विज्ञान और दर्शन, राजनीति एवं समाजशास्त्र की भाँति साहित्य भी हमारी चेतना को कूपमंडूकता से मुक्त करने का अस्त्र है—इसे सचेत रूप से हमारे बहुत कम आलोचक जानते हैं और जो जानने का दावा करते हैं वे प्रायः युग चेतना को बाद-विशेष की जानकारी का पर्याय बना डालते हैं।"[133] यदि साहित्य युग-चेतना के प्रकाशन का साधन बनता है तो वह डॉ. देवराज को स्वीकार्य है, लेकिन यदि वह प्रचार का साधन बनता है तो वे उसे उचित नहीं मानते। मूल्य-चेतना के धरातल पर युग-चेतना के प्रकाशन और वाद के प्रचार में अंतर करना उचित भी है और आवश्यक भी। लेकिन देखने की बात यह भी है कि इस अंतर के बाद भी स्वयं डॉ. देवराज ने साहित्य को बनाया अस्त्र ही है, वाद के प्रचार का अस्त्र न सही, चेतना को संकीर्णता से मुक्त करने वाला अस्त्र ही सही। वे इस ओर सजग नहीं हैं कि जब हम साहित्य को अस्त्र बनाने पर ही उतर आते हैं, तब सृजन के धरातल पर इस बात से कोई अंतर नहीं पड़ता कि हम उसे विशिष्ट जानकारी का अस्त्र बना रहे हैं या व्यापक जानकारी का। मूल पथ से तब हम हट चुके होते हैं, जब हम उसे किसी इतर लक्ष्य के साधनभूत नियोजित करते हैं; यह हटना चाहे कम हो, चाहे ज्यादा हो, होता दोनों ही स्थितियों में है।

यह निश्चय ही, चिंत्य है कि स्वयं एक सृजनधर्मी लेखक होते हुए भी डॉ. देवराज की दृष्टि रचना-प्रक्रिया की ओर नहीं गई है; यदि जाती तो वे सहज ही इस अंतर को लक्ष्य कर लेते। वस्तुतः उनका दार्शनिक-चिंतक ही उन पर अधिक हावी रहा है इसलिए उन्होंने प्रक्रिया के बजाय प्रभाव की चिंता ही की है। यह कहा जा चुका है कि मूल्य के धरातल पर दोनों व्यापारों में निश्चित अंतर है; प्रभाव की दृष्टि से, और संभव है, दार्शनिक दृष्टि से भी, इस कम या ज्यादा हटने का कोई अर्थ हो, लेकिन रचनाशीलता के धरातल पर इससे कोई अंतर नहीं पड़ता। सच तो यह है कि जब हम एक बार लेखक को साहित्य के इतर नियोजन की छूट दे देते हैं, तब कोई सीमा-रेखा खींचना व्यवहारतः संभव भी नहीं रह जाता। स्वयं डॉ. देवराज के लिए भी नहीं रहा है। 'साहित्य-चिंता' में उन्होंने साहित्य को 'सांस्कृतिक तादात्म्य' का साधन बनाया है ताकि उसे 'संकीर्ण धार्मिकता और नैतिकता से वियुक्त राजनीति"[134] के स्थान पर प्रतिष्ठित किया जा सके,

तो कहीं उसे 'न्यायपूर्ण शासन व्यवस्था' स्थापित करने, 'साम्प्रतिक जीवन की विषम कुरूपताओं पर रोशनी' डालने, 'उसके अन्यायविधानों पर बड़े प्रहार आक्षिप्त करने' और 'एक नए मानव समाज की रूपरेखा' खींचने का साधन भी बनाया है।"[135] 'साहित्य समीक्षा और संस्कृति बोध' में भी स्थिति भिन्न नहीं है। उसमें उनकी साहित्य के माध्यम से मूल्यों की चेतना विकसित करने की कामना का पर्यवसान लेखक का कर्तव्य निर्धारित करने में हुआ है कि वह जनतंत्र का मार्ग प्रशस्त करे और हिंदुओं के जातिवाद, और नारी की कठोर शुचिता और सतीत्व जैसे 'मानवीयता को क्षत' करने वाले, 'गलत मूल्यों' के प्रति विद्रोह करे।[136]

साहित्य को वाद-विशेष की जानकारी के प्रचार का माध्यम बनाने वालों को प्रताड़ित करने वाला आलोचक स्वयं यह नहीं देख पाया है कि इस प्रकार की आलोचना-दृष्टि से निर्दिष्ट होने वाले लेखकों को भी कुछ ऐसे ही आक्षेप झेलने होंगे, प्रचारक होने के न सही, सुधारक होने के ही सही। दोनों कोटियों के लेखकों में इतर-सजगता अपेक्षित होगी, इसलिए रचना-धर्म का क्षय दोनों में ही समान रूप से होगा; व्यापक जानकारी का लक्ष्य भी लेखक को रचना-धर्म से च्युत होने से कठिनाई से ही रोक पाएगा। वस्तुतः दर्शन के प्रभाव ने डॉ॰ देवराज की दृष्टि को प्रभावोन्मुखी बना दिया है और रचना से एक निश्चित प्रभाव चाहने की झोंक में उन्होंने रचना की सामग्री और लक्ष्य को बाँध लेना चाहा है। ज्ञान-विज्ञानों के क्षेत्र में लेखन को प्रभाव की दृष्टि से बाँधना हितकारी होता है, लेकिन साहित्य को वैसे ही बाँधना चाहना हितकारी नहीं हो सकता।

इस प्रकार, जहाँ एलियट ने सृजन में अवचेतन की भूमिका को स्वीकार करने के कारण उसकी सामग्री और प्रभाव को अनिर्दिष्ट रहने दिया है, वहीं डॉ. देवराज ने उसे चेतना की सृष्टि मानने के कारण उसकी सामग्री, उसके उद्देश्य, उसके प्रभाव, सभी कुछ को निश्चित करना चाहा है। एलियट ने एक जगह लिखा है कि "असफल कवि प्रायः वहाँ सहज रहता है, जहाँ उसे सजग रहना चाहिए और वहाँ सजग हो उठता है, जहाँ उसे सहज रहना चाहिए।"[137] कहना कठिन है कि डॉ॰ देवराज की दृष्टि इस ओर गई है।

यहाँ यह दोहराना अनुचित नहीं होगा कि एलियट ने साहित्य से होने वाली चेतना की समृद्धि, नैतिकता के रक्षण, मूल्यों के विकास, समाज के कल्याण आदि फलितार्थों से इनकार किया हो, ऐसा बिल्कुल नहीं है। नैतिक मूल्यों की अवहेलना करने वाले लेखकों की आलोचना करते हुए उसने उनकी लगभग भर्त्सना की है। उसने साहित्य के किसी भी उपयोग का कतई निषेध नहीं किया है, इसकी पुष्टि के लिए उसका 'कविता की सामाजिक भूमिका' निबंध पढ़ जाना पर्याप्त है; लेकिन, उसने रचित साहित्य के उपयोग और उपयोग-निर्दिष्ट साहित्य की रचना किए जाने में अंतर किया है, यह देखना भी आवश्यक है। डॉ॰ देवराज की दृष्टि ऐसे भेद की ओर नहीं गई है या फिर उन्होंने

उसे महत्त्व नहीं दिया है। उन्होंने निर्द्वंद्व भाव से साहित्य का निर्दिष्ट मूल्यों की सेवा में नियोजन चाहा है। जो रचे जाने से पूर्व साहित्य के लक्ष्य और प्रभाव का निर्धारण करते हैं, वे वास्तव में साहित्य के रचे जाने की प्रकृति का विचार नहीं करते, वे उसका नियमन और निर्धारण चाहते हैं। यह नियमन और निर्धारण मार्क्सवाद की प्रकृति में तो है ही, डॉ. देवराज के संदर्भ में कहना होगा कि यह दर्शन मात्र की प्रकृति में भी है। एलियट ने क्योंकि साहित्य की प्रकृति का एक सर्जक की दृष्टि से निरीक्षण किया है, इसलिए उसने रचना का किसी प्रकार से नियमन-निर्धारण नहीं चाहा है।

× × ×

ऐसा भी जान पड़ता है कि डॉ॰ देवराज एलियट के सम्यक् अनुशीलन का अवकाश नहीं पा सके हैं। किसी आलोचक के आलोचक होने की या श्रेष्ठ आलोचक होने की यह कोई शर्त नहीं हो सकती कि उसने आलोचक-विशेष का कितना अनुशीलन किया है, लेकिन जब कोई आलोचक किसी अन्य का ऋण दूर तक स्वीकार करता है, तब प्रसंग को इस कोण से देखना भी अनुचित नहीं कहा जा सकता कि उसने उसको कितना और कैसे आयत्त किया है?

एक जगह डॉ॰ देवराज ने लिखा है कि "विश्व में ऐसे अनेक महान् कलाकार हुए हैं जिन्होंने कोई नया-निराला जीवन-दर्शन न देकर जीवन की विशालता को अभिव्यक्ति ही दी है। शेक्सपीयर ऐसा ही महान् लेखक है... यही बात ईसाई कवि दांते पर लागू होती है।"[138] दांते ने वास्तव में संत एकीनाज के व्यवस्थित दर्शन को 'डिवाइन कॉमेडी' में व्यक्त किया है, इसलिए दर्शन के धरातल पर दाँते और शेक्सपीयर को एक साथ रखना अनुचित ही नहीं, भ्रामक भी है। दांते और शेक्सपीयर का नाम एलियट ने भी प्रायः साथ-साथ लिया है लेकिन दोनों में विद्यमान इस अंतर की ओर वह बराबर सजग रहा है। डॉ॰ देवराज का ध्यान इस ओर नहीं गया है। इस विषय को लेकर उन्होंने कहीं भी एलियट का खंडन भी नहीं किया है। (अस्तु)

× × ×

यहाँ फिर दोहराना होगा कि इस विवेचन का अर्थ यह नहीं है कि यदि डॉ॰ देवराज एलियट का सम्यक् अनुशीलन करते तो वे श्रेष्ठ आलोचक बन जाते और न यही है कि उस स्थिति में वे उसे दूर तक अपना भी लेते; लेकिन उस स्थिति में यह संभव था कि एलियट की आलोचना-दृष्टि में उनकी पैठ गहरी होती और उनका एलियट का स्वीकार अथवा अस्वीकार भी तात्त्विक महत्त्व का होता। अधिक संभावना तो इसी बात की लगती है कि उस स्थिति में वे उससे उतने सहमत कभी नहीं होते जितने कि आज दिखाई पड़ते हैं। सच तो यह है कि उन जैसे प्रखर और निर्भीक आलोचक की किसी भी अन्य विचारक की अतिशय प्रशंसा स्वयं में ही उनके उसके अनुशीलन की सम्यकता के प्रति संशय जगाती है। उनमें और एलियट में वैचारिक समानता का धरातल जितना

व्यापक है उतनी ही चौड़ी असमानता की खाई है। एलियट का सम्यक् अनुशीलन उन्हें उसके प्रति केवल श्रद्धा-भाव के ज्ञापन तक ही सीमित नहीं रखता, वह उन्हें असहमति के प्रकाशन के लिए भी प्रेरित करता और उस स्थिति में निश्चित है कि डॉ॰ देवराज जैसे तीक्ष्ण-मति आलोचक की असहमति के मुद्दे भी उतने दुर्बल नहीं होते जितने कि वे हैं।[139] और असहमति की अभिव्यक्ति भी, जैसा कि उनका स्वभाव है, कहीं अधिक तीखे स्वर में होती। इसी प्रकार, एलियट के विरोधाभासों का उद्‌घाटन और उसकी दुर्बलताओं का विश्लेषण भी अत्यंत पैना और बेलाग होता। (इससे उनके अपने अंतर्विरोधों की ओर भी उनकी दृष्टि जाती और वे उनका परिहार भी करते) साथ ही, एलियट से उनकी सहमति भी ठोस और तात्त्विक होती। डॉ॰ देवराज की 'वह' साहित्य-चिंता हिंदी-आलोचना की और भी अनुपम निधि होती।

यह हिंदी-आलोचना का दुर्भाग्य ही कहा जाएगा कि डॉ॰ देवराज जैसा चिंतनशील और सशक्त अभिव्यक्ति का धनी आलोचक दर्शन के क्षेत्र से साहित्यालोचना के क्षेत्र में आकर भी आलोचना को उपकर्म बनाकर ही रह गया; और वहाँ भी वह उसे दर्शन के अंकुश से मुक्त नहीं कर सका, अपनी सारी बौद्धिक-वस्तुनिष्ठता के बावजूद, और एलियट के अनुशीलन के बावजूद भी।

और, एलियट का जो प्रभाव उन्होंने ग्रहण किया है, उसके सम्यक् अनुशीलन के बाद यह कहना निरापद है कि वे एलियट को विश्व के विरल और महान् लेखकों में परिगणित करके ही रह गए हैं, उसके सम्यक् अनुशीलन और विवेचन-विशेषण का अवकाश नहीं पा सके हैं। अपने एक निबंध के विषय में उन्होंने लिखा है कि इस "निबंध की कमजोरी यह हैं कि वह दो-चार उद्धरणों के विश्लेषण द्वारा अपना मंतव्य स्थापित करना चाहता है।"[140] वास्तव में यह उनके एक निबंध या प्रसंग के विश्लेषण की नहीं, उनकी आलोचना-प्रकृति मात्र की तात्त्विक दुर्बलता जान पड़ती है। इसी दुर्बलता के कारण उनका आलोचनात्मक योगदान सीमित महत्त्व का ही बन पाया है; उनकी समुचित सहृदयता, उदारता, विकसित रस-संवेदना, सूक्ष्म दृष्टि, तीक्ष्ण विश्लेषण शक्ति, सटीक निर्भीक अभिव्यक्ति और हिंदी आलोचना में एक नई और सशक्त भाषा के प्रवर्तन आदि-आदि अनेकानेक आलोचनात्मक गुणों के बावजूद।

संदर्भ

1. अज्ञेय : त्रिशंकु, पृष्ठ 96
2. डॉ॰ देवराज : साहित्य चिंता, पृष्ठ 131
3. वही, पृष्ठ 119
4. वही, पृष्ठ 91
5. वही, पृष्ठ 92
6. डॉ॰ देवराज : आधुनिक समीक्षा, पृष्ठ 108

द्रष्टव्य : पृष्ठ 56

यहाँ डॉ॰ देवराज ने गेटे को शैले और वर्ड्सवर्थ की तुलना में विशेष महत्त्व दिया है। संदर्भ में डॉ. देवराज और एलियट में प्रस्तुत समानता नहीं है। स्मरणीय है कि एलियट ने गेटे को केवल शैले और वर्ड्सवर्थ के साथ ही नहीं रखा है, उन्हें एक ही कोटि का भी माना है। 'द यूज़ ऑव पोइट्री' में उसने ये तीनों नाम बार-बार साथ लिये हैं और कविता और दर्शन को गड्डमड्ड करने के धरातल पर तीनों को समान रूप से दोषी पाया है। (पृष्ठ 97-99)। इसकी पुष्टि 'द सैक्रेड वुड' में व्यक्त उसके विचारों से भी होती है। वहाँ उसने गेटे को दूषित कला का दोषी ठहराया था। (पृष्ठ 66)। अवश्य ही, 'ऑन पोइट्री एंड पोएट्स' में उसने गेटे के विषय में अपने विचारों में परिवर्तन किया है। वैसे, इस परिवर्तन का संकेत-मूल भी हम 'द यूज़ ऑव पोइट्री' में पा सकते हैं (पृष्ठ 99), पर वह अलग प्रसंग है।

डॉ॰ देवराज ने, शैले और वर्ड्सवर्थ को साहित्य का एकांगी तथा घटिया विचारक कहा है और गेटे को इनसे महत्त्वपूर्ण माना है। (पृष्ठ 108)। इस संदर्भ में वे एलियट के विचारों से परिचित नहीं जान पड़ते, अन्यथा वे इस पर टिप्पणी किए बिना नहीं रहते। यह उनका अपना विचार है कि 'जर्मनी का सर्वश्रेष्ठ कवि तथा नाटककार गेटे योरप का अन्यतम समीक्षक-विचारक भी है।' (पृष्ठ 56)

गेटे, शैले और वर्ड्सवर्थ को या दांते-शेक्सपीयर को या दांते-लूक्रिटस को एक साथ संदर्भित करना एलियट का स्वभाव है और डॉ॰ देवराज में जब हम इसी प्रकार के संदर्भ पाते हैं तो एलियट के प्रति उनके अनुराग के कारण सहज ही एलियट का स्मरण हो जाता है, लेकिन प्रस्तुत प्रसंग में उनका परिचय एलियट के स्वभाव से ही जान पड़ता है, उसके विचारों से नहीं। उनके विचार, उनके अपने ही हैं।

7. वही, पृष्ठ 55
8. वही, पृष्ठ 103
9. डॉ॰ देवराज : साहित्य समीक्षा और संस्कृति बोध, पृष्ठ 56
10. साहित्य-चिंता, पृष्ठ 102
11. वही, पृष्ठ 68
12. आधुनिक समीक्षा, पृष्ठ 14
13. साहित्य समीक्षा और संस्कृति बोध, पृष्ठ 68
14. साहित्य-चिंता, पृष्ठ 36
15. वही, पृष्ठ 38
16. वही, पृष्ठ 57
17. वही, पृष्ठ 17
18. वही।
19. वही।
20. वही, पृष्ठ 32

21. वही, पृष्ठ 49
22. वही, पृष्ठ 45
23. वही, पृष्ठ 47
24. वही।
25. वही, पृष्ठ 58 द्रष्टव्य : भूमिका, पृष्ठ 4
26. वही, पृष्ठ 102
27. वही, पृष्ठ 59
28. वही, पृष्ठ 67
29. सिलेक्टेड ऐसेज़, पृष्ठ 19
30. साहित्य-चिंता, पृष्ठ 102
31. वही, पृष्ठ 28
32. वही, पृष्ठ 219
33. वही, पृष्ठ 117
34. वही, पृष्ठ 65
35. वही, पृष्ठ 74
36. एलियट : द यूज़ ऑव् पोइट्री, पृष्ठ 18
37. साहित्य-चिंता, पृष्ठ 10
38. एलियट : सिलेक्टेड ऐसेज, पृष्ठ 24
39. साहित्य-चिंता, पृष्ठ 210
40. डॉ॰ देवराज : साहित्य समीक्षा और संस्कृति बोध, पृष्ठ 20
41. द यूज़, पृष्ठ 141
42. ऑन पोइट्री, पृष्ठ 20-21
43. साहित्य-चिंता, पृष्ठ 68
44. वही, पृष्ठ 19
45. वही।
46. द यूज़, पृष्ठ 141
47. ऑन पोइट्री, पृष्ठ 21
48. साहित्य-चिंता, पृष्ठ 22
49. सिलेक्टेड ऐसेज, पृष्ठ 15
50. वही।
51. साहित्य-चिंता, पृष्ठ 22
52. वही, पृष्ठ 23
53. सिलेक्टेड ऐसेज, पृष्ठ 20
54. साहित्य-चिंता, पृष्ठ 24
55. आधुनिक समीक्षा, पृष्ठ 14
    द्रष्टव्य : साहित्य समीक्षा और संस्कृति बोध, पृष्ठ 68

56. साहित्य समीक्षा और संस्कृति बोध, पृष्ठ 22
57. आधुनिक समीक्षा, पृष्ठ 110
58. वही, पृष्ठ 107
59. सिलेक्टेड ऐसेज, पृष्ठ 32
द्रष्टव्य : विल्सन नाइट : द व्हील ऑव् फायर, एलियट की भूमिका, XVI-XVII
60. आधुनिक समीक्षा, पृष्ठ 107
61. डॉ॰ देवराज : प्रतिक्रियाएँ, पृष्ठ 170
62. साहित्य समीक्षा और संस्कृति बोध, पृष्ठ 22
63. साहित्य-चिंता, पृष्ठ 17
द्रष्टव्य : आलोच्य प्रसंग में स्पिनगार्न का डॉ॰ देवराज द्वारा उद्धृत मत इस प्रकार है : ''आलोचक को देखना चाहिए कि कलाकार क्या करना (अर्थात् प्रकट करना) चाहता था और उसने उसे किस प्रकार किया।'' साहित्य-चिंता, पृष्ठ 17
64. विल्सन नाइट : द व्हील ऑव् फायर, एलियट द्वारा लिखित भूमिका, XVI-XVII
65. आधुनिक समीक्षा, पृष्ठ 107
66. वही, पृष्ठ 110
67. साहित्य समीक्षा और संस्कृति बोध, पृष्ठ 20
68. वही, पृष्ठ 36
69. टिप्पणी : 'आधुनिक समीक्षा' में डॉ॰ देवराज ने लिखा है कि विश्लेषण की क्रिया को हम ''विश्लेषण से भिन्न व्याख्या भी कह सकते हैं।'' (पृष्ठ 107) ठीक यही बात उन्होंने 'साहित्य समीक्षा और संस्कृति बोध' में लिखी है कि ''जिसे हम विश्लेषण कहते हैं, वही व्याख्या भी है।" (पृष्ठ 20) क्योंकि दोनों स्थलों पर लगभग एक ही बात कही गई है, इससे भ्रम पैदा होता है कि दोनों जगहों पर विश्लेषण शब्द एक ही अर्थ का वाचक है, लेकिन जैसा कि हम देख चुके हैं, 'आधुनिक समीक्षा' में विश्लेषण से अभिप्राय समाजशास्त्रीय-पक्ष के विश्लेषण से है जबकि 'साहित्य समीक्षा और संस्कृति बोध' में विश्लेषण से अभिप्राय कृति के शिल्प-पक्ष के विश्लेषण से है।
70. आधुनिक समीक्षा, पृष्ठ 97
71. साहित्य-चिंता, पृष्ठ 17
72. वही, पृष्ठ 16
73. वही, पृष्ठ 17
74. वही, पृष्ठ 33
द्रष्टव्य : पृष्ठ 37
75. आधुनिक समीक्षा, पृष्ठ 26
76. वही।
77. वही, पृष्ठ 27
तुलनीय : द यूज़, पृष्ठ 98
78. वही, पृष्ठ 98-99

79. प्रतिक्रियाएँ, पृष्ठ 22
    तुलनीय : सिलेक्टेड ऐसेज़, पृष्ठ 18
80. साहित्य समीक्षा और संस्कृति बोध, पृष्ठ22
81. वही।
82. सिलेक्टेड ऐसेज़, पृष्ठ 18
83. द यूज़, पृष्ठ 98
84. सिलेक्टेड ऐसेज़, पृष्ठ 137
85. आधुनिक समीक्षा, पृष्ठ 99
86. सिलेक्टेड ऐसेज़, पृष्ठ 135-138
    तुलनीय : साहित्य समीक्षा और संस्कृति बोध, पृष्ठ 63
87. प्रतिक्रियाएँ, पृष्ठ 222
88. द यूज़, पृष्ठ 98
89. आधुनिक समीक्षा, पृष्ठ 110
    तुलनीय : यहाँ यह देखना रोचक होगा कि इस प्रसंग पर अज्ञेय के विचार भी कुछ ऐसे ही हैं। उनका कथन है कि ''कवि के लिए महान चिंतक होना कतई आवश्यक नहीं है पर जब वह वैचारिक स्तर पर हमें झकझोरना चाहता है तब उससे यह अपेक्षा स्वाभाविक है कि उसके विचार स्पष्ट, संगत और प्रतीतिकर हों।'' (अंतरा, पृष्ठ 89)
90. साहित्य समीक्षा और संस्कृति बोध, पृष्ठ 39
91. वही, पृष्ठ 63
92. सिलेक्टेड ऐसेज़, पृष्ठ 17
93. साहित्य समीक्षा और संस्कृति बोध, पृष्ठ 22
94. वही, पृष्ठ 63
95. साहित्य-चिंता, पृष्ठ 94
96. वही, पृष्ठ 46
97. वही, पृष्ठ 88
98. साहित्य-चिंता : 'कल्पना और वास्तविकता' लेख द्रष्टव्य
99. साहित्य समीक्षा और संस्कृति बोध : प्रस्तावना, VIII
100. वही, पृष्ठ 42
101. वही, पृष्ठ 20
102. वही, पृष्ठ 23
103. आधुनिक समीक्षा, पृष्ठ 110
104. प्रतिक्रियाएँ, पृष्ठ 222
105. आधुनिक समीक्षा और संस्कृति बोध, पृष्ठ 7
106. वही।
107. प्रतिक्रियाएँ, पृष्ठ 216

108. साहित्य-चिंता, पृष्ठ 108
109. साहित्य समीक्षा और संस्कृति बोध, पृष्ठ 17
110. वही, पृष्ठ 8
111. वही, पृष्ठ 7
112. टिप्पणी : कुछेक स्थलों पर डॉ॰ देवराज ने रचना व्यापार में अवचेतन की भूमिका का अपने ढंग से निराला संकेत किया है। 'साहित्य-चिंता' में उन्होंने लिखा है कि "हमारे राग-विराग एवं आकर्षण-विकर्षण मूलतः जैवी प्रकृति से निर्धारित होते हैं। कलात्मक अनुभूति के ये अपेक्षाकृत स्थायी विषय या तत्त्व हैं।.... मानव प्रकृति के ये तत्त्व उसके अस्तित्व की गहराइयों का निर्माण करते हैं, उन गहराइयों का जिनके बारे में मनोविज्ञान और दर्शन बहुत कम छानबीन कर पाये हैं।" (पृष्ठ 104)। 'प्रतिक्रियाएँ' में उन्होंने लिखा है कि "कालिदास यह जानते थे कि कला सृष्टि के समय कलाकार का अवधान पूरा-पूरा अपने विषय में केंद्रित–एक प्रकार की समाधि की स्थिति में–होना चाहिए।" (पृष्ठ 199)। इससे स्पष्ट है कि डॉ॰ देवराज इससे भलीभाँति अभिज्ञ हैं कि रचना अवचेतन से स्फुरित हो सकती है, लेकिन आज के लेखक के लिए उन्होंने इस समाधि को न संभव माना है, न आवश्यक ही।

'आधुनिक समीक्षा' में उन्होंने लिखा है कि "यह क्या जरूरी है कि जीवन और कला का चरम प्रयोजन बुद्धिगम्य ही हो, और बीसवीं सदी के मध्य भाग तक पूर्णतया समझ ही लिया गया हो। प्रगतिवादी इस प्रकार के किसी अनर्गल रहस्यवाद को स्वीकार को तैयार नहीं हैं।" (पृष्ठ 13) यह कथन सीधे रचना की प्रक्रिया से जुड़ा हुआ नहीं है, (इसका संबंध आस्वादन और मूल्यांकन से है), लेकिन जितना भी जुड़ा हुआ है, उसके लिए यह कहा जा सकता है कि चाहे उन्होंने स्वयं को मार्क्सवादी ही कहा है, अवचेतन की चर्चा उनके निकट अनर्गल रहस्यवाद नहीं है।
113. साहित्य समीक्षा और संस्कृति बोध, पृष्ठ 27
114. वही।
115. वही।

द्रष्टव्य : पृष्ठ 29
116. वही, पृष्ठ 30

टिप्पणी : आगे उन्होंने 'कृति में समावेशित सामग्री' (पृष्ठ 3) की बात करते हुए सामग्री को 'भाषा या शब्द रूप' कहकर भाषा-पक्ष का अच्छा विवेचन किया है, लेकिन सामग्री, उनके लिए सर्वथा भाषा-तत्त्व नहीं रह पाई है। कालिदास के आश्रम-वर्णन आदि की चर्चा (पृष्ठ 34) करते हुए उन्होंने इसमें वस्तु तत्त्व का समावेश कर लिया है। बहरहाल, उनका यह भाषा-विवेचन भी एलियट के 'कविता के संगीत' निबंध में किये गये भाषा-विवेचन से तुलनीय है।

(द्रष्टव्य : पृष्ठ 31-32 एवं 'काव्यभाषा' निबंध)

117. वही, पृष्ठ 29
118. वही, पृष्ठ 29-30
119. वही, पृष्ठ 78-79
120. वही, पृष्ठ 30
121. वही, पृष्ठ 35
122. वही, पृष्ठ 88
123. वही, पृष्ठ 85
124. वही, पृष्ठ 56
द्रष्टव्य : डॉ॰ देवराज ने लेखक से यह माँग संस्कृति बोध के अंतर्गत नहीं, रचना-प्रक्रिया के संदर्भ में की है लेकिन संस्कृति बोध के पैमाने पर खरे उतरने वाले लेखक को भी यह ज्ञान अर्जित करना ही होगा, यह उनके अन्यत्र किए गए विवेचन से स्पष्ट है।
125. ऑन पोइट्री, पृष्ठ 33
126. साहित्य समीक्षा और संस्कृति बोध, पृष्ठ 89
127. वही।
128. वही, पृष्ठ 90
129. वही, पृष्ठ 91
130. साहित्य-चिंता, पृष्ठ 29
131. वही, पृष्ठ 23
132. साहित्य समीक्षा और संस्कृति बोध, पृष्ठ 29
133. साहित्य चिंता, पृष्ठ 117
134. वही, पृष्ठ 65
135. वही, पृष्ठ 74
136. साहित्य समीक्षा और संस्कृति बोध, पृष्ठ 7
137. सिलेक्टेड ऐसेज़, पृष्ठ 21
138. आधुनिक समीक्षा, पृष्ठ 109
139. टिप्पणी : डॉ॰ देवराज ने एलियट से अपनी असहमति की चर्चा प्रायः नहीं की है। 'साहित्य समीक्षा और संस्कृति बोध' में उन्होंने एलियट की एक मान्यता से असहमति का संकेत किया है और वह मान्यता भी संस्कृति-विषयक है। (पृष्ठ 13) 'प्रतिक्रियाएँ' में उन्होंने एलियट के क्लासिक-विषयक एक विचार से असहमति व्यक्त की है। एलियट का मत है कि "महत्त्वपूर्ण क्लासिक की रचना करने वाला महाकवि समकालीन भाषा को इतनी पूर्णता से दुह लेता है कि वह भाषा आगे आने वाले कवियों के काम की नहीं रह जाती।" इस पर डॉ॰ देवराज का प्रश्न यह है कि 'हम यह कैसे निर्णय करते हैं कि भाषा के विशिष्ट शब्द चुक गये हैं।' (पृष्ठ 180)। इस आपत्ति का निराकरण इस बात से होगा कि एलियट का अभिप्राय किन्हीं शब्दों से नहीं, समूची भाषा के चुकने से है।

यदि वे इस ओर सजग होते कि भाषा के चुकने की बात वर्जिल के संदर्भ में कही गई है, तब भी स्थिति उनके तईं स्पष्ट हो जाती।

इसकी समानांतर स्थिति हिंदी में तुलसी की अवधी में देखी जा सकती है। उन्होंने अवधी को इतना दुह लिया था कि उसके बाद वह अनुर्वरा हो गई। अवधी के कुछ शब्द नहीं चुक गए, पूरी भाषा ही चुक गई।

इसी आपत्ति का एक अन्य निराकरण एलियट के इस कथन से भी होता है कि क्लासिक काव्य को क्लासिक के रूप में प्रतिष्ठा आगे जाकर ऐतिहासिक परिप्रेक्ष्य में ही मिलती है; इसलिए कोई भाषा चुक गई है, इसका ज्ञान भी हमें ऐतिहासिक परिप्रेक्ष्य में ही हो सकता है। फिर, एलियट का क्लासिक-विचार जितना बल क्लासिक कवि की प्रतिभा पर देता है, उतना ही बल वह भाषा की उस चरम विकसित अवस्था पर देता है, जहाँ उसका सत्व निचोड़ डालना, उस प्रतिभाशाली के लिए संभव होता है। डॉ॰ देवराज का ध्यान इन बातों की ओर भी नहीं गया है। कुल मिलाकर, यह आपत्ति उनकी असावधानी ही सूचित करती है।

प्रसंगवश, यहाँ डॉ॰ देवराज की एक और असावधानी की ओर संकेत करना भी अनुचित नहीं होगा। 'साहित्य समीक्षा और संस्कृति बोध' में उन्होंने एक जगह लिखा है कि 'ईसाई धर्म का गंभीर समर्थक होते हुए भी एलियट ने कहीं ईश्वर, स्वर्ग, नरक आदि से संबंधित आस्था का स्थूल समर्थन नहीं किया है।' (पृष्ठ 64)।

यहाँ यह उल्लेखनीय है कि एलियट ने निष्ठावान ईसाई के लिए न केवल चर्च में आस्था बल्कि उसके तमाम कर्मकांडीय विधि-विधानों में भी दृढ़ आस्था आवश्यक ठहराई है। अस्तु।

140. साहित्य-चिंता, पृष्ठ 84

अध्याय-3

गजानन माधव 'मुक्तिबोध'

कवि-आलोचक गजानन माधव 'मुक्तिबोध' के विवेचन में एलियट का स्मरण कम ही प्रासंगिक समझा गया है। क्योंकि मुक्तिबोध मार्क्सवादी थे और मार्क्सवादी आलोचना-पद्धति एलियट को गवारा नहीं थी और न मार्क्सवादियों को एलियट गवारा हुआ इसलिए मुक्तिबोध की चर्चा में एलियट के स्मरण का कोई औचित्य नहीं जान पड़े तो उसे अनुचित नहीं कहा जा सकता। लेकिन मुक्तिबोध ने सृजन-प्रक्रिया का जो विवेचन किया है और आलोचक के लिए उस प्रक्रिया में तथा कला की समस्याओं में अंतर्दृष्टि जो आवश्यक ठहराई है, वह अनेक स्थलों पर बरबस ही एलियट का स्मरण करा देती है।

आधुनिक अंग्रेजी-आलोचना में जिन लोगों ने रचना-प्रक्रिया पर विचार किया है, उनमें एलियट का नाम सर्वोपरि है। प्रक्रिया के आलोक में आलोचना-प्रतिमानों का निरूपण करने वाला तो कदाचित् वह अकेला आलोचक है। मुक्तिबोध ने अंग्रेजी के कवि-आलोचकों में कॉलरिज और एलियट को ही जो 'मुख्यतः विचारणीय' कहा है, वह भी इस अर्थ में अत्यंत सटीक है कि अपने आलोचनात्मक लेखन में दोनों की दृष्टि रचना-प्रक्रिया और कला की समस्याओं पर रही है। अध्ययन से गृहीत बातों को उन्होंने अपने अनुभव की कसौटी पर जाँच कर ही स्वीकार या अस्वीकार किया है। मुक्तिबोध ने उनकी आलोचनाओं को जो 'वास्तविक अनुभवों का निष्कर्ष'[1] है, उसे भी इसी अर्थ में देखा जाना चाहिए।

एलियट ने अतीत का अध्ययन इस दृष्टि से चाहा था कि लेखक देखे कि उन कलाकारों के सामने क्या समस्याएँ थीं, उन्होंने उनको कैसे सुलझाया और वह उससे अपने लिए क्या पा सकता है। उसने लक्ष्य किया है कि अतीत के प्रति कॉलरिज की दृष्टि ऐसी ही थी। इसलिए कॉलरिज उसका आदर्श था।[2] मैथ्यू आर्नाल्ड ने कवि-आलोचक होते हुए भी अपनी आलोचनाओं में कविताओं को रचयिता के कोण से जो नहीं देखा है, उसके लिए उसने (एलियट ने) उसकी तीखी आलोचना की है।[3]

यह एक विस्मयकारी संयोग ही कहा जाएगा कि मुक्तिबोध ने भी कुछ ऐसे ही आधार पर शुक्लजी की आलोचना की है। उन्होंने लिखा है कि "पं रामचंद्र शुक्ल छायावादी रचना-प्रक्रिया को नहीं समझते थे, इसीलिए उसका विरोध करते रहे।"[4] डॉ॰

रामविलास शर्मा और शिवदान सिंह चौहान के आग्रह भी उन्हें रचना-प्रक्रिया में सूक्ष्म दृष्टि के अभाव में, लादे जा रहे-से और खोखले''[5] जान पड़े हैं। वस्तुतः उनके मतानुसार प्रगतिवादी प्रवक्ताओं के पास ''अंध सिद्धांतवादी अहंकार तो था, किंतु कला की सृजनशील प्रक्रिया में, कला संबंधी समस्याओं में, वह सूक्ष्म गति नहीं थी, जो कि एक जीवन-मर्मज्ञ और कला-मर्मज्ञ के लिए आवश्यक होती है।''[6] नई-कविता के आलोचकों के प्रति भी उन्होंने कुछ ऐसी ही शिकायत की है कि उसके विशिष्ट कवियों की ऐसी समीक्षाएँ देखने में नहीं आई हैं जिनमें ''कला सबंधी समस्याएँ''[7] प्रस्तुत की गई हों। इन सभी संदर्भों में यह अनुमान करना अनुचित नहीं होगा कि यह कला की समस्याओं में मुक्तिबोध की रुचि ही थी जो उन्हें एलियट की ओर ले गई।

एलियट कवि-आलोचक था और कवि-आलोचकों की आलोचना के विषय में उसका विचार था कि ऐसे आलोचक अपनी आलोचनाओं में उस कविता-प्रकार के पोषक सिद्धांतों का निर्माण करते हैं जो स्वयं उन्होंने रची है। यह बात एलियट के लिए तो लागू होती ही है, मुक्तिबोध के लिए भी कम लागू नहीं होती। स्वयं उन्होंने भी लिखा है कि रचना-प्रक्रिया के विश्लेषण में लेखक की दिलचस्पी का एक कारण यह संभव है कि ''वह अपनी विशेष काव्य प्रवृत्ति का औचित्य सिद्ध'' करना चाहता हो।[8] कहने की आवश्यकता नहीं कि उन्होंने अपनी आलोचनाओं में अपनी काव्य-प्रवृत्ति का ही नहीं, उसके विषय में किये गये अपने चिंतन का औचित्य भी सिद्ध करना चाहा है। वे विचारों से मार्क्सवादी थे लेकिन उनकी कविता, उन्हीं के शब्दों में , ''प्रगतिवादी ढाँचे'' की नहीं थी।''[9] इसलिए प्रारंभ में प्रगतिवादी आलोचकों ने अन्य प्रयोगवादी कवियों के साथ उनकी भी उपेक्षा की।[10] यह तक नहीं देखा कि उनमें प्रगतिवादी तत्त्व विद्यमान थे—इसके लिए उनके प्रति अपना क्षोभ उन्होंने कई स्थलों पर प्रकट किया है,[11] और उनके ''शत्रुत्वभाव''[12] से क्षुब्ध होकर ही वे स्वयं आलोचना के क्षेत्र में उतर आए जान पड़ते हैं।

मुक्तिबोध का विचार यह भी था कि प्रगतिवादी आलोचकों की नए कवियों के प्रति अकारण कटुता और कठोरता तथा कला के प्रति विमुखता ने विपक्षियों के हाथ मजबूत किए[13]; विपक्षियों ने 'प्रगतिवादियों की स्थूलता से लेखक वर्ग में उत्पन्न असंतोष'[14] का पूरा-पूरा लाभ उठाया और उन्हें अपने क्षेत्र में मिला लिया। कदाचित् इसका प्रायश्चित्त करने के लिए ही मुक्तिबोध ने प्रगतिवादी प्रतिमानों में कला-दृष्टि का सन्निवेश कर नए कवियों को मार्क्सवाद की ओर पुनः आकर्षित करना चाहा। अपने इसी क्रम में कहीं सृजन-प्रक्रिया का विवेचन करते हुए और कहीं कला की समस्याओं का चिंतन करते हुए वे इतने गहरे चले गए हैं कि उनके वादी-आग्रह पीछे छूट गए हैं। अपने इसी अवगाहन में वे एलियट के निकट चले गए हैं।

यहाँ हम दोनों कवि-आलोचकों के सृजन-प्रक्रिया विषयक विचारों का तथा कला

की समस्याओं के अंतर्गत कवि के विकास तथा निर्वैयक्तिकता विषयक विचारों का तुलनात्मक विवेचन करेंगे।

जीवन-पक्ष

कुछ समानता हमें दोनों के जीवन में भी दिखाई पड़ती है। मुक्तिबोध ने स्वयं को "एकांतप्रिय निःसंग व्यक्तिवादी स्वभाववाला लेखक"[15] कहा है। ये सारे विशेषण एलियट के जीवन से परिचित व्यक्ति को एलियट के लिए भी मौजूं जान पड़ेंगे। एलियट का जीवन, विशेषकर इंग्लैंड में उसका प्रारंभिक जीवन, सर्वथा अभावपूर्ण और घोर संघर्षपूर्ण था। तनावपूर्ण तो वह दूसरे विवाह के पहले तक रहा। यद्यपि उसका पहला विवाह भी था प्रेम-विवाह ही । प्रारंभ में आजीविका के लिए उसने अध्यापकी, क्लर्की और पत्रकारिता को अपनाया था। साहित्यिक-संस्कार उसने माँ से पाए थे और उनका विकास उसने अपनी ओर से किया था। संयोगवश, कुछ ऐसी ही बातें हमें मुक्तिबोध के जीवन में भी मिलती हैं। उनका जीवन भी घोर संघर्षपूर्ण था। वे अधिकतर अर्थाभाव में ही जीये। साहित्यिक-संस्कार उन्होंने भी अपनी माँ से ही पाए थे। प्रेम-विवाह उन्होंने भी किया था और आजीविका के लिए उन्होंने भी अध्यापकी की और पत्रकारिता भी।

अपनी पीड़ा व्यक्त करते हुए उन्होंने लिखा है कि "मेरी जिंदगी असफलता की डाढ़ों में पड़ी हुई एक बेबस आँत है।"[16] अपनी आर्थिक कठिनाई व्यक्त करते हुए उन्होंने लिखा है कि "अकिंचन इतना हूँ कि हिंदी की किताबें भी नहीं खरीद सकता। और लिखने के लिए कागज जब ज़्यादा खर्च हो जाते हैं, तब सोचता हूँ कि मैं कितना फिजूलखर्च हूँ। ऐसी स्थिति में मैं क्या अपनी परंपरा ढूँढूँगा।"[17] (संयोगवश एलियट से समानता की तलाश में परंपरा-संधान की मुक्तिबोध की यह कामना भी एक रंजक समानता बनकर कौंधती है। स्मरणीय है कि एलियट ने विशेष प्रसिद्धि अपने परंपरा-चिंतन के लिए ही पाई थी। लेकिन मुक्तिबोध इस दिशा में जा नहीं पाए)। अर्थाभाव एलियट के जीवन में भी कम नहीं था, अपना घर चलाने और पत्नी का इलाज कराने के लिए उसे प्रायः बर्ट्रेंड रसेल से पैसा माँगना पड़ता था। यह अलग बात है कि अपनी निरीहता की ऐसी निरीह अभिव्यक्ति हमें उसमें नहीं मिलती। समय के अभाव की शिकायत तो उसने फिर भी की है। अपने एक मित्र को उसने लिखा था कि 'क्राइटेरिया' पत्रिका मेरा इतना समय ले लेती है कि मुझे निजी कामों के लिए भी समय नहीं मिल; पाता भी बाल कटाने और दाढ़ दिखाने तक के लिए नहीं। लेकिन अर्थाभाव की शिकायत उसने नहीं की है। इसका कारण उसका स्वाभिमान तो था ही, उसका अंतर्मुखी और गोपनशील स्वभाव भी कम नहीं था। इसी कारण से अपने निजी संघर्ष और दर्द की खुली अभिव्यक्ति उसके लिए लगभग असंभव थी। अंतर्मुखी मुक्तिबोध भी थे लेकिन अपने

अभावों को उन्होंने कहीं-कहीं बड़ी तड़प के साथ व्यक्त किया है। और प्रोत्साहन पाने की कामना, विशेषतः आलोचकों से प्रोत्साहन की कामना, भी उन्होंने कई स्थलों पर व्यक्त की है।[18]

जीवन के संघर्षों से भी वे थक चुके थे, कहीं उन्होंने इस 'गोरख धंधे' को कलाकार की शक्ति का 'बेहूदे युद्ध में व्यय'[19] होना कहा है, और कहीं 'शक्ति का अपार व्यय' और 'आत्मक्षय'[20] तक कहा है। बीसवें दशक में एलियट भी संघर्षों से जूझते हुए टूटने की सीमा तक आ गया था लेकिन फिर भी अपनी बैंक-क्लर्की जैसे नीरस और उबाऊ कार्य को उसने अपने रचना-कर्म के लिए बाधक नहीं समझा था। अपने रोजमर्रा के कार्यक्षेत्र का साहित्य से भिन्न होना ही उसे अपने रचना-कर्म के लिए उपयुक्त लगता था।[21] वह इतर-क्षेत्रों को जीवन के विविध अनुभव पाने में सहायक की दृष्टि से देखता था।

यह अनुमान भी निर्मूल नहीं होगा कि यदि अवसर मिलता तो मुक्तिबोध अपनी आत्मकथा लिख जा सकते थे; शायद किसी ने उनके लेखन से उनके आत्मकथात्मक अंशों को संकलित भी किया है। लेकिन एलियट अपने आत्मकथात्मक लेखन से कतराता ही रहा। जिन्होंने उसकी जीवनी लिखी है, उन्होंने भी जीवनीमूलक सामग्री के अभाव की पूर्ति उसके विचारों और कृतित्व की चर्चा से ही की है। (फिर भी जीवनियाँ उसकी कई-एक लिखी गई हैं)।

साहित्यिक धरातल पर

साहित्यिक धरातल पर दोनों में प्रकटतः समानता नहीं मिलती लेकिन यह तथ्य है कि एलियट को अंग्रेजी का दुर्बोध्य कवि समझा जाता है और मुक्तिबोध को हिंदी का। स्वयं मुक्तिबोध ने इस आक्षेप को स्वीकार नहीं किया है;[22] वे उतने दुर्बोध्य हैं भी नहीं, लेकिन अपने काव्य की 'अस्पष्टता' पर उनकी भी दृष्टि गये बिना नहीं रही है।[23]

'तार सप्तक' के कवियों का वर्गीकरण करते हुए उन्होंने स्वयं को वात्स्यायन, भारती आदि प्रतीकवादी कवियों की श्रेणी में रखा है।[24] प्रतीकवादी कवियों में दुर्बोध्यता हो, इसे अस्वाभाविक नहीं कहा जा सकता। एलियट की दुर्बोध्यता का भी एक कारण उसमें निजी प्रतीकों की प्रचुरता ही है। लेकिन दोनों में प्रमुख समानता यह है कि दोनों ही रोमानीवाद विरोधी थे। एलियट ने रचना और आलोचना दोनों क्षेत्रों से रोमानीवाद के मूलोच्छेदन का प्रयत्न किया था। मुक्तिबोध ने भी लिखा है कि "मैं कभी छायावादी नहीं हो सका। उसके विरुद्ध प्रतिक्रियाएँ ही हृदय में जमा होती गयीं।"[25]

रोमानीवाद के प्रति खड्गहस्त होने वाले एलियट ने स्वयं को क्लासिकवादी घोषित किया था। मुक्तिबोध ने भी नई कविता में 'नियो क्लासिसिज़्म के बीज' पकते देखे थे और नये कवियों को 'नव क्लासिकवाद की तरफ मुड़ने' का परामर्श दिया था।[26] अवश्य

ही, यह देखकर विस्मय होता है कि आधुनिक निराशावादी विचारधाराओं का विरोध करते हुए वे साम्यवाद को रोमानीवाद की हद तक ले गये हैं।[27]

एलियट की कविता में आलोचकों ने नाट्य-तत्त्व लक्ष्य किया था और एलियट ने उसे स्वीकार भी किया था। मुक्तिबोध ने भी लिखा है कि "नाट्य-तत्त्व को, कविता में स्थान देने की आवश्यकता है। मैं चाहता हूँ कि इसी दिशा में मेरे प्रयोग हों।"[28]

इस प्रकार, रचनाशीलता के धरातल पर भी दोनों में समानता के संधान का कुछ आधार मिलता है, लेकिन विशेष समानता दोनों के साहित्य-चिंतन में ही मिलती है या यह कहना ज़्यादा सही होगा कि यहाँ विचारणीय विषय वही है।

साहित्य-चिंता के धरातल पर

1. सृजन-प्रक्रिया : रचना की प्रारंभिक तैयारी

एलियट ने रचना-प्रक्रिया का प्रारंभ कवि के निरीक्षण व्यापार से माना है। कवि-मानस अपने आसपास के जीवन के निरीक्षण से सामग्री ग्रहण करता है, वह अपने अध्ययन से भी प्रभाव ग्रहण करता है। ये प्रभाव उसके अवचेतन में संचित होते जाते हैं। यह ग्रहण-कार्य बाल्यकाल से ही प्रारंभ हो जाता है और आजन्म चलता रहता है। (बचपन में देखे गये कुछ दृश्यों की छाप तो बालक के मानस पर इतनी गहरी पड़ती है कि वह आजन्म नहीं छूटती)।[29] प्रेरणा के किन्हीं क्षणों में इन संगृहीत प्रभावों में से ही रचना का अंकुर फूटता है। क्योंकि यह संचयन व्यापार सुनियोजित नहीं होता है इसलिए कौन-से अनुभव किस सामग्री के साथ मिलकर कैसा संयोग बनायेंगे, इस विषय में पहले से कुछ भी नहीं कहा जा सकता। "जब तक कोष टूट नहीं जाते, यह नहीं बताया जा सकता कि कैसा अंडा सेया जा रहा था।"[30]

कवि के निरीक्षण को व्यापक बनाने के लिए ही उसने कहा है कि कवि की रुचि कविता से इतर क्षेत्रों में भी होनी चाहिए। यदि अन्य क्षेत्रों में उसकी रुचि नहीं हुई तो उसकी कविता छूछी होगी। कवि कवि होता ही इसीलिए है कि उसकी प्रमुख रुचि अपने अनुभव और चिंतन को कविता में रूपांतरित करने की होती है। अनुभव और चिंतन का अर्थ ही है, कविता से भिन्न क्षेत्रों में रुचि रखना।[31]

सृजन के विषय में मुक्तिबोध की विचार-व्यवस्था उनकी अपनी ही है, एलियट में ऐसी कोई चीज नहीं है, लेकिन यह तो मुक्तिबोध ने भी स्वीकार किया है कि आभ्यंतरीकरण बाल्यकाल से ही प्रारंभ हो जाता है और निरंतर चलता रहता है।[32] रचना इसी में से उत्पन्न होती है। 'डायरी' में उन्होंने लिखा है कि "भले ही काव्य-रचना हाथ में कलम लेकर टेबिल पर की जाती रही हो, किंतु रचना की सच्ची मनोभूमिका, काव्य-रचना के क्षणों के बाहर निरंतर तैयार होती रहती है।... इसलिए मैं यह कहता हूँ कि काव्य-रचना एक परिणाम है, किसी पूर्वगत प्रदीर्घ मनःप्रक्रिया का, जो अलग-अलग

समयों में बनती गई और अपने तत्त्व एकत्र करती गई है। काव्य-रचना में जो अनायासता उत्पन्न होती है, वह केवल भाषा और छंद के अभ्यास के फलस्वरूप ही उत्पन्न नहीं होती, वरन् काव्य-रचना की पूर्वगत मनोभूमिका की समृद्धि के फलस्वरूप उत्पन्न होती है।"[33]

यह मनोभूमिका एलियट के संचयन-व्यापार से तुलनीय जान पड़ती है। संचयन रचना-बाह्य होता है और मनोभूमिका भी उनके शब्दों में काव्य-रचना के क्षेत्र से बाहर तैयार होती है और इसके लिए कवि को आत्मलीन दशा से बाहर जाकर तत्त्व समेटने होते हैं।[34] लेकिन ऐसा करते हुए वह कवि-पद से गिरता नहीं है। मुक्तिबोध ने स्पष्ट लिखा है कि "वास्तविक कलाकार की हालत यह है कि उसके कलाकार की हैसियत—उससे कहीं भी नहीं छूटती—कार्यालय में भी नहीं, चूल्हा फूँकते वक्त भी नहीं, लकड़ी चीरते वक्त भी नहीं..."[35] आदि-आदि। इसका आशय भी यही है कि कवि-मानस जीवन के विभिन्न क्षेत्रों में संचरण करते हुए रचना के तत्त्व सँजोता रहता है और उसी से कविता की मनोभूमिका बनती चलती है। इसी भूमि से आगे बढ़कर एलियट का कवि परस्पर विरोधी और विषम उपादानों से कविता का संयोग तैयार कर लेता है।[36]

ज्ञानात्मक आधार की सुदृढ़ता

अन्यत्र, कविता की मनोभूमिका के मुक्तिबोध ने दो भेद किए हैं, आत्मपरक और वस्तुपरक। आत्मपरक का नियंत्रण उन्होंने वस्तुपरक से चाहा है, और वस्तुपरक मनोभूमिका के लिए उन्होंने लिखा है कि वह सुदृढ़ तब होती है जब कवि का ज्ञानात्मक आधार सुदृढ़ होता है। ज्ञानात्मक आधार से उनका आशय है, "विश्व में ज्ञान का जो आज विकास-स्तर प्राप्त है उसको आत्मसात करना और उससे आगे बढ़ना।"[37]

ज्ञातव्य है कि एलियट ने भी कवि के लिए ज्ञानात्मक आधार विकसित करना आवश्यक ठहराया है। एक ओर उसने क्लासिक भाषाओं और उनके साहित्य का अनुशीलन करने और एक आधुनिक यूरोपीय भाषा को सीखने तथा विश्व में विभिन्न ज्ञान-विज्ञानों का जो स्तर प्राप्त है, उसे आयत्त करने की बात कही है, तो दूसरी ओर उसने परंपरा को प्रयत्नपूर्वक पाने पर भी बल दिया है (परंपरा, उसके अनुसार, विरासत में नहीं मिलती)।[38] इस प्रकार, जितने विस्तृत ज्ञानार्जन का प्रस्ताव उसने किया है, कई लोग उससे नाक-भौं सिकोड़ेंगे, लेकिन उसने केवल इसका प्रस्ताव ही नहीं किया था, उसने स्वयं भी इसे अर्जित भी किया था। मुक्तिबोध ने 'इतने' व्यापक अध्ययन की बात नहीं कही है, स्वयं उनका अपना अध्ययन भी इतना व्यापक था भी नहीं। यदि होता तो उनके लेखन में लक्ष्य करने में भी आता, रचनाओं में भी व्यंजित होता, लेकिन ज्ञानात्मक आधार को विस्तृत से विस्तृत करने की बात उन्होंने भी कही है।

लेकिन इस धरातल पर दोनों में प्रमुख अंतर यह है कि मुक्तिबोध के ज्ञानात्मक आधार में 'उत्पीड़न करने वाली शक्तियों' की चेतना और उनके विरुद्ध "विद्रोह करने

वाली ताकतों से सक्रिय सहानुभूति''[39] का समावेश विशेष रूप से किया गया है। कहने की आवश्यकता नहीं कि यह आग्रह मार्क्सवादी दबाव से प्रसूत है। एलियट ने लेखक के ज्ञानात्मक आधार में ऐसे किन्हीं निर्दिष्ट आग्रहों का समावेश नहीं चाहा है। दूसरी बात यह भी है कि समग्रतः देखने पर मुक्तिबोध का बल अनुभव पर बल्कि एक खास अर्थ में संघर्षपूर्ण जीवन के अनुभव पर अधिक रहा है जबकि एलियट का बल ज्ञान और अनुभव के संवेदनात्मक रूपांतरण पर अधिक रहा है। कहीं-कहीं उसने अनुभव को ज्ञान में अंतर्निहित भी मान लिया है। विभिन्न क्षेत्रों में रुचि को भी उसने अनुभव का पर्याय कहा है। लिखा तो मुक्तिबोध ने भी है कि ''ज्ञान भी एक तरह का अनुभव है, या तो वह हमारा अनुभव है, या दूसरों का।''[40] लेकिन साहित्य-साधना के साथ-साथ उन्होंने जिस प्रकार जीवन-साधना आवश्यक ठहराई है, उसे देखते हुए यह कहना निरापद है कि उनका बल अनुभव पर ही अधिक था। इस बल में खतरा भी रहता है कि हम अनुभव को महत्त्व देते-देते उसकी संपन्नता को ही रचनात्मक उत्कर्ष का हेतु और बहुधा पर्याय समझने लगते हैं। मुक्तिबोध इस खतरे के शिकार हुए हैं। उन्होंने लिखा भी है कि ''अनुभव यदि अल्प हैं, अथवा उनमें वैभिन्न्य नहीं है, या लेखक द्वारा उनका उचित मूल्यांकन नहीं हो पा रहा है, सिर्फ उन्हें अटाले में डाल दिया गया है, तो वैसी स्थिति में इस दूसरे स्तर के सापेक्षिक दारिद्र्य के कारण लेखक की कला भी छिछली, सतही, निरी व्यक्तिबद्ध होगी।''[41] एलियट ने ऐसा विचार इसी रूप में स्वीकार नहीं किया है। वैसे तो, उसके अनुसार भी रचना के लिए अनुभवों की संपन्नता आवश्यक है लेकिन वास्तविक महत्त्व उसके निकट उस रचनात्मक दबाव का था जिसकी वज़ह से अनुभव संवेदन में ढलता है।[42] उसके अनुसार अनुभव को तत्क्षण संवेदन में रूपांतरित करने वाली सामर्थ्य ही रचनाकार की आधारभूत शक्ति होती है।[43] यह विचार एलियट के संवेदनात्मक विघटन के सिद्धांत में भी अंतर्भूत है। मुक्तिबोध ने भी 'ज्ञानात्मक संवेदन और संवेदनात्मक ज्ञान' की बात बार-बार कही है, और यह अनुमान भी निर्मूल नहीं होगा कि इसकी प्रेरणा (और इसकी शब्दावली भी) उन्होंने एलियट से पाई हो सकती है; लेकिन इतना होते हुए भी वे यहाँ अथवा कहीं भी उसके सिद्धांत-मूल तक कम ही गए हैं। अवश्य ही एलियट की सैद्धांतिक पदावली का प्रयोग उन्होंने किया है लेकिन निर्वैयक्तिकता के सिद्धांत को छोड़कर अन्य सिद्धांतों की ओर वे नहीं गये हैं।[44] एक जगह उन्होंने संवेदनात्मक अनुभव करने और उसके साथ ही उसका कल्पनाचित्र प्रक्षेपित करने की बात कही है; और एक अन्य जगह अनुभव-प्रवाह के चित्र-प्रवाह में परिणित होने की बात कही है;[45] पहली बात उसके (एलियट के) संवेदनात्मक-विघटन के सिद्धांत का और दूसरी उसके वस्तुनिष्ठ-प्रतिरूपता के सिद्धांत का स्मरण कराती है, लेकिन वस्तुतः ये बातें भी केवल सिद्धांतों की अनुगूँज देकर ही रह गई हैं, आगे नहीं

गई हैं। लेकिन जो भी हो, रचनाकार के ग्रहण-व्यापार और ज्ञान की सुदृढ़ पीठिका के निर्माण के प्रसंग पर दोनों में बहुत-कुछ समानता मिलती है।

प्रक्रिया का विवेचन

दोनों कवि-आलोचकों के रचना-प्रक्रिया विषयक विचारों में विशेष समानता मिलती है। मुक्तिबोध ने प्रक्रिया के तीन सोपान या क्षण माने हैं, उद्‌घाटन, संश्लेषण और अभिव्यक्ति। उद्‌घाटन के क्षण में मनस्तत्व कलावस्तु बनने के लिए मन की आँखों के आगे तरंगायित, उद्‌घाटित, और आलोकित होता है। दूसरे क्षण में वह तत्त्व अन्य समशील मनस्तत्वों अथवा अनुभवों से मिलकर अधिक मूर्त, अधिक संश्लेषित तथा कल्पनालोकित हो जाता है। "ऐसी स्थिति में कल्पना के प्रथम क्षण में उपस्थित रूप कुछ-न-कुछ बदल जाता है, उसमें व्यापक अर्थ आ जाता है,... व्यक्तिबद्धता की स्थिति नष्ट होकर उस तत्त्व के व्यापक महत्त्व की अनुभूति होने लगती है। इस महत्त्वानुभूति के बोध के कारण अनुभवकर्ता उसे शब्द-स्वर-रंग में अभिव्यक्त करने के लिए आतुर हो उठता है। यहाँ से कला का तीसरा क्षण आरंभ होता है। जब वह उन रूपों या रूप-क्रम को अभिव्यक्त करने लगता है, तब वे रूप बहुत-कुछ बदल जाते हैं। परिणामतः पूर्ण की हुई कविता, पूर्ण की हुई कलाकृति, अपनी पूर्वगत तत्त्वानुभूति की वास्तविकता से बहुत कुछ भिन्न हो जाती है।"[46]

इस प्रकार, मुक्तिबोध ने प्रक्रिया के हर सोपान पर मूल मनस्तत्व के बदलते जाने की बात स्वीकार की है। 'डायरी' में उन्होंने प्रक्रिया की चर्चा कुछ भिन्न रूप में की है लेकिन बदलाव की बात वहाँ भी मुखर है। उन्होंने लिखा है कि "कला का पहला क्षण है जीवन का उत्कट तीव्र अनुभव-क्षण। दूसरा क्षण है इस अनुभव का अपने कसकते-दुखते हुए मूलों से पृथक हो जाना, और एक— फैंटेसी का रूप धारण कर लेना।" "तीसरा और अंतिम क्षण है इस फैंटेसी के शब्दबद्ध होने की प्रक्रिया का आरंभ और उस प्रक्रिया की परिपूर्णावस्था तक की गतिमानता।" "फैंटेसी अनवरत रूप से विकसित परिवर्तित होती हुई आगे बढ़ती जाती है। इस प्रकार वह फैंटेसी अपने मूल रूप को बहुत कुछ त्यागती हुई नवीन रूप धारण करती है।" और ऐसा करते हुए वह "अपने मूल रूप से इतनी अधिक दूर चली जाती है कि यह कहना कठिन है कि फैंटेसी का यह नया रूप अपने मूल की प्रतिकृति है।"[47] और यह कहकर तो मुक्तिबोध ने बदलाव की बात पर लगभग मुहर सी लगा दी है कि "इन तीनों क्षणों की विकास-गति के अपने-अपने अलग नियम हैं।"[48]

मुक्तिबोध के इन पहलुओं की एलियट से तुलना की जा सकती है। प्रक्रिया के सोपानों का विवेचन उसमें एक ही स्थल पर नहीं, अनेक स्थलों पर मिलता है। लेकिन सोपान उसने भी तीन ही माने हैं। ड्राइडन ने भी प्रक्रिया के तीन ही सोपान माने थे;

अन्वेषण, कल्पना-विधान और शब्द-चयन। एलियट ने इनकी जो व्याख्या की है, उसमें हम उसका भी मंतव्य पा सकते हैं। (अन्यत्र व्यक्त उसके विचारों से इसका पोषण बखूबी होता है) । उसका विचार है कि अन्वेषण से ड्राइडन का अभिप्राय किसी ऐसे सुनिश्चित विचार को पा लेने से नहीं है जिसे पा लेने के अनंतर उसे कल्पना का बाना पहना दिया जाय। इसका उदय कवि-मानस में एक भावदशा के रूप में होता है। (अन्यत्र उसने इसका जन्म एक गुनगुनाहट के रूप में माना है) । दूसरा सोपान फैंसी का है जिसमें अन्वेषण से प्राप्त तत्त्व का विकास, परिष्कार और परिवर्द्धन होता है और उसकी अनुरूपता में ठहरने वाली बातें उसमें आ जुड़ती हैं। तीसरा सोपान शब्द-चयन का है। बहुधा इस धरातल पर आकर मूल-तत्त्व में आमूल बदलाव तक आ जाता है।[49]

दोनों ने स्वीकार किया है कि शब्द-चयन सबसे जटिल, दीर्घ और महत्त्वपूर्ण सोपान है। इसके विषय में एलियट ने लिखा है कि "जब शब्दों का सही रूप से और अंतिम तौर पर संयोजन हो चुकता है या उनका उस रूप में संयोजन हो जाता है जिसे कवि समझता है कि यही वह सर्वोत्तम रूप है जिसे वह पा सकता था, तब उसे एक बार अपूर्व संतोष की अनुभूति होती है।"[50] कुछ ऐसी ही प्रतीति मुक्तिबोध को भी हुई थी, तभी उन्होंने भी लिखा है" कि "जब उसकी शब्दाभिव्यक्ति उसी के लिए रमणीय हो जाती है तब वह संतुष्ट हो जाता है।"[51] दोनों विचारकों में यहाँ विस्मयकारी समानता मिलती है। कहा यह भी जा सकता है कि एलियट की बात का मुक्तिबोध के कथन में जाने-अनजाने ही सटीक भावांतरण हो आया है। उनके 'रमणीय' शब्द में वह सब कुछ आ गया है जो एलियट के कथन के पूर्वार्द्ध के शब्दानुवाद में दो पंक्तियों तक फैल कर भी ठीक से नहीं आ पाया है। कथन का उत्तरार्द्ध तो दोनों में एक-सा है ही।

मूल मनस्तत्त्व में बदलाव

दोनों के इस प्रक्रिया-विवेचन में मिलने वाला सोपान-साम्य तो महत्त्वपूर्ण है ही, लेकिन विशेष महत्त्वपूर्ण है, प्रक्रिया के क्रम में मूल-तत्त्व में आते जाने वाले बदलाव की स्वीकृति।

एलियट में बदलाव अधिक गहरे में स्वीकृत हुआ है। अन्वेषण की व्याख्या में तो उसने लिखा ही है कि यहाँ प्राप्त तत्त्व कोई 'निश्चित विचार' नहीं होता कि कवि उसकी कोई रूपरेखा तय कर उसमें कल्पना का रंग भर दे।[52] अन्यत्र भी उसने लिखा है कि यह कोई तत्त्व-विशेष नहीं होता जिससे कवि प्रारंभ करता है। यह तो एक भ्रूण-भर होता है।[53]

मुक्तिबोध ने एक भौतिकी-रूपक द्वारा यह बात स्पष्ट की है। उन्होंने लिखा है कि "सारी सृजन-प्रक्रिया में एक प्रवहमान गति है। और, अगर हम फिज़िक्स की कुछ कल्पनाओं का सहारा लें, तो हम इस निष्कर्ष पर आएँगे कि हमारे लिए यह कहना कठिन है कि मनस्तत्त्व कहाँ, किस जगह वस्तुतः एक तत्त्व है, और कहाँ, किस जगह,

वह शुद्ध गति है, अर्थात् कहाँ वह 'पार्टिकल' और कहाँ वह 'वेव' है। दूसरे शब्दों में, हमें केवल अस्पष्टता के लोक में ही विचरण करना है।"[54] यह रूपक एलियट के इस विचार को अच्छे ढंग से दर्शाता है कि यह कोई तत्त्व-विशेष नहीं होता, जिससे कवि प्रारंभ करता है। इस प्रकार, दोनों का प्रारंभिक-लोक अस्पष्टता का लोक ही हो जाता है।

लेकिन यहाँ इस ओर संकेत करना अत्यंत आवश्यक है कि मुक्तिबोध के इस भौतिकी-रूपक की तुलना हम एलियट के उस प्रसिद्ध रासायनिकी-रूपक से नहीं कर सकते जिसमें आक्सीजन और सल्फर-डाइ-ऑक्साइड को प्लेटीनम की उपस्थिति में मिलाने से सल्फर-अम्ल बन जाने की बात कही गई है।[55] कारण यह है कि इस रूपक का लक्ष्य रचनागत तत्त्वों की अनिश्चितता दर्शाना नहीं, कवि-मानस की तटस्थता दर्शाना है। (एलियट ने प्रारंभ में कवि-मानस को प्लेटीनमवत् ही माना था, यह अलग बात है कि बाद में उसने अपना विचार बदल दिया) । अतः इस रूपक को सृजनगत उपादानों के संदर्भ में ग्रहण करना अनुचित हो जाएगा। (यहाँ ज्ञातव्य यह भी है कि इसमें रसायन के तत्त्व सुनिश्चित माने गये हैं और रसायन उनका निर्दिष्ट परिणाम, जबकि रचना के तत्त्वों या उनसे बन आने वाली रचना के विषय में ऐसी निर्दिष्टता स्वयं उसने कहीं भी स्वीकार नहीं की है)।

सामान्यतः यह समझा जाता है कि कवि अनुभव का संप्रेषण करता है, लेकिन एलियट का मत इससे भिन्न है। उसका विचार है कि सामान्य अर्थ में जिसे हम अनुभव कहते हैं, कवि द्वारा संप्रेषित कविता उससे भिन्न होती है क्योंकि व्यक्त रूप में यह कोई अनुभव-विशेष नहीं होता जो अपने विशुद्ध रूप में रचना में उतर आता हो। उसमें अन्य तत्त्व, प्रभाव और समशील बातें आकर मिल जाती हैं और वे उसे उसके मूल रूप से भिन्न बना देती हैं। कभी-कभी यह भिन्नता इतनी अधिक बढ़ जाती है कि मूल से मिलान करने पर उसे पहचाना भी न जा सके।[56] इस प्रकार, रचनागत उपादानों की अनिश्चितता के विषय में दोनों में दूर तक सहमति मिलती है।

यहीं हम एलियट में एक और बात भी लक्ष्य करते हैं कि उसने केवल रचनागत तत्त्वों के स्वरूप की अनिर्दिष्टिता ही सूचित नहीं की है, एक प्रकार से रचना और रचनाकार का पार्थक्य भी इंगित किया है। (रासायनिकी रूपक में तो उसका पार्थक्य अतिवादी हो गया था जिसका कालांतर में उसने स्वयं ही, व्यक्तित्व के रूपांतरण को स्वीकृति देकर, मार्जन कर दिया, लेकिन पार्थक्य का तात्त्विक विचार उसने अस्वीकार नहीं किया)। आलोचक का ध्यान रचनाकार से हटाकर रचना पर केंद्रित करना ही उसकी आलोचना का मुख्य आदर्श था और इस पर बल उसने कई रूपों में दिया है। जिस सामग्री से कवि परिचित होता है, कविता में ढलते-ढलते उसके बदल जाने की

स्वीकृति को भी कवि और कविता में पार्थक्य के एक रूप के तौर पर देखा जा सकता है।

मुक्तिबोध ने भी फैंटेसी वाले प्रसंग में, जिसे पीछे उद्धृत किया गया है, कवि और कविता में अंतर को लगभग उन्हीं शब्दों में व्यक्त किया है, जिनका प्रयोग एलियट ने किया है। उनके लिए भी नवीन रूप धारण करती हुई फैंटेसी अपने मूल से इतनी अधिक दूर चली जाती है कि कहना कठिन हो जाता है कि उसका नया रूप अपने मूल की प्रतिकृति है। उन्होंने इस बदलाव को इस वाक्य में और भी सटीक रूप से उद्घाटित किया है कि फैंटेसी अनुभव की कन्या है और उस कन्या का अपना स्वतंत्र विकासमान व्यक्तित्व है। वह अनुभव से प्रसूत है, इसलिए वह उससे स्वतंत्र है।"[57] (यह अंतर हठात् काव्यशास्त्रियों के "कवि करोति काव्यानि रस-जानानि पंडिताः"वाले पूर्ण पद्य का स्मरण करा देता है)।

एलियट ने कविता की सामग्री और कविता में जो अंतर किया है, उससे उसका मंतव्य यह है कि कवि की अनुभूत कविता की सामग्री होती है, स्वयं कविता नहीं।[58] कविता में ढलते-ढलते सामग्री में (अवचेतन के दबाव की वज़ह से) जो बदलाव आता है, वह स्वयं कवि के लिए भी अचिंत्य होता है, इसीलिए कविता उसकी अनुभूत नहीं कही गई है। हम कह सकते हैं कि एलियट ने जिसका विश्लेषण किया है, मुक्तिबोध में वही संश्लिष्ट रूप में है।

एलियट ने एक अंतर और किया है। उसने लिखा है कि कविता लिखना कवि के लिए एक नया अनुभव है और कालक्रम में उसका उसी कविता को पढ़ना और भी भिन्न अनुभव है।[59] यहाँ कवि और कविता के अंतर को अधिक गहराई में जाकर पकड़ा गया है। रचनाशील मानस का दबाव सामग्री को कैसे और किस रूप में बदलेगा, यह पहले से जान लेना क्योंकि स्वयं कवि के लिए भी संभव नहीं होता इसलिए एलियट ने कविता की सामग्री और कविता में अंतर किया है, और क्योंकि कविता रच आने के बाद भी परिवर्तनकारी कारकों को ठीक-ठीक पा लेना संभव नहीं होता, इसलिए उसने यह अंतर किया है कि कविता रचना कवि के लिए एक अनुभव है और उसका अपनी ही रचित रचना को पढ़ना एक भिन्न अनुभव है।

कविता के स्वतंत्र अस्तित्व की व्यंजना मुक्तिबोध में भी मिलती है, लेकिन कहना कठिन है कि एलियट के उपर्युक्त विश्लेषणों से यदि वे परिचित होते भी तो उन सभी को स्वीकार कर लेते। पर जो भी हो, रचना-प्रक्रिया के विभिन्न धरातलों पर, मूल मनस्तत्त्व में आने वाले बदलाव के धरातल पर तो विशेष रूप से, और कविता को कवि से अलग करने के धरातल पर भी अंशतः दोनों विचारकों में मिलने वाली समानता ध्यान आकर्षित किए बिना नहीं रहती।

बदलाव का हेतु : अवचेतन का दबाव

एलियट और मुक्तिबोध दोनों इस बात पर भी सहमत हैं कि रचना रचे जाने के क्रम में जो बदलाव आता है, उसका प्रमुख हेतु कवि के अवचेतन का दबाव होता है। इसी दबाव से कवि में प्रेरणा उठती है और यही दबाव रचना को उसकी सामग्री से भिन्न बनाता है; कभी रचे जाने के क्रम में, तो कभी रचना रचे जा चुकने के अंतिम क्षण में।

'परंपरा' निबंध में एलियट ने रचना का उन्मेष कवि-मानस में एक कौंध के रूप में माना है। जीवन-जगत के निरीक्षण और अध्ययन आदि से गृहीत तत्त्व कवि के अवचेतन में संगृहीत और संस्कारित होते चलते हैं और इन्हीं में से रचना का उन्मेष एक कौंध के रूप में होता है।[60] कभी-कभी अवचेतन का दबाव रचना के अंतिम क्षणों में आता है और उसे बदल डालता है। यही वज़ह है कि जब कविता रच जाती है, कवि यह देखकर हैरत में पड़ जाता है कि "उसमें जो संप्रेष्य है, कविता रचे जा चुकने के पूर्व तक उसका कोई अस्तित्त्व ही नहीं था।"[61] कहने की आवश्यकता नहीं कि यह संप्रेष्य आता अवचेतन से ही है। इस अचानक होने वाले परिवर्तन की वज़ह से ही एलियट ने सृजन को एक विलक्षण घटना के रूप में देखते हुए लिखा है कि "जब कविता रच जाती है, तब कुछ नया घटित हो जाता है, कुछ ऐसा जिसकी व्याख्या पूर्वग्रथित के सहारे नहीं की जा सकती। सृजन से हमारा आशय यही है।"[62] इसका तात्पर्य यही है कि रचना में कवि द्वारा की जाने वाली गणित से परे भी 'कुछ' होता है। (यह 'कुछ' कम महत्त्वपूर्ण नहीं होता बल्कि कुछ अर्थों में तो अधिक महत्त्वपूर्ण होता है) और इसका उदय अवचेतन के दबाव से ही होता है।

यह देखकर अत्यंत आश्चर्य होता है कि अवचेतन के दबाव की बात मुक्तिबोध ने भी लगभग उसी रूप में स्वीकार की है जिस रूप में एलियट ने उसका वर्णन किया है। उन्होंने लिखा है कि "भावों की प्रवहमान संगति की संस्थापना के हेतु, जब आभ्यंतर भाव-संपादन होने लगता है तब एक और विलक्षण बात होती है। वह है सृजन। मूल प्रकृति के तल से आभ्यंतर वास्तव के कुछ विशेष उद्वेगों या प्रतिक्रियाओं द्वारा परिचालित होकर, जब भाव-संपादन पूर्ण हो जाता है, तब उसमें एक नया तत्त्व आ जाता है-एक ऐसा तत्त्व जो कदाचित् प्रारंभ में कथ्य नहीं था, किंतु जो, भावों की प्रवहमान संगति की संस्थापना पूर्ण होते ही उसके भीतर उद्घाटित हो गया।"[63] जो नया तत्त्व इस प्रकार उद्घाटित हो आता है, उसकी अवस्थिति कवि के अवचेतन में ही माननी होगी। "मूल प्रकृति का तल" कहकर उन्होंने इसकी पुष्टि ही की है।

एलियट और मुक्तिबोध की तुलना के प्रसंग में सृजन-प्रक्रिया विषयक दोनों के विचारों में मिलने वाली यह समानता सबसे अधिक नेत्रोन्मीलक और विस्मयकारक है। मार्क्सवाद और मुक्तिबोध पूर्व का हिंदी-मार्क्सवाद तो विशेष रूप से, सृजन को विलक्षण घटना नहीं मानता बल्कि उसे लेखक पर पड़ने वाले बाह्य दबावों के सुनिश्चित परिणाम

के रूप में देखता है; अपनी विचार-व्यवस्था में मुक्तिबोध ने भी देखा है; लेकिन यहाँ उन्होंने सृजन को एक नये तत्त्व और विलक्षण घटना के रूप में देखा है। निश्चय ही, वे मार्क्सवादी साहित्य-चिंतन से दूर निकल आए हैं।

ज्ञातव्य यह है कि यह विचार उन्होंने आकस्मिक रूप से प्रकट नहीं किया है। उनके चिंतन-गर्भ में यह विचार-भ्रूण जाने कब से पलता रहा है। उनके सम्यक् अनुशीलन से यह बात स्पष्ट हो जाती है।

वे मुख्य रूप से मार्क्सवादी-विचारधारा से प्रभावित थे इसलिए उन्होंने कलाकार के समक्ष मार्क्सवाद को रचना में रूपांतरित करने की योजना प्रस्तुत की थी, लेकिन उनके भीतर का कवि भी अपने मनन-मंथन के प्रति ईमानदार था। यह उनके कवि का दबाव ही था कि उन्होंने यह रूपांतरण अपने समकालीन प्रगतिवादियों से भिन्न ढंग से चाहा था। लेकिन उनका कवि इस भिन्नता से भी संतुष्ट नहीं था। उसने अपनी रचना-प्रक्रिया में ऐसी अनायासता का अनुभव भी किया था, जो सारी योजना के बावजूद रचना को बदल डालती है; उसे (याने कविता को) कवि के सुचिंतित रूप से भिन्न बना देती है। एक ईमानदार कवि-आलोचक के नाते उन्होंने प्रक्रिया के विश्लेषण में इस पक्ष का आकलन भी किया है। उनके लेखन में हमें इसके संकेत सतत रूप से मिलते हैं।

'डायरी' में उन्होंने लिखा है कि कई बार रचना रच चुकने के बाद "कलाकार को यह महसूस होता रहता है कि जो उसे कहना था, वह पूर्ण रूप से नहीं कह सका, और ऐसा बहुत कुछ कह गया जो, शुरू में, उसे मालूम नहीं था कि कह जाएगा।"[64] 'डायरी' में ही अन्यत्र इस अनायासता की लगभग व्याख्या करते हुए उन्होंने लिखा है कि "काव्य-रचना एक परिणाम है, किसी पूर्वगत प्रदीर्घ मनःप्रक्रिया का, जो अलग-अलग समयों में बनती गई, और अपने तत्त्व एकत्र करती गई है। काव्य-रचना में जो अनायासता उत्पन्न होती है, वह केवल भाषा और छंद के अभ्यास के फलस्वरूप ही उत्पन्न नहीं होती, वरन् काव्य-रचना की पूर्वगत मनोभूमिका की समृद्धि के फलस्वरूप उत्पन्न होती है।"[65] स्पष्ट है कि रचना की यह पूर्वगत मनोभूमिका अवचेतन में ही निर्मित होती चलती है।

इस अनायासता के स्वीकार की पृष्ठभूमि का संधान हम अंतर्जगत की स्वतंत्रता के स्वीकार में भी कर सकते हैं। अंतर्जगत और बाह्य-जगत के अंतर का विश्लेषण करते हुए उन्होंने अनुभव किया था कि लेखक बाह्य-जगत को चाहे कितनी ही योजनाएँ बनाकर ग्रहण करे, उसका अंतर्जगत बाह्य के नियमों से शासित नहीं होता। उन्होंने लिखा भी है कि "अंतर्तत्त्व व्यवस्था बाह्य जीवन-जगत का अपनी वृत्तियों के अनुसार, आत्मसात्कृत रूप है। किंतु यह आत्मसात्कृत जीवन-जगत बाह्य जीवन-जगत की प्रतिकृति नहीं है। हमारा मन... उन गृहीत तत्त्वों का, अपने अनुसार, संशोधन-संपादन और संस्करण करता है। यह मन की क्रिया है। इस प्रकार आत्मसात्कृत जीवन-जगत

एक मनोवैज्ञानिक सत्ता है, जिसकी स्थिति, गति और विकास के मनोवैज्ञानिक नियम होते हैं। इसके विपरीत, बाह्य जीवन-जगत एक सामाजिक-भौतिक सत्ता है। उसकी स्थिति, गति और विकास के अपने अलग नियम है।"[66] अंतर के बाह्य की प्रतिकृति होने का निषेध और मनोवैज्ञानिक सत्ता के बाह्य सत्ता से अलग नियमों की स्वीकृति आदि बातें यहाँ विशेष ध्यान देने योग्य हैं। यही स्वीकृति आगे चलकर अनायासता को संभव बनाती है; लेकिन यह उन मार्क्सवादियों के गले कैसे उतरेगी जिन्होंने कलाओं में अवचेतन की क्रियाओं को भी 'साभिप्राय' और 'कार्यकारण शृंखलाबद्ध' माना है!

यह सही है कि प्रस्तुत प्रसंग में स्वयं मुक्तिबोध भी इस स्वतंत्रता को दूर तक स्वीकार किए नहीं रह सके हैं; जिस निबंध से यह अंश उद्धृत है, उसमें अंतर की स्वतंत्रता को उन्होंने अंततः बाह्य दबाव की दुहाई देकर सीमित कर दिया है, लेकिन उसके बाद भी उनके मार्क्सवादी सोच में जो बदलाव आ रहा था, उसे हम यहाँ लक्ष्य कर सकते हैं। इस बदलाव की राह को आगे भी उनके आग्रहों ने बार-बार अवरुद्ध किया है लेकिन भीतर के दबाव की वज़ह से वे अंतर के वास्तव को बार-बार रेखांकित किए बिना नहीं रह सके हैं।[67]

उन्होंने अंतर्जगत के संघटन को ही नहीं, संशोधन को भी अवचेतन का क्षेत्र ही कहा है। उनका कथन है कि "लेखक के अंतर्जीवन—संवेदनशील अंतर्जीवन—के संशोधन परिष्करण का कार्य इतना सरल भी नहीं है, भले ही लेखक स्वयं उसे करे।"[68] इसका अभिप्राय यह है कि रचना की सामग्री का संचयन, संघटन, संशोधन आदि कार्य अवचेतन मानस में स्वतः होते चलते हैं। इसीलिए वे स्वयं लेखक के हाथ में भी नहीं रहते।

यों, उन्होंने विवेक को भी आवश्यक ठहराया है लेकिन उसके साथ ही उन्होंने तत्काल यह भी जोड़ दिया है कि "विवेक भी अपने आप में कुछ नहीं कर सकता... आंतरिक-मानसिक-संवेदनात्मक प्रवाह का जब तक वह, बेमालूम ढंग से, अंग नहीं बन जाता।"[69] यहाँ 'बेमालूम' शब्द ध्यान देने योग्य है। 'बेमालूम' ढंग से अंग बनेगा, वह बनने की क्रिया को बदल भी सकता है; 'बेमालूम' शब्द अवचेतन की राह को प्रशस्त ही करता है, रोकता नहीं। और, आगे चलकर रचना-व्यापार में अवचेतन की क्रियाशीलता का मार्ग उन्होंने यह कहकर तो सर्वथा निष्कंटक बना दिया है कि "कलाकार बाह्य अनुरोधों और आग्रहों को स्वीकार करके भी, और तदनुसार अपने अंतर्तत्त्वों की व्यवस्था का संस्कार करते हुए भी उन अनुरोधों और आग्रहों को कलाकृति में अवतरित करे ही, यह आवश्यक नहीं होता अर्थात् वह वैसा करेगा ही, यह अनिवार्य नियम नहीं है।"[70] इस कथन में अंतर्तत्त्वों का संस्कार करने वाले आग्रहों की गति भी जो आवश्यक रूप से रचना तक नहीं मानी गई है, वह निश्चय ही, उनके सोच की सूक्ष्मता और वस्तुनिष्ठता सूचित करती है। उनका अभिप्राय यह है कि रचनाकार चेतन धरातल पर जो कुछ

स्वीकार करता है और जिससे अपनी अंतर्तत्व व्यवस्था को संस्कारित भी करता है, रचना के सृजन में उसका दखल भी आवश्यक रूप से नहीं होता है। इसका अर्थ यह भी है कि रचना का उन्मेष जिस गहरे धरातल पर होता है, वह तल रचनाकार की वैचारिकता से नियंत्रित नहीं होता; उस वैचारिकता से भी नहीं, जो अंतर्तत्त्वों का संस्कार करने की सीमा तक आत्मसात हो चुकी हो। यद्यपि अपने उस लेख में भी, जिसमें से यह अंश उद्धृत है, उन्होंने फिर 'इस' स्वतंत्रता को सीमित किया है, लेकिन उनके चिंतन की यही अंतर्धारा उन्हें अंततः वहाँ तक ले गई जहाँ उन्होंने पाया कि 'वह' भी रचना का कथ्य हो सकता है जो रचनाकार की रचना-योजना का अंग नहीं होता! इसीलिए कविता पूरी होने पर कवि को यह प्रतीत होता है कि वह कविता में कुछ ऐसा विशेष कह गया है अथवा उद्घाटित कर गया है, जो प्रारंभ में उसका कथ्य था ही नहीं।

'दीठ से टोहने' और 'मन के उन्मेष' से जानने के संघर्ष में मुक्तिबोध ने प्रायः दीठ से टोहने को ही महत्त्व दिया है, इसे हम उनके चिंतन का आग्रह-पक्ष कह सकते हैं लेकिन उनके मनन-मंथन का नवनीत उसी में निश्शेष नहीं हो गया है। उनके कवि-मानस ने अपने अनुभव से पाया है कि कवि का सत्य दीठ से परे भी बसता है और उसे मन के उन्मेष से ही जाना जा सकता है। सृजन को विलक्षण घटना कहते हुए उन्होंने उसके रहस्य को इसी राह से जाना है। इस प्रकार, इस अनुशीलन से स्पष्ट है कि सृजन की स्वतंत्रता का विचार उनके चिंतन गर्भ में, मार्क्सवादी आग्रहों के बावजूद, प्रारंभ से ही पलता रहा है और होते-होते इसी ने उनके मार्क्सवादी-आग्रहों को शिथिल किया है।

सृजन-यात्रा में कवि का संघर्ष

सृजन-यात्रा से गुजरते हुए कवि के संघर्ष पर एलियट ने जो प्रकाश डाला है, उसकी छाया भी मुक्तिबोध के चिंतन पर देखी जा सकती है। एलियट का विचार है कि कवि जिस अनुभव या तत्त्व को व्यक्त करना चाहता है, व्यक्त होकर वह अपने विशुद्ध रूप में नहीं रहता, कई समशील तत्त्व जो उसमें आ जुड़ते हैं, वे उसके रूप को बदल देते हैं। रचनात्मक दबाव उद्विग्न तो करता है लेकिन अवचेतन का आवरण उद्विग्नता के स्वरूप को ठीक-ठीक जानने नहीं देता। एक स्थल पर जर्मन कवि बैन की साक्षी में उसने लिखा है कि "कवि के भीतर कुछ पल रहा होता है, उसके लिए उसे शब्द-संधान करना होता है। लेकिन जब तक वह सही-सही शब्द पा नहीं लेता, वह यह नहीं बता पाता कि उसे कौन से शब्द चाहिए। (जान ही रहा हो तो फिर संघर्ष कैसा!) । जब तक वह उस भ्रूण को उपयुक्त शब्दों के उपयुक्त क्रम में रूपांतरित कर नहीं देता, वह स्वयं उसे जान नहीं पाता और जब शब्द मिल जाते हैं, तब वह वस्तु, जिसके लिए शब्द खोजे जाने थे, अदृश्य हो जाती है और उसका स्थान ले लेती है, कविता।"[71] इस प्रकार, सृजन की यात्रा और यंत्रणा उस वस्तु को, जो बेचैन किए रहती है, चीन्हते हुए, उसके लिए शब्द

तलाशने की यात्रा और यंत्रणा है।

अपनी बात और भी स्पष्ट करते हुए एलियट ने आगे लिखा है कि कवि जब तक कह नहीं चुकता, वह यह नहीं जान पाता कि उसका कथ्य क्या है, इस कहने के प्रयास में वह अपनी बात औरों को समझाने की चिंता से कतई ग्रस्त नहीं होता। (जब स्वयं ही नहीं जान रहा होता है, तब औरों को समझाने की चिंता कैसी!) इस अवस्था में उसकी चिंता सही शब्दों की तलाश करने की होती है या फिर यह कि अनुपयुक्तता उनमें कम-से-कम हो।[72]

रचना-यात्रा का संघर्ष मुक्तिबोध में भी विश्लेषित हुआ मिलता है। अपनी बात को उन्होंने एक जगह एक रूपक द्वारा व्यक्त किया है। उन्होंने लिखा है कि ''रचना-प्रक्रिया, वस्तुतः, एक खोज और एक ग्रहण का नाम है। अभिव्यक्ति के कार्य के दौरान में कवि नयी खोज भी कर लेता है। इस तथ्य को मैं एक उपमा-चित्र द्वारा स्पष्ट करना चाहूँगा।''

''वीरान मैदान, अँधेरी रात, खोया हुआ रास्ता, हाथ में एक पीली मद्धिम लालटेन। यह लालटेन समूचे पथ को पहले से उद्घाटित करने में असमर्थ है। केवल थोड़ी-सी जगह पर ही उसका प्रकाश है। ज्यों-ज्यों वह पग बढ़ाता जाएगा, थोड़ा-थोड़ा उद्घाटन होता जाएगा। चलने वाला पहले से नहीं जानता कि क्या उद्घाटित होगा। उसे अपनी पीली मद्धिम लालटेन ही का सहारा है। इस पथ पर चलने का अर्थ ही पथ का उद्घाटन होना है, और वह भी धीरे-धीरे, क्रमशः। वह यह भी नहीं बता सकता कि रास्ता किस ओर घूमेगा या उसे किन घटनाओं या वास्तविकताओं का सामना करना पड़ेगा। कवि के लिए, इस पथ पर आगे बढ़ते जाने का काम महत्त्वपूर्ण है। वह उसका साहस है। वह उसकी खोज है।''[73]

मुक्तिबोध ने रचना-प्रक्रिया की बीहड़ता का जिस रूप में अनुभव किया था, उसे लगभग उसी रूप में हमारे सामने रखने का प्रयत्न किया है। हम देख सकते हैं कि मुक्तिबोध के कवि की 'यह' यात्रा, एलियट के कवि की तलाश के समानांतर ही चलती है। रचने से पहले एलियट का कवि कविता को नहीं जान पाता है, अँधेरी रात में बीहड़ पथ पर चलने वाला मुक्तिबोध का पथिक भी चलने से पहले पथ नहीं जान रहा होता है। जब तक शब्द नहीं मिल जाते, एलियट का कवि बता नहीं पाता कि उसे किन शब्दों की तलाश है। मुक्तिबोध की लालटेन भी समूचा पथ आलोकित करने में समर्थ नहीं होती। इस रूपक मूल पर एलियट का प्रभाव स्पष्ट है लेकिन इसका जो संस्कार मुक्तिबोध ने किया है, वह भी कम नेत्रोन्मीलक नहीं है।

हिंदी के मार्क्सवादियों को प्रक्रिया का यह वास्तव कितना ग्राह्य होगा, कहना कठिन है। (यदि आज उन्हें यह ग्राह्य हो भी तो इसके मूल में उन पर प्रभाव मुक्तिबोध का ही समझना चाहिए) । लेकिन जिन दिनों मुक्तिबोध लिख रहे थे, उन दिनों मार्क्सवादी इसे स्वीकार करने के लिए शायद तत्पर नहीं थे, यह बात मुक्तिबोध अनुभव कर रहे थे;

लेकिन वे उस सत्य को अस्वीकार भी नहीं कर सकते थे, जिसे उन्होंने पाया था। कट्टर लोगों की ओर से इस रूपक पर हो सकने वाले प्रहार का अनुमान करते हुए उन्होंने लिखा है कि–

"इस उपमा को देखकर बहुतेरे लोग यह आरोप लगाएँगे कि यहाँ किसी अवचेतनवादी सिद्धांत का निरूपण हो रहा है। किंतु कोई भी रचनाकार यह जानता है कि रचना के बढ़ते जाने के मार्ग का नक्शा, रचना के पूर्व नहीं बनाया जा सकता, और यदि बनाया गया तो वह यथातथ्य नहीं हो सकता।"[74]

यहाँ मुक्तिबोध ने निर्भ्रांत शब्दों में स्वीकार किया है कि रचना-प्रक्रिया अवचेतनवादी सिद्धांत की अनुरूपता में ही चलती है, चाहे वह किसी को स्वीकार्य हो अथवा नहीं, उसे किसी पूर्व-निर्दिष्ट पथ पर नहीं चलाया जा सकता।

रहस्यात्मकता का निषेध

एलियट को यह आशंका हुई थी कि उसने प्रक्रिया को जो अवचेतन का व्यापार कहा है, उसे कुछ लोग रहस्यात्मक भी मान सकते हैं इसलिए उसे स्पष्ट करना पड़ा कि रचना किसी दैवी-कृपा या कोप का फल नहीं होती है। कवि जो कुछ रचता है, वह उसके अवचेतन में सेया जा रहा होता है यद्यपि जब तक कोष टूट नहीं जाते, यह नहीं जाना जा सकता है कि कैसा अंडा सेया जा रहा था।[75] कुछ ऐसी ही आशंका मुक्तिबोध को भी हुई थी। उन्होंने भी लिखा है कि "उसके चेतन-बोध यानी ध्यान के ओट के कारण ही वह इस आभ्यंतर वास्तव को रहस्यमय ही समझेगा। यह उसके लिए स्वाभाविक ही है। किंतु जब वह रचना कर चुकता है; तो उसकी रचना, वस्तुतः पुनर्रचित जीवन ही होती है–वह जीवन जो आत्मपक्ष और वस्तु-जगत की क्रिया-प्रक्रिया के उलझे रूप से बना हुआ है।"[76] स्पष्ट है कि उलझा हुआ लगने के उपरांत भी उसे रहस्यमय नहीं कहा जा सकता। उसकी मनो-विश्लेषण संभव है।

इस प्रकार, सृजन-प्रक्रिया के विश्लेषण के धरातल पर मुक्तिबोध बहुत-कुछ एलियट के निकट आ गए हैं। लेकिन जैसा कि पीछे बराबर कहा गया है, जिन विभिन्न प्रसंगों में हम समानता पाते हैं, उन प्रसंगों में ही प्रायः विवेचन विस्तार में मुक्तिबोध एलियट से भिन्न पथ पर प्रयाण करते भी देखे जा सकते हैं। इसका संकेत संबंधित प्रसंगों में यथास्थान किया भी गया है। इस भिन्नता का कारण यह है कि मुक्तिबोध का चिंतन रचना में केवल अंतर्जगत की भूमिका का ही विचार नहीं करता, वह बाह्य-जगत का भी व्यापक आकलन करता है और उसे विशेष महत्त्व भी देता है। अतः मुक्तिबोध के इस पक्ष का आकलन किये बिना उनको सही रूप में नहीं पाया जा सकता और न ही उनके साथ न्याय किया जा सकता है।

सृजन के संदर्भ में मुक्तिबोध की विचार-व्यवस्था

रचना-प्रक्रिया का विवेचन मुक्तिबोध ने अपने प्रक्रियागत अनुभवों के आलोक में भी किया है और अपने वैचारिक-आग्रहों के दबाव में भी। जहाँ अनुभवों की अभिव्यक्ति हुई है, वहाँ हमें उनमें सृजन-प्रकृति के वास्तव का उद्घाटन मिलता है लेकिन जहाँ उनके आग्रह प्रबल हुए हैं, और वे प्रायः हुए हैं, वहाँ उन्होंने कवि-कर्म को अपने आग्रहों की अनुरूपता में निरूपित कर लेना चाहा है। ऐसे स्थलों पर उन्होंने सृजन की अंतःभूमि को मार्क्सवाद की पूर्व-चिंतित तर्क-शृंखला की परिणिति के रूप में दिखाना चाहा है, इसकी चिंता उन्होंने नहीं की है कि वह निरूपण 'कलात्मक रचना के मनोविज्ञान' की अनुरूपता में कितना ठहरेगा।

इस प्रकार के विवेचनों में उन्होंने सृजन में सहजता के बजाय सजगता पर और मन के उन्मेष से जानने के बजाय दीठ से टोहने पर बल दिया है। उनका यह सजगता का आग्रह ही है जो उनकी विचार-व्यवस्था के साथ जुड़कर रचना को उसका 'अनुसारी परिणाम' बना देता है और उनके पथ को एलियट से पृथक कर देता है।

अपनी विचार-व्यवस्था का विवेचन करते हुए मुक्तिबोध ने लिखा है कि मनुष्य के मन में बाल्यकाल से ही संवेदनात्मक उद्देश्यों का जन्म हो जाता है। ये उद्देश्य अपनी पूर्ति की दिशा में ही व्यक्ति का विकास करते हैं। दूसरी ओर, मनुष्य के कार्यानुभव होते हैं। इन अनुभवों और उद्देश्यों के योग से बुद्धि का जन्म होता है। यह बुद्धि भावना और कल्पना के सहयोग से कार्य करती हुई एक जीवन-ज्ञान-व्यवस्था का विकास करती है। फिर यह व्यवस्था स्वयं एक क्रियाशील शक्ति बन जाती है। इसी से जीवन के अलग-अलग क्षेत्रों में अलग-अलग शास्त्रों का निर्माण होता है। इन्हीं संवेदनात्मक उद्देश्यों से परिचालित कल्पना जब जीवन की पुनर्रचना करती है, तब साहित्य का सृजन होता है।[77]

इस पुनर्रचना के उपादान कवि को अंतर्जगत से प्राप्त होते हैं, लेकिन उसके अंतर्जगत का निर्माण बाह्य के आभ्यंतरीकरण से होता है। इस 'बाह्य' में जीवन के बाह्य-तथ्य, व्यवहार-प्रकार, जीवन-मूल्य, भाव तथा ज्ञान-परंपरा आदि रहती है।[78] उसकी जीवन-ज्ञान-व्यवस्था इन तत्त्वों का आभ्यंतरीकरण करती है और फिर वही व्यवस्था अंतर्जगत में से उन तत्त्वों का चुनाव करती है जो उसे कलात्मक अभिव्यक्ति के लिए महत्त्वपूर्ण प्रतीत होते हैं। यह महत्त्व-भावना भी 'सब्जैक्टिव' नहीं होती है, यह भी बाह्य-जीवन से गृहीत मूल्यों से बनती है। [79] उन्होंने यह कहकर अपनी बात और भी स्पष्ट की है कि "आत्मसात्कृत जीवन-जगत के केवल वे ही अंग प्रकाश में लाये जाते हैं, अर्थात् कलात्मक रूप से बाह्यीकृत किये जाते हैं, जिन अंगों का समाज में कोई मूल्य हो।"[80]

इस प्रकार, कहने के लिए रचना रची चाहे अंतर्जगत के तत्त्वों से जाती हो, उसका

नियमन केवल अंतर्जगत ही नहीं करता है, बाह्य-जगत भी करता है बल्कि कुछ अर्थों में वही अधिक करता है, अंतर्जगत के निर्माण का हेतु बनकर तो विशेष रूप से।

जिसे उन्होंने सच्चा आभ्यंतरीकरण कहा है, उस पर विचार करने से यह बात और भी स्पष्ट हो जाती है। उनका विचार है कि केवल किसी विचारधारा से सहमति भर से उसके तत्त्वों का आभ्यंतरीकरण नहीं हो जाता। "जब तक लेखक अपने स्वयं के जीवनानुभवों से प्राप्त दृष्टि के रूप में उन्हें नहीं पाता, तब तक आभ्यंतरीकरण की प्रक्रिया पूरी नहीं"[81] होती। इसका तात्पर्य यह है कि लेखक को अपना जीवन इस प्रकार से ढालना और जीना होगा कि वह 'उसी भाव दृष्टि तक स्वयं अपने आप' पहुँच जाए, जिसको उसे आभ्यंतरीकृत करना है। उसी स्थिति में वह भाव-दृष्टि इतनी समर्थ हो सकेगी कि वह कवि के 'अंतर्तत्त्वों की व्यवस्था को पुनर्रूपायित और पुनर्निरूपित कर सके।'[82] इसका अर्थ यह है कि सच्चा आभ्यंतरीकरण वह होता है जिसमें आभ्यंतरीकृत वस्तु अंतर्जगत की व्यवस्था को बदल देती है। जब तक ऐसा नहीं होता, स्वीकृत आग्रह 'सतही ढंग से' गृहीत हुए ही समझे जाएँगे।

लेकिन यह कार्य सहज नहीं है क्योंकि इसके लिए कवि के विचारों का बदलना ही पर्याप्त नहीं है, जीवन-पद्धति का बदलना भी आवश्यक है। इस अर्थ में आभ्यंतरीकरण जहाँ विचारों का आंतरीकरण है, वहीं वह जीवन का बाह्यीकरण भी है, अंतर के बाह्य प्रकाशन के अर्थ में नहीं, अंतर को बाह्य के रंग में रंगने और उसी की अनुरूपता में उसका पुनर्निर्माण करके उसका प्रकाशन करने के अर्थ में। मुक्तिबोध की विचारणा को समझने के लिए आभ्यंतरीकरण के इस विशिष्ट रूप को समझना आवश्यक है।

नये जीवन-मूल्यों के निर्माण के संदर्भ में भी मुक्तिबोध ने कुछ इसी आशय के विचार व्यक्त किए हैं। उन्होंने लिखा है कि लेखक के लिए आधुनिक युग के मूल जीवन-तथ्यों के तर्कसंगत निष्कर्षों और अनुभवसिद्ध परिणामों को आत्मसात करके उन्हें भी संवेदनात्मक जीवन-ज्ञान-व्यवस्था में स्थान देने और उसके आधार पर बदलते हुए युग जीवन के संदर्भ में वास्तविक जीवन-मूल्यों के निर्माण की आवश्यकता है।[83] यहाँ भी संवेदनात्मक जीवन-ज्ञान-व्यवस्था में अनुभव सिद्ध परिणामों को आत्मसात करने की बात कही गई है, वह आभ्यंतरीकरण की उपर्युक्त प्रक्रिया से भिन्न नहीं है। इसके लिए भी पहले कवि को 'जीवन-मूल्यों और आदर्शों की अग्नि में स्वयं को गलाना होगा'।[84] इसका निर्भ्रांत अर्थ यही है कि उसे उन आदर्शों के अनुरूप आचरण करना होगा।

यदि कलाकार के आदर्श और आचरण में एकरूपता हो तो उसे स्पृहणीय ही कहा जाएगा (और आग्रहों को रचना में सहजतः उतरना है तो उसकी काफी-कुछ निरापद राह यही है) लेकिन इस बात पर अतिशय बल देने से, जैसा कि मुक्तिबोध ने दिया है, इस भ्रांति को बल मिलने की आशंका है कि आदर्श को आचरण में ढाल लेना ही कलाकार के लिए पर्याप्त है जबकि ऐसा नहीं है। कठिनाई यह है कि ऐसा कोई नियम स्थिर नहीं

किया जा सकता कि आचरण में अपनाई गई बातें रचना में उतर ही आएँगी। ऐसा सोच भी मूलतः रचना को एक निर्दिष्ट रूप में पाने का आयोजन ही कहा जाएगा क्योंकि बकौल मुक्तिबोध अंतर्तत्त्वों की व्यवस्था को संस्कारित करने की हद तक आत्मसात हो जाने वाले आदर्श भी रचना में उतरें ही, ऐसा कोई नियम नहीं है।[85] चिंत्य यही है कि जीवन-साधना और कला-साधना में समीकरण स्थिर करते हुए उन्होंने इस बात को विस्मृत कर दिया है।

वैसे, मुक्तिबोध इस बात से भी सुपरिचित थे कि भोगे जाने वाले जीवन और रची जाने वाली कविता में अंतर होता है। उन्होंने लिखा भी है कि "सौंदर्यानुभूति और जीवनानुभूति और जीवनानुभव दोनों की दो विभिन्न कक्षाओं पर समांतर गति' नहीं होती है। सौंदर्यानुभूति जीवनानुभवों के गुणात्मक रीति से परिवर्तित रूप का नाम है। ..... इन दो का सार-स्वरूप एक ही है। फिर भी दोनों में महान् भेद है।"[86] लेकिन इस स्वीकृति के बावजूद उनका चिंतन जीवन-साधना को साहित्य-साधना के लिए अनिवार्य ठहराने की दिशा में ही अधिक चलता रहा।[87] और वह अकारण नहीं था।

जीवन-साधना साहित्य की पीठिका में प्रायः रहती ही है लेकिन लक्ष्य करने की बात यह है कि मुक्तिबोध की अभिप्रेत जीवन-साधना अंततः मार्क्सवाद की साधना थी और उसके लिए विशेष रूप से साधित मानसिक तत्परता की अपेक्षा थी इसलिए उन्हें बार-बार जीवन-साधना पर बल देना पड़ा।

इस संदर्भ में अपने मंतव्य की स्थापना के लिए उन्होंने मार्क्सवादियों की रूढ़ तर्क-शृंखला का सहारा लिया है। उन्होंने लिखा है कि हमारा जीवन वर्ग-जीवन होता है। कवि जिस जीवन-क्षेत्र में अपना विकास करता है, वह उसके 'वर्ग जगत का अंग' होता है। अतः यह उचित ही है कि वह 'उसी वर्ग के मूल्यों को रूपाकार' प्रदान करे जिससे उसे 'जीवन-रक्षा के उपादान प्राप्त होते हैं।' उसके 'आदर्श' भी उसी जगत से जुड़े हुए होते हैं। और, जिस दृष्टि का विकास वह करता है, उसके लिए तो उन्होंने और भी बलपूर्वक कहा है कि, वह दृष्टि उसके "अपने तथा वर्ग के एकीभूत दृष्टिकोण से देखे जाने की स्थिति से उत्पन्न है। यह बात भूलने की नहीं हे।"[88] और यह कहकर तो उन्होंने वर्ग-भावना को प्रतिभा से भी ऊपर प्रतिष्ठित किया है कि लेखक की दृष्टि "निजगत तथा जीवन-क्षेत्रगत अर्थात् वर्गगत प्रयासों के योग का एक परिणाम है, भले ही संवेदना के रूप में, अनुभूति के रूप में, उसके तत्त्व तथा कार्य निजी मालूम हों।"[89] इस तार्किकता के संदर्भ में यह कहना सर्वथा निरापद है कि जिस जीवन-साधना को उन्होंने साहित्य-साधना की शर्त बनाया है, वह मूलतः मार्क्सवादी आदर्शों की साधना ही है।

इससे आगे बढ़कर मुक्तिबोध ने जीवन-दृष्टि को दार्शनिकता से जोड़ने का जो प्रस्ताव किया है, वह भी रचना में मार्क्सवादी-दर्शन के समावेश का पथ प्रशस्त करता

है। उनका कथन है कि लेखक के अंतःकरण में जो जीवन-ज्ञान-व्यवस्था होती है, उसे 'जीवन-जगत की व्याख्या के साथ, अर्थात् किसी व्यापक विचारधारा के साथ, किसी दर्शन के साथ जोड़ने का प्रयत्न होता रहता है.... वह दार्शनिक धारा लेखक को आत्म-विस्तार के रूप में ही दिखाई देती है।'[90] तात्पर्य यह है कि जो दर्शन लेखक को आत्मविस्तार के रूप में दिखाई पड़ता है, उसे अपनाकर वह अपनी बात को एक सुदृढ़ आधार प्रदान करता है। क्योंकि मुक्तिबोध का मनोनीत दर्शन मार्क्सवाद ही है इसलिए उन्होंने लेखकों को परामर्श दिया है कि स्थायी सौंदर्य के चक्कर में पड़ने के बजाय उन्हें दैनिक जीवन-संघर्ष में सहायक होने वाले दर्शन को अपनाना चाहिए।[91]

प्रगतिवाद पर आलोचकों का प्रमुख आक्षेप यह था कि वह रचना में आग्रहों का आरोपण चाहता है। अपनी विचार-व्यवस्था में (आग्रहों को जीवन में अपनाने पर बल देते हुए) मुक्तिबोध मार्क्सवादी-साहित्य को ऐसे आक्षेप से मुक्त कराने की योजना प्रस्तावित करते जान पड़ते हैं। उनका सोच यह जान पड़ता है कि जीवन में उतर आने पर आदर्श, साहित्य में भी सहज ही उतर आएँगे और इस प्रकार मार्क्सवाद पर लगाये जाने वाला आरोपण और कृत्रिमता का आक्षेप निश्शेष हो सकेगा।

दूसरी बात यह भी थी कि प्रगतिवादी संकीर्णता ने नए रचनाकारों को मार्क्सवाद से विमुख कर दिया था।[92] मुक्तिबोध यह कहकर नए रचनाकारों को इस बात के प्रति आश्वस्त करते जान पड़ते हैं कि (उनकी योजना के अनुसार) मार्क्सवाद का ग्रहण भी रचना की सहजता के मार्ग में बाधक नहीं है। उनका अधिकांश चिंतन जो मार्क्सवाद को रचनाशीलता के संदर्भ में सहज बनाने की दिशा में किया गया चिंतन है, उसका मर्म यही है।

मुक्तिबोध ने लिखा है कि मैंने काव्य-जगत के आत्मीय क्षेत्र में प्रगतिवाद-विशिष्ट यांत्रिक रूप से चलने वाले राजनीतिक-सामाजिक विचारभाव अस्वीकार कर दिए।"[93] लेकिन विडंबना यह है कि वे यह नहीं देख पाए हैं कि अपनी इस तार्किकता में वे स्वयं एक यांत्रिकता में घिरते चले गए हैं। वर्ग-जीवन, मूल्य-दृष्टि और आदर्श तथा व्यक्ति-जीवन, उसके संवेदनात्मक उद्‌देश्य, जीवनानुभव, जीवन-ज्ञान-व्यवस्था, जीवन-दृष्टि, जीवन-दर्शन आदि के साथ रचना का उन्होंने जो कार्य-कारण संबंध मान लिया है, रचना का सृजन ऐसी किसी यांत्रिक पद्धति से नहीं होता है। आता तो बाह्य-जगत और जीवन ही रचना में है, लेकिन रचना में आने वाले उसके स्वरूप को किसी भी युक्ति के सहारे पहले से नहीं जाना जा सकता। स्वयं मुक्तिबोध के शब्दों में "रचना, वस्तुतः, पुनर्रचित जीवन ही होती है—वह जीवन, जो आत्म-पक्ष और वस्तु-जगत की क्रिया-प्रक्रिया के उलझे रूप से बना हुआ है।"[94] लेकिन, चिंत्य यह है कि अपनी विचार-व्यवस्था प्रस्तुत करते हुए उन्होंने जीवन को अपने सुलझाये हुए रूप में पाने का आग्रह ही किया है।

यदि हम और भी पड़ताल करें तो उनकी यांत्रिकता को और भी गहरे जाते देख

सकते हैं। कई स्थलों पर उन्होंने लिखा है कि 'बाह्यका आभ्यंतरीकरण एक मनोवैज्ञानिक प्रक्रिया है',[95] लेकिन वहीं उन्होंने लेखक से यह भी अपेक्षा की है कि वह यह देखे कि 'आभ्यंतरीकरण सही-सही हो'। वे यह नहीं देख पाये हैं कि जो प्रक्रिया मनोवैज्ञानिक होगी, वह तो स्वतः होगी जबकि सही-सही होने का अर्थ ही है, निर्दिष्ट रूप से होना और जो निर्दिष्ट रूप से होगी, उसे मनोवैज्ञानिक कहने का क्या औचित्य? इस प्रकार, जिस व्यापार को उन्होंने मनोवैज्ञानिक कहकर स्वतंत्रता दी है, सही-सही होने की अपेक्षा करके उसे ही नियंत्रित भी कर दिया है। यहाँ उनका सोच यह जान पड़ता है कि जब आग्रह आचरण का अंग बन जाएँगे तो वे अवचेतन में चले जाएँगे और अवचेतन से होकर रचना में स्वतः उतर आएँगे। उस स्थिति में रचना को अवचेतन की सृष्टि मानने में भी कोई खतरा नहीं रहेगा।

लेकिन विचारणीय यह है कि उनका चिंतन अवचेतन के निर्माण को जिस प्रकार कवि के हाथों में सौंप देता है, क्या उसका निर्माण उसी यांत्रिक ढंग से होता है? कहने की आवश्यकता नहीं कि इस धरातल पर भी उन्होंने रचना को यांत्रिक ढंग से ही पाना चाहा है।

निश्चय ही, आचरण रचनाकार के मानस को प्रभावित करता है और मानस रचना में फलित होता है लेकिन इनमें किसी प्रकार का नियत संबंध होता है या संबंध का परिणाम पहले से नियत किया जा सकता है, ऐसा मानने का कोई मनोवैज्ञानिक आधार नहीं है। अवचेतन का निर्माण किन्हीं गृहीत आदर्शों के अनुरूप किए गए आचरण से ही नहीं होता है; उसमें अनेकानेक अतृप्तियाँ, कुंठाएँ, आकर्षण-विकर्षण, ईर्ष्या-द्वेष और असंख्य ऐसी बातों का योग भी रहता है जिनके प्रति व्यक्ति का सजग रहना लगभग असंभव होता है, जबकि ये बातें अपनी क्रिया-प्रतिक्रिया में गृहीत बातों पर प्रभाव डाल सकती हैं, और उनको बदल भी सकती हैं। मुक्तिबोध ने इस पक्ष का सम्यक् आकलन नहीं किया है। अपनी विचार-व्यवस्था में उन्होंने ऐसे पहलुओं का संकेत तो किया है लेकिन रचना को उन्होंने अपनी इस व्यवस्था की दृष्टि से ही अनुशासित करना चाहा है; स्वयं व्यवस्था के उनसे प्रभावित या अनुशासित होनेवाले पक्ष का चिंतन उन्होंने नहीं किया है।

काव्य-निर्वाह

यहाँ मुक्तिबोध की काव्य-चिंता का एक और पहलू भी विचारणीय है जिसे उन्होंने 'काव्य-निर्वाह' की संज्ञा दी है। यह उनका अपना गढ़ा हुआ शब्द है और कवि के उस प्रयत्न का वाचक है जिसमें वह अपने अंतर्तत्त्वों में संगति और सामंजस्य की स्थापना करता है। यह स्थापना कला की अपेक्षाओं की अनुरूपता में होती है इसलिए 'काव्य-निर्वाह' काव्य की कलात्मक अपेक्षाओं का निर्वाह हो जाता है। मुक्तिबोध ने यह कहकर इसे पारिभाषित किया है कि "कला की स्वतंत्रता का अर्थ है कला तत्त्वों की अंतः

संगठनशील, गतिशील संगति का, अर्थात् कला की स्वाभाविकता का, निर्वाह।''[96] इस प्रकार, काव्य-निर्वाह कलात्मकता का निर्वाह है। (लेकिन गहरे जाने पर यहाँ भी ज्ञात होता है कि इस कलात्मकता को भी उन्होंने अपनी विचार-व्यवस्था से ही अनुशासित करना चाहा है।)

एलियट ने निर्वैयक्तिकता के विवेचन में लिखा है कि काव्य-रचना में सभी कुछ अनायास नहीं होता है, उसमें काफी-कुछ ऐसा भी होता है जो सजग, सचेष्ट और सायास होता है। एक कुकवि वहाँ सहज रह जाता है, जहाँ उसे सजग होना चाहिए और वहाँ सजग हो उठता है, जहाँ सहज रहना चाहिए। उसकी ये दोनों ही गल्तियाँ उसे वैयक्तिक बनाती हैं।[97] सजगता के इस पहलू का समावेश उसके वस्तुनिष्ठ-प्रतिरूपता के निरूपण में भी हुआ है। 'काव्य-निर्वाह' को हम मुक्तिबोध का सजगता का सिद्धांत कह सकते हैं, चाहे वस्तुनिष्ठ-प्रतिरूपता के सिद्धांत से तुलनीय इसमें शायद कुछ अंश ही है।

मुक्तिबोध का मत है कि कवि ''सौंदर्यानुभूति के मूल संवेदनात्मक उद्‌देश्यों से प्रेरित होकर काव्य-निर्वाह करता है।''[98] यह कार्य वह कैसे करता है, इसका विवेचन करते हुए उन्होंने लिखा है कि ''मूल मनोधारा ने अपने आवेग में रूपमय तत्त्वों को लाकर खड़ा कर दिया, कल्पना को उद्‌दीप्त कर दिया, और संवेदनात्मक उद्‌देश्यों की पूर्ति की दिशा में उसे प्रवाहित कर दिया। किंतु शब्द-साधना के समय नवीन भावात्मक अनुषंग, नवीन अनुभव उपस्थित होते हैं। वे मूल्यवान होने पर उन्हें जाने-अनजाने आत्मसात कर लिया जाता है। शब्द-संवेदनाएँ लगातार कार्य करती रहती हैं।''[99] यहीं बुद्धि का कार्य उपस्थित होता है। 'उसे काव्य-निर्वाह करना पड़ता है'। या वह 'आगे का पथ प्रशस्त करती है। फलतः काव्य-निर्वाह होता चलता है।' इस निर्वाह में बुद्धि एक साथ कई कार्य करती है। ''भाव यात्रा में वह ठीक दिशा को सूचित करती रहती है,... जीवन-अनुभवों में सूक्ष्म-दृष्टिफल को वह सामान्यीकरण का रूप देती चलती है। तीसरी ओर, अभिव्यक्ति-निर्माण में वह संपादक-संशोधक का काम भी करती रहती हैं।''[100]

ये सभी कार्य अत्यंत महत्त्वपूर्ण हैं लेकिन भाव-यात्रा में ठीक दिशा का सूचन काव्य-निर्वाह का मूल है। इस भाव-यात्रा पर प्रकाश डालते हुए मुक्तिबोध लिखते हैं कि ''जो भाव बीज कलाकार के अंतःकरण में उदित होकर, उसके सारे संवेदनों और अनुभवों द्वारा परिपोषित होकर... अभिव्यक्ति लक्ष्य की ओर विकास-यात्रा करता है, तो उस भाव-बीज की विकास-यात्रा और उसकी अभिव्यक्ति अपने-आप में विभिन्न और अनुकूल-विपरीत तत्त्वों का एक गतिशील किंतु संगतिबद्ध और सामंजस्यबद्ध रूप बन जाती है।'' ''यदि कलाकार अंतर्तत्त्वों की गतिमानता में उनके विशिष्ट अंतःसंबंधों को अनुभूत करके उनमें संगति और सामंजस्य स्थापित नहीं करता अर्थात् काव्य-निर्वाह नहीं करता तो इसका अर्थ ही यह है कि अंतर्तत्वों की गति जिस दिशा की ओर जाना चाहती

है, वहाँ से उसे मोड़कर... कोई भिन्न दिशा देना चाहता है। वैसी स्थिति में उसके अंतःकरण में भावना, कल्पना, बुद्धि, इन तीनों का, तथा जीवनानुभूति और उसको प्रकट करने का संवेदनात्मक उद्‌देश्य, इन दोनों का, योग न होकर वे अलग-अलग पड़ जाते हैं। इस प्रकार, कलाकृति बाधाग्रस्त हो जाती है।''[101]

इस प्रकार, काव्य-निर्वाह समस्त-पद अपने विग्रह में और अपनी व्याख्या में भी कलात्मक-सिद्धांत जान पड़ता है। संगति और सामंजस्य सौंदर्य-तत्त्व ही हैं। संवेदनात्मक-उद्‌देश्य की कुछ व्याख्याएँ भी उन्हें कला के दायरे में ही रखती हैं,[102] लेकिन उनकी विचार-व्यवस्था के संदर्भ में देखने पर ज्ञात होता है कि संवेदनात्मक-उद्‌देश्यों का जन्म वर्ग-भावना, वर्ग-दृष्टि आदि के प्रभाव से और उसकी अनुरूपता में ही होता है। इसका अर्थ यह है कि अंतर्तत्त्वों में संगति और सामंजस्य की जो बात वे करते हैं, उसमें भी उनका अभिप्रेत कलात्मक सामंजस्य नहीं, वर्गजनित संवेदनाओं का सामंजस्य ही है। इसकी पुष्टि इस बात से भी होती है कि इन अंतर्तत्त्वों की गति में जिन कारणों से व्यवधान आने की आशंका उन्हें हुई है, उनमें एस्थेटिक पैटर्न और अन्य आदर्श, निष्कर्ष, उपदेश, शैली-सौंदर्य आदि के मोह की गणना की गई है। इनमें ऐस्थेटिक पैटर्न और शैली सौंदर्य जैसे शब्द ध्यान देने योग्य हैं। ये मार्क्सवाद से इतर के सूचक हैं। याने उस मार्क्सवाद से इतर जो मुक्तिबोध से पहले तक हिंदी आलोचना में रूढ़ हो चुका था।

इस प्रकार, उनका विचार यह जान पड़ता है कि संवेदनात्मक उद्‌देश्य अंतर्तत्त्व बनकर रचना में उतरेंगे और काव्य-निर्वाह उनमें संगति की स्थापना करेगा। इससे वर्गजनित भावनाओं के रचना में सहजतः उतर आने के विषय में आश्वस्त रहा जा सकेगा।

कहने की आवश्यकता नहीं कि यह फिर एक प्रकार की तार्किक यांत्रिकता है। उनका ध्यान स्वयं उनके अपने इस विचार की ओर नहीं गया है कि मनोजगत का या अंतर्तत्त्वों का अंग बनने के बाद भी कोई तत्त्व रचना में उतर ही आए, ऐसा कोई नियम नहीं है।

काव्य-निर्वाह की व्याख्या में एक जगह उन्होंने लिखा है कि ''शब्द-संवेदनाओं को प्राप्त करते हुए लेखक जाने-अनजाने अपनी मूल भाव-संपति और मनो-धारा में भी परिवर्तन करता रहता है। शब्द संवेदनाएँ नवीन एसोसिएशन्स को जाग्रत कर देती हैं।'' इससे 'उस मनोधारा का स्वयं का मूल रूप-स्वरूप बहुत कुछ बदलता जाता है। यह महत्त्व की बात है। प्रारंभिक स्फूर्ति ने जो तत्त्व-विधान और रूप-विन्यास किया था वह परिवर्तित होता रहता है।'[103] प्रश्न यह है कि जब कविता रचे जाने के क्रम में मूल भाव-संपत्ति में ही परिवर्तन हो जाएगा तब संवेदनात्मक उद्‌देश्य और उनसे जुड़ने वाले तत्त्व उससे अछूते कैसे रहेंगे और उन्हें अपरिवर्तित रूप में कैसे पाया जा सकेगा? मुक्तिबोध ने इस पक्ष की ओर ध्यान नहीं दिया है। उन्होंने एक ओर लेखक के

अवचेतन में जो परिवर्तन चलता रहता है, उसे स्वीकार किया है और दूसरी ओर काव्य-निर्वाह के नाम पर जीवनानुभूति और संवेदनात्मक उद्देश्यों के योग की राह से (रचना से) अंततः वर्ग भावनाओं को भी पा लेना चाहा है। दोनों एक साथ कैसे संभव है? इसका विचार उन्होंने नहीं किया है इसलिये उनके चिंतन में एक गहरी असंगति आ गई है।

उनकी इस योजना में ऐसा कुछ भी नहीं है जो एलियट से तुलनीय हो। लेकिन यहाँ स्मरणीय है कि यह उनके चिंतन का एक पहलू है। इसका दूसरा पहलू वह है, जहाँ उनके आग्रह शिथिल हो गए हैं। मुक्तिबोध को पूर्णतः पाने के लिए हमें उनके दोनों पक्षों को दृष्टिपथ में रखना होगा।

मुक्तिबोध में अंतर्विरोध

जब हम मुक्तिबोध के दोनों पक्षों पर, कलात्मक-रचना के मनोविश्लेषण पर और सृजन-संदर्भ में प्रस्तुत की गई उनकी विचार-व्यवस्था पर, एकत्र विचार करते हैं तो जान पड़ता है कि उनमें अंतर्विरोध आ गए हैं। उनका एक पक्ष रचना को किसी भी योजना के अनुसार रचे जाने के विचार को सर्वथा अस्वीकार करता है, तो दूसरा पक्ष सुनिश्चित विचार-व्यवस्था प्रस्तावित करके रचना उसी की अनुरूपता में रचे जाने का आग्रह करता है। एक पक्ष रचनाकार को रचने की पूर्ण स्वतंत्रता प्रदान करता है, तो दूसरा पक्ष उसे सर्वथा निर्दिष्ट पथ पर ले जाता है। ऐसी स्थिति में प्रश्न यह उठता है कि दोनों का एकत्र निर्वाह कैसे हो?

इसमें कोई संदेह नहीं कि मुक्तिबोध में ये दोनों स्थितियाँ बनी हुई हैं और ये उनके चिंतन में विद्यमान एक तीखा अंतर्विरोध सूचित करती हैं; लेकिन इन पर हम एक भिन्न दृष्टिकोण से भी विचार कर सकते हैं।

एक भिन्न दृष्टिकोण

हम मुक्तिबोध के विचारक के इन दोनों रूपों—मार्क्सवादी-विचारक और कवि-आलोचक को उनके विचारों के ऐसे तनाव-बिंदुओं के रूप में भी देख सकते हैं जिनसे होकर उनका विकास हुआ है। जैसे वे प्रारंभ से ही मार्क्सवादी थे, वैसे ही वे कवि भी थे; ऐसे कवि, जिन्होंने उस समय की प्रगतिवादी लीक को एकदम अस्वीकार कर दिया था। उनका यह कवि रूप ही आलोचना में उतर कर उनके मार्क्सवादी आग्रहों की भूमि में अपने अनुभूत सत्यों के लिए स्थान बनाता चला गया है और उनका मार्क्सवादी चिंतक उसमें सत्यता का अनुभव कर अपने आग्रह शिथिल करता चला गया है। अंततः इसी प्रक्रिया से उनमें सृजन की अनायासता का पूर्ण स्वीकार उभर आया है।

किसी भी लेखक का विकास किसी नपे-तुले ढंग से नहीं हुआ करता है, इसलिए हमें उनके (मुक्तिबोध के) आलोचनात्मक लेखन में भी असंगतियाँ मिलती हैं; सृजन की

स्वायत्तता के स्वीकार के साथ-साथ बाह्य-आग्रहों द्वारा उसके नियंत्रण की प्रवृत्ति भी दिखाई पड़ती है; लेकिन इसे अंतर्विरोध कहकर छोड़ना ठीक नहीं होगा।

उनके सभी लेखों का रचना-काल निश्चित रूप से ज्ञात नहीं है। उनकी प्रकृति भी बिखरे हुए लेखन की थी। वे एक साथ कई रचनाओं पर काम करते थे इसलिए उनके लेखों के रचनाकाल और अंततः उनके विकास-क्रम को पाने की समस्या जटिल हो गई है। 'मुक्तिबोध रचनावली' ने उनके अधिकांश लेखन के लेखन-काल को 'संभावित' कहकर इस समस्या को उलझाया ही अधिक है लेकिन इन अवरोधों के रहते भी यह देख लेने में कोई कठिनाई नहीं होती कि एक ओर अपने आग्रहवादी लेखन में भी उन्होंने सृजन-स्वातंत्र्य को स्वीकार किया है, तो दूसरी ओर, सृजन की अनायासता को समझते और उसके लिए सजगता के आग्रह को भरसक शिथिल करते हुए भी उन्होंने उस आग्रह का परित्याग नहीं किया है। यह अनुमान करना निराधार नहीं होगा कि उन्होंने दोनों पक्षों को उनके अंतिम छोर तक जाकर देखना चाहा है और इसीलिए एक के स्वीकार में भी उन्होंने दूसरे के अस्तित्व को बने रहने दिया है। दोनों का कोई समाहार वे नहीं कर पाये हैं लेकिन जैसी कि स्थिति है, उसमें यह कहना निरापद है कि उनके विकास की यात्रा सृजन-यथार्थ के स्वीकार की यात्रा है, यद्यपि यही उनका गंतव्य नहीं है।

आग्रहों को आचरण में उतारे जाने पर बल देकर समाहार का मार्ग उन्होंने पा लिया था लेकिन लगता है कि उसके प्रति वे स्वयं आश्वस्त नहीं हो पाये थे इसीलिए रचना अनायासता को स्वीकार करते हुए भी वे यत्र-तत्र सामाजिक यथार्थ के खास ढंग से ग्रहण और खास ढंग से ही उसके रूपायन का आग्रह नहीं छोड़ पाये। दोनों पक्ष उनमें बने ही रहे हैं; लेकिन क्योंकि इन्हीं से उत्सृष्ट तनाव से होकर उनका विकास हुआ है, इसलिए इन्हें निरे अंतर्विरोध के रूप में देखना ठीक नहीं होगा। यह अंतविरोध ऐसा है जिसके प्रति वे बेखबा नहीं थे।

अब हम प्रकृत प्रसंग पर लौटें तो कह सकते हैं कि मुक्तिबोध का सृजन-विषयक दृष्टिकोण अपनी समग्रता में चाहे एलियट से तुलनीय नहीं हो, लेकिन उनके प्रक्रिया-विषयक विचार तो निश्चय ही उससे तुलनीय हैं। दोनों में हमें नेत्रोन्मीलक समानता मिलती है। संभव है, इस विचार-साम्य के हेतु से ही वे एलियट के निकट हो गए हों और यही निकटता कुछेक और प्रसंगों में भी उन्हें एलियट के निकट ले गई हो।

2. कवि के विकास का प्रश्न

दोनों कवि-आलोचकों के विचारों में कवि के विकास के प्रसंग पर भी काफी समानता मिलती है। अपने 'परंपरा और प्रतिभा' निबंध में एलियट ने इस बात पर बल दिया है कि पच्चीसवें वर्ष के बाद भी कवि बने रहना चाहने वाले के लिए परंपरा का ज्ञान अर्जित करना आवश्यक है। इसका तात्पर्य यह है कि कविता में कवि की जो वयःसंधिकालीन रुचि होती है, वह इस अवस्था तक आते-आते चुक जाती है। इसके

बाद तो वे ही व्यक्ति इस क्षेत्र में रह जाते हैं जिनकी रुचि इस क्षेत्र में गहरी होती है।

इन कवियों को अपने रुचि-संस्कार के लिए परंपरा को आयत्त करना होगा। इसी विचार का पूरक-पक्ष उसने 'एजरा पाउंड' निबंध में प्रतिपादित किया है। उसका मत है कि जो कवि पच्चीसवें साल के बाद भी रचना-कर्म जारी रखता है, उसे अपनी शैली में बदलाव लाना होगा, यद्यपि यह कार्य सहज नहीं है। उसने लिखा है कि–

"जब कवि में परिवर्तन आता है या वह विकास करता है, तब उसके कई एक प्रशंसक निश्चित रूप से उससे विरत हो जाते हैं। लेकिन यदि किसी कवि को पच्चीसवें साल के बाद भी कवि के रूप में जीवित रहना है तो उसे परिवर्तन करना ही होगा, उसे नए साहित्यिक प्रभावों का संधान करना होगा और भिन्न भाव-संपदा को व्यक्त करना होगा। जो पाठक उसका कृतित्व पट उसके यौवन-काल के भाव-सूत्रों से ही बना हुआ देखना चाहते हैं; जो उसके पूर्ववर्ती संग्रहों की भाँति ही उसके नए काव्य-संग्रह में भी रस ले सकने के आश्वस्ति भाव से उसे पलटना चाहते हैं, उन्हें यह बदलाव नागवार होता है। उन्हें (स्वयं के लिए अपेक्षित) वह अनुकूलन भी नागवार होता है, पाउंड के कृतित्व का अनुशीलन जिसकी निरंतर माँग करता है।"[104]

इस प्रकार, 'परंपरा और प्रतिभा' और 'एजरा पाउंड' निबंधों में व्यक्त विचार कवि के विकास के संदर्भ में एलियट की धारणा को भली-भाँति स्पष्ट कर देते हैं।

इस प्रसंग पर भी मुक्तिबोध के विचार काफी हद तक एलियट से मिलते हैं।[105] उनका मत है कि प्रारंभ में तो कवि की समस्या अपने लिए मुहावरे के तलाश की समस्या होती है। यह कार्य भी सहज नहीं होता है। इसके लिए उसे सतत अभ्यास और अनेक प्रयोग करने होते हैं। जब वह अपनी शैली पा लेता है, तब वह समझता है कि उसने अपनी मंजिल पा ली है। लेकिन उसका ऐसा सोचना उचित नहीं है। कालक्रम में उसकी यही शैली उसकी सीमा बन जाती है।[106] उसकी कविता प्रायः उसी अभ्यस्त शैली और उसमें समा पाने वाली भाव-संपदा में बँधकर निश्शेष हो जाती है।

लेकिन एक विकासशील कवि यहीं नहीं थमता। वह अपने इस दायरे से बाहर भी निकलता है। उसे अपनी जीवन-यात्रा में नए-नए अनुभव होते चलते हैं, लेकिन क्योंकि 'सभी तरह के अनुभूत वस्तु-तत्त्व एक ही प्रकार की अभिव्यक्ति शैली में नहीं बाँधे जा सकते'[107] इसीलिए उसकी शैली में बदलाव की आवश्यकता आ खड़ी होती है। हम देख सकते हैं कि मुक्तिबोध के यहाँ भी शैली के बदलाव का अर्थ, केवल शैली में ही नहीं, उस वस्तु-तत्त्व में परिवर्तन से भी है बल्कि उसी से अधिक है, जो नए अनुभवों के हेतुभूत विद्यमान रहता है। मुक्तिबोध ने जिसे जगह-जगह 'कंडीशंड रिफ्लेक्सेज़' या 'सेंसर्स' से जूझना कहा है, वह इस अभ्यस्त दायरे से जूझना ही है। यही नए कवि का आत्म-संघर्ष है। इसके एक छोर पर उसे नए भाव क्षेत्र को आयत्त करना होता है, तो दूसरे पर उसे उन कलात्मक उपादानों और भाषा का विकास भी करना होता है जिससे

कि उस नव-आयत्त क्षेत्र को प्रभावोत्पादक ढंग से व्यक्त किया जा सके। उन्होंने लिखा है कि–

"भाव संवेदनाओं की अभ्यासात्मकता और तत्संबंधी अभिव्यक्ति की अभ्यासात्मकता ये दोनों मिलकर लेखक की जिस प्रकार क्षमता बन जाते हैं उसी प्रकार वह उसकी कठोर सीमा भी बन जाते हैं और यदि लेखक उनके विरुद्ध अनवरत संघर्ष नहीं करता, तो वह अन्य भाव-क्षेत्रों को प्रभावोत्पादक ढंग से व्यक्त नहीं कर सकता क्योंकि उसने उन भाव-क्षेत्रों को पूर्णतः और सारतः व्यक्त करने वाले कलात्मक उपादानों का (कलात्मक भाषा का भी) विकास नहीं किया है।"[108]

मुक्तिबोध ने यह बात और भी अनेक स्थलों पर दोहराई है। उन्होंने यह भी लिखा है कि बहुतेरे कवि तो विकास के इस मोड़ तक आते ही नहीं कि जहाँ उन्हें इन कठिनाइयों का बोध हो । ऐसे कवि आगे विकास करने के बजाय अपने आस-पास ही घूमते रहते हैं।[109] एलियट ने पच्चीसवें वर्ष को जो विभाजक रेखा माना है, उसका हेतु भी यही है कि अनेक कवियों की काव्याभिरुचि इस अवस्था तक आते-आते निश्शेष हो जाती है, अतः विकास का प्रश्न उनके संदर्भ में उठता ही नहीं।[110]

मुक्तिबोध ने यह कहकर अपनी इस बात को आगे बढ़ाया है कि यदि कुछ कवि अपने आत्मानुभूत नये भावों को प्रकट करने की कोशिश करते भी हैं तो पुराने भावों से संयुक्त प्रतीक नवीन अर्थ सत्ता को समाप्त करने पर तुले रहते हैं,[111] और वे ही उसे मोड़ते रहते हैं। यदि वह नए पथ पर आरूढ़ होता भी है तो उसकी आलोचना-संपादन दृष्टि उसकी सफलता में संदेह और शंका उत्पन्न कर देती है। बहुधा लेखक 'उस पथ पर आत्म-विश्वास खो देता है, लड़खड़ा जाता है और हाथ में लिया हुआ काम फेंक देता है',[112] स्वयं अपने लिए उन्होंने लिखा है कि इस आत्म-विश्वास के क्षय की वज़ह से 'मेरी अनगिनत कविताएँ' 'खंडित होकर इधर-उधर बिखरी पड़ी हैं।'[113]

एलियट का विचार है कि कवि अभ्यास करके इस जकड़ से मुक्त हो सकता है। मुक्तिबोध ने भी स्वीकार किया है कि 'कलाकार की यह एक अवस्था-विशेष ही है। वह उसको पार करके आगे बढ़ सकता है।'[114]

इस प्रकार, हम देखते हैं कि कवि के विकास के प्रश्न पर भी एलियट और मुक्तिबोध के विचारों में समानता मिलती है; अंतर यह है कि एलियट ने अपने चिंतन में लेखक के साथ-साथ पाठक को भी विशेष रूप से दृष्टि पथ में रखा है जबकि मुक्तिबोध ने लेखक को। लेकिन इससे कोई बड़ा अंतर नहीं पड़ता। अंतर तब प्रारंभ होता है, जब मुक्तिबोध का विचार राजनीतिभावित होने लगता है। यह प्रवृत्ति उन्हें एलियट से पृथक कर देती है।

एक जगह पर उन्होंने लिखा है कि "काव्य-रूप में बँधने वाले तत्त्व, और वस्तुतः अनुभूत होने वाले तत्त्व, इन दो की यदि हम तुलना करें तो पाएँगे कि बहुत कम अनुभूत

वस्तु-तत्त्व काव्य-रूप ग्रहण करते हैं। शेष वस्तु-तत्त्वों को काव्य-रूप देने का प्रयत्न नहीं किया जाता।''[115] यदि हम जानना चाहें कि ऐसा क्यों होता है, तो उनमें इसके अलग-अलग जगहों पर अलग-अलग उत्तर मिलेंगे। कई उत्तर साहित्य की सीमाओं में ही तलाशे गए हैं, लेकिन अंततः इस प्रसंग में वे राजनीति के क्षेत्र में चले गए है।

यह प्रश्न एलियट ने भी उठाया है। उसने लिखा है कि ''जो प्रभाव और अनुभव व्यक्ति के जीवन में महत्त्वपूर्ण होते हैं, संभव है कविता में उनका कोई स्थान न हो, और जो व्यक्ति के जीवन में नगण्य हो, वे कविता में महत्त्वपूर्ण हो उठें।''[116] लेकिन ऐसा क्यों होता है (कि जीवन में महत्त्वपूर्ण ठहरने वाले अनुभव कविता में नहीं आते या नगण्य हो जाते हैं), इसकी तलाश एलियट को काव्य-संरचना की पड़ताल में ले गई हैं।

इस प्रश्न का एक उत्तर जो मुक्तिबोध ने, एक भिन्न संदर्भ में, दिया है, वह यही है कि किसी तत्त्व का रचना में समाविष्ट होना या नहीं होना, रचना की भीतरी संगति पर निर्भर करता है। कवि हृदय में उमड़ने वाले भावों में से कई एक 'मूल भाव से संबद्ध होते हुए भी और अत्यंत सौंदर्य संपन्न होते हुए भी,' कविता में स्थान इसलिए नहीं पाते हैं कि उससे कविता की पहले की संगति टूट-फूट जाती है।[117] इस मंतव्य को रचना में विचार-तत्त्व से संबंधित प्रसंग पर व्यक्त किए गए उनके विचारों से मिलाकर देखा जाय तो दोनों में हमें समानता मिलेगी। उन्होंने लिखा है कि जहाँ विचार 'कलाकार के अंतःकरण में संवेदनात्मक रूप से उपस्थित जीवन-संदर्भों द्वारा ग्रहण नहीं किए जाते, वहाँ वे बाहर ही रह ज़ाते हैं। ऐसे न मालूम कितने विचार हैं जो अपने आप में सुसंगत और न्यायोचित रहते हैं किंतु कलाकार के लिए वे उसी ढंग से बाहरी रह जाते हैं जिस प्रकार बाजार घर के बाहर ही होता है।'[118] जो बात विचारों के लिए कही गई है, वही भावों और अनुभवों के लिए समझी जाय (और नहीं समझे जाने का कोई कारण नहीं है) तो हमें प्रश्न का उत्तर मिल जाता है।

लेकिन ठीक इसी प्रसंग पर विचार करते हुए एक, और ज्यादा प्रासंगिक, उत्तर उन्होंने यह दिया है कि शेष अनुभवात्मक जीवन जो अभिव्यक्ति नहीं पाता है, उसका कारण यह भी हो सकता है कि उसमें अभिव्यक्ति के लिए व्याकुलता ही उत्पन्न न हुई हो।[119] अन्यान्य उत्तरों में उन्होंने कहीं कवि-स्वभाव[120] को, तो कहीं, मूल्य-भावना[121] को उत्तरदायी ठहराया है। लेकिन अधिकांश स्थलों पर उन्होंने कवि की कंडीशंड स्थिति को, नई भाषा और नए कलात्मक उपादान रच पाने की असामर्थ्य को, ही उत्तरदायी ठहराया है, जिसकी चर्चा पीछे की जा चुकी है।

इन सभी संधानों में मुक्तिबोध का चिंतन साहित्यिक धरातल पर ही रहा है लेकिन इसी प्रसंग पर, अन्यत्र विचार करते हुए वे साहित्य से इतर क्षेत्र में प्रयाण किए बिना रह नहीं सके हैं। एक जगह उन्होंने लिखा है कि 'बहुत से महान् और महत्त्वपूर्ण अनुभव

अप्रकट रह जाते हैं। इसका कारण ही यह है कि ... युग-विशेष में कला के क्षेत्र में अभिव्यक्ति के लिए विशेष-विशेष विषय ही चुने जाते हैं।'[122] एक अन्य स्थल पर कवि के विकास की समस्या का चिंतन करते हुए वे लिखते हैं कि नए पथ पर कवि सफल तब होता है, जब वह उस विशेष प्रकार के कथ्य को अपना लेता है जिसे देश-समाज और साहित्य के वातावरण में महत्त्व प्राप्त हो गया है।[123] इन अंशों में हम उनके इतर प्रयाण को देख सकते हैं। युग, देश, समाज और साहित्यिक वातावरण में महत्त्व प्राप्त वस्तु आदि के नाम पर किये गये इस प्रयाण का अवसान आखिर जाकर राजनीति में हुआ है।

ऊपर अंतर की बात प्रारंभ करते हुए जो अंश उद्धृत किया गया है, उसी संदर्भ में उन्होंने लिखा है कि शेष तत्त्वों को काव्य-रूप देने का प्रयत्न यदि किया भी जाता है तो 'सौंदर्य संबंधी धारणाओं की तृप्ति न होने की स्थिति में उनको काटकर फेंक दिया जाता है।'[124]

यह प्रहार सौंदर्यवाद पर है। लेकिन सौंदर्यवाद विषयक मुक्तिबोध के विचारों का आकलन करने के बाद यह कहना निरापद है कि यह प्रहार भी राजनीतिभावित है। वस्तुतः सौंदर्यवाद का नाता पूँजीवाद से जोड़ दिए जाने के कारण वह मार्क्सवाद-विरोधी हो गया है और शेष अनुभवात्मक-जीवन को काटकर फेंक दिए जाने का अर्थ भी पूँजीवादी राजनीति से प्रेरित (और उसके हितार्थ) साहित्य-रचना करना हो गया है। इस प्रवृत्ति के लेखकों का उद्देश्य उन्होंने स्पष्टतः 'साम्यवादी-प्रगतिवादी प्रभाव का मूलोच्छेद'[125] करना माना है और सर्वथा निर्द्वंद्व भाव से लिखा है कि 'वे साहित्यिक-सांस्कृतिक क्षेत्र में, एक विशेष प्रेरणा से, अपने प्रभाव का विस्तार करना चाहते थे। और वह प्रेरणा अपना एक राजदर्शन, अपनी एक राजनीति, रखती थी।'[126]

सौंदर्यवाद की पीठिका में राजनीति की यह तलाश मुक्तिबोध के लिए इसलिए आवश्यक हो गई जान पड़ती है कि वे स्वयं साहित्य और साहित्य की आलोचना को भी अपनी मनोनीत राजनीति की दिशा में ले जाना चाहते थे। सौंदर्यवाद अभीष्ट का खंडन करके प्रातिवाद की ओर जाना सुगम होता है। अतः इस संदर्भ में यह भी विस्मयकारी नहीं लगना चाहिए कि मुक्तिबोध के प्रहार सौंदर्य-शास्त्र की पीठिका में स्थिर की गई राजनीति पर ही अधिक हैं, सौंदर्यशास्त्रीय धारणाओं पर कम।

लिखा तो मुक्तिबोध ने भी कि साहित्यालोचना से हटकर वे राज-दर्शन और व्यावहारिक राजनीति के क्षेत्र में पहुँचना नहीं चाहते थे;[127] लेकिन एक मार्क्सवादी विचारक की यह विवशता-सी होती है कि वह साहित्य-चर्चा करते-करते राजनीति के क्षेत्र में गए बिना रह नहीं सकता। मुक्तिबोध भी इसके अपवाद नहीं थे। अपने से भिन्न के प्रति सहिष्णुता का आदर्श भी उनमें स्वीकृत हुआ है[128] लेकिन यह भी एक तथ्य है कि भिन्न के प्रति घोर असहिष्णुता भी उनमें मिलती है। सौंदर्यवादियों को उन्होंने प्रतिक्रियावादी,

सत्ता-समर्थक, जनविरोधी, साहसहीन, चरित्रहीन, डलेसवादी आदि न जाने क्या-क्या कहकर लांछित किया है।[129]

जैसे-जैसे हम उनके निकट जाते हैं, उनकी आलोचना का यह राजनीतिरंजित रूप और भी उभरने लगता है।

लेखकों को दो वर्गों में बाँटते हुए उन्होंने लिखा है कि 'जिस प्रकार समाज में दो वर्ग दिखाई देते हैं, उसी प्रकार साहित्यिकों में भी दो दल हैं।' कुछ स्थलों पर ये दल निम्न-मध्य-वर्ग और उच्च-मध्य वर्ग कहे गए हैं, लेकिन कुछ स्थलों पर उन्होंने खुलकर राजनीतिक दोषारोपण की शब्दावली में इन्हें सत्ता-समर्थक और सत्ता-विरोधी कहा है। उन्होंने सत्ता-विरोधियों को जन-हितैषी और सत्ता-समर्थकों को निहित स्वार्थ वाला कहा है।[130] उनका विचार था कि शोषितों के प्रति करुणा और शोषकों के प्रति आक्रोश सत्ता के पिछलगुओं में भी होता है लेकिन सौंदर्य की सीमाओं में आबद्ध रहने और प्रभु-वर्ग के कृपा-पात्र बने रहने के लिए वे इस पक्ष की उपेक्षा कर जाते हैं। इन्हीं कारणों से संघर्षकारी और उत्पीड़नकारी शक्तियों का बोध इनके काव्य-मिज़ाज के अनुरूप नहीं ठहरता। विद्रोह का कर्कश स्वर भी उनमें नहीं मिलता है, उसका कारण भी यही है कि उसे उन्होंने उपर्युक्त हेतु से ही, ड्राइंग-रूम-कल्चर में खप सकने की हद तक लचीला बना दिया है।[131]

मुक्तिबोध ने केवल सौंदर्यवाद की पीठिका में ही राजनीति नहीं देखी है, उन्होंने अपने इस विचार को आधुनिक आलोचना के संदर्भ में सामान्यीकृत भी कर दिया है। उन्होंने लिखा है कि 'एक कला-सिद्धांत के पीछे एक विशेष जीवन-दृष्टि हुआ करती है, उस जीवन-दृष्टि के पीछे एक जीवन-दर्शन होता है और उस जीवन-दर्शन के पीछे, आजकल के जमाने में एक राजनीतिक दृष्टि भी रहती है।'[132] कुछ ऐसा जान पड़ता है कि उन दिनों जब कि मुक्तिबोध रच रहे थे, साम्यवाद पर साहित्य को राजनीति के दलदल में घसीट ले जाने का आक्षेप लगाया जा रहा था; उसका उत्तर मुक्तिबोध ने समूची साहित्य-चिंता को किसी-न-किसी राजनीति से प्रेरित होने की बात कहकर दिया है।

अपने समकालीन-साहित्य की गतिविधि का जो विवरण मुक्तिबोध ने दिया है, वह तो और भी दलगत राजनीति-रंजित है। उन्होंने लिखा है कि सन् 1950-51 के आसपास हिंदी में प्रगतिवादियों और कलावादियों में शीतयुद्ध छिड़ा हुआ था। यह युद्ध विश्व-राजनीति में तब चल रहे 'शीत-युद्ध की साहित्यिक शाखा' के रूप में था। कलावादियों को इसकी प्रेरणा लंदन और वाशिंगटन से मिल रही थी। इसी से प्रेरित होकर उन्होंने नई कविता के बुर्ज से प्रगतिवादियों पर गोलन्दाजी की।[133] वे प्रगतिवादियों को साहित्य के क्षेत्र से खदेड़ देना चाहते थे। उन्हें भय था कि नए कवि कहीं वामपंथी न हो जाए।[134] कहीं यह संतप्त मानव, समाजवाद और साम्यवाद का शिकार न हो जाए।[135] निदान, उन्होंने उनमें

साम्यवाद-विरोधी, राजनीति-विरोधी और जन-विरोधी मनोग्रंथियाँ दृढ़ कर दीं।[136] आधुनिक भाव-बोध, व्यक्ति-स्वातंत्र्य और लघु मानव जैसे सिद्धांत इसी आवश्यकता की उपज थे। "आधुनिक भावबोध वाले सिद्धांत में, जनसाधारण के उत्पीड़न-अनुभवों, उग्र-विक्षोभों और मूल उद्वेगों का बॉयकॉट किया गया। 'लघु मानव' वाला सिद्धांत लाकर जनसाधारण की मार्मिक आध्यात्मिक शक्तियों और भव्यताओं से आँखें फेर ली गईं। व्यक्ति-स्वातंत्र्य का झगड़ा (या झंडा?) ऊँचा कर स्वातंत्र्य के उपयोग और दिशा की समस्या से पल्ला झाड़ लिया गया। पूँजीवादी समाज के नाश की कल्पना को साम्यवादी बहक कहकर मोटे सेठों से नाता जोड़ा गया। सरकार के अच्छे कामों की आलोचना करते हुए, पश्चिमी पूँजी से जुड़े भारतीय करोड़पतियों के दरबारों में पहुँचने की दृश्यावली प्रस्तुत की गई।"[137] आदि, आदि।

कहने की आवश्यकता नहीं कि यहाँ स्वयं मुक्तिबोध का चिंतन शीतयुद्ध का शिकार होकर रह गया है। कई स्थलों पर तो वह साहित्यालोचना के धरातल से स्खलित होकर लगभग राजनीतिक होकर ही रह गया-सा लगता है।

विडंबना यह है कि उनका ध्यान इस ओर भी नहीं गया है कि अपने इस प्रयाण में वे लगभग इसी दलदल में पहुँच गए हैं, जहाँ से प्रगतिवाद को खींचकर साहित्य की स्वस्थ भूमि पर लाने का परिश्रम स्वयं उन्होंने किया था।

शीतयुद्धभावित इस चिंतन का महत्त्व संदिग्ध ही है; और, जब वे स्वयं स्वीकार करते हैं कि 'यह एक स्पष्ट तथ्य है कि हमारे अधिकांश कवि इस राजनीति के चक्कर में नहीं हैं,'[138] तब तो यह अनुमान प्रमाणपुष्ट भी हो जाता है कि ये सारे आक्षेप शीतयुद्धजनित चिंतन के परिणाम ही हैं। वस्तुतः शीतयुद्ध के प्रभाव ने मुक्तिबोध के लिए प्रश्न को ही बदल डाला है। उनके लिए विचारणीय प्रश्न कवि के विकास की समस्याएँ होने के बजाय विकास की दिशा का हो गया है। उनके निकट यह दिशा मार्क्सवाद की ही थी। नए कवियों को इस ओर आकर्षित करने के लिए एक ओर उन्होंने रचनात्मक धरा पर मार्क्सवाद की सहजता प्रतिपादित की है, तो दूसरी ओर सौंदर्यवाद का मूलोच्छेदन का प्रयत्न किया है। और, ऐसा करते हुए वे व्यावहारिक राजनीति के धरातल पर उतर आए हैं, जहाँ उनके आसक्तिपूर्ण रमण ने उनकी साहित्यालोचना की राह को बुरी तरह छेंक लिया है।

यदि सौंदर्यवादी धारणाओं का संबंध पूँजीवाद से मान भी लिया जाय तो प्रश्न यह उठता है कि स्वयं मुक्तिबोध ने उन्हें स्वीकार कैसे किया? और, यह एक तथ्य है कि उन्होंने कई एक सौंदर्यवादी धारणाओं को स्वीकार किया है; कुछेक उनको भी, जिनका स्वयं उन्होंने खंडन किया है!

सौंदर्यवादी विचारक जीवनानुभूति और सौंदर्यानुभूति में अंतर करते हैं; वे एक को दूसरे से पृथक मानते हैं। मुक्तिबोध ने कई जगहों पर इसे स्वीकार किया है, लेकिन कई स्थलों पर इसका निषेध भी किया है। एक जगह तो उन्होंने इस विचार को शीतयुद्ध की

उपज तक कहा है।[139] लेकिन आगे चलकर स्वयं उन्होंने एकाधिक स्थलों पर लिखा है कि 'निस्संदेह सौंदर्यानुभूति और वास्तविक जीवन अनुभूति में गुणात्मक अंतर होता है।' गुणात्मक शब्द 'पृथक्' से अधिक वज़नदार है। निर्वैयक्तिकता विषयक उनके विचारों पर दृष्टिनिरोध करने से यह बात और भी स्पष्ट हो जाएगी।

एक अन्य स्थल पर उन्होंने लिखा है कि 'भोक्ता और स्रष्टा मन के बीच का यह पार्टीशन बहुत खतरनाक है, अस्वास्थ्यमूलक है।'[140] लेकिन निर्वैयक्तिकता विषयक उनके विचारों के अनुशीलन से यह भी ज्ञात होगा कि स्वयं उन्होंने यह पार्थक्य कई रूपों में स्वीकार किया है।

इसी प्रकार, मुक्तिबोध का आग्रह है कि 'काव्य में जीवन के व्यापक चित्र चाहिए, न कि छिटपुट।'[141] इसे हम सौंदर्यवादियों के क्षणवाद के विरुद्ध मार्क्सवादी व्यापकता का आग्रह कह सकते हैं। लेकिन इस संदर्भ में भी उनका यह कथन विचारणीय है कि 'सिर्फ बहुत बड़ी थीम (विषय) उठा लेने से काम नहीं चलता। यह जरूरी है कि सिर्फ उतना ही अंश उठाया जाए जिसका मन पर अत्यधिक आघात हुआ हो। बड़ी भारी बिल्डिंग खड़ी करने की बजाय छोटी-सी कुटिया खड़ी की जाए तो अधिक अच्छा होगा।'[142] कहने की आवश्यकता नहीं कि यह स्वीकार सौंदर्यवादी सिद्धांत का स्वीकार है; कम से कम छिटपुट की ओर, लौटना तो है ही।

अपने कई एक लेखों में मुक्तिबोध ने सौंदर्यवादियों की वस्तुगत संकीर्णता में उनकी राजनीति अंतर्निहित देखी है, लेकिन यहाँ आकर उन्होंने उसी के औचित्य का प्रतिपादन किया है। इससे स्पष्ट है कि सौंदर्यवादियों का उनका विरोध प्रासंगिक ही अधिक था, तात्त्विक कम।

इस विवेचन से यह भी स्पष्ट है कि राजनीति में प्रयाण करते हुए मुक्तिबोध कवि के विकास का पथ प्रशस्त नहीं कर पाये हैं। अधिक से अधिक उन्होंने सौंदर्यवादियों को जीवन से विमुख होने से रोकना चाहा है (यह अलग बात है कि वे जीवन से विमुख कितने थे) लेकिन इसके लिए उन्होंने (मुक्तिबोध ने) राजनीतिक प्रहार की जो व्यूह-रचना रची थी, उसका कोई साहित्यालोचनात्मक मूल्य नहीं है। उस युग की साहित्यिक-राजनीति में जो विवाद चल रहा था, उसमें मुक्तिबोध स्वयं एक पक्ष थे, इसलिए यह अनुमान करना निर्मूल नहीं होगा कि राजनीति में प्रयाण उनकी अपनी विवशता थी, इसका ऐतिहासिक-महत्त्व भी हो सकता है, लेकिन आलोचना की सैद्धांतिक धरा पर इसका कोई मूल्य नहीं है।

यह देखकर भी विस्मय होता है कि एक ओर तो उन्होंने प्रगतिवादियों में कला दृष्टि का अभाव देखकर उनकी आलोचना की है, और दूसरी ओर सौंदर्यवादियों पर प्रहार के लिए स्वयं उन्होंने राजनीति का सहारा लिया है। और, यह तो और भी विस्मयकारक है कि सौंदर्यवादियों की कटु आलोचना करके भी अंततः उन्हें सौंदर्यवादी

सिद्धांतों को स्वीकार करना पड़ा है!

यहाँ यह देखना भी रोचक होगा कि कुछेक प्रश्नों पर मुक्तिबोध की स्थिति हिंदी के सौंदर्यवादियों के विरोध में चाहे ठहरे, वह एलियट के विरोध में नहीं ठहरती। उदाहरण के लिए मुक्तिबोध का मत है कि कवि-कर्म के भीतर सौंदर्यानुभूति अखंड और निरंतर भाव से नहीं बनी रहती; उसका उद्दीपन और विलोपन होता चलता है।[143] (इस विचार की पुष्टि मनोविज्ञान से भी होती है)। यहाँ हम मुक्तिबोध को एलियट की निकटता में पाते हैं। 'कविता का संगीत' विषय पर विचार करते हुए एलियट ने भी कुछ ऐसा ही विचार प्रकट किया है। उसका मत है कि कविता में सर्वत्र एक-सी गहराई नहीं होती; उसमें कम और अधिक गहराई के अंश रहते हैं इसलिए एक सफल कवि को प्रोज़ेक का सफल रचयिता भी होना चाहिए; या कि प्रोज़ेक का सफल रचयिता होना, सफल कवि होने की एक आवश्यक शर्त है।[144]

एलियट में 'कम और अधिक गहराई' की बात है, मुक्तिबोध में 'उद्दीपन-विलोपन' के रूप में वह अधिक प्रभावी हो गई है। दोनों की वैचारिक समानता स्पष्ट है। इसी प्रसंग में मुक्तिबोध ने अपने विवेचन में एलियट को भी अपने समर्थन में उद्धृत किया है। उन्होंने लिखा है कि "टी.एस. एलियट जिस दांते को महान् मानता है, उसका काव्य भी क्षण का काव्य नहीं है।"[145]

इस विवेचन से स्पष्ट है कि हिंदी-सौंदर्यवादियों की आलोचना शास्त्र और साहित्य के धरातल पर रहकर भी की जा सकती थी; राजनीति के क्षेत्र में प्रयाण वस्तुतः मुक्तिबोध की अपनी दुर्बलता या आवश्यकता थी, वह साहित्यिक आवश्यकता बिल्कुल नहीं थी। अपनी आलोचनाओं में जहाँ वे वादी-आग्रहों से मुक्त रह सके हैं और व्यावहारिक-राजनीति के क्षेत्र में नहीं गए हैं, वहाँ उन्हें हम एलियट की काफी-कुछ निकटता में लक्ष्य कर सकते हैं। लेकिन जहाँ वे व्यावहारिक-राजनीति के क्षेत्र में चले गए हैं, वहाँ वे एलियट से दूर ही नहीं, भिन्न दिशा में भी चले गए हैं, यद्यपि उनके सम्यक् मूल्यांकन के लिए इस भिन्नता का आकलन भी आवश्यक है।

प्रसंगवश, यहाँ एलियट की ईसाई-आग्रहों से जुड़ी हुई स्थिति का उल्लेख करना अनुचित नहीं होगा। कभी उसने अपने समकालीन लेखकों से साहित्य-सृजन में ईसाई-सिद्धांतों की चरितार्थता की माँग की थी और ईसाइयत से भिन्न विचारधारा अपनाने वाले लॉरेंस जैसे लेखकों की आलोचना की थी। मुक्तिबोध की आग्रहवादी स्थिति की तुलना एलियट की इस स्थिति से की जा सकती है; लेकिन यह तत्काल स्मरणीय है कि उसने अपने आग्रहों का अनौचित्य शीघ्र ही समझ लिया और भविष्य में अपनी आलोच्य-पुस्तक 'आफ्टर स्ट्रेंज गॉड्स' के पुनः प्रकाशन पर उसने रोक लगा दी। इसके बाद की उसकी आलोचना-पुस्तकों में उसका बल इन आग्रहों पर लगभग निश्शेष हो गया। 'ऑन पोएट्री एंड पोएट्स' में हम उसे साहित्य और आलोचना की स्वतंत्र सत्ता को पुनः अनुष्ठित

करने के उद्योग में रत देख सकते हैं। विकास मुक्तिबोध की दृष्टि में भी निश्चित रूप से हुआ है लेकिन आग्रहों की बद्धमूलता भी उनमें निश्चित रूप से गहरी है। फिर, विकास-क्रम जानने का कोई साधन नहीं होने से भी मुक्तिबोध की स्थिति गड्ड-मड्ड हो गई है।

बहरहाल, कवि के विकास के प्रश्न पर मुक्तिबोध एलियट के साथ चलते-चलते भिन्न दिशा में प्रयाण कर गए हैं।

3. निर्वैयक्तिकता के संदर्भ में विचार

एलियट और मुक्तिबोध की समानता पर विचार करते हुए निर्वैयक्तिकता के प्रसंग पर ध्यान जाना स्वाभाविक ही है। यह सिद्धांत एलियट का मनोनीत सिद्धांत था। इसका मर्म भोक्ता व्यक्ति और स्रष्टा कवि के बीच पार्थक्य का विचार है। मुक्तिबोध ने कुछेक स्थलों पर इस पार्थक्य की अतिवादिता को अस्वीकार किया है, लेकिन कुल मिलाकर इसकी तात्विकता को उन्होंने स्वीकार किया है, यद्यपि अंततः उन्होंने इसे अपने संवेदनात्मक उद्देश्यों की पूर्ति का साधन बनाकर अपना प्रस्थान सूचित कर दिया है।

मुक्तिबोध ने लिखा है कि सौंदर्यानुभव तब घटित होता है जब 'मन साधारण जीवन की अपनी निजबद्धता का परित्याग करता है।'[146] एक अन्य स्थल पर उन्होंने लिखा है कि 'अपने से परे जाना, अपने से ऊपर उठना, वृथा भावुकता नहीं है, वरन् इसके विपरीत, वस्तु-दर्शन या तत्त्व-दर्शन का यह अनिवार्य अंग है।'[147] यह कहकर उन्होंने अपनी बात और भी स्पष्ट की है कि निजबद्धता की स्थिति में 'मन को उसके व्यक्तिगत सुख-दुख और राग-द्वेष ही घेरे रहते हैं।' 'कलात्मक क्षणों में अपने-आप से छुटकारा होकर जीवन का प्रगाढ़ और व्यापक अनुभव होता है।'[148] इन उद्धरणों में 'अपने से ऊपर उठना', 'निज-बद्धता का परित्याग करना', 'अपने आप से छुटकारा पाना' आदि पदों में स्रष्टा और भोक्ता के उस पार्थक्य की स्वीकृति मिल जाती है, जिस पर एलियट ने बल दिया है।

'डायरी' में फैंटेसी-प्रसंग में भी 'अनुभव के मूल अपनी दुखती हुई भूमि से पृथक' होकर वैयक्तिक नहीं रहते; निर्वैयक्तिक हो जाते हैं। इसी से फैंटेसी यथार्थ में भोगे गए वास्तविक अनुभव की प्रतिकृति नहीं रहती। वैयक्तिक से निर्वैयक्तिक होने के दौरान ही वह ऐसा नवीन रूप ग्रहण कर लेती है कि वह वास्तविक अनुभव से स्वतंत्र हो जाती है।[149] एक अन्य स्थल पर उन्होंने 'विलगीकरण' शब्द का प्रयोग किया है और उसे कला के आत्मरूप स्थापन की क्रिया कहा है।[150] इसका साधन भी निर्वैयक्तिकरण ही कहा गया है। इससे आगे बढ़कर जब वे लिखते हैं कि 'व्यक्तिगत भावों को निर्वैयक्तिकता कई प्रकार से प्रदान की जाती है,'[151] तब फिर वे एलियट की निकटता में आते हैं। एलियट ने अपने 'येट्स' निबंध में निर्वैयक्तिकता के दो रूपों की चर्चा की है; 'एक तो वह जो निरे शिल्पकार के लिए सहज होता है, दूसरा वह जो निरंतर प्रौढ़ होते जाते

कलाकार द्वारा अर्जित किया जाता है। यह दूसरी कोटि की निर्वैयक्तिकता उस लेखक में मिलती है जो अपने निजी अनुभव में से सामान्य सत्य की अभिव्यक्ति करने में समर्थ होता है। वह अपने अनुभव का सारा वैशिष्ट्य सुरक्षित रखते हुए उसमें से सामान्य प्रतीक रच डालता है।'[152] इस दूसरी कोटि की व्याख्या करते हुए एलियट के एक आलोचक ने लिखा है कि यह अनुभव की प्रसंग-बद्धता ही होती है जिसका रचना-प्रक्रिया में परिहार होता है, उस वैशिष्ट्य का नहीं, जो उस अनुभव की प्रकृति में होता है। एलियट के कथन के अंतिम वाक्य से इसकी पुष्टि होती है; उसमें अनुभव के वैशिष्ट्य के सुरक्षित रहने की बात उसने स्वीकार की है।

यह देखना भी रोचक होगा कि मुक्तिबोध ने भी 'विशिष्ट के सामान्य में घुलने' और उस घुलने की क्रिया में 'बद्धता के घेरे की दीवारें नष्ट' होने की बात कही है। अपनी बात स्पष्ट करते हुए उन्होंने लिखा है कि 'किसी अनुभव-क्षण की जो प्रसंगबद्धता है, और उस प्रसंगबद्धता के कारण अनुभव क्षण की जो अपनी विशिष्टता है, उस विशिष्टता का चित्रण नहीं हो पाता...जब कोई विशिष्ट और अद्वितीय अपने-आपको सामान्य संबद्ध और तदात्म कर लेता है, तब उसकी अद्वितीयता की रक्षा होकर भी उस विशिष्ट का सामान्य में परिस्फुटन होता है।'[153] यह व्याख्या न केवल मुक्तिबोध के आशय को स्पष्ट करती है बल्कि उन्हें एलियट के और भी समीप ले जाती है। मुक्तिबोध के इस कथन में और एलियट के दूसरी कोटि की निर्वैयक्तिकता के निरूपण में विलक्षण साम्य देखा जा सकता है।

प्रारंभ में एलियट ने निर्वैयक्तिकता के पहले रूप पर ज्यादा बल दिया था। 'परंपरा' निबंध में उसने स्रष्टा और भोक्ता में इतना कठोर पार्थक्य किया था कि रचयिता के मानस को भोक्ता के अनुभव पर क्रियाशील होते समय सर्वथा तटस्थ बल्कि प्लेटीनम की तरह नितांत निरपेक्ष मान लिया था।[154] उस विभाजन को मुक्तिबोध ने स्वीकार नहीं किया है; लेकिन यहीं यह स्मरणीय है कि स्वयं एलियट ने भी शीघ्र ही अपना वह आग्रह छोड़ दिया था। उत्तर ऐलिज़ाबेथ-युग के नाटककारों पर लिखते हुए उसने यहाँ तक स्वीकार किया है कि रचना में रचनाकार का वह गहन और निजी आत्म-तत्त्व भी रहता है जो उसके जीवनीकार को तो क्या, उसके निकटतम रहने वाले व्यक्ति को भी कदाचित् ही ज्ञात हो।[155] एक अन्य स्थल पर उसने यहाँ तक लिखा है कि यह नाटककार की कोई निजी वृत्ति ही होती है, जो वह अपने पात्रों को प्रदान करता है और वही उन्हें जीवंत बनाती है।[156]

हम कह सकते हैं कि भोक्ता और स्रष्टा में कठोर पार्थक्य करने वाला एलियट अपने पूर्व-पथ से हट गया है। बात अंशतः सही है। पूर्व-पथ से हटना तो हुआ ही है, लेकिन यह निर्वैयक्तिकता के सिद्धांत से भी हटना हुआ है, ऐसा नहीं कहा जा सकता। यह उसके प्रति आग्रह की अतिवादिता से हटना है। दूसरे शब्दों में, इसे हम अनुभवों के

आलोक में सिद्धांत के वास्तव को पाना भी कह सकते हैं। ऐसा और भी कई संदर्भों में हुआ है कि एलियट ने अपने अनुभवों के आलोक में अपने मंतव्यों का संस्कार किया है।

मुक्तिबोध को हम यहाँ भी एलियट की निकटता में पाते हैं। वे जब लिखते हैं कि रचना में लेखक का 'वह जीवनानुभव होता है जो लेखक के अंतर्जगत का अंग है, वह व्यक्तित्व होता है जो लेखक का अंतर्व्यक्तित्व है, वह इतिहास होता है जो लेखक का अपना संवेदनात्मक इतिहास है।'[157] अथवा जब वे लिखते हैं कि 'प्रत्येक साहित्य, मूलतः और सारतः, आत्म-चरित्रात्मक है, भले ही बाहर-बाहर से वह चाहे जितना वस्तुवादी क्यों न दिखाई दे',[158] तब हम उन्हें फिर एलियट के उपर्युक्त उद्धृत अंश के समीप देखते हैं। यह ज्ञातव्य है कि यह 'आत्म' की स्थूल और प्रत्यक्ष नहीं, रूपांतरित अभिव्यक्ति ही है, जो दोनों की अभिप्रेत है।[159] मुक्तिबोध ने 'सारतः' विशेषण का जो प्रयोग किया है, वह अकारण नहीं है। और, यह रूपांतरण ही होता है जो, स्थूल को सारतः और वैयक्तिक को निर्वैयक्तिक बनाता है।

लेकिन समानता के इस निदर्शन का अर्थ यह नहीं है कि मुक्तिबोध ने एलियट के विचार को पूर्णतः स्वीकार किया है। यह संभव है कि एलियट के मत का मनन उन्हें उसके स्वीकार की ओर ले गया है, लेकिन मार्क्सवादी मंतव्यों की चरितार्थता में इसे अवरोधमूलक पाकर उन्होंने इसका विरोध भी किया है।

पश्चिमी सौंदर्यशास्त्रियों पर प्रहार करते हुए मुक्तिबोध् ने लिखा है कि 'उन्होंने कलाकार-व्यक्तित्व को अनेक असम्पृक्त प्रकोष्ठों में विभाजित कर दिया, मानों उन प्रकोष्ठों के बीच कोई द्वार-मार्ग न हो, ऐसे द्वार-मार्ग जो प्रकोष्ठों में परस्पर संपर्क स्थापित न करते हों, और इस तरह एक प्रकोष्ठ का दूसरे प्रकोष्ठ पर सघन और स्थायी परस्पर-प्रभाव उपस्थित न करते हों।'[160] यह प्रहार सीधे एलियट पर किया गया है और इसका कारण भी यही है कि यदि उसका विभाजन स्वीकार कर लिया जाय तो मार्क्सवाद के अनुसार कवि के भोक्ता पक्ष का जो प्रभाव उसके रचयिता पक्ष पर सीधे आता है, उसके लिए कोई अवकाश ही नहीं रह जाएगा। एक स्थल पर यह अनुमान करके कि यह विभाजन कवि को अपने दैनंदिन जीवन के अनुभवों की ओर जाने से रोकता है, उन्होंने यहाँ तक लिख दिया है कि 'भोक्ता और स्रष्टा मन के बीच का यह पार्टीशन बहुत खतरनाक है।'[161] जबकि वास्तव में यह विभाजन कवि के विषय वस्तु-संकलन की स्वतंत्रता में कतई कोई हस्तक्षेप नहीं करता; बल्कि यह तो संकलन हो चुकने के बाद होने वाले सर्जन व्यापार के समय क्रियाशील होता है। लेकिन उन्होंने इस ओर ध्यान नहीं दिया है। (जबकि स्वयं उनमें यह विभाजन कई जगह बखबी स्वीकृत)।

एक अन्य स्थल पर उन्होंने लिखा है कि 'जब बाह्य आग्रह बलवान होते हैं और कवि उनके दबाव को सह नहीं पाता, तो वह अपनी मूलभूत निःसंगता का सिद्धांत

प्रतिपादित करते हुए कहता है कि सृजन अकेले में होता है, साहित्य व्यक्ति की उपज है, जो व्यक्ति के लिए है।'[162] यहाँ उन्होंने इस सिद्धांत को सामाजिक दबाव से कलाकार के पलायन का हेतु मानकर अस्वीकार किया है। अस्वीकार का यह आधार मार्क्सवादी ही है, लेकिन अन्यत्र उनकी टिप्पणियों में विरोध का मार्क्सवादी स्वर अत्यंत मुखर है। उसके अनुसार यह विभाजन इतना कठोर है कि मानों 'कला-निर्माण के संबंध में जो भी बाह्य अनुरोध हैं सामाजिक अनुरोध, राजनीतिक अनुरोध, नैतिक अनुरोध-ये सब अनुरोध, कला बाह्य आग्रह होने के कारण उसकी वास्तविक सृजन-क्रिया से कोई संबंध नहीं रखते।'[163]

'इन महोदयों ने सबसे पहले लेखक-व्यक्तित्व को परस्पर-असम्पृक्त, परस्पर-अप्रभावशील, लौह-प्रकोष्ठों में विभाजित किया। और फिर, उसके एक प्रकोष्ठ को स्वयंपूर्ण-संपूर्ण मान मूल्य और महत्त्व प्रदान करते हुए, उसको उन अनुरोधों से दूर रखने का प्रयत्न किया।'...'इन महोदयों का उद्देश्य लेखक के कलाकार रूप को सामाजिक और सार्वजनिक दायित्वों से बचाना था।'[164]

''वस्तुतः वे यह बिल्कुल नहीं चाहते थे कि काव्य-कला के अंतर्गत ऐसी सामाजिक-राजनीतिक भावनाएँ परिलक्षित हों, जिनका संबंध मानव साम्य तथा प्रगति के आदर्शों से है। उनकी मुख्य लड़ाई साम्यवाद-प्रगतिवाद से थी।''[165]

इस अंतिम कथन के बाद तो इसमें कोई संशय रह ही नहीं जाता कि उन्होंने इस सिद्धांत को मार्क्सवाद के विरोध में देखा था, इसीलिए इसका विरोध किया।

लेकिन सौंदर्यानुभूति उन्होंने मार्क्सवादी कवि के लिए भी आवश्यक ठहराई थी, और क्योंकि सौंदर्यानुभूति के लिए उन्होंने कवि का आत्मबद्ध दशा से बाहर निकलना आवश्यक माना था, इसलिए निर्वैयक्तिकता का आत्यंतिक निरसन उनके लिए संभव नहीं रह गया था। लेकिन इन स्थितियों में उन्होंने निर्वैयक्तिकता के एक भिन्न रूप और भिन्न हेतु का प्रस्ताव करके अपना पथ एलियट से पृथक कर लिया, यद्यपि इसका औचित्य जैसा कि हम देखेंगे, संदिग्ध जान पड़ता है।

एलियट ने 'परंपरा' निबंध में निर्वैयक्तिकता विषयक जिस मंतव्य का प्रतिपादन किया है, वही उसका अंतिम प्रतिपादन नहीं है लेकिन फिलहाल यदि हम उसी तक सीमित रहें तो देखते हैं कि भोक्ता और स्रष्टा में जो अंतर उसने चाहा है, वह साधारण रचनाकार के लिए संभव नहीं है। कदाचित् यही बात मुक्तिबोध को अखरी है और इसीलिए उन्होंने सौंदर्यानुभूति को 'व्यक्ति की आत्मबद्ध दशा से मुक्त होने की, मूल-प्रवृत्ति से संबंद्ध'[166] कहकर उसे साधारण कवि ही नहीं साधारणजन के लिए भी सुलभ बना दिया है और एक प्रकार से इसे मार्क्सवादी व्यापकता भी प्रदान कर दी है। उन्होंने सतत रूप से यह बात दोहराई है कि यह प्रवृत्ति 'केवल कलाकारों की ही निधि नहीं है, वरन् वह राह चलते मामूली आदमी के पास भी है, वह किसान के पास भी है, मजदूर के पास भी है।'[167] और इसका हेतु भी वही है। जब हम किसी विचार को

व्यक्ति की मूल प्रवृत्ति से संबद्ध कर देते हैं, तब उसे व्यापक कहना अनुचित नहीं कहा जा सकता क्योंकि मूल-प्रवृत्ति सभी में रहती है। लेकिन विचारणीय यह है कि सौंदर्यानुभूति ही निर्वैयक्तिकता नहीं है, उसके लिए विलगीकरण (एब्स्ट्रेक्शन) भी आवश्यक है, और क्योंकि सामान्यजन 'विलगीकरण नहीं कर पाते',[168] उनमें 'बहुधा उचित शब्द संपदा नहीं होती कि जिससे वह अपने सूक्ष्म भावों और आवेशों को ठीक-ठीक प्रस्तुत कर सके',[169] इसलिए वह कवि नहीं हो पाता। इस प्रकार, आत्मबद्धता से मुक्ति को मूल-प्रवृत्ति से जोड़कर भी मुक्तिबोध को कवि और साधारणजन का भेद अंततः स्वीकार करना पड़ा है।

इस भेद को मिटाने का प्रयत्न करते हुए, उन्होंने जीवनानुभूति और सौंदर्यानुभूति का अंतर मिटाने का प्रयत्न भी किया है। एक जगह तो उन्होंने इस प्रकार का अंतर करने वाली मनोभूमि और सिद्धांत को शीतयुद्ध की उपज तक कहा है।[170] 'अंतःसलिला वास्तविक जीवन ही का एक आत्म-रूप है,'[171] कहकर भी उन्होंने दोनों में अभिन्नता स्थापित करनी चाही है! (यद्यपि 'आत्म' विशेषण लगाकर उसे उन्होंने जाने-अनजाने में ही अलग भी कर दिया है)।

इसी कथन की अपनी निम्नांकित व्याख्या में भी उन्होंने यथासंभव सौंदर्यानुभूति को जीवनानुभूति की निकटता में ही रखना चाहा है। उन्होंने लिखा है कि 'सौंदर्यानुभूति ...आत्मबद्ध दशा से मुक्त होने की, मूल प्रवृत्ति से संबद्ध है। और इसी मूल प्रवृत्ति का वह एक अनुभव-संवेदनात्मक कल्पनात्मक रूप है, इस वस्तु-तथ्य को यदि वे पहचान लेते, तो वे सौंदर्यानुभूति को वास्तविक जीवन का ही एक ज्ञान-रसात्मक रूप मानने के लिए बाध्य होते ।'[172] लेकिन इस प्रतिपादन में भी उनके 'कल्पनात्मक-रूप,' 'ज्ञान-रसात्मक रूप' जैसे विशेषण सौंदर्यानुभूति को जीवनानुभूति से अलग ही कर रहे हैं, बल्कि उसके रूपांतरण का संकेत भी कर रहे हैं, इस ओर उनका ध्यान नहीं गया है। हमारा आशय यह है कि जिस विभाजन से उन्होंने बचने की कोशिश की है, उससे बच वे भी नहीं पाये हैं। उनका ध्यान इस कठिनाई की ओर भी नहीं गया है कि यदि सौंदर्यानुभूति को, और अंततः स्रष्टा और भोक्ता के अंतर को, मूल-प्रवृत्ति से संबद्ध मान भी लिया जाय तो यह वृत्ति व्यक्ति को उन संवेदनात्मक-उद्देश्यों की पूर्ति की दिशा में ले जाने जैसा जटिल कार्य कैसे करेगी, जिसे मुक्तिबोध ने अपनी निर्वैयक्तिकता का लक्ष्य ठहराया है।

हमारा आशय यह है कि संवेदनात्मक उद्देश्यों की प्राप्ति को मुक्तिबोध ने एक जटिल व्यापार ठहराया है। अपनी विचार-व्यवस्था में उन्होंने इसके लिए जिस आभ्यंतरीकरण पर बल दिया है, उसे तो कलाकार अपने जीवन को उसी दिशा में ढालकर ही अर्जित कर सकता है; वह किसी मूल-प्रवृत्ति से संबद्ध वृत्ति के लिए स्वतः हो जाने वाला व्यापार नहीं है।

अपनी अभीष्ट निर्वैयक्तिकता का हेतु स्पष्ट करते हुए मुक्तिबोध ने लिखा है कि 'आत्मबद्ध दशा से बाहर जाने.... के उपरांत.... वह मुक्ति की अवस्था प्राप्त होती है, जब हमारे मन का स्वतंत्र संचरण होता है और संवेदनात्मक उद्‌देश्यों के अनुसार, उद्‌दीप्त कल्पना-शक्ति जीवनानुभवों को विशेष पैटर्न्स में उपस्थित करती हुई उन्हें संवेदनात्मक उद्‌देश्यों की पूर्ति की ओर ले जाती है।'[173] मुक्तिबोध ने यहां मन के स्वतंत्र संचरण की स्थिति में कल्पना की निर्दिष्ट गति चाही है। अपेक्षित यह है कि कल्पना अनुभवों को उद्‌देश्यों की पूर्ति की दिशा में ले जाए। कहने की आवश्यकता नहीं कि स्वतंत्र संचरण और निर्दिष्ट स्थिति दोनों में एक तात्त्विक विरोध है। मुक्तिबोध का ध्यान इस ओर भी नहीं गया है।

जो भी हो, एक बात निर्विवाद है कि मुक्तिबोध की निर्वैयक्तिकता संवेदनात्मक उद्‌देश्यों की प्राप्ति का साधन होकर वैयक्तिकता के निकट चली गई है और इस प्रकार भी एलियटीय निर्वैयक्तिकता से भिन्न हो गई है। एलियट ने रचना-व्यापार के लक्ष्यभूत किन्हीं उद्‌देश्यों के रूपायन को स्वीकार नहीं किया है। निर्दिष्टता की बात ही उसे नागवार है। हम कह सकते हैं कि मुक्तिबोध की 'इस' निर्वैयक्तिकता पर एलियट का प्रभाव नहीं है। अपनी जगह पर और अपनी सीमाओं में यह बात ठीक हो सकती है, लेकिन यह कहना सचमुच ही दुस्साहस होगा कि एलियटीय-विचार का तिरस्कार करते चलने के बावजूद (और उसके साथ-साथ) वे इस सिद्धांत की तात्विकता को जो अपनाते चले गए हैं, उसमें एलियट का प्रतिपादन उनका सहायक नहीं रहा है।

निष्कर्ष

एलियट और मुक्तिबोध के इस तुलनात्मक विवेचन के उपरांत हम कुछ निष्कर्ष निकाल सकते हैं। पहली बात यह है कि मुक्तिबोध मार्क्सवादी आलोचक थे और एलियट को यह आलोचना पद्धति उन्हें नागवार थी, इसलिए इस आधार पर दोनों की तुलना नहीं की जा सकती; लेकिन दूसरी और विशेष महत्त्वपूर्ण बात यह है कि मुक्तिबोध हिंदी-साहित्य जगत में मार्क्सवाद के तत्प्रचलित साहित्यिक-संस्करण से संतुष्ट नहीं थे। वे उसका भिन्न रूप अनुष्ठित करना चाहते थे। इस भिन्न के अनुष्ठान का एक पक्ष वह है, जिसमें वे मार्क्सवाद को साहित्य की प्रकृति के निकट लाने में प्रवृत्त देखे जा सकते हैं; तो दूसरा वह है जिसमें वे साहित्य की प्रकृति को पाने के प्रयत्न में मार्क्सवाद से दूर निकल गए हैं। अपने इसी रूप में वे एलियट के निकट आए देखे जा सकते हैं। कवि-आलोचक मुक्तिबोध पर विचार करते हुए हमें उनके इन सभी पक्षों का आकलन करना होगा।

अवश्य ही, उनके आलोचनात्मक-लेखन के एक भाग में प्रगतिवादी संकीर्णता और शीतयुद्धभावित विचारों की अभिव्यक्ति भी मिलती है, सौंदर्यवादियों पर उनके राजनीतिभावित-प्रहार भी इसी श्रेणी में रखे जाएँगे, और सम्यक् मूल्यांकन के लिए हमें

उनके इस पक्ष का भी आकलन करना होगा, लेकिन उनके आलोचनात्मक-प्रयत्नों पर वस्तुनिष्ठ विचार करने पर यही कहा जाएगा कि उनका मार्क्सवादी-विचारक प्रगतिवादी-दलदल में फँसा हुआ नहीं था, वह दलदल में फँसी हुई आलोचना को नया संस्कार देने में लगा हुआ था। उनका उस दलदल में उतरना, उनकी समकालीन विवशता थी।

वैसे, काव्य या कला से उनकी अपेक्षा यह थी कि वह हमारे 'वास्तविक जीवन-पथ में मूल्यवान होकर सहायक हो,' लेकिन भावोत्तेजित करने वाले साहित्य को 'श्रेष्ठ' मानने की उदारता भी उन्होंने दिखाई है।[174] श्रेष्ठतम चाहे उन्होंने भी उसे नहीं माना हो लेकिन कट्टरवादियों की तरह उन्होंने उसे रद्द भी नही किया है। एक जगह उन्होंने लिखा है कि 'जीवन के विविध अनुभवों के सामान्यीकरणों से उत्पन्न निष्कर्ष-रूप दीप्ति वही (काव्य) दे सकता है। कविता जीवन वहन की लालटेन हो सके, इसका हमें प्रयत्न करना होगा।'[175] संकीर्ण मार्क्सवादियों के यथार्थ के एक खास पक्ष के यथातथ्य चित्रण के आग्रह से तुलना करने पर 'सामान्यीकरणों से उत्पन्न' और 'निष्कर्ष रूप दीप्ति' जैसे पद हमारा ध्यान आकर्षित किए बिना नहीं रहते। ये पद साहित्य में सिद्धांतों के अनुपालन की मांग को बखूबी प्रतिबंधित करते हैं और कलात्मकता के लिए अवकाश प्रदान करते हैं। यदि कविता से लालटेन होने की उनकी माँग मार्क्सवादी है, तो 'प्रयत्न करना होगा' क्रियापद में उदारता भी विद्यमान है। एक अन्य स्थल पर उन्होंने लिखा है कि 'वैचारिक पक्ष अपनी पूरी वैचारिकता भले ही कलाकृति में उपस्थित न करे, वह स्वयं ओझल रह कर... नियमन-नियंत्रण अवश्य ही करता है।'[176] यह नियंत्रण उनकी आग्रहवादिता है, तो दूसरी ओर वैचारिकता को रचना में यथावत् उतरी हुई देखने का जो आग्रह छोड़ दिया गया है, और उससे भी बढ़कर, उसके ओझल रहने की जो अनुमति दी गई है, उसे उनके आग्रहों के संस्कार के प्रयत्नों के अंगभूत ही देखना चाहिए।

ये उपर्युक्त उद्धृत सारे अंश किसी योजना के तहत नहीं चुने गए हैं लेकिन रचना के विभिन्न उपादानों के संदर्भ में उनकी संस्कार-दृष्टि किस प्रकार फलित हो रही थी, यह यहाँ देखा जा सकता है। इसी दिशा में आगे बढ़ते हुए वे अपनी विचार-व्यवस्था के निरूपण तक गये हैं। वहाँ उन्होंने कहा है कि कवि को चाहिए कि बाहरी विचारों को वह अपने आचरण में इस प्रकार ढाल ले कि वह स्वयं उस दृष्टि तक पहुँचे, जिसका रूपायन उसे रचना में करना है। इस विधि से विचार-दृष्टि-भाव दृष्टि बन जाएगी और उस स्थिति में मार्क्सवादियों पर रचना में विचारों को आरोपित करने का आक्षेप नहीं लगाया जा सकेगा।

उन दिनों मार्क्सवाद के विरुद्ध प्रमुख आक्षेप यही था कि वह रचना में वादी-आग्रहों का सीधा समावेश चाहता है। मुक्तिबोध अपने अधिकांश लेखन में मार्क्सवाद को इस आक्षेप से मुक्त कराने की चिंता में रत देखे जा सकते हैं। उनके इसी चिंतन ने उन्हें

कलाभिमुख किया है। एक जगह उन्होंने लिखा है कि 'जहाँ हम प्राकृत नहीं हो पाते, तो वहाँ हमारे अपने लक्ष्य भी, उनके सही होने के बावजूद, ऊपर से थोपे हुए मालूम होते हैं।'[177] स्पष्ट है कि वे मार्क्सवाद को रचनात्मकता की धरा पर प्रकृत बनाने के चिंतन में डूबे हुए थे, और इसकी और कोई उपयुक्त राह न पाकर उन्होंने विचारों को आचरण में ढाल लिए जाने का प्रस्ताव किया। उनकी विचार-व्यवस्था में 'आभ्यंतरीकरण' इसी का नाम है। लेकिन उनका कवि-आलोचक इससे भी संतुष्ट नहीं हुआ।

वस्तुतः असंतोष उनमें प्रारंभ से ही पल रहा था। 'तार सप्तक' में अपने 'वक्तव्य' में उन्होंने लिखा है कि "यह स्वीकार करने में मुझे कोई संकोच नहीं कि मेरी हर विकास स्थिति में मुझे घोर असंतोष रहा, और है। मानसिक द्वंद्व मेरे व्यक्तित्व में बद्धमूल है। यह मैं निकटता से अनुभव करता आ रहा हूँ कि जिस भी क्षेत्र में मैं हूँ वह स्वयं अपूर्ण है और उसका ठीक-ठीक प्रकटीकरण भी नहीं हो रहा है। फलतः गुप्त अशांति मन के अंदर घर किए रहती है।" [178]

यह वक्तव्य, जैसा कि उन्होंने लिखा है, मार्क्सवाद की ओर उनके झुकाव के बाद का है, इसलिए इससे उनके विकास के बारे में विचार करने का प्रामाणिक आधार प्राप्त होता है। यहाँ यह अनुमान करना अनुचित नहीं होगा कि यह उनकी गुप्त अशांति ही थी जो उन्हें आग्रहों को शिथिल करने की दिशा में ले जाती रही है। और इसी से प्रेरित अपने चिंतन में वे अपनी विचार-व्यवस्था का निरूपण करने तक आए हैं। लेकिन उनका कवि-आलोचक इससे भी पूर्णतः संतुष्ट नहीं था। आगे चलकर, जब हम 'डायरी' में उनके असंतोष का और भी उद्विग्नकारी रूप देखते हैं, तब तो कोई संशय रह ही नहीं जाता कि मार्क्सवादी दाय में उन्होंने जो कुछ पाया था, वे उससे संतुष्ट नहीं थे। 'डायरी' में उन्होंने लिखा है कि "कभी-कभी ऐसा भी होता है, मन अपने को भूनकर खाता है। आज कई रोज़ से इसी तरह की बेचैनी दिल में घर किए रही। किसे कहें। क्या कहें। तबीयत होती है, बहुत-बहुत तबीयत होती है, कि ऐसा देशी-विदेशी साहित्य हाथ में आ जाय, जिसके द्वारा मेरी अपनी समस्याओं पर कुछ प्रकाश पड़े, कुछ राहत मिले, कोई मार्ग प्राप्त हो। ...बस, एक गुरु की एक मार्गदर्शी मित्र की, प्यार भरे सलाहकार की बड़ी जरूरत है, बहुत बड़ी। उससे बहस की जा सके, ऐसा अवसर हो।"[179]

जिस आलेख से यह अंश उद्धृत है, उसका रचनाकाल निश्चित नहीं है, लेकिन उनके स्वर से स्पष्ट है कि वे ऐसा मार्ग-दर्शन नहीं चाहते थे जो नकेल डालकर उन्हें हाँकता चला जाय; वे ऐसा मार्ग-दर्शन चाहते थे, जहाँ वे बहस कर सकें, अपनी बात कह सकें और प्रस्तावित बात में संशोधन कर सकें। कहने की आवश्यकता नहीं कि मार्क्सवाद उन्हें पूर्ण परितोष नहीं दे सका था। तलाश उसे क्यों होगी, जो संतुष्ट होगा। और फिर, मुक्तिबोध को तो तलाश गुरु की थी और कामना मार्ग-दर्शन की। निश्चय ही, साहित्य के क्षेत्र में मार्क्सवाद उनका एक हद तक ही मार्ग-दर्शन कर सका था।

उनकी यही तलाश उन्हें साहित्य की प्रकृति की पड़ताल में गहराई तक ले गई जहाँ उन्होंने रचना-सत्य का साक्षात्कार किया, और उसके बाद रचना के उन्मेष-धर्म को बल्कि उसके अवचेतनवादी-सिद्धांत को भी उन्होंने अकुंठित भाव से स्वीकार कर लिया।

उन्हें भय था कि उनके शिविर के लोग ही उन पर विरोधी शिविर में चले जाने का आक्षेप लगाएँगे । (यह वही शिविर है जिसके लिए अन्यत्र उन्होंने लिखा है कि मेरे ही शिविर में मेरी हत्या हो सकती है)। लेकिन ऐसे आक्षेपों की आशंका के बावजूद वे विचलित नहीं हुए। उनके द्वारा प्रतिपादित सृजन के लालटेन-रूपक की जब आलोचना स`जिन्होंने कहा, होंने निर्द्वंद्व होकर लिखा कि "इस उपमा को देखकर बहुतेरे लोग यह आरोप लगाएँगे कि यहाँ किसी अवचेतनवादी सिद्धांत का निरूपण हो रहा है। किंतु कोई भी रचनाकार यह जानता है कि रचना के बढ़ते जाने के मार्ग का नक्शा, रचना के पूर्व नहीं बनाया जा सकता...कि रचना-प्रक्रिया, वस्तुतः एक स्वायत्त प्रक्रिया है।"[180] इससे स्पष्ट है कि अपनी इस तलाश में चलते-चलते वे मार्क्सवाद से भिन्न पथ पर निकल गए। इसी क्रम में वे एलियट के निकट आए हैं। विस्मय नहीं होना चाहिए, यदि उन्हें इस तलाश में प्रवृत्त करने में उनके एलियट के अध्ययन ने ही प्रमुख भूमिका निभाई हो।

कविता की आलोचना करते हुए आलोचक को उसे उसके रचे जाने के कोण से देखना चाहिए, इसके लिए रचना-प्रक्रिया में आलोचक की सूक्ष्म-दृष्टि आवश्यक है, आदि बातें मुक्तिबोध ने बार-बार कही हैं। वस्तुतः ये बातें मुक्तिबोध की अपनी आवश्यकताएँ थीं, और ये बातें एलियट की साहित्यालोचना की प्रमुख बातों में से थीं क्योंकि उस युग में एलियट की चर्चा हिंदी-आलोचना में चल पड़ी थी, इसलिए मुक्तिबोध ने उसका अध्ययन किया हो और उसे थोड़ा या बहुत अपनी आवश्यकताओं की अनुरूपता में ठहरता देखकर वे उसकी ओर आकर्षित हुए हों, तो उसे अस्वाभाविक नहीं कहा जा सकता।

बहुत संभव है कि उन्होंने उसकी यत्र तत्र जो कटु आलोचना की है, उसका हेतु उनकी वर्गवादी संबद्धता भी रही हो; क्योंकि आखिर वह पूँजीवादी देश का कवि-आलोचक था!

मुक्तिबोध की कलाभिमुखता उनके अपने मनन-मंथन का परिणाम भी हो सकती है; वह किसी अन्य कलावादी साहित्य-चिंतक के प्रभाव का परिणाम भी हो सकती है, (इसके प्रमाण कभी मिलें या ढूँढ़ लिये जायें तो उन्हें स्वीकार करने में मुझे कोई संकोच नहीं होगा), लेकिन यहाँ जिन प्रसंगों का विवेचन किया गया है, उनमें एलियट से मिलने वाली मुक्तिबोध की समानता को देखकर, उन पर एलियट के प्रभाव की बात करना भी निरापद लगता है। सच तो यह है कि जिन प्रसंगों की चर्चा यहाँ की गई है, आधुनिक आलोचना-जगत् में उनके प्रवर्तन का श्रेय भी एलियट को ही है। ऐसी स्थिति में,

मुक्तिबोध पर एलियट के प्रभाव की बात करना दूर की कौड़ी लाना नहीं कहा जा सकता।

फिर, रचना-प्रक्रिया की स्वायत्तता और अंतर्जगत की स्वतंत्रता का विचार उनमें इतने स्थलों पर प्रतिपादित हुआ मिलता है कि इसे अनदेखा नहीं किया जा सकता। वस्तुतः यह विचार उनके चिंतन में एक अंतर्धारा के रूप में प्रवाहित हुआ है। ऐसी स्थिति में, इसकी अवहेलना करके मुक्तिबोध को सही संदर्भ में नहीं पाया जा सकता।

मुक्तिबोध में जहाँ-तहाँ कुछ और भी ऐसे विचार-कण मिलते हैं जो एलियट का स्मरण करा देते हैं; लेकिन उन सबको उनकी समग्र विचारणा से काटकर नहीं देखना आवश्यक है।[181] समग्रता को दृष्टिपथ में रखने पर, यह कहना भी आवश्यक हो जाता है कि उन पर एलियट के प्रभाव को उनका गंतव्य नहीं कहा जा सकता। इसका कारण यह है कि मार्क्सवाद का आग्रह भी उनमें आद्यंत बना रहा है। सच तो यह है कि एलियट के कुछेक प्रभावों को भी उन्होंने मार्क्सवादी-आलोचना की सेवा में नियोजित कर दिया था। निर्वैयक्तिकता के सिद्धांत और काव्य-निर्वाह के कलावादी विचार को उन्होंने जिस प्रकार संवेदनात्मक उद्देश्यों की पूर्ति का साधन बनाना चाहा है, उसमें यह बात भलीभाँति देखी जा सकती है।[182] उनके इस प्रकार के प्रयत्नों में भी हिंदी की मार्क्सवादी आलोचना एक नया संस्कार ग्रहण करती देखी जा सकती है। 'इस' ओर आलोचकों का ध्यान अभी गया नहीं है और इसीलिए, यह प्रश्न उठाया जाना भी शेष है (और इसे गौण नहीं समझना चाहिए) कि अपने इस प्रस्थान का, याने स्वीकृत गंतव्य के संदर्भ में इस प्रस्थान की संगति का महत्त्व कितना है। अस्तु।

कुल मिलाकर मुक्तिबोध की आलोचना के कई पहलू हैं। एलियट से उनकी निकटता उन्हीं में से एक है। है तो यह उनका एक पहलू ही लेकिन उनके कवि-आलोचक के समझते हुए इस पहलू की उपेक्षा करके हम उनको सही रूप में नहीं पा सकते।

× × ×

इस विवेचन से दो बातों का भ्रम हो सकता है, इसलिए उनका निराकरण किये बिना प्रसंग को समाप्त करना उचित नहीं होगा। पहली बात (जिसका भ्रम हो सकता है वह) यह है कि मुक्तिबोध ने एलियट का सम्यक् अध्ययन किया था। निश्चय ही, एलियट का कुछ अध्ययन मुक्तिबोध ने किया था; उसके बिना यह नहीं कहा जा सकता था कि उसकी आलोचना अनुभव-प्रसूत है; लेकिन यह अध्ययन सम्यक् नहीं था। उसके सृजन-प्रकिया और निर्वैयक्तिकता के सिद्धांत से वे परिचित थे, कवि के विकास के प्रसंग पर उसके विचारों से भी उनका परिचय था; संवेदनात्मक-विघटन के सिद्धांत की तात्त्विक बात, 'गुलाब की गंध की तरह विचारों के तत्क्षण संवेदन,' को तो उन्होंने एक प्रकार से आत्मसात कर लिया था, उनके 'ज्ञानात्मक-संवेदन और संवेदनात्मक-ज्ञान' पद पर उसका प्रभाव सहज ही देखा जा सकता है;[183] कुछ और स्फुट अध्ययन जैसे

दांते-विषयक उसके विचारों का अध्ययन भी उन्होंने किया हो सकता है, लेकिन कुल जमा यह अध्ययन था आंशिक ही। उसके परंपरा सिद्धांत, वस्तुनिष्ठ प्रतिरूपता के सिद्धांत, पद्य-नाटक विषयक उसके चिंतन आदि ने उनको आकर्षित नहीं किया। इस प्रकार, मुक्तिबोध ने एलियट को भली प्रकार से आयत्त नहीं किया था, जितना कुछ उन्हें हाथ लगा या उनकी रुचि हुई उतना उन्होंने उसे देख लिया और उससे सहमत-असहमत होते हुए अपने ढंग से उसे अपने चिंतन में निबद्ध कर लिया।

दूसरा भ्रम यह हो सकता है कि मुक्तिबोध एलियट की कोटि के आलोचक थे। यह बात भी ठीक नहीं है। वे मूलतः कवि-आलोचक थे। उनके चिंतन-मनन के संदर्भभूत उनकी अपनी कविता ही अधिक रही है। उसकी सीमाओं से बाहर जाकर साहित्य की विविध समस्याओं का खुला चिंतन वे कम ही कर पाए थे। एलियट भी था मूलतः कवि आलोचक ही, लेकिन उसकी आलोचनाओं से संपर्क के बाद कहना पड़ता है कि वह अपनी कविता के दायरे से बाहर निकल आया था और उसने कविता-मात्र की प्रकृति का, और उससे जुड़े हुए प्रश्नों का अत्यंत पैना और गहरा विश्लेषण किया था। ये सवाल उससे पहले अंग्रेजी बल्कि अन्य भाषाओं के साहित्य में भी इतने प्रखर रूप में नहीं उठाये गए थे। उसके विश्लेषणों ने अंग्रेजी भाषा ही नहीं, अन्य भाषाओं के आलोचकों को भी प्रभावित किया, इसीलिए विश्व के आलोचना-जगत में उसे विशेष प्रतिष्ठा प्राप्त हुई। मुक्तिबोध के लिए क्योंकि अपनी वादी-सीमाओं से बाहर निकलना एक हद तक ही संभव हुआ, इसलिए वे हिंदी की मार्क्सवादी-आलोचना को नया-संस्कार देकर ही रह गए। वे एलियट के संपर्क में नहीं भी आए होते, तब भी मार्क्सवादी-आलोचना का संस्कार तो वे करते ही, लेकिन एलियट के संपर्क ने कविता रचे जाने की प्रक्रिया में उनकी रुचि को गहराया और इस क्षेत्र में उसके प्रयाण ने साहित्य की प्रकृति का मर्म उनके सामने खोलकर इस प्रकार रख दिया कि वे हिंदी की मार्क्सवादी-आलोचना में भी उसका समावेश आवश्यक समझने लगे।

साहित्य के मर्म को पाने के उद्योग में ही वे मार्क्सवाद से भिन्न पथ पर चले गए हैं। उनके इस प्रयाण का साहित्यालोचनात्मक महत्त्व असंदिग्ध है लेकिन अपने आप में यह प्रयत्न इतना विराट नहीं है कि उन्हें एलियट के धरातल तक ले जा सके। साहित्य-चिंतन में प्रवृत्त होते हुए उन्होंने कुछ ही प्रश्न उठाये थे। उनका सारा विस्तार इन कुछ ही प्रश्नों को बार-बार चिंतन का विषय बनाने की वज़ह से ही है। अपनी इन सीमाओं के कारण ही वे सीमित महत्त्व के कवि-आलोचक ही थे।

संदर्भ

1. मुक्तिबोध रचनावली, खंड 5, पृष्ठ 72 (5/72)
   मुक्तिबोध ने एलियट की आलोचना को जो 'वास्तविक अनुभवों का निष्कर्ष' कहा है, उसकी प्रामाणिकता यह भी है कि जहाँ आवश्यक हुआ है, एलियट ने अपने अनुभवों

के आलोक में अपने सिद्धांतों में निस्संकोच संशोधन किया है। उसका मनोनीत सिद्धांत निर्वैयक्तिकता का सिद्धांत था। इसका प्रतिपादन उसने सृजन और आलोचना दोनों क्षेत्रों में किया था लेकिन कालांतर में अपने अनुभवों के आलोक में उसने दोनों में ही संशोधन किया। यह नहीं समझना चाहिए कि उसने तीखी आलोचनाओं से घबराकर संशोधन किया। यदि ऐसा होता तो ईसाइयत, जनतंत्र आदि कई एक मुद्दों पर, जिन्हें लेकर उस पर हुए प्रहार ज़्यादा घातक थे, वह अपने विचार बदल सकता था। लेकिन आलोचकों की मार से वह कभी विचलित नहीं हुआ।

2. एलियट : सैक्रेड वुड, पृष्ठ 19
3. एलियट : द यूज़ ऑव् पोइट्री एंड द यूज़ ऑव् क्रिटिसिज़्म, पृष्ठ 108; द्रष्टव्य : सैकेंड वुड.
4. 5/221 :

   टिप्पणी : आलोचना के क्षेत्र में शुक्लजी की स्थिति मैथ्यू आर्नाल्ड से ही अधिक तुलनीय जान पड़ती है। 'आचार्य शुक्ल और एलियट,' (मधुमती, जनवरी' 85) पर विचार करते हुए मैंने दिखाया है कि कुछेक समानताएँ चाहे दोनों में मिलें, शुक्लजी की आलोचना-दृष्टि एलियट से तत्त्वतः भिन्न थी।
5. 5/221
6. 5/364

   द्रष्टव्य (1) 'साहित्य की रचनात्मक प्रक्रियाओं में उन्होंने कोई दिलचस्पी नहीं ली।' 5/136

   (2) 'यह नहीं मालूम होता कि प्रगतिवादी समीक्षक साहित्य-रचना की वास्तविक प्रक्रिया को समझ रहा हो।' 5/148
7. 5/81
8. 5/249

   तुलनीय (1) एलियट : ऑन पोइट्री एडं पोएट्स, पृष्ठ 26

   (2) अज्ञेय : भवन्ती 'आलोचना मैंने की है, पर अपने कवि रूप की रक्षा के लिए।' पृष्ठ 48

   मुक्तिबोध ने सृजन-प्रक्रिया में आलोचक की रुचि और पैठ की जो बार-बार माँग की है, उसे हम उनका आलोचकों को अपनी कविता में पैठ का सूत्र देना भी कह सकते हैं। यदि यह सही है तो इससे भी एलियट के इस विचार की पुष्टि होती है कि कवि-आलोचक की आलोचना उसकी अपनी काव्य-प्रकृति के रक्षण और पोषण की आवश्यकता से निरूपित होती है।

   (इसकी पुष्टि के लिए द्रष्टव्य : टिप्पणी 18)।
9. 5/107
10. 5/129 'किसी जमाने में प्रयोगवादी कविता प्रगतिवाद के अधिक निकट थी। किंतु प्रगतिवादियों ने उसकी खूब उपेक्षा की।'
11. प्रगतिवादी तत्त्वों की यह उपेक्षा वस्तुतः मुक्तिबोध की उपेक्षा थी और अपनी उपेक्षा का

दर्द उनकी टिप्पणियों में व्यंजित हुआ है–

(1) नई कविता की 'एक भावधारा में प्रगतिशील तत्त्व पर्याप्त हैं। उनकी समीक्षा होना बहुत-बहुत आवश्यक है।' (5/98), यह कहते हुए मुक्तिबोध एक प्रकार से अपनी कविता के मूल्यांकन की आवश्यकता पर ही बल दे रहे थे।

(2) 'यदि प्रगतिवादी महोदय वास्तविक कला-समीक्षा के कार्य में तत्पर होते तो उन्हें प्रयोगवाद में, नयी कविता में, स्वस्थ प्रगतिकांक्षी मानवीय तत्त्व और कलात्मक सौंदर्य का उद्भास अवश्य मिलता।' 5/136

(3) 'प्रारंभिक उत्थानकालीन प्रयोगवादी कविता में, यदि हम समग्र रूप में देखें तो, हमें मार्क्सवाद की छाया मिल जाएगी।' 5/158-59

(4) जब वे लिखते हैं कि 'उन्होंने तो एक काव्य-प्रणाली ही को, उसके अंतर्गत किसी विशेष प्रवृत्ति को नहीं, पूर्णतः विकृत और प्रतिक्रियावादी घोषित किया' (15/148), तब भी हम उनकी व्यंजना को बखूबी समझ सकते हैं। उनका आशय यह है कि उस प्रणाली में एक वर्ग प्रतिक्रियावादियों का रहा हो सकता है लेकिन यदि वे देख पाते तो कम-से-कम कुछ कवियों में (मुक्तिबोध आदि में) तो प्रगतिवादी तत्त्व विद्यमान थे। लेकिन उनके लिए तो सारा धान बाईस पसेरी रहा।

मुक्तिबोध का दर्द यही है।

(5) अपनों के बीच इस उपेक्षा से वे कितने पीड़ित थे, इसका अनुमान इस कथन से भी किया जा सकता है "मेरी जैसी अन्तरात्मा वाले लोग मुझे धिक्कार भी सकते हैं। मेरे ही शिविर में मेरी हत्या हो सकती है, वास्तविक तिरस्कार हो सकता है, हुआ है, होता रहा है, होता रहेगा संभवतः।" 5/254

स्मरणीय है कि कवि को उसकी कटु आलोचना करके ही नहीं उसकी उपेक्षा करके भी मारा जाता है।

(6) मुक्तिबोध का दर्द यह भी था कि "निराला की सघन बिंब व्यवस्था और महादेवी की सघन प्रतीक-व्यवस्था उन्हें समझ में आ सकती थी, किंतु नयी कविता की नहीं।" 5/131

12. 'नए प्रयोगवादी काव्य के प्रति उनका यह शत्रुत्व भाव चिरस्मरणीय रहेगा।' 5/157
उपर्युक्त टिप्पणी 11 के संदर्भ में यह कहने में कोई कठिनाई नहीं होती कि यह 'शत्रुत्व' भाव उनका अनुभूत था।

13. 5/142
द्रष्टव्य : यहाँ भी मुक्तिबोध का विचार है कि प्रगतिवादी-समीक्षकों ने नई काव्य-शैली का विरोध करके एक प्रकार से 'यह पूरा क्षेत्र अपने प्रतिपक्षियों को समर्पित कर दिया है।' 5/126

14. 5/147

15. 5/361

16. 4/103

17. 5/253-254

18. ''मैं चुपचाप अपनी कविता का विकास करता रहा। विशेष प्रोत्साहन भी नहीं था।'' 5/108। वे विशेष रूप से समीक्षकों से प्रोत्साहन चाहते थे। अवश्य ही, उन्होंने समीक्षक को आवश्यकता पड़ने पर अतिशय कठोर होने की छूट दी है, लेकिन समीक्षा को उन्होंने जो 'प्रेम-दर्शन' (5/150) संज्ञा दी है, उससे समीक्षकों से उनकी अपेक्षाओं का अनुमान किया जा सकता है। प्रगतिवादियों के उपेक्षापूर्ण रवैये से उनको जो धक्का लगा था, समीक्षकों से अपनी अपेक्षाओं में वे उस अभाव की पूर्ति पाना चाहते थे। समीक्षक लेखक का शत्रु नहीं, मित्र और भ्राता हो (5/370), आत्मीय बंधु हो (5/136), साहित्य-रचना की वास्तविक प्रक्रिया को और लेखक की कठिनाइयों को समझने की कोशिश कर रहा हो (5/148) और उसकी समीक्षा लेखक को प्रभावित, प्रोत्साहित और प्रेरित करने वाली हो (5/358) आदि-आदि कामनाओं से इस बात की भलीभाँति पुष्टि होती है।

प्रगतिवादी समीक्षकों को विशेष रूप से संबोधित करते हुए उन्होंने लिखा है कि ''ऐसे लेखक को जो आपसे भिन्न मत रख सकता है, फिर भी जो अभी विकासमान है, जिसमें अभी ज्वलंत स्फुलिंग है, जो आपके विपक्षियों के घोषित दल का सिपहसालार नहीं है, जो अभी बन रहा है, प्रसिद्ध हो चुका है, किंतु अपनी विकास-यात्रा के दीर्घ पक्ष को जिसे अभी पार करना है, ऐसे लेखक को यदि समीक्षक अपना, अपने आक्रमणों का, लक्ष्य बनाता है, तो भले ही उसके आक्रमण सफल हों, वह समीक्षक अपने लक्ष्य से च्युत हो गया, यह संदेह के परे है।" (5/137) कहना कठिन है कि यहाँ भी मुक्तिबोध का अपना ही दर्द व्यंजित नहीं हो रहा है; और यहाँ भी कवि-आलोचक की आलोचना उसकी अपनी काव्य-प्रकृति की आवश्यकताओं की अनुरूपता की दिशा में नहीं जा रही है। (द्रष्टव्य : टिप्पणी 8)

19. 4/74

20. 5/472

21. द्रष्टव्य : एलियट के पत्र

22. 5/108 ''यह कहना गलत है कि मेरी कविताएँ लोगों को समझ में नहीं आती"

23. 5/270 ''अपने काव्य की अस्पष्टता पर मेरी दृष्टि गई।" यह कथन उनके विकास-क्रम की एक अवस्था पर उनकी टिप्पणी है, लेकिन मुक्तिबोध का पाठक जानता है कि अस्पष्टता बल्कि दुर्बोधता उनमें आद्यंत मिलती है।

संयोगवश, दुर्बोध्यता विषयक दोनों के विचारों में भी समानता मिलती है। एलियट ने लिखा है कि दुर्बोध्यता का बेहूदा रूप वह होता है जिसमें कवि अपनी बात अपने तईं ही स्पष्ट न कर पाया हो(ऑन पोइट्री, पृष्ठ 99) मुक्तिबोध के लिए कवि कर्म के पेचीदा, रूखा या श्रम साध्य होने का कारण है, कवि का 'अपने ही भीतर के भाव-सत्यों को पूर्णतः साक्षात्कृत न कर पाना।' (5/164)

24. 5/325

25. 5/107

26. 5/214 व 5/316

27. 5/366 मनुष्य को असीम शक्ति और महान् संभावनाओं का स्रोत मानते हुए मुक्तिबोध रूसो की रोमांटिक धारणाओं के निकट चले गए हैं। हजारीप्रसाद द्विवेदी के मानववाद पर भी रूसो की रोमांटिक धारणा का प्रभाव आया है।
28. 5/271
29. द यूज़, पृष्ठ 148
30. वही, पृष्ठ 144
31. एलियट : ऑन पोइट्री एडं पोएट्स, पृष्ठ 116
32. 5/116, 213, 216
33. 4/129-130
34. 5/160 आभ्यंतरीकरण, मनोभूमिका से भिन्न व्यापार है। वह वस्तुतः चेतना के जिस तल का व्यापार है उसे मुक्तिबोध ने 'जाग्रत अंतर चेतना' (5/226) कहा है। मनोभूमिका का कार्य सजगतः ही नहीं होता, स्वतः भी होता चलता है, एलियट के संचयन व्यापार की तरह।
35. 5/239

    द्रष्टव्य : (1) कवि के युद्ध के मोर्चे पर काम करने, रोटी पकाने या भाषण देने संबंधी अनुभवों के संदर्भ में मुक्तिबोध ने लिखा है कि 'ये विविध अनुभव सब कलात्मक चेतना के विस्तार के कारक होते हैं, बशर्ते कि कलाकार में कलाकार का व्यक्तित्व हो।' (5/263)

    (2) 5/207 व 208
36. सिलेक्टेड ऐसेज़, पृष्ठ 287

    तुलनीय : मुक्तिबोध ने भी 'विभिन्न और अनुकूल-विपरीत तत्त्व' 5/360 की बात की है लेकिन वे इसके प्रति उसी प्रकार से सजग नहीं जान पड़ते, जिस प्रकार से एलियट जान पड़ता है। द्रष्टय : प्रस्तुत विवेचन : पृष्ठ 101.
37. 4/131

    द्रष्टव्य : ज्ञानात्मक आधार कमजोर तब होता है, जबकि कवि, समाज को प्राप्त अद्यतन ज्ञान की उपेक्षा कर अद्यतन ज्ञान द्वारा संप्रति भावनाओं से दूर हटकर, केवल अपने ऐकान्तिक निविड़ लोक में ही विचरण करता है। 4/128

    तुलनीय : एलियट ने वर्ड्सवर्थ आदि रोमांटिक कवियों के संदर्भ में प्रतिभा से भावना उपजा लेने वाले कवियों की रिचर्ड्स द्वारा की गई आलोचना को सर्वथा सटीक कहा है। रिचर्ड्स ने यह बात लॉरेंस के संदर्भ में कही है। द यूज़, पृष्ठ 99
38. एलियट द्वारा प्रस्तावित ज्ञानार्जन की रूपरेखा के लिए उसका 'क्लासिक्स एंड द मैन ऑव् लैटर्स' निबंध पठनीय। 'परंपरा' निबंध भी इसी संदर्भ में पठनीय।
39. 4/131

    द्रष्टव्य : 'ज्ञान का अर्थ केवल वैज्ञानिक उपलब्धियों का बोध ही नहीं है, वरन् समाज की उत्थानशील तथा ह्रासोन्मुख शक्तियों का बोध भी है।' 4/128
40. वही।

41. 5/236-237

42. सिलेक्टेड ऐसेज़, पृष्ठ 19

43. वही, पृष्ठ 287

44. एक जगह मुक्तिबोध में एलियट के 'परंपरा' निबंध के मूल-भाव की सांकेतिक अभिव्यक्ति मिलती है। उन्होंने लिखा है कि 'एक बार अज्ञात के हिस्सों को ज्ञात बना लेने पर पहले का ज्ञात भी कुछ नया रूप धारण करेगा। उसको यह नया रूप धारण करने दो, उसकी इस क्रिया में बाधा मत डालो।' 4/84 परंपरा-सिद्धांत से परिचित व्यक्ति के लिए इस कथन में उसकी पदचाप सुन लेना कठिन नहीं है।

एक अन्य स्थल पर भी मुक्तिबोध के कथन की पीठिका में एलियटीय-परंपरा का विचार स्पंदन सुना जा सकता है। उनका कथन है कि 'कलात्मक सौंदर्य के मान, एक विशेष मर्यादा के अंतर्गत, कलाकृति के भीतर ही हैं। किंतु सौंदर्य का यह अंतरोद्भूत, अंतर्ज़नित निकष, निश्चित, नियमित और नियंत्रित होता है सौंदर्यमानों की उस सांस्कृतिक परंपरा से, जो पूर्वापर रूप से निरंतर संशोधित, संस्कार-निर्मल होती आई है, और जो वर्तमान अवस्था में भी युगीन परिस्थितियों और आवश्यकताओं तथा उत्तरोत्तर प्रभावों से संशोधित-संपादित होती चलती है; सौंदर्य मानों की उस संस्कृति परंपरा से...जिसमें कलात्मक अभिरुचि सांस्कृतिक, कलात्मक आदर्श, कला-संबंधी चिंतन भी समाविष्ट होता है।' 5/151 स्पष्टतः इसमें एलियट के परंपरा-विचार के तुल्य विचार ही स्पंदित हो रहा है।

लेकिन देखने की बात यह भी है कि इसके अतिरिक्त परंपरा सिद्धांत का कोई विचार मुक्तिबोध में नहीं मिलता। इसलिए प्रभाव के विचार में इसे केवल सीमित महत्त्व ही दिया जा सकता है। इस प्रकार, सिद्धांतों का जहाँ तक प्रश्न है, मुक्तिबोध की दृष्टि उन्हें 'नहीं अपनाने' की रही है। अवश्य ही, निर्वैयक्तिकता के सिद्धांत को इसका अपवाद मानना होगा। उसके प्रभाव को अंत में जाकर उन्होंने बदल लिया है अन्यथा उसका प्रभाव उतना ही प्रभूत है, जितना सृजन-प्रक्रिया के विवेचन का।

45. 4/78; 5/225; 5/234

46. 5/102

47. 4/97

48. 4/98

49. द यूज़, पृष्ठ 55-57

50. ऑन पोइट्री, पृष्ठ 98

51. 5/218

द्रष्टव्य : इससे आगे एक और सोपान की चर्चा की जा सकती है। एलियट ने लिखा है कि 'रचना को संपूर्ण हुई समझने से पहले कवि उसे अपने कुछ मित्रों के सामने आलोचनार्थ (या सुझाव या विचार जानने के हेतु से) रखना चाहेगा। जो शब्द या पद वह स्वयं नहीं पा सका है, उसे सुझाने में वे उसकी सहायता कर सकते हैं। उनकी बड़ी सहायता तो यही होगी कि 'यह नहीं चलेगा' कहकर वे उस संशय को पुष्ट कर दें जिसे

कवि अपने अवचेतन से दुराता रहा है।'

ऑन पोइट्री, पृष्ठ 99

इसकी भी तुलनीय स्थिति मुक्तिबोध में मिलती है। उन्होंने लिखा है कि तीसरा क्षण समाप्त होने के बाद 'केवल इधर-उधर कुछ शब्दों या स्वरों के फेरफार के, अर्थात् रिंटचिंग के कुछ बाकी नहीं रह जाता।' 5/94 वैसे, जहाँ उन्होंने लिखा है कि ''जब उसकी शब्दाभिव्यक्ति उसी के लिए रमणीय हो जाती है, तब वह संतुष्ट हो जाता है'', वहाँ भी उन्होंने जोड़ा है कि 'भले ही आगे चलकर वह उसमें' नवीन प्राप्त सूक्ष्म दृष्टि के अनुसार फिर से संशोधन करे।' 5/218

लेकिन यह कहना कठिन है कि इसे सोपान की संज्ञा देना उचित है।

52. द यूज़, पृष्ठ 55-56
53. ऑन पोइट्री, पृष्ठ 97
54. 4/100
55. सिलेक्टेड ऐसेज़, पृष्ठ 17
56. द यूज़, पृष्ठ 138
    द्रष्टव्य : पृष्ठ 30
57. 4/97
58. द यूज़, पृष्ठ 126
59. वही।
60. सिलेक्टेड ऐसेज़, पृष्ठ 18-19
61. द यूज़, पृष्ठ 138
62. ऑन पोइट्री, पृष्ठ 112
63. 5/210
64. 4/106
65. 4/129-130
66. 5/116
67. कवि के अंतर्जगत की स्वतंत्रता की स्वीकृति हमें मुक्तिबोध में कई एक स्थलों पर मिलती है। कुछ उदाहरण द्रष्टव्य हैं :

    (1) 'बाह्य जीवन-जगत् के रूप-स्वरूप और गति-प्रगति के जो अपने नियम हैं, वे इस पुनर्रचित जीवन के नहीं।... पुनर्रचित जीवन-लोक की अपनी ऑटोनॉमी है, उसका अपना एक स्वायत्त-तंत्र है।' 5/233-234

    (2) 'साहित्य के बाहरी रूप-विधान (छंद इत्यादि) से पृथक् कला के भीतरी अपने नियम होते हैं। ये गतिमान प्रक्रियात्मक नियम, वस्तुतः साहित्य-सृजन की मूल मनोवैज्ञानिक प्रक्रियाएँ हैं।' 5/52

    (3) 'कला एक आत्मपरक प्रयास है, भले ही वह यथार्थवादी उपन्यास रचना क्यों न हो। यहीं से कला का स्वायत्त तंत्र स्थापित हो जाता है, और उसके स्वतंत्र नियम कार्यशील होने लगते हैं।' 5/150

(4) 'कला, चाहे वह यथार्थवादी कला ही क्यों न हो, एक आत्मपरक प्रयास है वह उसकी विशेषता है, बहुत बड़ी विशेषता।' 5/360

68. 5/351

69. 5/352

70. 5/352

द्रष्टव्य : 'मनोजगत् बन जाने पर भी यह आवश्यक नहीं है कि वह कला रूप धारण करे।' 5/150

तुलनीय : मुक्तिबोध के इस विचार से उनका निम्नांकित विचार तुलनीय है–"यह निश्चित है कि लेखक के व्यक्तित्व का एक पक्ष वैचारिक है, और यह वैचारिक पक्ष अपनी पूरी वैचारिकता भले ही कलाकृति में उपस्थित न करे, वह स्वयं ओझल रहकर, किंतु एक शक्ति के रूप में, उसके उस संवेदनात्मक-अनुभवात्मक पक्ष का, जो कि कलाकृति में उपस्थित होता है, नियमन-नियंत्रण अवश्य ही करता है।" 5/357

यह मुक्तिबोध का आग्रह पक्ष है । उनके आग्रह-पक्ष और अनायास-पक्ष में जो सतत संघर्ष रहा है, उनके प्रक्रिया-विवेचन में उसे उसके प्रखर रूप में देखा जा सकता है। वह आग्रह पक्ष जो अंतर्तत्त्वों का संस्कार करता है, सामान्यतः रचना में आ सकता है, आता भी है; इसका निषेध उपर्युक्त उद्धरणों में भी नहीं है; लेकिन रेखांकित करने की बात यह है कि वह पक्ष रचना में आए ही, यह आवश्यक नहीं है (5/352; 150), ऐसा कहकर मुक्तिबोध ने रचना की स्वायत्तता को विशेष महत्त्व दिया है।

71. ऑन पोइट्री, पृष्ठ 97-98 (कोष्ठक में टिप्पणी मेरी ओर से है)।

72. वही, पृष्ठ 98 (कोष्ठक में टिप्पणी मेरी ओर से है)।

73. 5/213

74. वही।

75. द यूज़, पृष्ठ 144

76. 5/214

77. 5/244-245

78. 5/116

79. 5/104; 105

80. 5/103

81. 5/221

82. 5/351

83. 5/203

84. वही।

85. 5/352; 5/150

86. 5/205

द्रष्टव्य : 'सौंदर्यानुभूति और वास्तविक जीवन-अनुभूति में गुणात्मक अंतर होता है।' 5/263

'सृजन प्रक्रिया में... सौंदर्यानुभूति अनिवार्यतः और निरंतर रहती है, यह मान्यता निराधार है।' 5/163, 164, 263,

87. 5/109 ॥5/111, 122॥
88. 5/248 द्रष्टव्य : 5/244-248
89. 5/355
90. 5/356
91. 5/179
92. 5/142, 147
93. 5/108
94. 5/214
95. 5/214
96. 5/360
97. सिलेक्टेड ऐसेज़, पृष्ठ 21
98. 5/167
99. 5/228
    तुलनीय : एक अन्य जगह मुक्तिबोध ने यह स्वीकार नहीं किया है कि मूल्यवान होने पर नवीन भावनाओं को अपना लिया जाता है। 5/238 यह अंश भी काव्य-निर्वाह की धारणा की भाँति भावों में संगति पर बल देता है लेकिन यह संगति भी सौंदर्यवादी संगति से भिन्न चीज है क्योंकि इसमें भी भाव संवेदनात्मक उद्देश्यों से निर्दिष्ट होते हैं। द्रष्टव्य : टिप्पणी 102, 5/360 व 361
100. 5/229
101. 5/360 व 361
102. द्रष्टव्य : (1) 'संवेदनात्मक उद्देश्यों की तीव्रता के अभाव में अर्थात् प्रेरणा के अभाव में उसकी रचना बहुत आगे बढ़ नहीं पाती।' इस कथन से जान पड़ता है कि संवेदनात्मक उद्देश्य प्रेरणा का दूसरा नाम है। 5/229
    (2) 'सब कुछ कलाकार की उन आंतरिक व्याकुलताओं पर निर्भर है जिन्हें मैंने पहले संवेदनात्मक उद्देश्य कहा।' 5/352 यहाँ ये उद्देश्य कवि के अंतर्मन की व्याकुलता के पर्याय हैं।
    लेकिन उनकी जिस विचार-व्यवस्था के ये अंग हैं, उस व्यवस्था में इनकी उत्पत्ति वर्गजनित कही गई है।
103. 5/228
104. एलियट : टू क्रिटिसाइज़ द क्रिटिक, पृष्ठ 177-178
105. द्रष्टव्य : 5/164
106. 5/348
    द्रष्टव्य : 5/163
107. वही।

108. 5/163

द्रष्टव्य : 5/179, 258, 260, 348

109. 5/211

110. पच्चीसवें वर्ष का महत्त्व मुक्तिबोध ने भी स्वीकार किया है लेकिन एक सर्वथा भिन्न हेतु से। एलियट के निकट रचनात्मक प्रौढ़ता पच्चीसवें वर्ष के बाद प्रारंभ होती है जबकि मुक्तिबोध के लिए पच्चीस वर्ष तक का समय निर्माणशील कार्यों के लिए अधिक उपयुक्त है। उन्होंने बड़े दर्द के साथ लिखा है कि 'पच्चीस साल तक के यौवन में, जब व्यक्ति की मानसिक शक्ति निर्माणशील प्रयत्नों में लगनी चाहिए, वह कैसे बेहूदा युद्ध में व्यय हो जाती है।' (4/74) दोनों में एक अंतर यह भी है कि जीवन-संघर्ष को कहीं-कहीं मुक्तिबोध ने तिरस्कार भाव से भी देखा है जबकि नीरस कार्यों में पिसते हुए भी एलियट का विचार यही था कि आजीविका का साधन साहित्य से कोई भिन्न क्षेत्र ही होना चाहिए। वही रचनाशीलता के लिए उपयुक्त होता है क्योंकि उससे जीवन में अनुभव संपन्नता आती है। यही कारण है कि उसमें अपने संघर्ष के प्रति कोई तिरस्कार भाव नहीं मिलता।

111. 5/211-212

112. 5/354

113. 5/213

114. 5/260 यहाँ दोनों में अंतर यह है कि आगे बढ़ने के लिए मुक्तिबोध ने उन विषयों का चयन आवश्यक ठहराया है, जिन्हें देश-समाज और साहित्यिक वातावरण में महत्त्व प्राप्त हो चुका हो। (द्रष्टव्य : 5/354;105) मुक्तिबोध प्रकारांतर से मार्क्सवादी विषयों का चयन ही चाह रहे थे। एलियट ने ऐसा कोई बंधन नहीं लगाया है।

115. 5/349

116. सिलेक्टेड ऐसेज़, पृष्ठ 20

117. 5/238 प्रसंगवश यहाँ मुक्तिबोध में एक असंगति लक्ष्य की जा सकती है : एक जगह वे लिखते हैं : "शब्द साधना के समय नवीन भावात्मक अनुषंग, नवीन अनुभव उपस्थित होते हैं। वे मूल्यवान होने पर उन्हें जाने-अनजाने आत्मसात् कर लिया जाता है।" 5/228

एक अन्य स्थल पर वे लिखते हैं "कवि हृदय में उमड़ते भावों में संगति उपस्थित करना चाहता है। अनेकानेक ऐसे भाव भी उत्पन्न होते हैं जो मूलभाव से संबद्ध होते हुए भी, अत्यंत सौंदर्य-संपन्न होते हुए भी, की गई रचना के भीतर जो संगति स्थापित हो चुकी है, उसमें जम नहीं पाते और अवांतर प्रतीत होते हैं। किंतु यदि उन्हें महत्त्वपूर्ण जानकर ठूँस-ठाँस की जाय, तो दूसरे प्रकार की संगति के लिए प्रयत्न करना होगा क्योंकि ठूँस-ठाँस से पहले प्रकार की संगति तो टूट-फूट चुकी है।" 5/238

टिप्पणी : एक में नवीन अनुभवों के मूल्यवान होने पर उन्हें जाने-अनजाने आत्मसात कर लिया जाता है, दूसरे में उनके महत्त्वपूर्ण होने पर भी उन्हें ग्रहण किए जाने से संगति में टूट-फूट की आशंका हो आती है।

निवारण इसका उन्होंने यह सुझाया है कि 'दूसरे प्रकार की संगति' की रचना करनी होगी। यह स्थिति अन्ततः कलात्मकता के साथ समझौते की राह ही है।

118. द्रष्टव्य : जो बात विचारों के लिए कही गई है, कुछ अंतर के साथ वही बात भावों के लिए भी कही गई है (5/228)। टिप्पणी सं. 117 द्रष्टव्य

119. 5/352

120. 5/263

121. 5/105, 355, 357

122. 5/105

123. 5/354

124. 5/349

125. 5/159

126. वही।

127. 5/176

128. 5/144

129. 5/251; 252

द्रष्टव्य : सौंदर्यवाद को उन्होंने प्रतिक्रियावादी सिद्धांत कहा है और सौंदर्यवादियों पर 'विलायती संस्कारों से युक्त सौंदर्याभिरुचि के चक्कर में' होने का आक्षेप लगाया है। 5/194 अन्यत्र उन्होंने उनको साहसहीन और अवसरवादी 5/200, डलेसवादी 5/331; और सत्ता समर्थक और जन-विरोधी 5/401 तक कहा है।

130. 5/401

द्रष्टव्य : 5/191-192, 5/214-215

131. 5/112, 124

132. 5/204

द्रष्टव्य : 5/331-332; 334

यह कहा जा सकता है कि मुक्तिबोध ने केवल सौंदर्यवादियों पर ही प्रहार नहीं किए हैं, उन्होंने छद्म प्रगतिवादियों पर भी प्रहार किए हैं, और उनके दोमुंहेपन को निर्ममता से बेनकाब किया है। लेकिन छद्म प्रगतिवादियों पर प्रहार करने से ही राजनीति में प्रयाण का औचित्य सिद्ध नहीं होता; (इस अनुमान के भी कारण हैं कि प्रगतिवादियों पर प्रहार करके उन्होंने उनके द्वारा की गई अपनी (मुक्तिबोध की) उपेक्षा का प्रतिशोध लिया हो) लेकिन अपने विरोधी-प्रगतिवादियों पर प्रहार करने के बावजूद, उन्होंने सौंदर्यवादियों के बरक्स उनका बचाव ही किया है। इसी को कहते हैं, ब्लढ दज थिकर दैन वाटर।

133. 5/331, 204

134. 5/333

135. 5/365

136. 5/366

137. 5/204;333

द्रष्टव्य : कुछ स्थलों पर तो मुक्तिबोध ने सौंदर्यवाद को एक राजनीतिक षड्यंत्र के रूप में देखा है। एक जगह उन्होंने लिखा है कि इस सारी भावधारा का उद्देश्य यह है कि 'लेखक को हर तरह से उन वात्याचक्रों से दूर रखा जाय, जो शहरों की गलियों और सड़कों में राजनीतिक और सामाजिक विक्षोभ बनकर प्रकट होते हैं।.... जनता से लेखक के अलग असम्पृक्त और दूर रहने की स्थिति में ही उसे (लेखक को) पश्चिमी जगत् की मुँडेरों पर से बहती आने वाली हवाओं में से अच्छा-अच्छा 'आक्सीजन' निकालकर दिया जा सकता है। 5/178

138. 5/334

द्रष्टव्य : संदर्भित अंश इस प्रकार है : "यह एक स्पष्ट तथ्य है कि हमारे अधिकांश कवि इस राजनीति के चक्कर में नहीं हैं। मेरा उद्देश्य तो केवल यही दरशाना था कि किस प्रकार एक कला सिद्धांत के साथ एक समाजनीति और राजनीति लगी हुई है। किंतु, आज की दृष्टि से सर्वाधिक महत्त्वपूर्ण तथ्य यह है कि, यद्यपि इस राजनीतिक विचारधारा का कोई विशेष प्रभाव हम पर नहीं है, फिर भी काव्य-सौंदर्य-संबंधी बहुत-सी धारणाओं का हम पर अवश्य प्रभाव है।" 5/334

यहाँ संदर्भित राजनीति पूँजीवाद है और काव्य-सौंदर्य संबंधी धारणाएँ उसी की सृष्टि कही गई हैं। यदि इस बात को स्वीकार कर लिया जाय तो प्रश्न उठता है कि फिर स्वयं मार्क्सवादी आलोचना सौंदर्यवाद की ओर क्यों झुकती चली गई है।

139. 5/261

द्रष्टव्य : 5/263

"सौंदर्यानुभूति और जीवनानुभूति और जीवनानुभव दोनों की दो विभिन्न कक्षाओं पर पृथक समानांतर गति नहीं होती है।" 5/205

140. 5/194

141. 5/349

142. 4/63

टिप्पणी : लेकिप कई जगह मुक्तिबोध ने सौंदर्यवादियों के वस्तु-संकलन के सीमित क्षेत्र को उनकी संकीर्णता कहा है और उसके राजनीतिक हेतु तलाशे हैं।

143. 5/164; 162; 262

144. ऑन पोइट्री, पृष्ठ 32

145. 5/262

146. 5/205

147. 5/237

148. 5/235; 233

149. 4/97

150. 5/242-243

151. 5/398

152. ऑन पोइट्री, पृष्ठ 255

153. 5/94

एवं 5/457

द्रष्टव्य : "निजबद्धता के परिहार के अनंतर, बिंब रूप में उपस्थित वे जीवनानुभव, व्यक्तिगत जीवन-विशिष्ट अनुभव-घटना के रूप का त्याग कर, तत्समान सारी अनुभव-घटनाओं का सामान्यीकृत रूप बनकर, उपस्थित होते हैं।" 5/206

154. सिलेक्टेड ऐसेज़, पृष्ठ 17

155. वही, पृष्ठ 203

156. ऑन पोइट्री, पृष्ठ 94

157. 5/216

158. 5/226 (1) 'आत्मपरक कविता में जो संदर्भ उपस्थित होते हैं, वे भावना के भीतर से दीपित और ज्योतित हो उठते हैं। उन संदर्भों को कल्पना-चित्रों द्वारा, प्रतीकों द्वारा भी, सूचित-व्यंजित किया जाता है।' 5/158

(2) 'समर्थ कलाकार के हृदय में विविध तथा व्यापक सौंदर्यानुभवों की संचित राशियाँ पहले से ही तैयार होती हैं। कवि-कर्म करते समय वे सौंदर्यानुभव, फिर से नयी-नयी रूपाकृतियाँ प्राप्त करते हुए, अपने को भावानुवादित करने का प्रयत्न करते हैं।' 5/207

159. 5/158

160. 5/165

टिप्पणी : यहाँ वाक्य रचना व्यवस्थित नहीं है लेकिन लेखक का आशय समझने में कोई कठिनाई नहीं होती।

161. 5/194

मुक्तिबोध ने ऐसी आशंका ही प्रकट नहीं की है, उसके आधार पर सौंदर्यवादियों की नीयत पर शक किया है और उन्हें राजनीति प्रेरित मानकर उन्हें प्रतिक्रियावादी भी कहा है।

162. 5/217

163. 5/166

164. वही।

165. वही।

166. 5/165

167. 5/162

द्रष्टव्य : 5/265

168. 5/193

169. 5/194

टिप्पणी : मुक्तिबोध ने कवि और साधारण जन में किए जाने वाले अंतर को कई स्थलों पर जो बेमानी कहा है और उसका उपहास किया है और उसमें राजनीतिक गंध पाई है, उसकी वास्तविकता यहाँ प्रकट हो जाती है। अंततः स्वयं उन्हें इस अंतर को स्वीकार करना पड़ा है। पॉल वेलेरी ने साधारण जन और कवि का अंतर एक भिन्न रूप में प्रकट

किया है। उन्होंने लिखा है कि एक साधारण अनुभव में कलाकार जो कुछ देख लेता है, एक साधारण व्यक्ति उसे नहीं देख पाता।

170. 5/262
171. 5/165
172. वही।
173. 5/265
174. 5/48
175. 5/350
176. 5/357
177. 5/188
178. 'तार सप्तक' में मुक्तिबोध का वक्तव्य; 5/270-271
179. 4/111
180. 5/213
181. मुक्तिबोध के कुछेक और निरूपण एलियट का तीक्ष्ण स्मरण कराते है। एलियट ने एक जगह लिखा है कि कविता का दर्शन कवि के दर्शन से भिन्न होता है। (ऑन पोइट्री, 224) मुक्तिबोध के कुछेक कथन इसका स्मरण कराते हैं। एक स्थल पर उन्होंने लिखा है, 'सत्य का प्रकाश सत्य से भिन्न है।' 4/83 एक अन्य स्थल पर उनका कथन है कि 'कला की स्वतंत्रता और कलाकार की स्वतंत्रता, ये दोनों समानार्थी अथवा समीपार्थी शब्द नहीं हैं।' 5/360 एलियट की भंगिमा में और ऊपरी तौर पर उसकी समानता में होने पर भी समग्रता में देखे जाने पर इन्हें एलियट से उनकी समानता के उदाहरण के रूप में नहीं देखा जा सकता।
182. कुछेक अन्य स्थलों पर भी इस प्रकार का प्रयत्न मिलता है। द्रटव्य 5/238
183. लेकिन इस सिद्धांत को पूर्णतः पाने-समझने का कोई उद्‌योग उन्होंने नहीं किया।

अध्याय-4

रामधारी सिंह 'दिनकर'

हिंदी-जगत में रामधारी सिंह 'दिनकर' का नाम एक कवि के रूप में जितना प्रतिष्ठित है, एक गद्य-शिल्पी और साहित्य-चिंतक के रूप में उतना चर्चित नहीं है; और, यह बात तो विस्मयकारक भी लग सकती है कि दिनकर, रवीन्द्र और इकबाल से ही नहीं, एलियट से भी प्रभावित थे; और कि, एलियट के विख्यात परंपरा-सिद्धांत को आत्मसात कर हिंदी की व्यावहारिक-आलोचना में उसे चरितार्थ करने वाले तो वे कदाचित् पहले आलोचक थे, लेकिन यह हिंदी आलोचना की अनचाही सच्चाई है।

'रश्मिलोक' (1974) की भूमिका 'मेरी काव्य यात्रा' में एलियट से अपने प्रथम परिचय का जो उल्लेख उन्होंने किया है, वह उसके प्रति उनके आकर्षण की विस्मय-विमुग्ध स्वीकृति है। उन्होंने लिखा है कि "सन् 1943 ई. के आसपास मेरा परिचय 'अदृश्य कवि' इलियट की कविताओं से हुआ। यह मेरी काव्य-चेतना में आने वाला पहला भूडोल था... मैं थोड़ी देर के लिए ठिठक कर रह गया। अरे, एलियट की कविताएँ हम लोगों की कविताओं यानी मेरे गुरु रवीन्द्रनाथ और इकबाल की कविताओं से कितनी भिन्न हैं। ... एलियट को मैं चाहे जितना भी भूलना चाहता, मैं उन्हें भूल नहीं पाता था। उनकी कविताएँ समझ में भले ही नहीं आती हों, किंतु वे मेरी शांति भंग करने में समर्थ थीं।"[1]

इसका कारण यह था कि एलियट की कविताएँ देखकर उन्हें लगा कि जहाँ वे स्वयं खड़े हैं, 'कविता उससे बहुत आगे निकल गई है'[2], व्यंजना यह कि वे काफी पिछड़ गए हैं।

दिनकर एलियट की कविताओं से चकित तो थे ही, वे उसकी महानता के प्रति आश्वस्त भी थे। महान् कवि का स्वनिरूपित लक्षण उन्होंने उसमें पा लिया था। उन्होंने लिखा है कि "पूर्व इसके कि युग की बीमारी अपनी हस्ती का ऐलान करे, कवि को चाहिए कि वह युग से कह दे कि तुम बीमार हो या बीमार होने वाले हो। एलियट की कविताएँ पूरी तरह से मेरी समझ में नहीं आईं, लेकिन तब भी मैं मान गया कि उन्होंने युग को यह चेतावनी दे दी है।"[3] अर्थात् वे महान् कवि हैं। दिनकर का मन बराबर यह भी महसूस करता रहा कि एलियट के साथ 'कविता में कोई ऐसी अदा उतरी है, जो संसार में और कभी दिखाई नहीं पड़ी थी;'[4] कालांतर में फ्रेंच-कविता पढ़कर उन्होंने जाना

कि जो क्रांति अंग्रेजी कविता में एलियट ने की है, वह क्रांति फ्रांस की कविता में उससे पहले हो चुकी थी, लेकिन फिर भी एलियट की महानता के प्रति वे आश्वस्त ही रहे और उसे विश्व का 'सर्वश्रेष्ठ कवि' मानते रहे।

अपने काव्य-संस्कार के विषय में उन्होंने लिखा है कि ''जन्म और संस्कार से मैं ग्रामीण था। शिक्षा-दीक्षा से मैं तुलसी, कबीर, रवीन्द्र, इकबाल, कालिदास, भवभूति, शेली और कीट्स का भक्त था। इन सभी संस्कारों के मेल से मेरे भीतर जो आर्केष्ट्रा पैदा हुआ था, उसके सुरों से जनता बेहद प्रसन्न थी।'' उसे (जनता को) दिनकर के गर्जन-तर्जन वाले सुर ही ज्यादा प्रिय थे। स्वयं कवि भी लगभग संतुष्ट ही था। रोमांटिक कोमलता के प्रति एक ललक भी उसमें थी, लेकिन लोकप्रियता उसे गर्जन-तर्जन वाले सुरों से ही अधिक मिल रही थी। एलियट के प्रभाव का परिणाम यह हुआ कि इस ''आर्केष्ट्रा का गर्जन वाला यंत्र शिथिल हो गया।''[5] उन्हें यह आशा नहीं थी कि इस प्रभाव से उनका सुर बदलेगा। उन्होंने स्पष्ट लिखा भी है कि ''मेरी चेतना के घाट बँध चुके थे, मेरी चमड़ी मोटी हो चुकी थी, मेरे मुहाविरे अब बदले नहीं जा सकते थे। अतएव, एलियट के लिए यह असंभव कार्य था कि वे मुझे बदलकर अपनी राह पर लगा लें।'' ''मुझे जो कुछ बनना था, रवीन्द्र और इकबाल की कृपा से मैं बन चुका था। अब मुझे यह उम्मीद नहीं थी कि मुझ पर कविता के नए आंदोलन का भी प्रभाव पड़ेगा। लेकिन जो बात जवानी में नहीं हो पाई, वह बुढ़ापे में आकर हो गई।'' इसका तात्पर्य यह कि अंततः एलियट का प्रभाव आया और उसने उनकी काव्य-दिशा को बदला। ''इस प्रभाव का अदृश्य प्रारंभ 'नील कुसुम' में हुआ, और उसका दृश्य प्रमाण 'हारे को हरिनाम' में मौजूद है।''[6]

कहने की आवश्यकता नहीं कि दिनकर के उत्तर-काव्य को समझने में ये संकेत सहायक होते हैं। लेकिन यह विस्मयकारक ही है कि एलियट के साहित्य-चिंतन के प्रति अपने आकर्षण का कोई उल्लेख दिनकर ने नहीं किया है जबकि उनकी साहित्य-चिंता में इस आकर्षण की झलक हमें प्रारंभ से ही अर्थात् 'मिट्टी की ओर' नामक निबंध संग्रह से ही मिलने लगती है।

दिनकर के अनुशीलन से ज्ञात होता है कि उन्हें एलियट के सम्यक् अध्ययन का अवकाश नहीं मिल पाया था, उन्होंने उसका स्फुट अध्ययन ही किया था लेकिप एयचके जिन विचारों से वे प्रभावित हुए और जिनको उन्होंने आत्मसात किया, उनके अभिव्यक्त करने का उनका कौशल खूब विलक्षण और विस्मयकारी है कि कहीं ऐसा अभास नहीं मिलेता कि वे विचार किसी से ग्रहण किये हुए हैं। लेकिन एलियट के इस प्रभाव को समझने से पहले दिनकर की अपनी आलोचना दृष्टि को समझ लेना आवश्यक है। समझने से पहले दिनकर की आलोचना-दृष्टि को समझ लेना आवश्यक है।

दिनकर की आलोचना-दृष्टि

एलियट की शब्दावली में दिनकर हिंदी के कवि-आलोचक कहे जाएँगे। कवि-आलोचक के लिए एलियट ने लिखा है कि वह अपनी आलोचना में अपनी कविता की वकालत करता है अथवा उस कविता के लिए भूमिका का निर्माण करता है जिसे वह लिखना चाहता है। दिनकर इस सिद्धांत के अच्छे उदाहरण कहे जा सकते हैं। अपने और अपने युग के काव्य को 'छायावादोत्तर' कहकर उन्होंने उसे छायावाद से अलग किया है,[7] और अपने आलोचनात्मक-लेखन में उन्होंने उस 'छायावादोत्तर' को ही महत्त्व मंडित किया है।

दिनकर का विचार है कि छायावाद कविता में कल्पना और सौंदर्य के अतिरेक का आंदोलन था, जीवन के यथार्थ से उसका संबंध क्षीण था। अपनी अभिव्यक्ति में भी वह धूमिल और अस्पष्ट था। छायावादोत्तर कवियों ने कविता को फिर से जीवन के निकट लाने का प्रयास किया; वर्ण्य-विषयों की दृष्टि से भी और अभिव्यक्ति की दृष्टि से भी। छायावादी ऐश्वर्य के लिए आकर्षण इनमें भी कम नहीं था, सौंदर्य के प्रति 'उद्दाम आसक्ति' इनमें भी थी और 'रूप सृष्टि के लिए ये लोग भी उतने ही प्रयत्नशील थे जितने छायावाद-काल के समर्थ कलाकार,' लेकिन एक तो ये छायावाद की अतिशय भावुकता के प्रति सतर्क थे और दूसरे, सौंदर्य ढूँढ़ने के प्रयास में वे कविता के प्रसाद गुण को खोना नहीं चाहते थे।'[8] इनके ये गुण इन्हें छायावाद से पृथक किये रहे।

यह प्रमुखतः प्रसाद गुण बल्कि सामाजिक-प्रसादात्मकता[9] ही है जिसकी प्रशस्ति हमें दिनकर के आलोचनात्मक-लेखन में आदि से अंत तक मिलती है। कारण इसका यह है कि छायावाद के विरोध में सामाजिकता और प्रसाद गुण की प्रतिष्ठा ही उन्होंने अपने काव्य में की थी और इसलिए आलोचना में इन पहलुओं पर बल देकर ही वे अपने काव्य को महत्त्व मंडित कर सकते थे, और यही उन्होंने किया भी। 'बोधगम्य एवं सुस्पष्ट विषयों की खोज,' 'दैनिक जीवन की समीपता,' 'अनुभूति की स्पष्टता और सामाजिकता,' 'अभिव्यक्ति की स्वच्छता और सफाई' आदि पर उनके बल को प्रसादात्मकता के विविध रूपांतरण के रूप में ही देखना चाहिए।

'मिट्टी की ओर' के निबंधों में दिनकर ने स्थल-स्थल पर कविता की सरलता और सुबोधता पर बल दिया है या फिर इन्हें संभव बनाने वाले उपादानों का गौरव-गान किया है। कहीं सामाजिक-दायित्व के आदर्श को सामने रखकर 'सुंदरता पर सुस्पष्टता' को वरीयता दी गई है, तो कहीं जनसमूह की समझ को पैमाना बनाकर बोधगम्यता के आदर्श का निर्वाह चाहा गया है। अपने समकालीनों का महत्त्व उजागर करते हुए उन्होंने लिखा है कि "इस समय जो भी नए कवि काव्य-भूमि में उतर रहे थे उन सब में समाज के प्रति एक विशिष्ट प्रकार के दायित्व का भाव था। उनकी प्रायः कोई भी अनुभूति

ऐसी नहीं थी जिसे समाज के प्राणी समझ न सकें।"[10] इस उद्देश्य की पूर्ति के लिए उन्होंने कवियों का कर्मरत संसार से जुड़ना आवश्यक ठहराते हुए लिखा है कि "जीवन के कर्म-पक्ष से असहकार करके वह कर्मरत संसार के आदर का पात्र नहीं हो सकता।"[11] इतिहास की साक्षी देते हुए उन्होंने कहा है कि "साहित्य के समग्र इतिहास में भी वही कवि विजयी हुआ जिसकी कृतियों में मनुष्य की संस्कृति के लिए अधिक से अधिक स्पष्ट संदेश था।"[12] 'अधिक से अधिक स्पष्ट' की यह माँग बढ़ते-बढ़ते यहाँ तक पहुँच गई कि उन्होंने जोर देकर कहा कि "आप क्या कहते हैं यह तो निश्चित रूप से जनता की समझ में आना ही चाहिए।" और अंततः 'जनमत' ही कवि की 'योग्यताओं का आखिरी निर्णायक' हो गया।[13]

यही आग्रह हमें 'अर्द्धनारीश्वर' में मिलता है। वहाँ उन्होंने वीणा, वाणी और किरण की बात कही है लेकिन क्रमशः खड्ग, कर्म और चिनगारी इनके साथ लगी रही है। 'काव्य की भूमिका' के कुछ निबंधों में हमें उन पर एलियट का विशेष प्रभाव मिलता है लेकिन कुछ अन्य में सामाजिकता और बोधगम्यता पर उनका आग्रह वहाँ भी देखा जा सकता है। इस पुस्तक में भी इन्हीं गुणों के आधार पर उन्होंने अपने युग का महत्त्व प्रतिपादित किया है। उनका कथन है कि "हिंदी में आधुनिक काव्य की जो चर्चाएँ हुई हैं उनमें छायावादोत्तर काल की रचनाएँ छायावादी युग की कृतियों के समक्ष अपेक्षाकृत निम्न स्थान पर रखी गई हैं तो भी, मेरा अनुमान है कि काव्यरसिकों में छायावादोत्तर की रचनाएँ जिस रोचकता से पढ़ी गई उस रोचकता से छायावाद-युग की रचनाएँ नहीं पढ़ी गई थीं।"[14] दिनकर का आशय स्पष्ट है कि क्योंकि 'उनके युग की कविताएँ छायावाद की तुलना में व्यापक जनसमूह द्वारा पढ़ी गईं हैं' इसलिए उनका युग छायावाद से अधिक महत्त्व का अधिकारी है।

इसी आधार पर उन्होंने अपने युग का नाता द्विवेदी-युग से जोड़ा है। उन्होंने लिखा है कि "कभी-कभी ऐसा भी भासित होता है, मानों, छायावादोत्तर काल के रूप में कुछ-कुछ द्विवेदी-काल का प्रत्यावर्तन हुआ हो।" "उस युग की कविता कही तो इतिवृत्तात्मक जाती है, किंतु, मैथिलीशरण गुप्त, रामनरेश त्रिपाठी तथा रामचरित्र उपाध्याय और नाथूराम शंकर को जितने पाठक मिले, उतने पाठक छायावादी-काव्य को न मिल सके। साकेत, यशोधरा, जयद्रथ-वध और पथिक तथा स्वप्न तो आज भी पढ़े जाते हैं। हाँ; पाठ्य पुस्तकों की कहानी और है।"[15] अंतिम पंक्ति छायावाद पर और विशेष रूप से 'कामायनी' पर व्यंग है। दिनकर ने यह व्यंग कई स्थलों पर दोहराया है। एक जगह उन्होंने लिखा है कि "खड़ी बोली के कवियों में अब तक केवल श्री मैथिलीशरण जी गुप्त ही हैं जिनके बारे में यह कहा जा सकता है कि जनता उन्हें पढ़ना चाहती है और यदि पाठ्यक्रमों से निकाल भी दी जायँ तो उनकी कितनी ही पुस्तकें

जनता में, फिर भी, चलती रहेंगी। किंतु, यही बात 'कामायनी' के बारे में नहीं कही जा सकती। और तो और जो छात्र 'कामायनी' पढ़कर कॉलेजों से निकल जाते हैं उन्हें भी अवकाश के समय कामायनी उलटने की इच्छा नहीं होती।"[16] 'पंत, प्रसाद और मैथिलीशरण' पुस्तक में तो 'कामायनी' के प्रति यह रुख और भी तिरस्कार पूर्ण हो गया है। वहाँ उन्होंने लिखा है कि "कोई आश्चर्य नहीं कि पीढ़ी-दर-पीढ़ी छात्रों को पढ़ाते रहने पर भी यह काव्य कविता-प्रेमी जनता के बीच प्रसार नहीं पा सका और मेरा अनुमान है कि यदि यह ग्रंथ पाठ्यक्रम से बाहर निकाल दिया जाय तो उसका एक ही संस्करण बीस वर्षों के लिए काफी होगा।"[17] कामायनी का यह अवमूल्यन उतना चिंत्य प्रसंग नहीं है, जितना यह कि यह अवमूल्यन कविता की सुबोधता और पाठक वर्ग की विशालता की कसौटी अपना कर किया गया है। हेतु इस सबका अपनी कविता के लिए महत्त्व का मार्ग प्रशस्त करना है।

केवल प्रसाद के प्रति ही नहीं, समूचे छायावाद के प्रति भी उनका तिरस्कार भाव जगह-जगह व्यक्त हुआ है; 'मिट्टी की ओर' में ही नहीं, 'काव्य की भूमिका' में भी। 'छायावाद की भूमिका' में वे लिखते हैं कि "जब यह आंदोलन जीवित था, उसकी रचनाओं को पढ़ने की थोड़ी-बहुत उत्सुकता, सब में नहीं, तो छात्रों में अवश्य थी। किंतु, पाठ्यक्रमों को बाद दे दें तो अब उन कविताओं को पढ़ने की इच्छा बहुत कम दिखाई देती है। और ये बहुत कम लोग भी वे हैं जो कारण-विशेष से हिंदी-कविताओं से परिचित होना चाहते हैं; इसलिए नहीं कि छायावादी कविताएँ उन्हें अपने आकर्षण से खींचती हैं।"[18] यह कथन बहुत तीखा और क्षतिकारक है क्योंकि इसके अनुसार कविता को उसके आनंद के लिए, पढ़ने वाले पाठक छायावाद को न उसके जीवन काल में मिले, न बाद में। जब वह जीवित था, तब भी पढ़ने वाले छात्र ही थे, और आज भी उसे पढ़ने वाले छात्र ही हैं, चाहे फिर वे पाठ्यक्रम की वज़ह से पढ़ने वाले छात्र हों या कारण विशेष की वजह से। कविता को उसके आकर्षण से पढ़ने वाले पाठक उसे (छायावाद को) मिले ही नहीं। ऐसे पाठक छायावादोत्तर-काल को ही मिले। यहाँ भी श्रेष्ठता के निरूपण आधार पाठक-वर्ग ही है। रोचक बात तो यह है कि अपने युग की प्रशंसा भी उन्होंने प्रकटतः या प्रच्छन्नतः छायावाद की निंदा के आधार पर ही की है। एक जगह उन्होंने लिखा है कि "छायावादोत्तर युग के कवियों ने इन सारी कृत्रिम वेदनाओं एवं रहस्य को छूने का स्वाँग भरने वाली अनुभूतियों के जाल को फाड़ फेंका और वे निर्भीकता के साथ उन भावों का आख्यान करने लगे, जिसकी सम्यक् अनुभूति के विषय में किसी को भी कोई संदेह नहीं हो सकता था। इसे मैं छायावादोत्तर काल की पराजय नहीं, विजय का प्रमाण मानता हूँ, क्योंकि वे भाव कोई भाव नहीं हैं जो भाषा का लिबास लेने से इनकार करते हैं, न वह अनुभूति ही कोई अनुभूति है जिसे स्वयं कवि भी शब्दों का जामा पहनाने

में असमर्थ हो जाय।"[19] दिनकर का अभिप्रेत यहाँ भी अपने युग के काव्य की बोधगम्यता पर बल देना है लेकिन द्रष्टव्य यह भी है कि यहाँ विशेष बल उन्होंने छायावाद का तिरस्कार करके पाया है।

दिनकर का तात्पर्य यह है कि काव्य को सर्वाधिक बोधगम्य उनके युग ने बनाया या फिर द्विवेदी युग ने बनाया था और क्योंकि काव्य का प्रतिमान भी यही है इसलिए छायावाद से अधिक गौरव के अधिकारी ये युग ही हैं।

अब, क्योंकि उनके युग ने एक ओर द्विवेदी-युग को और दूसरी ओर छायावाद के अवदान को आत्मसात किया था (और वह सुयोग द्विवेदी-युग को मिल ही नहीं सकता था) इसलिए उनका युग ही सर्वोपरि महत्त्व का अधिकारी है। इस अनुमान का पुष्ट प्रमाण हमें उनके इस कथन में विशेष रूप से मिलता है, जहाँ उन्होंने दोनों युगों से प्राप्त अवदानों से अपने युग की शैली के सँवारे जाने की बात लिखी है, कि "यह शैली द्विवेदी और छायावादी युगों के बीच की शैली है जिसका प्रमाण यह है कि पंत के सपने हमारे हाथ में आकर उतने वायवीय नहीं रहे जितने कि वे छायावाद-काल में थे, किंतु, द्विवेदी युगीन अभिव्यक्ति की शुभ्रता हम लोगों के पास आते-आंते कुछ रंगीन अवश्य हो गई।"[20] स्वयं अपने आकर्षण बिन्दुओं के लिए भी उन्होंने लगभग यही बात लिखी है कि "अनुभूतियाँ और भाव तो मुझे छायावादियों के ही अच्छे लगते थे, किंतु, अभिव्यक्ति की सफाई मैं वह चाहता था जो मैथिलीशरण गुप्त और रामनरेश त्रिपाठी में निखरी थी।"[21] दोनों में अविरोध की स्थिति हम लक्ष्य कर सकते हैं, और उनके निम्नांकित कथन के बाद तो इस अविरोध में कोई संशय रह ही नहीं जाता कि "यह विश्लेषण मेरी वैयक्तिक शैली का ही विश्लेषण नहीं है, प्रत्युत् वह समान रूप से छायावादोत्तर उन सभी कवियों की शैली पर लागू है जिन्होंने हिंदी कविता को कुहासे से निकालकर उसे धूप में खड़ा किया।"[22] ऐसी स्थिति में यह कहना सर्वथा निरापद है कि अपनी आलोचना में दिनकर अधिकांशतः अपनी, और अपने युग की कविता के लिए ढाल का निर्माण ही कर रहे थे। लेकिन देखने की बात यह भी है कि न तो प्रसादात्मकता की उनकी माँग सर्वथा अकारण थी और न ही उनकी साहित्य-चिंता प्रसादात्मकता में ही सिमट कर रह गई है। वे छायावाद के महत्त्व से भी अनभिज्ञ नहीं थे।

प्रसाद-गुण की सीमाओं से भी दिनकर अपरिचित नहीं थे। जिस निबंध में उन्होंने उसका महिमा-गान किया है, उसी में यह भी स्वीकार किया है कि "प्रसाद भी कविता का सापेक्ष गुण है। वह कविता के लिए अत्यंत आवश्यक है, किंतु, इतना आवश्यक नहीं कि हम उसकी प्राप्ति के प्रयास में उन भावों को लिखना ही छोड़ देंगे जो अखबारी विज्ञापन की सुस्पष्टता से लिखे नहीं जा सकते।" अथवा "केवल प्रसाद-गुण को लक्ष्य बनाकर चलने में खतरा यह है कि हम उन अनेक अनुभूतियों को लिखना छोड़ देंगे जो पूरी स्वच्छता से लिखी जाने पर भी इतनी सुस्पष्ट नहीं हो सकतीं जितनी कि पोस्टरों

और विज्ञप्तियों की भाषा होती है... अनेक बार हम ऐसी अनुभूतियों के सामने आ जाते हैं जिन्हें यदि बहुत सुस्पष्टता से लिखने की कोशिश की जाय तो उनका मिथ्या रूप ही चित्रित हो जाता है।"[23] दिनकर इस बात से भी परिचित थे कि "खड़ी बोली में कविता का जागरण एक ही बार हुआ और वह था छायावाद का अभ्युत्थान । उसके बाद से जो कुछ भी हुआ है वह छायावाद के परिपाक की प्रक्रिया मात्र है",[24] और इस बात से भी कि छायावादोत्तर को जो विशेष महत्त्व नहीं मिल पाया, उसका वास्तविक हेतु यह था कि वह काल "कोई सर्वथा नवीन क्षितिज लेकर नहीं आया था। वह छायावादी प्रयोगों के ही परिपाक से उत्पन्न हुआ।"[25] इस संदर्भ में यह समझना कठिन नहीं था कि इस अभाव की पूर्ति कविता को बोधगम्य बनाकर और व्यापक पाठक समुदाय जुटाकर नहीं की जा सकती थी; और न ही छायावाद का अवमूल्यन छायावादोत्तर को विशेष महत्त्व देने का कोई उपयुक्त मार्ग हो सकता था; लेकिन इसके बावजूद उन्होंने अपना प्रसादात्मकता का जो आग्रह नहीं छोड़ा, वह अकारण नहीं था। उनके निम्नांकित कथन के बाद उनकी वैचारिकता को समझने में कोई कठिनाई नहीं रह जाती कि "इतनी सतर्कता बरत लेने के बाद, अब मैं यह कह सकता हूँ कि साहित्य में भी साधु वे हैं जो दूसरों को कष्ट नहीं देते, जो अपनी प्रत्येक पंक्ति को लिखते समय अपने से यह पूछते चलते हैं कि अनुभूति की सत्यता को विकृत किए बिना उक्ति इससे और सुस्पष्ट हो सकती है या नहीं।"[26] उनके सुबोधता के इस आग्रह को 'मिट्टी की ओर' में उनके सोद्‌देश्यता के आग्रह से मिलाकर देखें तो दोनों में उनके चिंतन की सततता और स्वर की विलक्षण अनुरूपता मिलेगी। वहाँ भी उन्होंने इसी प्रकार की बात निर्द्वंद्व होकर लिखी है कि "सोद्‌देश्य कला के खिलाफ सारे तर्कों से अवगत रहते हुए भी मुझे ऐसा लगता है कि कवि भी सामाजिक जीव है और निरुद्‌देश्य उसकी जीभ नहीं खुलनी चाहिए।"[27]

इन संदर्भों के बाद उस कारण को समझ लेना कठिन नहीं रह जाता जिसकी वज़ह से उन्होंने साहित्यिक प्रतिमान के रूप में प्रसादात्मकता का आग्रह किया है; यह वस्तुतः उस धरातल की तलाश से ही गहरा जुड़ा हुआ है जहाँ दिनकर अपनी कविता का रक्षण या उसके महत्त्व का प्रतिपादन कर सकते थे। अपने आलोचनात्मक-लेखन में उन्होंने यही किया है। स्पष्ट ही, वे एलियटीय अर्थ में कवि-आलोचक थे।

एलियट से तुलना : साम्य और वैषम्य

दिनकर की यह आलोचना-दृष्टि जो उनके अपने काव्य और उसकी मौलिक धरा के रक्षण के निमित्त से निर्मित हुई थी, एलियट की आलोचना-दृष्टि के मेल में नहीं बैठती यद्यपि एलियट ने भी अपनी दृष्टि का निर्माण अपने काव्य के रक्षण की अपेक्षाओं में ही

किया था। इसका कारण यह है कि दोनों की काव्य-प्रकृति भिन्न थी और फिर, एलियट अपनी काव्य-प्रकृति के दायरे से बाहर आकर भी कविता पर विचार कर सके थे। बहरहाल, कवि की स्वतंत्रता के प्रसंग पर दोनों विचारकों के विचारों का अनुशीलन करके हम दोनों के दृष्टिगत अंतर को देख सकते हैं।

कवि के पद की सीमा

कविता रचे जाने के विषय पर विचार करते हुए दिनकर ने लिखा है कि कवि "उस तरह से लिखे जिस तरह न लिखने से वह कवि के पद से गिर जाएगा।"[28] इसका तात्पर्य यह है कि कवि को न्यूनतम कवि होना चाहिए। उसका अधिकतम ध्यान कविता की सामाजिकता और संप्रेषणीयता पर रहना चाहिए, लेकिन उसे इतना विज्ञापनबाज भी नहीं होना चाहिए कि वह अपने कवि पद से ही गिर जाय। इतना कवित्व तो उसमें होना ही चाहिए कि उसका कवि पद बना रह सके। इस प्रसंग पर एलियट ने भी विचार किया है। उसका मत यह है कि कवि जिस तरह से भी लिख सके, उसे उस तरह ही सही, लिख डालना चाहिए। कविता की दुरूहता पर विचार करते हुए उसने लिखा है कि कविता की दुरूहता के कई कारण कवि के वैयक्तिक कारण हो सकते हैं। जिस दुरूह रूप में उसने लिखा है, हो सकता है, उन कारणों की वज़ह से ही, उससे भिन्न किसी भी अन्य रूप में स्वयं को व्यक्त करना उसके लिए संभव न रहा हो। अब, जहाँ यह दुरूहता चिंत्य है, वहीं, मैं सोचता हूँ कि हमें प्रसन्न भी होना चाहिए कि किसी भी तरह से सही, अंततः कवि स्वयं को व्यक्त तो कर सका है।"[29] यहाँ एलियट ने कवि की अभिव्यक्ति का किसी भी कारण से कुंठित होना या किया जाना उचित नहीं समझा है जबकि दिनकर ने बराबर जनग्राह्यता की कसौटी को दृष्टिपथ में रखने का आग्रह किया है। यह तो दोनों को स्वीकार्य है कि कवि को कवि होना चाहिए लेकिन अंतर यह है कि एलियट के अनुसार उसे पूर्णतः, और दिनकर के अनुसार उसे न्यूनतम कवि होना चाहिए। दिनकर का आग्रह उनकी अपनी रचना प्रकृति के औचित्य का निरूपण है और एलियट का विचार उसकी अपनी संकेत एवं संदर्भगर्भित तथा गूढ़ रचनाशीलता की अनुरूपता में है। दोनों लेखकों की रचना-प्रकृति में ही नहीं, एक प्रकार से दोनों की आलोचना-दृष्टियों में भी जो अंतर है, यह प्रसंग उसे भी स्पष्ट कर देता है।

तार सप्तक पर दिनकर

दिनकर की यह दृष्टि चाहे एलियट की अनुरूपता में नहीं भी ठहरती हो, एलियट के प्रति दिनकर का आकर्षण भी एक तथ्य है। 'मिट्टी की ओर' का लेखक भी एलियट से परिचित था, और उसका स्फुट प्रभाव भी उसने ग्रहण किया था, लेकिन गहरा प्रभाव हमें उसकी 'काव्य की भूमिका' में ही मिलता है। दोनों पुस्तकों में 'तार सप्तक' पर जो टिप्पणियाँ उन्होंने की हैं, उनका अंतर इस बात की भलीभाँति पुष्टि करता है। 'मिट्टी

की ओर' (1946) में भी उन्होंने यह देख लिया था कि सप्तक के भीतर से 'हिंदी-कविता कोई नया कदम उठा रही है,' या 'आने वाले युग की कविता इनमें अपनी ट्रेनिंग' पा रही है; लेकिन, साथ ही, उन्होंने बड़ी तीक्ष्णता से यह भी अनुभव किया था कि "कोई चीज है जो इन कविताओं में नहीं मिलती; कविता का कोई खास गुण है जो इनमें से गायब है;" और दो टूक शब्दों में अपना निष्कर्ष रखते हुए उन्होंने लिख दिया कि "सब मिलाकर मैं इन कविताओं की प्रशंसा नहीं कर सकता, क्योंकि इनकी पृष्ठभूमि में जो कुछ दीखता है वह निर्जन और विषण्ण है तथा यह समझ में नहीं आता कि विप्लव और संघर्ष के पथ पर आरूढ़ देश में ऐसी कविताओं का जन्म क्यों हो जो रक्तहीनता के दोष से पीड़ित और पाण्डु हो।"[30] लेकिन इसके ठीक एक दशक बाद, इसी आंदोलन पर टिप्पणी करते हुए उन्होंने 'प्रयोगवाद' निबंध (1956) में लिखा कि "मैं इस आंदोलन को अत्यंत श्रद्धा से देखता हूँ और चाहता हूँ कि यह अपने ध्येय को न भूले, हू-हल्लड़ में पड़कर यह पथभ्रष्ट न हो जाय।"[31] स्पष्ट है कि अपनी विकास-यात्रा में दिनकर की दृष्टि में एक बुनियादी परिवर्तन आया है; इसी ने 'उसे' उनके किये श्रद्धेय बना दिया है, जो कभी प्रशंसनीय भी नहीं था! 'प्रयोगवाद' निबंध से ही यह भी ज्ञात होता है कि इस परिवर्तन के हेतुभूत तत्त्व उन पर एलियट का प्रभाव ही है।

अरविंद ने लिखा है कि भावी कविता मंत्र की तरह होगी। दिनकर ने लिखा है कि "कविता का यह मंत्रत्व क्या होगा, इस बात की कुछ थोड़ी झाँकी इलियट की कविताओं में मिलने लगी है। हिंदी-कविता का चरम लक्ष्य इसी मंत्रत्व की प्राप्ति है और राह भी उसकी वही हो सकती है जिस पर आज इतना कोलाहल मचा हुआ है।"[32] कहने की आवश्यकता नहीं कि उनका अभिप्राय प्रयोगवाद की राह से ही था। आगे चलकर उन्होंने और भी स्पष्ट लिखा है कि "कविता को अपनी खोयी प्रतिष्ठा को यदि फिर से प्राप्त करना है, तो उसकी राह वही है जिस पर प्रयोगवादी चल रहे हैं। और उनमें से प्रत्येक को यदि खाद बनना पड़ता है, तो भी यह प्रयोग छोड़ने लायक नहीं है। आखिर, अंग्रेजी के इमेजिष्ट कवियों का भी इतना महत्त्व तो मानना ही पड़ेगा कि जिस मार्ग पर आगे चलकर इलियट उत्पन्न हुए उसके आरंभिक प्रयोक्ता इमेजिष्ट कवि ही थे।"[33] ये उदाहरण 'प्रयोगवाद' निबंध से ही लिये गये हैं। ऊपर जो एलियट के प्रभाव को दिनकर की दृष्टि का परिवर्तनकारी हेतु कहा गया है, उसका पोषण इन उदाहरणों से हो जाता है। इसी निबंध में एक स्थल पर तो उन्होंने इलियट को आदर्श के रूप में अपनाने की सलाह देते हुए निर्द्वंद्व भाव से यहाँ तक लिखा है कि "इलियट को अपना आदर्श मानकर चलने में भारत के नवयुवकों का कोई अपमान भी नहीं है। इलियट आसानी से आज विश्व के सर्वश्रेष्ठ कवि माने जा सकते हैं।"[34]

रोमानीवाद का विरोध

एलियट के प्रति दिनकर का यह आकर्षण अकारण नहीं था। कुछ समानता दोनों की

स्थितियों में भी मिलती है और कदाचित् उसी ने एलियट के प्रति दिनकर के आकर्षण का पथ प्रशस्त किया है। दोनों का अवतरण रोमानी ज्वार के उतार पर हुआ था और दोनों ही अतिवादी भावुकता या कहिये रोमानी-भावुकता के विरुद्ध खड्गहस्त थे। इसी हेतु से दिनकर एलियट के निकट गए जान पड़ते हैं और बाद में उसके चिंतन के अनुशीलन ने उसके प्रभाव को गहराया मालूम होता है।

रोमानीवाद का विरोध करते हुए एलियट ने लिखा था कि "जीवन में तो रोमानीवाद के लिए फिर भी काफी कुछ कहने को हो सकता है लेकिन साहित्य में उसके लिए कोई स्थान नहीं है।"[35] दिनकर में भी हम रोमानीवाद का निषेध पाते हैं, यह अलग बात है कि अपने निषेध में वे एलियट जितने कठोर नहीं हो सके हैं। कारण इसका यह है कि रोमानीवाद को कृत्रिम वेदनाओं का काल कहने के बावजूद रोमानियत के प्रति एक दमित आर्कषण भी उनमें बराबर पलता रहा है। लेकिन चिंतन-पथ पर रोमानी भावुकता का निषेध भी हम उनमें प्रारंभ से ही पाते हैं।

एलियट ने लिखा है कि शैले के विचार मुझे सदैव वयःसंधि के विचार लगते हैं और शैले के लिए आकर्षण भी मुझे वयःसंधि का व्यापार लगता है।[36] दिनकर को शैले तो प्रिय था, लेकिन वयःसंधि की भावुकता उन्हें भी नागवार थी। उन्होंने भी लिखा है कि "भावुकता कच्ची उम्र वाले किशोरों का गुण है," और इसने "छायावाद की प्रतिष्ठा में कम बाधा नहीं पहुँचाई।"[37] यह कथन और कथन-भंगिमा दोनों ही एलियट से उनकी समानता बखूबी सूचित करते हैं।

लेकिन इस रोमानी-विरोधी समानता के चौराहे से दिनकर सीधे एलियट के पथ पर नहीं गए। वे सामाजिक -प्रसादात्मकता के पथ की ओर मुड़ गए। यह पथ मार्क्सवाद के काफी निकट पड़ता था लेकिन दिनकर उस ओर भी नहीं गए। हम चाहें तो इसे एलियट के साथ दिनकर की निषेधात्मक-निकटता कह सकते हैं। (क्योंकि मार्क्सवादी विचारधारा को एलियट ने भी स्वीकार नहीं किया है) लेकिन वास्तविक निकटता हमें वहाँ दिखाई पड़ती है जहाँ उन्होंने सीधे एलियट विचार को अपना लिया है या फिर वहाँ, जहाँ वे सामाजिक-प्रसादात्मकता से लौटकर एलियट की दिशा में मुड़े हैं।

वस्तुतः अपने प्रारंभिक-पथ का निर्माण दिनकर ने स्वतंत्र रूप से किया था; और इस निर्माण में उन्होंने अपने युग की तात्कालिक साहित्यिक एवं सामाजिक आवश्यकताओं को ही सर्वोपरि महत्त्व दिया था। लेकिन दिनकर के चिंतन की एक विशेषता यह भी जान पड़ती है कि उन्होंने 'सामाजिकता' के साथ ही 'सौंदर्य' को भी दृष्टि-पथ में रखा है। जिन दिनों उनकी प्रवृत्ति सामाजिक-प्रसादात्मकता की ओर थी, उन्हीं दिनों रवीन्द्र और रोमांटिक कवियों का सौंदर्य और लालित्य भी उन्हें आकर्षित कर रहा था, चाहे अपनी आलोचनाओं में वे रोमानीवाद का निषेध ही क्यों नहीं कर रहे थे। इसी के अनुरूप जब वे नंदन-कानन में घूमने वाली परी को भी आदम की बेटी के साथ बैठाकर

उससे सुर्खी कुटवा रहे थे, तब उन्हें आत्मग्लानि भी कम नहीं हो रही थी कि बांसुरी को लाठी का काम करना पड़ रहा है, और इसीलिए इसे उन्होंने धर्म नहीं, आपद्धर्म ही माना था।[38] 'रश्मिलोक' की भूमिका में उन्होंने इस स्थिति को खुलकर स्वीकार करते हुए लिखा है कि "क्रांति की कविताएँ लिखकर मुझे पूरा संतोष नहीं था। शेली, कीट्स और रवीन्द्रनाथ का प्रभाव जैसे पंत जी और निराला जी पर पड़ा था, वैसे ही वह मुझ पर भी था और मैं भी चाहता था कि गर्जन-तर्जन छोड़कर मैं भी कोमल कविताओं की रचना करूँ ... और ऐसी अनेक कविताएँ मैंने उस समय लिखी भी थीं।"[39] आगे चलकर इसी आकर्षण ने उनसे 'उर्वशी' की रचना करवाई। लेकिन चिंतन के धरातल पर तब उनका झुकाव एलियट की ओर हो चला था। इस प्रकार, प्रारंभ में उनका रोमांटिक भावुकता का निषेध उन्हें एलियट की ओर आकर्षित करता रहा, तो बाद में एलियट की क्लासिकी-कठोरता की ओर झुकाव उन्हें एलियट के निकट ले गया। इसके अतिरिक्त एलियट के परंपरा-चिंतन को भी उन्होंने आत्मसात किया था, और वह भी कम मूल्यवान नहीं है।

दिनकर और एलियट के विचारों में समानता के ऐसे स्थल भी अनेकानेक मिलते हैं जिनमें कुछ प्रासंगिक साम्य तो मिलता है लेकिन आलोच्य प्रसंगों में गहरे जाएँ तो वैचारिक समानता दूर तक निर्वहित हुई नहीं मिलती। ये वस्तुतः उनके एलियट के स्फुट अध्ययन के निदर्शक हैं। ऐसे सभी स्थलों के लिए कहना कठिन है कि उनका स्रोत निश्चित रूप से एलियट ही है। कहीं-कहीं जो प्रभाव एलियट का जान पड़ता है, वह अपने मूल में एलियट का न होकर किसी अन्य विचारक का भी हो सकता है; वह दिनकर का अपना चिंतन भी हो सकता है और समानता सांयोगिक भी हो सकती है। लेकिन फिर भी ऐसे प्रसंगों में एलियट की ओर ध्यान जाना असंगत भी इसीलिए नहीं कहा जा सकता कि एक तो प्रासंगिक समानता स्वयं ही बरबस ध्यान खींचती है; दूसरे, एलियट के प्रभाव होने की संभावना का पोषण इससे भी हो जाता है कि उनका आलोचनात्मक-लेखन उनके एलियट से संपर्क के बाद ही प्रकाश में आया था। जहाँ समानता के स्रोत मुखर रूप से एलियट है, वहाँ प्रभाव के विषय में तो कुछ भी कहना अनावश्यक है, चाहे समानता वहाँ गहरे न भी जाती हो।

वैचारिक समानता : स्फुट प्रसंग

एलियट और दिनकर के अनुशीलन से ज्ञात होता है कि कई एक साहित्यिक-प्रसंग ऐसे हैं जिन पर दोनों ने विचार किया था; और, दोनों के उन विचारों में समानता भी मिलती है। आवश्यक नहीं कि यह समानता दिनकर पर एलियट के प्रभाव का परिणाम ही हो; क्योंकि दोनों कवि थे इसलिए समानता का हेतु उनके काव्यानुभवों की समानता भी हो सकती है, लेकिन जहाँ यह समानता दूर तक जाती दिखाई पड़ती है, वहाँ इस अनुमान को बल मिलता है कि यह समानता प्रभाव-प्रसूत भी हो सकती है। कहीं-कहीं वह निरी

सांयोगिक भी हो सकती है। 'कविता क्या है', इस प्रश्न पर विचार करते हुए एलियट ने लिखा है कि इसका कोई बँधा-बँधाया उत्तर नहीं थमाया जा सकता। इसका कोई उत्तर हम कभी पाते हैं तो कविता पढ़कर ही पाते हैं।[40] दिनकर ने एक जगह लिखा है कि "जो व्यक्ति कविता के स्पर्श मात्र से, स्वतः यह नहीं समझ सकता कि कविता क्या है, उसे किसी भी प्रकार यह समझना (या समझाना) कठिन है कि कविता अमुक वस्तु होती है।'[41] अपने विचार-तत्त्व में यह कथन एलियट से पूरी समानता रखता है; जो विलक्षणता इसमें है, वह दिनकर की कथन-भंगिमा कही जा सकती है जिसकी वज़ह से वे प्रायः गृहीत प्रभाव को अत्यंत निपुणता से अपने रंग में रंग लेते हैं, और जिसकी वज़ह से ही एलियट का 'पढ़ना' यहाँ आकर 'स्पर्श' में बदल गया है।

कविता रचे जाने के विषय में दिनकर ने लिखा है कि "जब कवि के जीवन में कविता की ऋतु आती है तब वह अंतरतम में एक बेचैनी अनुभव करने लगता है। उस समय उसे यह तो पता चल जाता है कि दिल का यह दर्द कुछ कहना चाहता है, किंतु, क्या कहना चाहता है, इसका ज्ञान उसे तब तक नहीं हो पाता जब तक किसी वस्तु या विषय-विशेष का अवलंब लेकर वह कहना शुरू नहीं कर दे।"[42] एलियट का कवि भी सृजन की बेचैनी कुछ इसी तरह अनुभव करता है लेकिन अंतर यह है कि उसका कवि अपने दर्द को तब तक नहीं जान पाता जब तक कि वह कह नहीं चुकता और कह चुकने पर दर्द नहीं रह जाता, उसका स्थान ले लेती है कविता।[43]

कवि की प्रेरणा के विषय में एलियट ने लिखा है कि प्रेरणा शब्द का यदि कोई अर्थ होता है तो वह यही होना चाहिए कि वक्ता या लेखक कुछ ऐसा कह रहा है जिसे वह स्वयं पूर्णतः नहीं समझता।[44] इसी प्रसंग पर दिनकर ने भी कुछ ऐसी बात लिखी है कि "प्रेरणाओं पर हमारा कोई अधिकार नहीं। हम उन्हें इष्ट दिशाओं की ओर मोड़ने में असमर्थ हैं। हमारा वाहन प्रेरणा नहीं, हमीं उसके वाहन हैं।"[45] आगे चलकर उन्होंने फिर लिखा है कि "अलौकिक या दिव्य वह हो या न हो, किंतु, वह ऐसी वस्तु अवश्य है जिस पर कवि का वश नहीं चलता।"[46] दो कवियों के प्रेरणा-विषयक विचारों में समानता सहज संभव बात है; लेकिन यहाँ यह बात विशेष रूप से ध्यान आकर्षित करती है कि दोनों कवि रोमानीवाद-विरोधी थे, लेकिन 'प्रेरणा की अधीनता' को स्वीकार करने में अपने को रोमांटिक होने देने में किसी ने भी कोई संकोच अनुभव नहीं किया।

एलियट ने प्रेरणा में ही नहीं, रचना-व्यापार में भी कुछ आकस्मिकता स्वीकार की है। उसने लिखा है कि "कविता जब लिख जाती है तब उसमें कुछ नया घटित हो जाता है; कुछ ऐसा जिसे उसमें पूर्व-निबद्ध के सहारे नहीं समझाया जा सकता। जिसे हम सृजन कहते हैं, उसका आशय यही है।"[47] कभी, 'द यूज़ ऑव पोइट्री' में, उसका विचार था कि अस्वस्थता की किन्हीं अवस्थाओं में रचनाओं का स्रोता स्वचालित लेखन की तरह

फूट पड़ता है; लेकिन तब उसने दांते और शेक्सपीयर जैसे महान् कवियों की रचनाओं को ऐसी विधि का मुखापेक्षी स्वीकार नहीं किया था;[48] लेकिन 'ऑन पोइट्री' में आकर उसने लिख दिया कि "मैं तो यहाँ तक कहने को तैयार हूँ कि महान् कविता मात्र में कुछ ऐसा होता है जो अव्याख्येय रहता है; कवि-विषयक हमारा ज्ञान चाहे कितना ही पूर्ण क्यों न हो; और यही 'कुछ' है जो सर्वाधिक सार्थकता रखता है।"[49] निश्चय ही, दोनों स्थलों पर ठीक एक ही बात नहीं कही गई है लेकिन साधारण और महान् दोनों कोटियों की रचनाओं में अवचेतन की भूमिका उसने स्वीकार की है, यह देखा जा सकता है। और, दिनकर जब लिखते हैं कि "कला की सर्वोच्च कृतियाँ कवि की जन्मजात रहस्यमयी सहज प्रवृत्तियों के बल पर उत्पन्न होती हैं,"[50] तब हम फिर दोनों में समधर्मी कविजनोचित समानता लक्ष्य कर सकते हैं। दिनकर ने भी कवि प्रतिभा को 'ईश्वरीय देन' कहा है और उसका संतोषप्रद विश्लेषण हो सकना संभव नहीं माना है और रचना-व्यापार को भी 'गोतीत माया' कहा है जिसके रहस्य को तर्क ने काव्यशास्त्र का निर्माण करके पाने की चेष्टा की है, लेकिन पा नहीं सका है।[51] इस प्रकार, रचनाशीलता के विश्लेषण के धरातल पर दिनकर के विचारों को एलियट की निकटता में देखा जा सकता है।

प्रारंभ में दिनकर सोद्देश्य अथवा सजग लेखन के पक्षपाती थे; (चाहे प्रेरणा आदि की बातें वे कितनी ही क्यों न कहते रहे हों) लेकिन कालक्रम में वे सजग के बजाय सहज लेखन के कायल होते चले गए हैं। स्वयं उन्होंने लिखा है कि "पहले मैं यह जानता था कि कविता कहाँ से आ रही है और वह किस तरफ को जाएगी। अब मुझे यह मालूम ही नहीं होता कि कविता कहाँ से आती है और क्या उसका गंतव्य है।"[52] यह वास्तव में दिनकर के काव्य-सृजन में आये मोड़ का संकेत है लेकिन यहाँ हम उनमें उनकी आलोचना-दृष्टि का तात्त्विक बदलाव भी लक्ष्य कर सकते हैं; और क्योंकि बात एलियट के संदर्भ में कही गई है, इसलिए इस परिवर्तन के हेतुभूत प्रभाव हम एलियट का मान सकते हैं।

'उर्वशी' के संदर्भ में उन्होंने लिखा है कि "कविता हमेशा लिखी ही नहीं जाती। कभी-कभी वह आप से आप लिख जाती है। तब कवि केवल निश्चेष्ट माध्यम होता है, तब कविता कहीं से बहकर कागज पर, आप से आप, उतर आती है।"[53] इस कथन से सहज बल्कि स्वतःचालित-लेखन तक पुष्टि होती है। एलियट ने कई स्थलों पर ऐसे स्वतःचालित लेखन की बात की है जहाँ कवि सर्वथा असहाय और माध्यम भर रह जाता है; 'द यूज ऑव पॉइट्री' में तो कवि की रुग्णावस्था में ऐसे स्वचालित लेखन की बात कही ही गई है।

इसी संदर्भ में दिनकर ने लिखा है कि 'उर्वशी' के जो गूढ़ प्रसंग हैं, उनकी विवेचना

का दायित्व मैं विश्वासपूर्वक नहीं उठा सकता;[54] यह विचार एलियट के इस विचार का सहज ही स्मरण कराता है कि कवि को उसकी रचना का आधिकारिक भाष्यकार नहीं माना जा सकता।[55]

एलियट ने रचना के दो धरातलों की चर्चा की है और लिखा है कि कवि को जहाँ सहज रहना चाहिए, कुकवि वहाँ सजग हो उठता है और जहाँ उसे सजग होना चाहिए, वहाँ वह प्रायः सहज ही रह जाता है।[56] एलियट ने प्रेरणा की धरा पर कवि की सजगता को उचित नहीं माना है। इसी तरह, शब्द चयन के धरातल पर उसका सजग नहीं होना उसका दोष (माना है) उसने कविता की सामग्री और कविता में जो भेद किया है, उससे भी इसकी पुष्टि होती है। उसका मंतव्य यह है कि कवि कविता की सामग्री से ही परिचित होता है, कविता से नहीं। क़विता में ढलते-ढलते सामग्री काफी कुछ कट-छँट जाती है और उसमें कुछ नया भी आ जुड़ता है। यह कवि के अवचेतन के दबाववश होता है और यही दबाव 'कविता' को 'कविता की सामग्री' से भिन्न बना देता है।

दिनकर ने भी रचना के दो धरातलों की चर्चा की है; "एक तो वह धरातल है जिस पर से हमारे भाव उतरते हैं और दूसरा वह जिस पर हमारी शैली काम करती है।" उनका विचार है कि कवि को दोनों धरातलों पर सजग रहना चाहिए। उन्होंने लिखा भी है कि "कवि कर्म की सफलता का रहस्य यह है कि कवि ऊपर के धरातल पर कान लगाकर अपनी प्रेरणा के गुंजन को ठीक-ठीक सुने और नीचे के धरातल पर जब वह रचना करने लगे तब यह सोचता जाए कि उसने जो कुछ सुना है, वह ठीक-ठीक अंकित हो रहा है या नहीं।"[57] उन्होंने इस आशय के विचार और भी कई स्थलों पर व्यक्त किए हैं, लेकिन ये विचार एलियट के विचारों की अनुरूपता में नहीं जान पड़ते। लेकिन एक स्थल पर उन्होंने इसी विषय पर जो विचार व्यक्त किए हैं, वे एलियट के विचारों की निकटता में जान पड़ेंगे। उन्होंने लिखा है कि रचना के धरातल की कठिनाई यह है कि प्रेरणा के धरातल पर हमने जो कुछ ग्रहण किया है, रचना के धरातल पर हम उसे ठीक-ठीक नहीं लिख पाते। द्वंद्व-गीत में मेरी एक पंक्ति है, "नहीं जानता, भाव गीत बनते-बनते मिट जाते हैं" और बेनीपुरी एक सूक्ति कहता है, "कविता में आते-आते हर कमल कनेर बन जाता है।" ये लन्तरानियाँ नहीं, पक्के अनुभव की बातें हैं।[58] यहाँ दिनकर की एलियट से समीपता लक्ष्य की जा सकती है। यह वास्तव में रचना-व्यापार में मिलने वाली अवचेतन की भूमिका की स्वीकृति ही है जो एलियट में सर्वत्र मिलती है; और अपने उत्तर-काल में दिनकर जिसके बराबर निकट आए हैं।

जिसे एलियट ने स्वचालित लेखन कहा है, वह भी कोई दैवी कृपा या कोप का फल नहीं होता। उसने लिखा भी है कि जो रचना इस तरह रच आती है उसकी सामग्री अवचेतन में सेयी जा रही होती है यद्यपि जब तक कोष टूट नहीं जाते, हम जान नहीं पाते कि कैसा अंडा सेया जा रहा था।[59] अन्यत्र उसने इसे 'मनो-सामग्री' कहा है।[60] इसी

प्रकार, दिनकर ने भी प्रेरणा के मूल में चाहे ईश्वरी शक्ति की बात कही हो, व्याख्या उन्होंने भी उसकी बौद्धिक धरातल पर ही करनी चाही है।[61]

रचना की सामग्री के विषय में एलियट का मत है कि कवि-मानस निरंतर उसका चयन करता चलता है। यह चयन-व्यापार उसके जीवन-भर चलता रहता है। जब उसके मानस में किसी रचना का रसायन तैयार हो जाता है तब वह किसी सृजन क्षण में बिंब आदि के रूप में कौंध जाती है।[62] दिनकर ने भी लिखा है कि ''अनुभूतियों और भावों के संचय का काम कवि अज्ञात रूप से करता है।"[63] और यह भी कि यह कोई अज्ञात शक्ति ही होती है जो रचना को किसी क्षण चेतन की धरा पर उछाल देती है। होता यह है कि ''जब हम जीवन के संपूर्ण अनुभवों, समस्त स्मृतियों एवं बुद्धि की सारी शक्तियों को लेकर सोचने लगते हैं अर्थात् चिंतन की प्रक्रिया में जब केवल मन ही नहीं संपूर्ण अस्तित्व विलीन हो जाता है, उस समय हमारे भीतर एक विलक्षण शक्ति जग पड़ती है जो छलाँग मारकर अदृश्य पर से आवरण को खींच लेती है, जो तर्कों की राह से न चलकर अनायास समाधान के दर्शन करा देती है।"[64] दिनकर का यह 'अनायास समाधान' एलियट के सृजन-क्षण की आकस्मिक कौंध का सर्वथा निकटवर्ती जान पड़ता है। महत्त्व की बात यह है कि दिनकर ने साथ ही साथ इस अनायासता की युक्तिसंगत व्याख्या भी कर दी है। यह दिनकर का अपना अनुभव ही हो सकता है, और संभव यह भी है कि उनके मानस ने एलियट का अध्ययन करते वक्त उसके जिन विचारों को अपने अनुकूल पाकर ग्रहण कर लिया था, वे विचार उपयुक्त प्रसंग पाकर उनके विवेचन में गुँथ आए हों। प्रस्तुतीकरण की कला तो अन्य स्थलों की भाँति यहाँ भी दिनकर की अपनी है ही। दिनकर पर एलियट का प्रभाव ज्यादातर इसी प्रकृति का है।

मनो-सामग्री और रूप-विधान के संबंधों के विषय में एलियट ने लिखा है कि "सामग्री अपना रूप स्वयं निर्मित करती है; यदि यह बात भ्रामक लगे तो कहा जा सकता है कि रूप हर कदम पर सामग्री पर अपना दबाव डालता है और हर असफल प्रयत्न पर सामग्री उसका विरोध करती है और अंत में सामग्री रूप के साथ तदाकार हो जाती है।"[65] इस प्रसंग पर दिनकर ने लिखा है कि ''द्रव्य ही स्वानुरूप शैली को भी जन्म देता है, किंतु जन्म लेने के बाद शैली द्रव्य के साथ मिलकर एकाकार हो जाती है तथा उससे अलग तोड़कर देखी नहीं जा सकती। फिर द्रव्य पर अनुरूप शैली का भी प्रभाव पड़ता है और दोनों मिलकर रचना में चमत्कार उत्पन्न करते है।"[66] आलोच्य-संदर्भ में दिनकर ने निश्चय ही महत्त्व द्रव्य को ज्यादा दिया है लेकिन यहाँ भी कथन ही नहीं, कथन-भंगिमा भी एलियट की-सी जान पड़ती है।

एलियट का मत है कि कवि-कर्म नए भावों का संधान करना नहीं, अपितु सुपरिचित भावों का ऐसा नियोजन करना है कि वह उन अनुभूतियों को भी व्यक्त कर जाय जो मूल भावों में नहीं हैं।[67] दिनकर ने भी लिखा है कि "मूल भावों की विविधता की तालिका में महत्त्व के नए योग सदियों के बाद लिखे जाते हैं। किंतु साहित्य तब भी

नित्य उज्ज्वल और नवीन रहता है; क्योंकि विचारों की नवीनता नहीं आने पर भी उसमें अनुभूतियों की नवीनताएँ आती ही रहती हैं।"[68] यह बात भी हमें 'मिट्टी की ओर' में ही मिल जाती है। यह दिनकर का अपना निरीक्षण भी हो सकता है, और एलियट के प्रभाव की कलात्मक अभिव्यक्ति भी। यदि इसे प्रभाव मानें तो कहना होगा यहाँ एलियट के विचारों में अनुस्यूत एक सूक्ष्म संकेत को भी उन्होंने चीह्न लिया है कि मूल भाव चाहे सुपरिचित ही हों, उनका संयोग नई अनुभूतियाँ व्यक्त कर जाता है।

आलोचना-विषयक विचार

आलोचना-कर्म के विषय में भी दिनकर के विचार एलियट के विचारों से कहीं-कहीं समानता रखते हैं। एलियट का मत है कि जब हम 'कविता क्या है' प्रश्न का उत्तर खोजते हैं, तब हम आलोचना-कर्म में प्रवृत्त हो जाते हैं। इसी के दूसरे छोर पर यह प्रश्न होता है कि "क्या यह एक सत्कविता है।"[69] दिनकर ने इस विषय में लिखा है कि "इस काव्य में इतनी सुंदरता क्यों है! यह इतना प्रभावशाली कैसे बन पड़ा। ...जहाँ यह जिज्ञासा उठती है, वहीं समालोचना का प्रथम प्रयास प्रारंभ हो जाता है।"[70] एलियट के अनुसार आलोचना के दो उपादान हैं, तुलना और विश्लेषण।[71] इन्हीं की सहायता से आलोचक अपना कार्य करता है। उसका मुख्य कार्य है, रचना का मर्म प्रकाशित करना और पाठकों का रुचि संस्कार करना।[72] आगे चलकर, उसने इसी बात को दूसरे शब्दों में व्यक्त करते हुए लिखा है कि आलोचना का कार्य है, पाठक में रचना की समझ विकसित करना और उसके रसास्वादन में वृद्धि करना।[73] दिनकर के अनुसार भी समालोचक का "प्रधान काम कवि की चातुरी का भेद खोलना है क्योंकि इसी प्रकार के विश्लेषणों से वह पाठकों के काव्यानंद की मात्रा में वृद्धि करता है।"[74] यहाँ भी लगता है कि दिनकर ने एलियट द्वारा दो स्थलों पर व्यक्त विचारों का समाहार ही नहीं किया है, उनकी संक्षिप्त व्याख्या भी कर दी है। एलियट ने विश्लेषण के साथ-साथ तुलना को भी आलोचक का प्रधान उपादान कहा है, और दिनकर ने भी लिखा है कि "कवि की विशेषताओं का निर्देश समालोचना का दूसरा प्रधान उद्देश्य होना चाहिए। ऐसा करने में बहुधा उसे समानधर्मा कवियों से समालोच्य कवि की तुलना करनी पड़ती है।"[75]

एलियट के इन विचारों में, निश्चय ही, ऐसी कोई बात नहीं है कि किसी अन्य विचारक को इनके लिए उसका मुखापेक्षी होना पड़े और सच तो यह है कि इस प्रसंग में गहरे जाएँ तो जान पड़ेगा कि एलियट के विचार दिनकर को कठिनाई से ही ग्राह्य होते (क्योंकि एलियट ने आलोचना में व्याख्या का निषेध किया है जबकि दिनकर ने आलोचना के लिए व्याख्या आवश्यक ठहराई है); लेकिन इसके उपरांत भी प्रासंगिक समानता से इनकार करना कठिन है।

आलोचना के दो-एक और प्रसंगों में दोनों की समानता और भी द्रष्टव्य है। एलियट ने सम्मति बाँटने वाले आलोचकों को पाठकों की रुचि भ्रष्ट करने का दोषी

ठहराया है।[76] दिनकर ने भी यह कहकर कुछ ऐसी ही बात कही है कि "सच्चा समालोचक दूसरों की कृति पर सम्मति प्रकट करने की कला का प्रचार नहीं करता।"[77]

एलियट ने आलोचक की व्याख्या की प्रामाणिक कसौटी कृति को ही माना है।[78] इस विषय पर विचार करते हुए दिनकर ने लिखा है कि "इस धुँधले वन में पथ दिखाने के लिए उस ज्योति के सिवा दूसरा आलोक नहीं है, जो समालोच्य कवि की कल्पना से फैलता है। आप जब एक बार इस कूचे में आ गए तब फिर अपने विचारों के प्रदीप को बुझा दीजिए और उसी प्रकाश में आगे बढ़िए जो स्वयं कवि की प्रतिभा से निःसृत हो रहा है।"[79] यहाँ यह कहना आवश्यक है कि दिनकर में सर्वत्र इसी आशय के विचारों का पोषण हुआ नहीं मिलता है। लेकिन दोनों के उपर्युक्त विचार-साम्य को देखकर अनुमान होता है कि दिनकर ने एलियट का जो अनुशीलन किया था, यह उसका प्रतिफलन हो सकता है जो उनके अभिव्यक्ति कौशल का प्रभाव पाकर सर्वथा विलक्षण रूप ग्रहण कर बैठा है।

प्राचीन-साहित्य और परंपरा के पक्षधर होते हुए भी एलियट ने बराबर जीवंत-साहित्य रचे जाने की आवश्यकता पर बल दिया है। उसका मत है कि किसी भी जाति के लिए जीवंत साहित्य ही पर्याप्त नहीं है, उसमें महान् कवियों का बराबर अवतरित होते रहना भी आवश्यक है क्योंकि वे ही हमारी निरंतर बदलती जाने वाली संवेदना को वाणी दे सकते हैं; यदि ऐसा नहीं होता है तो इस बात की आशंका रहेगी कि कालक्रम में उस जाति की भाषा और संस्कृति का ही नहीं, उसके लोगों की संवेदनशीलता का भी ह्रास हो जाए।[80] इस प्रसंग में भी दिनकर के विचार एलियट के समीपवर्ती जान पड़ते हैं। उन्होंने लिखा है कि "उच्च से उच्च प्राचीन साहित्य के उपभोक्ता होते हुए भी हम केवल उसी तक संतोष नहीं कर लेते, अपने समय के लिए नया साहित्य चाहते हैं जो प्राचीन साहित्य की अपेक्षा हमारा अधिक अपना होता है।"[81] इस प्रसंग को आगे बढ़ाते हुए दिनकर इसे एलियट के परंपरा-विचार की दिशा में ले गए हैं जबकि एलियट ने इस प्रसंग पर स्वतंत्र चिंतन भी किया है।

एलियट ने महान् रचनाकार का लक्षण यह माना है कि उसके समग्र कृतित्व में हमें एकसूत्रता या सातत्य मिलता है और साथ ही उसमें उसकी विकसनशील दृष्टि अनुस्यूत हुई दिखाई पड़ती है। इसी आधार पर उसने शेक्सपीयर के समग्र कृतित्व को एक कविता और उसे एक महान् कवि कहा है।[82] कुछ ऐसे ही विचार हमें दिनकर में मिलते हैं; 'मिट्टी की ओर' से लगाकर 'रश्मिलोक' तक में। एक जगह उन्होंने लिखा है कि प्रत्येक कवि जीवन-भर में एक ही कविता लिखता है, अर्थात् प्रत्येक कवि की सारी रचनाओं के भीतर कोई एक ही सूत्र व्याप्त रहता है तथा उसकी सभी कविताओं के पीछे एक ही तरह की मनोदशा बराबर उपस्थित रहती है।[83] दूसरी जगह उन्होंने लिखा है कि "प्रत्येक कवि जीवन भर में एक ही कविता लिखता है। उसकी भिन्न-भिन्न कविताएँ उसी एक कविता की विभिन्न कड़ियाँ होती हैं।"[84] यदि इस विचार में हम विकसनशील

व्यक्तित्व की बात और जोड़ दें तो यह विचार एलियट-विचार से अभिन्न हो जाएगा। वैसे, एकसूत्रता की बात दिनकर ने भी कही है, लेकिन उसमें विकास का समाहार मानने में कुछ कठिनाई आती है। एकसूत्रता से उन्होंने एक ही तरह की मनोदशा जैसा जो आशय ग्रहण किया है, वह भी स्पष्ट नहीं है।

एलियट ने, इस सिद्धांत की अनुरूपता में ही, यह भी कहा है कि किसी कवि के काव्य में निबद्ध विचारधारा यदि हमें अग्राह्य है, तब भी हम उसके काव्य को, उन विचारधारात्मक अंशों को हटाकर, सही रूप में नहीं पा सकते। शैले के प्रति अपने पूर्वग्रह के (कारण नहीं) बावजूद उसने यह स्वीकार नहीं किया है कि शैले की विचारधारा (जो कि उसकी दृष्टि में अपरिपक्व है) वाले अंशों को हटाकर उसके मनोरम काव्यात्मक स्थलों का संकलन करके 'उसके' काव्य का आनंद लिया जा सकता है और उसे पाया जा सकता है। ऐसा कोई भी संकलन उसके अनुसार, वास्तव में शैले का काव्य नहीं, उसके काव्य के असंबद्ध प्रसंगों का ढेर होगा।[85] यहाँ दिनकर के विचार एलियट के विचारों की अनुरूपता में नहीं ठहरते हैं। प्रसाद पर विचार करते हुए दिनकर ने प्रस्ताव किया है कि श्रद्धा, लज्जा, काम आदि सर्गों के रमणीय अंशों को संकलित करके 'कामायनी' का आनंद लिया जा सकता है।[86] इस प्रस्ताव से प्रसाद के प्रति दिनकर का जो पूर्वग्रह सूचित होता है, वह तो चिंत्य है ही, यह ज्ञापन अधिक चिंत्य है कि कविता के प्रति दिनकर की दृष्टि, एलियट की तुलना में, यहाँ बिल्कुल ही सपाट हो आई है।

विश्वास का बदलाव

यहाँ यह अनुमान करने का आधार भी है कि साहित्य के कुछ प्रश्नों पर एलियट के मंतव्यों का चिंतन-मनन दिनकर के मानस में सतत रूप से चलता रहा था और अंततः उसका प्रभाव उन पर उसी रूप में आया जिसे उन्हीं के शब्दों में 'विश्वास बदलना' कहा जा सकता है। साहित्य में ग्रहण किए जाने वाले प्रभाव की तात्त्विकता की चर्चा करते हुए दिनकर ने 'संस्कृति के चार अध्याय' में लिखा है कि–

"मनुष्य के कपड़ों में बटन इटली और धागे रूस के हो सकते हैं, किंतु, इतने से ही वह रूसी या इटैलियन नहीं हो जाता। देखना यह चाहिए कि उसका मन, उसकी सोचने की मुद्रा रूसी या इटैलियन हुई या नहीं। जब तक साहित्य का विश्वास नहीं बदलता, भावधारा परिवर्तित नहीं होती, तब तक साहित्य में आने वाले परिवर्तन की घोषणा नहीं की जानी चाहिए।"[87]

कुछ संदर्भों में दिनकर पर एलियट का प्रभाव इतना गहरा आया है कि उनमें वास्तव में दिनकर का विश्वास बदल गया लगता है। सृजन के संदर्भ में उन्होंने सोद्देश्यता से सहजता तक की दिशा में जो प्रयाण किया है, उसे इसके उदाहरण के रूप में देखा जा सकता है। इस प्रकार के कुछेक और प्रसंगों की चर्चा भी की जा सकती है।

रोचकता से बौद्धिकता की ओर

अपने साहित्य-चिंतन के प्रारंभ में दिनकर का सर्वाधिक बल साहित्य की सामाजिक-प्रसादात्मकता पर था। 'काव्य की भूमिका' के कई एक निबंधों में हम इस बल को अक्षुण्ण देख सकते हैं। लेकिन इसी संग्रह में 'कोमलता से कठोरता' निबंध में हम देखते हैं कि प्रसादात्मकता पर उनका आग्रह शिथिल हो गया है, और न केवल शिथिल हुआ है बल्कि उनकी चिंताधारा की दिशा में भी परिवर्तन आ गया है। वहाँ उन्होंने लिखा है कि "रोचकता के सभी उपादानों का उपयोग करते हुए भी दृष्टि हमारी अभिव्यक्ति की पूर्णता पर ही रहनी चाहिए।"[88] अब तक दिनकर का आग्रह जनग्राह्यता पर था लेकिन यहाँ उसका स्थान अभिव्यक्ति की पूर्णता ने ले लिया है। कदाचित् सामाजिक प्रसादात्मकता पर अतिशय आग्रह का दुष्परिणाम उन्होंने देख लिया था। उन्होंने लिखा भी है कि "कवि-सम्मेलनों को धन्यवाद कि हिंदी में कविता से बढ़कर सुगम चीज़ और दूसरी नहीं रह गई है। और कवि-सम्मेलनों की जितनी ही संख्या-वृद्धि होती है, कविता का मान भी उतना ही घटता जाता है।"[89]

स्पष्ट ही, यह प्रसंग दिनकर की दृष्टि में आए तात्त्विक परिवर्तन का उदाहरण है। हम यह भी देख सकते हैं कि इसके हेतुभूत प्रभाव भी एलियट का ही है; प्रमाण यह है कि प्रसादात्मकता या रोचकता के स्थान पर उन्होंने जो बौद्धिकता चाही है, वह एलियट के अनुकरण पर ही चाही है। उनका कथन है कि "कविता में रोचकता की कमी नहीं होगी। अभाव उसके पास गांभीर्य का है और गंभीरता उसे मिलेगी बौद्धिकता को अपनाकर, उस प्रकार से नहीं, जैसे विज्ञान उसे अपनाता है, बल्कि उस प्रकार से, जैसे क्लासिक युग और उसके पूर्व के कवियों ने उसे अपनाया था अथवा जैसे आज के युग में अरविंद और इलियट ने उसे अपनाया है।"[90]

अवश्य ही, इस संदर्भ में, 'काव्य की भूमिका' के निबंधों का रचनाकाल हमें उलझन में डालता है। 'कोमलता से कठोरता' निबंध 1953 में लिखा गया था। इसमें वे प्रसादात्मकता के आग्रह से हटकर अभिव्यक्ति की स्वतंत्रता और पूर्णता पर आ गए हैं। उनके इस विकास को हम 'मिट्टी की ओर' से प्रारंभ होने वाली उनकी विकास-यात्रा का अगला चरण मानें तो इसकी संगति इस तथ्य से नहीं बैठती कि 1956 में लिखे गये निबंध 'छायावादोत्तर काल' में उन्होंने फिर से प्रसादात्मकता को ही गौरवमंडित किया है। अस्तु।

कविता का प्रयोजन

दिनकर जिन प्रश्नों से प्रारंभ में ही जूझते रहे हैं, उनमें कविता के प्रयोजन का प्रश्न भी प्रमुख रहा है। 'मिट्टी की ओर' में उन्होंने कवियों को लगभग ललकारते हुए-से प्रश्न किया था कि "अब साहित्य सोच ले कि उसे क्या करना है। आया वह मानव-मन के

अप्रमुख स्तरों पर अनुसंधान करने में अपनी शक्तियों का अपव्यय करेगा, 'क्लासिक' और 'अकेडमिक' होकर रह जाएगा या उन लोगों के साथ चलेगा जो भविष्यत् के कोट पर कब्जा करने जा रहे हैं।"[91] कहने की आवश्यकता नहीं कि इस (प्रारंभिक) काल तक दिनकर साहित्य की सार्थकता समाज की सेवा में उसके नियोजन में ही देख रहे थे। लेकिन 'काव्य की भूमिका' तक आते-आते अपने अनुभवों के आलोक में उन्होंने अपना विचार बदल लिया। अब उन्हें लगने लगा कि सत्य को उपयोगिता के स्थूल रूप में तो क्या, बौद्धिक धारणा के रूप में भी नहीं पाया जा सकता। उनके इस दृष्टिगत परिवर्तन के मूल में एलियट का प्रभाव ही समझना चाहिए। इसकी पुष्टि उनके इस कथन से होती है कि 'सत्य बौद्धिक धारणा बनकर नहीं, बल्कि, विज़न या अनुभूति के रूप में ही प्रकट होता है। एलियट दार्शनिक मुद्रा में भी कवि रहते हैं, क्योंकि सत्य की वे शिक्षा नही देते, एकबारगी उसके दर्शन ही करा देते हैं। उनके फोर क्वार्ट्रेट में दार्शनिक सूक्तियाँ और काव्यात्मक चित्र इस प्रकार गुम्फित हैं कि सहसा यह पता नहीं चलता कि कौन दर्शन और कौन काव्य है।'[92] 'रश्मिलोक' की भूमिका में तो उन्होंने और भी स्पष्ट लिखा है कि 'कविता' अब सत्य का उद्घोष नहीं; उसके अनुसंधान का प्रयास है। मैं भी 'उर्वशी' में सिखाने के बदले अनुसंधान के काम में ज्यादा लगा रहा हूँ।"[93] कहीं-कहीं इस अनुसंधान में ही वे इतना डूबे हैं कि कविता रचते हुए उन्हें लगा कि 'मेरा अस्तित्व विलुप्त हो गया है।' यह फिर एलियट का प्रभाव ही है, उसके निर्वैयक्तिकता के सिद्धांत का प्रभाव।

दिनकर के शब्दों में ही, पहले कभी उन्हें यह प्रश्न मथता था कि "कविता का प्रयोजन क्या है। या वह ज्ञान के लिए है अथवा आनंद के लिए। वह मनुष्य को प्रसन्न करके छोड़ देती है या उसे कर्म की ओर भी प्रेरित करती है। मेरा गुरु कौन है। रवीन्द्र या इकबाल।... अब ये प्रश्न मुझे कुछ-कुछ बेहूदे-जैसे लगते हैं। किंतु उन दिनों (यानी 1930 से 1945 ई. तक) अस्पष्ट रूप से ऐसे ही प्रश्न मुझे व्याकुल किये रहते थे।"[94]

प्रश्नों के 'व्याकुल करते रहने' से लगाकर उनके 'बेहूदे-से लगने' तक की जो यात्रा है, वह अन्यान्य प्रभावों के साथ-साथ एलियट की छाया में संपन्न हुई है। इसकी पुष्टि एलियट के प्रयोजन विषयक विचारों से बखूबी होती है। उसने रचना के लिए किसी भी प्रयोजन का पूर्व-निर्धारण स्वीकार नहीं किया है, यद्यपि उसने कविता के किसी भी उपयोग का वर्जन भी नहीं किया है। उसका तात्पर्य यह है कि रचित रचना का उपयोग करना एक बात है और उस उपयोग को ध्यान में रखकर रचना करना बिल्कुल दूसरी। वह स्वयं पहली स्थिति का ही समर्थक था, दूसरी का नहीं। एक स्थल पर उसने लिखा है कि कला अपने से परे उद्देश्यों की सेवा में नियोजित की जा सकती है, लेकिन उसकी उनके प्रति सजगता अपेक्षित नहीं है; और सच तो यह है कि विभिन्न मूल्य-सिद्धांतों के अनुसार निर्धारित उद्देश्यों की पूर्ति वह उनके प्रति उदासीन रहकर ही कहीं अधिक अच्छी तरह कर पाती है।[95] दिनकर जब कहते हैं कि वे पहले जानते थे कि "कविता

कहाँ से आ रही है और किस तरफ को जाएगी'', तब वे उन उद्‌देश्यों के प्रति अपनी सजगता सूचित करते हैं जिनकी सेवा में वे कविता को नियोजित करते थे; लेकिन आगे चलकर जब वे कहते हैं कि अब उन्हें भी 'यह नहीं मालूम होता कि कविता कहाँ से आती है और क्या उसका गंतव्य है', तब वे भी उद्‌देश्यों से उदासीन होकर एलियट के निकट आए देखे जा सकते हैं। उनका यह उपर्युक्त कथन जो उनकी कविता का मोड़ अंकित करता है, उनके काव्य-चिंतन की दिशा का परिवर्तन सूचित करते भी देखा जा सकता है; और कहने की आवश्यकता नहीं कि इस दिशा-परिवर्तन में कार्यशील प्रभाव एलियट का अनुशीलन भी रहा है।

विचारों का भावांतरण

ज्ञान अथवा आनंद के प्रश्न की तरह ही 'रूपकाव्य और विचार काव्य' का चिंतन भी दिनकर ने किया है और इसका जो समाधान उन्होंने विचारों के भावांतरण में पाया है, उसमें भी वे एलियट के ऋणी कहे जा सकते हैं। दिनकर का यह कथन भी कि 'जब कविता में ऊँचे विचारों का प्राधान्य हो, तब भी कवि की गरिमा के कारण वे विचार नहीं, अपितु वह काव्यात्मक प्रणाली होगी जिससे विचारों का भाव-पक्ष उभार पाता है।'[96] यह कथन अपने कथ्य में ही नहीं, कथन-भंगिमा में भी एलियट का प्रभाव सूचित करता है; और जब वे लिखते हैं कि 'बर्बादी की प्रक्रिया हृदय और मस्तिष्क की दो शक्तियों के विभाजन के बाद शुरू हुई,'[97] तब तो इस अनुमान में कोई संशय रह ही नहीं जाता कि उन्होंने एलियट का 'मेटाफिज़िकल कवि' निबंध अवश्य ही पढ़ा था, क्योंकि ये विचार आए वहीं से हैं। सच तो यह है कि आधुनिक आलोचना-जगत में इस विचार का प्रणेता एलियट ही माना जाता है। 'काव्य की भूमिका' में हमें इस आशय के विचार अन्यत्र भी मिल जाएँगे।

कुछ स्थलों पर दिनकर बिंबबाद से प्रभावित जान पड़ते हैं, लेकिन वहाँ भी जब वे लिखते हैं कि ''काव्य की सार्थकता तो तभी मानी जाएगी जब विचार चित्रों में परिवर्तित कर दिए जायँ, रूपकों और उपमाओं के सहारे उनमें ऐन्द्रियता उत्पन्न कर दी जाय तथा वे केवल बुद्धि-ग्राह्य बनाकर ही न छोड़े जायँ",[98] तब वे केवल बिंबों का आग्रह ही नहीं करते, विचारों के चित्रों में बदलने की बात भी करते हैं, यह लक्ष्य करना आवश्यक है। यह अनुमान करना अनुचित नहीं होगा कि यदि वे एलियट का सम्यक् अनुशीलन करने का अवकाश पाते तो उसके 'वस्तुनिष्ठ-प्रतिरूपता' के सिद्धांत को स्वीकार करने में भी उन्हें कोई कठिनाई नहीं होती।

श्रुति-चेतना

कवि और काव्य-रसिकों में शब्द और वर्ण तक के लिए जो संवेदनशीलता होती है, उसे एलियट ने श्रुति-कल्पना (ऑडिटरी इमेजिनेशन) कहा है।[99] एलियट की यह श्रुति-कल्पना

ही दिनकर में आकर 'श्रुति-चेतना' हो गई जान पड़ती है। उन्होंने कुछेक स्थलों पर इस शब्द का व्यवहार किया है। एक जगह उन्होंने लिखा है कि "छंदों के संबंध में शंकर जी की श्रुति चेतना बड़ी ही सजीव थी;"[100] एक अन्य स्थल पर उन्होंने निराला जी के लिए लिखा है कि स्वच्छंद छंदों के प्रयोग द्वारा उन्होंने समकालीन पाठकों की श्रुति-चेतना का परिमार्जन और विस्तार किया है।"[101] यह पद हमारे जानते साहित्य जगत को एलियट की देन ही है और दिनकर जी ने इसे वहीं से लिया लगता है। जिस अर्थ में उन्होंने इसका प्रयोग किया है, वह भी एलियट के अभिप्रेत अर्थ के निकट ठहरता देखा जा सकता है। एलियट के 'ऑडिटरी इमेजिनेशन' का सही अनुवाद भी कदाचित श्रुति-चेतना ही है।

अर्थ से पूर्व आनंद

एलियट का एक विलक्षण अनुभव यह रहा है कि कुछ रचनाएँ अर्थ से पूर्व ही आनंद दे देती हैं। दांते पर विचार करते हुए उसने लिखा है कि "सच्ची कविता की कसौटी यह है कि वह अर्थ-बोध से पूर्व ही संप्रेषण कर सकती है। (यह एक सकारात्मक कसौटी है। इसका अर्थ यह नहीं कि इसका विलोम भी सही हो) कविता के संपूर्ण ज्ञान के बाद इस प्रभाव का सत्यापन किया जा सकता है। दांते और कई उन कवियों के विषय में जिनकी भाषाओं में मेरी अबाध गति नहीं थी, मैंने पाया है कि ऐसे प्रभाव कल्पित नहीं थे।"[102] आगे चलकर, कुछ इसी आशय की बात उसने 'कविता की सामाजिक भूमिका' में लिखी है।[103] इस प्रसंग में दिनकर में भी हम कुछ इसी प्रकार के विचार देखते हैं। उन्होंने लिखा है कि "हम जब कोई कविता पढ़ते या सुनते हैं, तब एक प्रकार का आनंद हमें अर्थ-बोध के पूर्व में ही प्राप्त होने लगता है; शब्दों की झंकार और उनके बैठने की अदा से ही हमारी इंद्रियाँ जाग्रत होने लगती हैं और इस प्रकार हम काव्य का जो अर्थ ग्रहण करते हैं, उसे अपनी सभी इंद्रियों की गवाही में ग्रहण करते हैं।"[104] यही बात उन्होंने अन्यत्र भी दोहराई है। यह प्रसंग उन प्रसंगों में से प्रमुख है जिन पर एलियट का प्रभाव असंदिग्ध कहा जा सकता है। लगता है, दिनकर ने एलियट का मंतव्य स्वीकार ही नहीं किया है, उसकी काव्यात्मक व्याख्या भी कर दी है।

सीमित से सम्यक् अनुशीलन की ओर

दिनकर पर एलियट के प्रभाव की इस चर्चा में यह स्मरणीय है कि दिनकर को एलियट के सम्यक् अनुशीलन का अवकाश नहीं मिल पाया था। (इसके पुष्ट संकेत हमें उनमें मिलते हैं) 'कविता ज्ञान है या आनंद' निबंध में उन्होंने अंग्रेजी-आलोचना का सर्वेक्षण-सा प्रस्तुत किया है। इसमें रिचर्ड्स तक के सभी प्रमुख आलोचकों के विचारों का विवेचन किया गया है लेकिन एलियट का उन्होंने कोई उल्लेख तक नहीं किया है। यह बात यहाँ इसलिए कही जा रही है कि जो प्रसंग दिनकर में संदर्भित है, उस प्रसंग पर एलियट ने

भी विचार किया था और उन विचारों में उसने रिचर्ड्स के मत का खंडन किया था। यह प्रकरण 'द यूज़ ऑव् पोइट्री' में देखा जा सकता है।'[105] यदि दिनकर ने 'द यूज़ ऑव् पोइट्री' का सम्यक् अनुशीलन किया होता तो वे एलियट के विचारों का विवेचन भी करते और रिचर्ड्स के विवेचन में एलियट द्वारा किये गये उसके खंडन का उल्लेख भी करते। लेकिन पूरे प्रसंग में एलियट का अनुल्लेख सूचित करता है कि दिनकर ने 'द यूज़' का सम्यक् अनुशीलन नहीं किया था। उन्होंने एलियट के निर्वैयक्तिकता के सिद्धांत का जो विवेचन किया है, उससे भी इसी बात की पुष्टि होती है। लेकिन, जैसे कि हम आगे चलकर निर्वैयक्तिकता के संदर्भ में ही नहीं, परंपरा-सिद्धांत के संदर्भ में भी देखेंगे कि वे एलियट को आयत्त करने की दिशा में भी आगे बढ़े हैं।

एलियट का निर्वैयक्तिकता का सिद्धांत और दिनकर

दिनकर ने 'मिट्टी की ओर' में एक जगह लिखा है कि "हम किसी उक्ति की कीमत इसलिए नहीं करते चूँकि वह किसी कवि नामधारी जीव के हृदय से निकली है, प्रत्युत् इसलिए कि कवि के साथ संबंध के अलावे भी उसका कुछ अपना महत्त्व होता है।"[106] हम कह सकते हैं कि इस कथन का लेखक एलियट के निर्वैयक्तिकता के सिद्धांत से परिचित है। और इसके साथ ही दिनकर का यह कथन भी रखा जा सकता है कि "किसी भी साहित्य का आदर इसलिए नहीं हुआ करता चूँकि उसमें काव्य-द्रव्य-परिपूर्ण किसी अमर घटना का वर्णन होता है, बल्कि इसलिए कि घटनाओं के वर्णन के बहाने उसमें किसी गंभीर सत्य की सृष्टि की जाती है।"[107] हम कह सकते हैं कि इस कथन में लगभग वही बात कही गई है जो एलियट ने 'येट्स' निबंध में अपने निर्वैयक्तिकता के सिद्धांत का पुनःप्रतिपादन करते हुए कही थी। हम यह भी कह सकते हैं कि इन दोनों कथनों में एलियट के सिद्धांत और उसके संशोधन से उनका परिचय सूचित होता है। लेकिन यहाँ प्रसंग इतना-सा ही नहीं है। 'मिट्टी की ओर' में ही दिनकर ने एक जगह लिखा है कि "जिस दिन वैयक्तिकता समाप्त हो जाएगी उस दिन साहित्य से नवीनता का लोप हो जाएगा।"[108] यहाँ दिनकर वैयक्तिकता के पक्षपाती हैं और नवीनता के भी, जबकि प्रारम्भिक एलियट वैयक्तिकता के स्थान पर निर्वैयक्तिकता का, और नवीनता के स्थान पर परंपरा का पक्षधर था। दिनकर के विचारों पर यदि इस एलियट का प्रभाव होता तो इस कथन को भी एलियट की दृष्टि की संगति में रहना चाहिए था। यह विचार-साम्य सांयोगिक ही अधिक जान पड़ता है[109],।

दिनकर में एलियट के निर्वैयक्तिकता के सिद्धांत की पहली स्पष्ट चर्चा 'काव्य की भूमिका' में मिलती है। यहाँ उन्होंने एलियट के इस सिद्धांत को स्वीकार नहीं किया है। उन्होंने साफ-साफ लिखा है कि "एलियट ने कविता को व्यक्तित्व की अभिव्यक्ति नहीं, व्यक्तित्व से पलायन कहा है। अर्थात्, कवि जीवन को अभिव्यक्ति नहीं देता, वह जीवन

से भागकर कला में आश्रय खोजता है... एलियट की यह उक्ति आकस्मिक और यत्किंचित् भयानक भी लगती है, क्योंकि इस सिद्धांत के अनुसार कविता और जीवन में नित्य संबंध नहीं रह जाता। उल्टे, इस संभावना को बल मिलने लगता है कि व्यक्ति की हैसियत से मनुष्य जो कुछ कहता या करता है, कवि की हैसियत से वह उससे विपरीत बातें बोल सकता है।"[110] एलियट के सिद्धांत की जो व्याख्या यहाँ दिनकर ने की है, वह चिंत्य ही कही जाएगी, इसलिए नहीं कि उन्होंने एलियट को अस्वीकार किया है बल्कि इसलिए कि इस व्याख्या में वे एलियट के मंतव्य को सही संदर्भ ग्रहण ही नहीं कर पाये हैं। अवश्य ही, दिनकर की यह टिप्पणी सटीक है कि "कविता व्यक्तित्व से पलायन है, यह मानने की बात नहीं हो सकती। है तो वह व्यक्तित्व की ही अभिव्यक्ति, किंतु व्यक्तित्व का पहचानने में भी हम भूल कर सकते हैं।"[111] एलियट का अनुशीलन करने पर हम पाते हैं कि ऐसी भूल उसने भी की थी लेकिन शीघ्र ही उसने इसका मार्जन भी कर लिया था। 'येट्स' (1940) निबंध में तो यह मार्जन बहुत बाद में हुआ है लेकिन अघोषित रूप में यह मार्जन 'सैक्रेड वुड' के 'फिलिप मैसिंजर' निबंध (1920) में ही मिल जाता है। यह चिंताकारक ही कहा जाएगा कि दिनकर ने एलियट की भूल तो देखी, लेकिन उनका मार्जन नहीं देखा।

'काव्य की भूमिका' (1956) के कोई एक दशक बाद 'शुद्ध कविता की खोज' (1966) में हमें फिर इस सिद्धांत की चर्चा मिलती है। यहाँ उन्होंने लिखा है कि–

"कला की रोमांटिक धारणा यह थी कि वह व्यक्तित्व की अभिव्यक्ति है। किंतु जब रोमांसवाद का विरोध शुरू हुआ, एलियट ने यह स्थापना रखी कि कला व्यक्तित्व की अभिव्यक्ति नहीं, उससे पलायन की क्रिया है। व्यक्तित्व क्या है, इसकी व्याख्या एलियट ने नहीं दी है। उन्होंने केवल यह कहा है कि कलाकार के पास व्यक्तित्व नहीं होता। उसके हाथ में केवल माध्यम होता है, जिस पर वह काम करता है। माध्यम का अर्थ कवि के प्रसंग में शब्द, भाषा, छंद आदि होंगे और चित्रकार के प्रसंग में उसे रंग और चित्रपट समझना चाहिए। इसका अर्थ यह हुआ कि कविता और चित्र के पीछे कलाकार के व्यक्तित्व की महिमा नहीं होती, प्रेरणा, पसंद-नापसंद अथवा दृष्टिबोध नहीं होता। कविता केवल हुनर है और जो भी व्यक्ति तेजस्वी तथा अध्यवसायी है, वह मजे में कविता और चित्र बना सकता है।"[112]

यह व्याख्या एलियट के मंतव्य की और भी ज्यादा अनर्थकारी व्याख्या कही जाएगी। 'कलाकार के पास व्यक्तित्व नहीं होता' कहकर दिनकर की व्याख्या ने कलाकार को सर्वथा व्यक्तित्वहीन बना दिया है जबकि एलियट ने रचना में व्यक्तित्व की सीधी या स्थूल अभिव्यक्ति का निषेध किया है, रचनाकार के व्यक्तित्ववान होने का निषेध नहीं किया है। दोनों बातें बिल्कुल अलग-अलग हैं। उसका मूल कथन इस प्रकार है कि

"कवि के पास अभिव्यक्ति के लिए व्यक्तित्व नहीं होता, विशिष्ट माध्यम होता है।"[113] यहाँ 'अभिव्यक्ति के लिए' पद लक्ष्य योग्य है। इसका अभिप्राय यही है कि उसका व्यक्तित्व उसकी अभिव्यक्ति का विषय नहीं होता, यह नहीं कि उसका अपना व्यक्तित्व ही नहीं होता। इसे सही संदर्भ में ग्रहण करने के लिए उसके निम्नांकित कथन पर भी दृष्टि निरोध किए रखना आवश्यक है जो निबंध के लगभग अंत में आया है कि "कविता भावों का स्खलन नहीं, उसका संवरण है; वह व्यक्तित्व की अभिव्यक्ति नहीं, उनका संवरण है, लेकिन जिनके भावनाएँ और व्यक्तित्व होता है, वे ही उनके संवरण का अर्थ समझते हैं।"[114] स्पष्ट है कि एलियट ने रचनाकार के व्यक्तित्ववान होने का निषेध नहीं किया है, बल्कि उसके लिए व्यक्तित्व आवश्यक ठहराया है, निषेध उसकी सीधी अभिव्यक्ति का किया है; दिनकर की दृष्टि कथन के पूर्वार्द्ध पर ही रही जान पड़ती है, उत्तरार्द्ध पर नहीं। आगे चलकर तो एलियट ने व्यक्तित्व की अभिव्यक्ति का निषेध भी शिथिल कर दिया है बल्कि व्यक्तित्व को रचना की सशक्तता का प्रमुख हेतु ठहराया है,[115] लेकिन इतना तो हम यहाँ भी देख सकते हैं कि उसने कृतिकार को व्यक्तित्व से वंचित यहाँ भी नहीं किया है। दिनकर ने जो ऐसा समझ लिया है, वह उनका भ्रम ही है।

इसी प्रकार, दिनकर ने भाषा, छंद आदि को माध्यम मानकर एलियट को जो हुनर पर बल देने का दोषी ठहराया है, वह भी कुछ भ्रामक है यद्यपि इस भ्रम का कुछ दोष एलियट के सिद्धान्त प्रतिपादन है। (अन्यथा संशोधन की आवश्यकता ही क्यों पड़ती)। वैसे,। कविता का माध्यम शब्द या भाषा ही होती है लेकिन यहाँ एलियट का माध्यम से अभिप्राय शब्द, भाषा या छंद से नहीं, कवि के अवचेतन से है। अतः यहाँ भी दिनकर की व्याख्या भ्रामक है। यह ठीक है कि एलियट ने कवि के व्यक्तित्व और कविता के बीच में कठोर पार्थक्य की जो बात कही है, वह वहाँ शिल्पसाध्य ही है और इसीलिए एलियट को हुनर का पक्षधर कहना एक हद तक अनुचित नहीं भी माना जा सकता है, लेकिन इसका पोषण उन्होंने माध्यम की अपनी जिस व्याख्या से पाना चाहा है, वह निर्मूल है, और इसीलिए इसे एलियट के व्यक्तित्व-वर्जन का आधार मान लेना भी गलत है। यहाँ एक प्रकार से दोहरी गलती हुई है।

दिनकर की व्याख्या का निम्नांकित अंश भी उनके भ्रम का विस्तार ही है। उन्होंने लिखा है कि–

"कविता अगर व्यक्तित्व की अभिव्यक्ति मानी जाय, तो फिर यह भी मानना पड़ेगा कि काव्य केवल शैली से नहीं बनता, उसमें वे उपकरण भी अभिव्यक्ति पाते हैं, जिनसे कवि के व्यक्तित्व का निर्माण हुआ है। और, वे उपकरण भावनाएँ हो सकती हैं, विचार हो सकते हैं, किसी चीज का अच्छा या बुरा लगना हो सकता है, सम्मति धारणा और दृष्टि बोध हो सकता है लेकिन सम्मति, धारणा और दृष्टि बोध कविता में आ गए, तो

फिर कविता शुद्ध कैसे कही जाएगी। हमारा अनुमान है कि यही कुछ सोचकर एलियट ने कवि के व्यक्तित्व का वर्जन करके सारा जोर अभ्यास पर दिया है।"[116]

यहाँ दिनकर का विवेचन एकदम अनुमान पर आश्रित है, प्रामाणिक अनुशीलन से प्रसूत नहीं है। 'परंपरा' निबंध के बाद में तो एलियट ने अनेकानेक निबंधों में रचना में रचनाकार के व्यक्तित्व, भावनाएँ, दृष्टि आदि के रूपांतरण की बात की है, लेकिन यदि वे देख पाते तो 'परंपरा' निबंध में ही उसने लिखा है कि रचना में जो तत्त्व निबद्ध होते हैं, वे दो प्रकार के होते हैं, भाव और अनुभूतियाँ।[117] मैंसिजर निबंध में उसने रचना में रचनाकार का दृष्टिकोण भी आवश्यक ठहराया है। यदि इस दृष्टि से शेक्सपीयर और उत्तरवर्ती नाटककारों पर एलियट के निबंधों को देखा जाय तो उनमें दिनकर की इन शंकाओं का समाधान मिल जाएगा। लेकिन उन्हें उनके अवलोकन का अवकाश नहीं मिल पाया। और 'येट्स' निबंध में तो उसने अपने सिद्धांत का घोषित पुनःप्रतिपादन करते हुए लिखा ही है कि "निर्वैयक्तिकता दो प्रकार की होती है, एक तो वह जो निरे शिल्पी के लिए सहज होती है, दूसरी वह जो प्रौढ़ होते जाते कलाकार द्वारा अधिकाधिक अर्जित की जाती है.... यह दूसरा रूप उस कवि में मिलता है जो अपने गहन और निजी अनुभव में से सामान्य सत्य की सृष्टि करने में समर्थ होता है।"[118] लेकिन 'शुद्ध कविता की खोज' का लेखक एलियट के इस रूप से परिचित नहीं है।

लेकिन अपने इस अस्वीकार के बावजूद दिनकर एलियट से दूर नहीं कहे जा सकते क्योंकि वास्तव में उन्होंने जिसे अस्वीकार किया है, वह तो वह एलियट है जिसे उन्होंने ठीक से आयत्त नहीं किया है। अतः उसे अस्वीकार किया जाना ही उचित था। इस सिद्धांत की और कोई विवेचना दिनकर के आलोचनात्मक लेखन में कहीं नहीं मिलती है, लेकिन 'रश्मिलोक' में कुछ ऐसे संकेत उनमें अवश्य मिलते हैं जो सूचित करते हैं कि अंततः दिनकर ने इस सिद्धांत विषयक अपने कई एक भ्रमों का निराकरण कर लिया था।

'रश्मिलोक' की भूमिका में दिनकर ने लिखा है कि "कविता में एक स्थिति वह भी आती है, जब कवि को अपने अहं का लोप करना पड़ता है अथवा समाधि की स्थिति में देर तक टिके रहने से कवि के अहं का आप से आप लोप हो जाता है। तब जो भूमि रिक्त रह जाती है, वहाँ कहीं से स्रस्त होकर कविता खुद-ब-खुद उतर आती है। 'उर्वशी' में ऐसे कई स्थल हैं, किंतु उनके बारे में अधिकारपूर्वक बोलना मेरे लिए संभव नहीं है, क्योंकि जहाँ-जहाँ ऐसे स्थल आए हैं, मेरा अस्तित्व विलुप्त हो गया है। वहाँ जो है, वह कविता है, मैं नहीं हूँ।"[119] यह अहं और अस्तित्व का लोप ही एलियट की निर्वैयक्तिकता के प्रमुख उपादान हैं।

लगता है, दिनकर के अवचेतन ने चर्वित-चर्वण करते-करते सृजन-व्यापार।

के मर्म को जिस रूप में पाया है, वह एलियट के मंतव्य के काफी निकट है। इस

दृष्टि से दिनकर के 'हारे को हरिनाम' संग्रह में 'कला' शीर्षक कविता हमारा ध्यान बरबस ही खींच लेती है। उसमें इस सिद्धांत की ज़्यादा स्पष्ट स्वीकृति है। कविता के कुछ अंश द्रष्टव्य हैं जिनमें इस सिद्धांत का रूपायन-सा दिखाई पड़ता है :

जो व्यक्ति लिखता है/और जो व्यथा भोगता है,
उन दोनों के बीच/ झीनी दीवार खड़ी करो
मैं यह नहीं कहता/कि मेरी उम्र बड़ी करो।
पर जब तक जियूँ/वीणा सुर में बोलती रहे।
वह मेरा ही नहीं,/सबका दर्द खोलती रहे।
और मैं अपनी सृष्टि में/उसी प्रकार छिपा रहूँ
जैसे तुम अपनी/रचना में प्रच्छन्न हो।
ताप सबको महसूस हो, मगर आग नहीं मिले।
यह कलाकार की सच्ची स्थिति है।
और इसे मैंने आज तक निभाया था।
लोग समझते रहे कि/मैं देश का दर्द गाता हूँ
मगर दर्द मैंने, अपना ही गाया था।[120]

इस कविता में एलियट के सिद्धांत की जो प्रमुख बातें हैं, मेरे द्वारा वे रेखांकित अंशों में देखी जा सकती हैं। एलियट के आलोचनात्मक लेखन में इन सबसे तुलनीय अंश मिल जाएँगे। अस्तु।

परंपरा-सिद्धांत और दिनकर

कवि-आलोचक दिनकर और एलियट का यह विवेचन परंपरा-सिद्धांत की चर्चा के अभाव में अधूरा ही रहेगा, विशेषकर इसलिए कि एलियट का यह सिद्धांत हमें दिनकर में भली प्रकार से आत्मसात हुआ मिलेगा, यद्यपि इसका सीधा विवेचन हमें उनमें नहीं मिलेगा; वैसा अल्प और बिखरा हुआ विवेचन भी नहीं, जैसा कि हमें निर्वैयक्तिकता के सिद्धांत का मिलता है। लेकिन वास्तविकता यह है कि इसे उन्होंने भली प्रकार से आयत्त कर लिया था अन्यथा हिंदी की व्यावहारिक-आलोचना में इसे चरितार्थ कर दिखाना उनके लिए भी संभव नहीं था। किसी भी सिद्धांत को समझ लेना एक बात है, और सर्वथा भिन्न, किंतु उपयुक्त संदर्भ में उसे चरितार्थ कर दिखाना बिल्कुल दूसरी। एलियट के संदर्भ में जब हम दिनकर पर विचार करते हैं, तो हम उनमें इस जटिल कार्य को करने की विशेष सामर्थ्य पाते हैं। दिनकर के कुछेक संदर्भ चाहे इस बात के असंदिग्ध उदाहरण न जान पड़ें,[121] लेकिन परंपरा-सिद्धांत का उनका ग्रहण इसका असंदिग्ध उदाहरण कहा जाएगा। सच तो यह है कि हिंदी-आलोचना में परंपरा-सिद्धांत की पहली चरितार्थता हमें दिनकर में ही मिलती है।

एलियट के परंपरा-सिद्धांत का मर्म यह है कि अतीत भी वर्तमान से उतना ही परिवर्तित होता है जितना कि वर्तमान अतीत से निर्दिष्ट होता है। दिनकर ने इस मर्म को बखूबी आयत्त कर लिया था। उनकी व्यावहारिक आलोचनाओं में हमें इसके कई एक उदाहरण मिल जाते हैं।

अपने प्रारंभिक लेखन में दिनकर ने वर्तमान पर ही विशेष बल दिया था। एक जगह उन्होंने लिखा है कि "कला के क्षेत्र में जो कुछ सामयिक सत्य से दूर है वह दरअसल सारे सत्य से दूर होता है।"[122] एक अन्य स्थल पर उन्होंने लिखा है कि "सच्चा साहित्य सामयिकता को भुलाकर लिखा ही नहीं जा सकता।" इतना ही नहीं, उनके निकट "जीवन का सबसे बड़ा सत्य वर्तमान है",[123] और "कविताएँ बराबर वर्तमान की कुक्षि से पैदा होती हैं।"[124] इसी के अनुरूप अपनी व्यावहारिक आलोचनाओं में उन्होंने कुछ कवियों के काव्य की युगीन प्रेरणाओं का अत्यंत सटीक उद्घाटन किया है। वैष्णववादी गुप्तजी पर आर्य-समाज के संस्थापक स्वामी दयानंद के प्रभाव का जो उद्घाटन उन्होंने किया है, वह इसका अच्छा उदाहरण है। जब वे लिखते हैं कि "एक युग के कवि दूसरे युग के किसी समानधर्मी की अपेक्षा अपने ही युग के किसी विरोधी कवि के अधिक समीप होते हैं,"[125] तब भी वे सामयिकता के पक्षधर होकर ही आए दिखाई पड़ते हैं। लेकिन लक्ष्य करने की बात यह है कि सामयिकता पर उनके इस प्रकार के आग्रहों का परंपरा के साथ कोई विरोध नहीं है।

उन्होंने वर्तमान के साथ-साथ अतीत का आकलन भी चाहा है और वर्तमान की दृष्टि से ही चाहा है। अपने 'इसी' चाहने में वे एलियट के निकट आए देखे जा सकते हैं क्योंकि एलियट में भी यह वर्तमान ही है जो अतीत को प्रभावित और परिवर्तित करता है। दिनकर ने लिखा है कि–

"अतीत जीवन को देखने का भी प्रत्येक युग का अपना दृष्टिकोण होता है जो समकालीन साहित्य में प्रधान रहता है। प्रत्येक युग अपनी-अपनी आग से परंपरागत इतिहास को खौलाता है और भविष्य की ओर लपटें फेंकता है। उसकी आँच में पड़कर प्राचीन संस्कृतियाँ नया रंग पकड़ती हैं और परंपरागत साहित्यिक प्रकरण भी बहुधा नए अर्थ ग्रहण करते हैं।"[126] यह वर्तमान के कोण से अतीत को देखना ही है। यह दृष्टि हमें 'काव्य की भूमिका' में ही नहीं मिलती, 'मिट्टी की ओर' में भी मिल जाती हैं। प्रस्तुत उदाहरण 'मिट्टी की ओर' से ही लिया गया है। वहाँ उन्होंने लिखा है कि "जिन प्रकरणों और प्रसंगों को हम अतीत की देन समझते हैं, सूक्ष्म दृष्टि से देखने पर वे भी सामयिकता के ही प्रतिरूप-से जान पड़ेंगे। ... सूर के उद्धव कृष्ण के उद्धव नहीं; बल्कि कबीर की बुझती हुई निर्गुण-परंपरा के प्रतीक हैं।"[127] यही बात उन्होंने गुप्तजी के राम के विषय में कही है; वे त्रेतायुग या तुलसी के राम नहीं हैं, दयानंद के युग के राम हैं।

उनकी जिस दृष्टि ने 'पंत, प्रसाद और मैथिलीशरण' पुस्तक में मैथिलीशरण जी की आलोचना में अपना प्रसार पाया है, उसका अंकुर भी हमें 'मिट्टी की ओर' में ही मिल जाता है।[128] इन सभी संकेतों के बाद इस बात में कोई संदेह नहीं रह जाता कि 'मिट्टी की ओर' के प्रकाशन से पूर्व ही दिनकर एलियट के संपर्क में आ चुके थे।

इस दृष्टि से 'काव्य की भूमिका' में 'रीतिकाल का नया मूल्यांकन' निबंध भी पठनीय है। इस मूल्यांकन में अनुस्यूत दृष्टि बिंबवादी जान पड़ती है लेकिन उसमें परंपरा-दृष्टि का विनियोग भी देखा जा सकता है। एक जगह उन्होंने लिखा है कि "हम जब भी पीछे की ओर मुड़ते हैं, हमारी आज की रुचि हमारे साथ रहती है और रीतिकाल की भी वे ही पंक्तियाँ हमें आकृष्ट करती हैं, जिनमें उन कविताओं के थोड़े-बहुत गुण हैं, जो हमारे अपने समय में लिखी जा रही हैं।"[129] ये गुण जब अपने पुंजीभूत रूप में किसी समर्थ-कृति में फलित होते हैं, तब वह स्थिति आती है जिसे एलियट ने नई के प्रकाशन से महती रचनाओं के प्रचलित अनुक्रम में, यत्किंचित् ही सही, बदलाव आना कहा है। छायावाद के आलोक में रीतिकाल का पुनर्मूल्यांकन करते हुए दिनकर जब महान् रचनाकारों की महत्ता का अनुक्रम बदलते हैं, तब हम उनकी आलोचना को एलियट के प्रभाव से परिचालित होते हुए देख सकते हैं। उन्होंने लिखा है कि "आज के पाठकों की रुचि का खयाल रखा जाय तो नए मूल्यांकन में अनुभूति की तीव्रता के कारण घनानंद, बोधा और ठाकुर तथा रसखान अपने वर्तमान पद से कहीं ऊँचे हो जाएँगे और केशव-जैसे कवियों का स्थान कुछ नीचे चला जाएगा।"[130] यह मूल्यांकन कुछ वैसा ही है, जैसा एलियट का वह मूल्यांकन था जिसने अंग्रेजी-साहित्य में डन और मारवैल जैसे लुप्त-महत्त्व के कवियों को साहित्य-जगत में फिर से अनुष्ठित किया था।

घनानंद का महत्त्व दिनकर ने कई प्रकार से उजागर किया है और उनमें अनुस्यूत दृष्टि सर्वत्र एलियट की परंपरा-दृष्टि ही जान पड़ती है। एक स्थल पर उन्होंने लिखा है कि "रीतिकाल का कोई एक कवि अगर छायावादी कवियों का आत्मीय बंधु कहा जा सकता है तो वे घनानंद हैं। हिंदी साहित्य के इतिहास में घनानंद जिस स्थान के अधिकारी हैं, वह स्थान अभी उन्हें नहीं मिला है। ... केशव, मतिराम, देव और बिहारी तथा पद्माकर-जैसे लोग जब अपनी ही सीमा में खत्म हो गये तब अतीत के जुलूस को भविष्य तक पहुँचाने की राह घनानंद ने बनायी और वे ही वह सेतु हुए जिस पर चढ़कर पुरानी हिंदी-कविता ने नवयुग में प्रवेश किया" अथवा "द्विवेदी युग की नीरसता के विरुद्ध कल्पनाओं और स्वप्नों की रंगीन कुहेलिका लिए हुए जो नई काव्य-शैली हिंदी में आई, उसके अग्रदूत घनानंद ही थे।"[131] एक अन्य स्थल पर उन्होंने यहाँ तक लिखा है कि "यदि घनानंद ने खड़ी बोली में लिखा होता तो, सरलता से वे छायावाद के पूर्व-पुरुष मान लिए गए होते।"[132] यह मूल्यांकन अतीत-रथ के यात्रा-पथ को अंकित-भर करना

नहीं है, वर्तमान के कोण से अतीत को देखना है और उसके जीवंत को रेखांकित करना भी है। इसी प्रकार, दिनकर ने घनानंद में छायावादी-वृत्ति का संधान करके उनका जो महत्वांकन किया है, उसमें भी हम परंपरा-सिद्धांत की चरितार्थता पाते हैं।

दिनकर की कुछेक और टिप्पणियों में भी हम इसी दृष्टि का विनियोग पाते हैं। उनकी दृष्टि में "रीतिकाल की सबसे बड़ी आलोचना, कदाचित् यह है कि उसके ठीक बाद आने वाले महाकवि भारतेंदु ने अपना स्वर रीतिकाल से न मिलाकर भक्तिकाल से मिलाया जो रीतिकाल के ठीक उस पार पड़ता है।"[133] उनकी एक अन्य टिप्पणी में भी भारतेंदु के महत्त्व का एक और पहलू द्रष्टव्य है जो परंपरा-दृष्टि को अपनाये जाने की वजह से ही उजागर हुआ है। उन्होंने लिखा है कि "भारतेंदु की पंक्तियों में भी छायावादी शैली का आभास उतरा है, किंतु छायावाद से अधिक वे प्रगतिवाद के उन्नायक ठहरते हैं क्योंकि नवीनता की दिशा में उनका खास जोर कविता के सामाजिक पक्ष पर था।"

इन सभी उदाहरणों में हम दिनकर की आलोचना में एलियट के परंपरा-सिद्धांत का व्यावहारिक प्रतिफलन देख सकते हैं। एलियटीय अर्थ में परंपरावादी आलोचक अतीत को उसके ऐतिहासिक अनुक्रम में नहीं पाता है, वह वर्तमान की समस्वरता के संधान में अतीत का आलोड़न करता है और इस प्रकार वर्तमान के कोण से देखता हुआ अतीत के अछूते पक्षों को आलोकित कर जाता है। दिनकर के उपर्युक्त कथनों में हम इस दृष्टि को लक्ष्य कर सकते हैं।

साकेत के संदर्भ में

'साकेत' के संदर्भ में दिनकर ने रामकथा पर जो पुनर्विचार किया है, उसमें हमें परंपरा-सिद्धांत की और भी जीवंत व्याख्या मिलती है। इस व्याख्या ने भवभूति को सहज ही एक नई अर्थवत्ता प्रदान कर दी है।[134] दिनकर ने साकेत का जो विश्लेषण किया है, उसके अनुसार साकेतकार ने अपने युग का प्रभाव ग्रहण किया था इसलिए साकेत के राम वैदिक धर्म और आर्य सभ्यता के प्रचारक हैं। "साकेत से पूर्व रामकथा-विषयक किसी भी साहित्य में यह नहीं कहा गया था कि राम के लंकाभियान का एक उद्‌देश्य दक्षिण भारत में आर्य-सभ्यता का प्रचार करना था।"[135] यह वस्तुतः हमारे सांस्कृतिक-पुनर्थागरण के एक प्रमुख नायक स्वामी दयानंद का फूँका हुआ मंत्र था जो साकेतकार के माध्यम से होकर उसके राम में उतरा है। इसी दृष्टि से रामकथा के अतीत का आलोड़न करने पर दिनकर ने भवभूति में इसकी समधर्मिता पाई है और उसे बखूबी प्रकाशित किया है। उन्होंने लिखा है कि–

"भवभूति के राम वे ही नहीं हैं जो वाल्मीकि के राम थे तथा तुलसी के राम वाल्मीकि और भवभूति, दोनों के रामों से ईषत् भिन्न हैं। उदाहरणार्थ शूद्र तपस्वी शंबूक का वध करते समय वाल्मीकि के राम के हृदय में कोई पीड़ा नहीं हुई, कोई द्विधा नहीं जगी, किंतु, भवभूति के राम जब शंबूक का वध करने को उद्यत होते हैं, तब शंबूक पर

उनका हाथ नहीं उठता...यह और कुछ नहीं, वाल्मीकि और भवभूति के युगों की मान्यताओं का भेद है, जो एक राम को कठोर और दूसरे को कोमल करके दिखाता है... वाल्मीकि और भवभूति के युगों के बीच सबसे बड़ी घटना यह घटी कि उस काल में महात्मा गौतम बुद्ध का आविर्भाव हुआ, जिन्होंने ब्राह्मणसत्ता को चुनौती दी, जिन्होंने भारत में वृहत् मानवता का आंदोलन चलाया और जिन्होंने बार-बार यह घोषणा की कि जन्मना सभी मनुष्य समान होते हैं... यह इसी वृहत् मानवतावादी आंदोलन का प्रभाव था, जिन्होंने भवभूति के काल में आकर ब्राह्मणों के भीतर भी यह शंका उत्पन्न कर दी कि, हो-न-हो, शबूंक के साथ अन्याय किया गया था। इस शंका ने पहले तो भवभूति के हृदय को पकड़ा और तब वह स्वयं राम के मुख से भी निकल पड़ी।"[136]

हम देख सकते हैं कि 'साकेत' के प्रकाशन ने कैसे भवभूति के मूल्यांकन को प्रभावित किया है। इसी रूप में एक सचमुच नई कृति का प्रकाशन परंपरा को प्रभावित करता है। यह सारा विश्लेषण दिनकर का है लेकिन यह देख लेना कठिन नहीं कि इसमें निबद्ध दृष्टि उन्हें एलियट के परंपरा-सिद्धांत के मनन से प्राप्त हुई है। यह बात स्वयं उन्होंने नहीं कही है लेकिन एलियट के अध्येता को इसे ताड़ने के लिए किसी अन्य प्रमाण की आवश्यकता नहीं है; उनका (दिनकर का) यह विश्लेषण स्वयं ही प्रमाण है।

दो परंपराएँ

एलियट ने अंग्रेजी बल्कि यूरोपीय-साहित्य में दो परंपराओं का बार-बार उल्लेख किया है; रोमांटिक और क्लासिकल। दिनकर ने भी 'आधुनिकता बोध' पुस्तक में समूचे भारतीय संदर्भ में दो परंपराओं का बार-बार उल्लेख किया है। उन्होंने लिखा है कि बुद्ध के समय से ही भारत में चिंतन की दो धाराएँ बहती आ रही हैं। 'एक धारा भारत की मातृ संस्कृति की धारा है, जिसके ऋषि मनु, वशिष्ठ और याज्ञवल्क्य, दार्शनिक शंकराचार्य और कवि कंबन, पोतन्ना और तुलसीदास हैं। यह धारा वर्णाश्रम की धारा है... दूसरी धारा वह है, जो मूल संस्कृति के विरुद्ध विद्रोह करने को फूटी थी। इस धारा के ऋषि स्वयं बुद्ध, उसके दार्शनिक वसुबंधु और नागार्जुन तथा उसके कवि सरहपा, नहपा, कबीर, नानक, वेमन्ना, दादू और मलूकदास हैं।'[137] परंपराओं का यह निदर्शन 'संस्कृति के चार अध्याय' के लेखक के लिए कोई अस्वाभाविक बात नहीं है, लेकिन यह निरूपण हम चार अध्याय में हुआ उतना नहीं पाते जितना कि 'आधुनिकता बोध' में पाते हैं। निश्चय ही, यह निरूपण है दिनकर का ही लेकिन इसकी प्रेरणा का मूल भी एलियट जान पड़ता है। एलियट में परंपराओं का संदर्भ साहित्यिक है जबकि दिनकर में सामाजिक-सांस्कृतिक संदर्भ भी साथ-साथ रहे हैं। दिनकर की विशेषता यही है कि ग्रहण वे चाहे कहीं से करें, व्यक्त उसे आत्मसात करके ही करते हैं। यहाँ भी उन्होंने

क्लासिसिज़्म और रोमांटिसिज़्म साहित्य में ही नहीं, दर्शन और संस्कृति के क्षेत्र में भी खोजकर दोनों परंपराओं को सम्यक् बना दिया है।[138] क्या डॉ. नामवर सिंह ने अपनी पुस्तक 'दूसरी परंपरा की खोज' का बीज दिनकर में नहीं पाया था?

निष्कर्ष

एलियट और दिनकर के विचारों में समानता के इस निदर्शन, और यत्र-यत्र दिनकर पर एलियट के प्रभाव के इस विवेचन का अभिप्राय यह प्रभाव अंकित करना नहीं है कि दिनकर का चिंतन एलियट के अनुशीलन का परिणाम है। दिनकर स्वयं भी साहित्य के चिंतक थे; उनके काव्य और उनके युग की आवश्यकता ने ही उनके चिंतन की दिशा का निर्धारण किया था। एलियट के विचारों में समस्वरता पाकर वे उसकी ओर आकर्षित हुए थे और उसके कतिपय विचारों को उन्होंने अपनाया भी, और उसके परिणाम में उन्होंने अपने विचारों में परिवर्तन भी किया; लेकिन इस सबके उपरांत भी यह एक तथ्य है कि दिनकर स्वयं साहित्य के एक स्वतंत्र और सजग चिंतक थे। उनकी अपनी दृष्टि भी निर्भ्रांत थी। उस पथ से, वे चाहे कुछ विचलित हुए हों, समग्रतः देखने पर कहना पड़ता है कि उन्होंने उसका परित्याग नहीं किया। साहित्य की सामाजिक-ग्राह्यता का उनका आग्रह इसी कोटि का जान पड़ता है।

एलियट के प्रभाव से जहाँ-तहाँ उन्होंने अपने इस आग्रह को छीला है लेकिन सारी वस्तुनिष्ठता के विकास के बावजूद भी इसका आग्रह उनमें ऐसा था कि हम उन्हें अंत तक इसे दोहराते हुए देख सकते हैं। 'रश्मिलोक' की भूमिका, 'मेरी काव्य यात्रा' में भी जहाँ एलियट के प्रभाव की स्वीकृति सर्वाधिक मुखर है, उन्होंने लिखा है कि "मेरी दृढ़ धारणा है कि कविता व्यक्ति द्वारा संपादित सामाजिक कार्य है और शुद्ध कविता भी समाज के लिए ही लिखी जाती है।"[139] अपने ज्ञानपीठ अभिभाषण में भी कविता की दुरूहता पर चिंता प्रकट करते हुए उन्होंने जो आदर्श सामने रखा है, वह भी कविता की जनग्राह्यता का आदर्श ही है। उन्होंने लिखा है कि आधुनिक युग के 'कवियों की कविताएँ भी कुछ खास-खास कवि ही समझ पाते हैं। यह स्थिति कविता के लिए सामान्य नहीं, अच्छे-खासे सुधी पाठकों के लिए भी दुखदायी हो रही है। काश, कोई ऐसा कवि पैदा होता जो एलियट और रिल्के के स्वप्नों को तुलसी की सरलता से लिखने का मार्ग निकाल देता।'[140]

यह कामना दिनकर के सामाजिक-प्रसादात्मकता के प्रारंभिक आग्रह का ही रूपांतरण है और यही उनका निजत्व है जो सारे संस्कार-परिष्कार के बावजूद, अपने विभिन्न प्रतिफलनों में, बना रहता है। निश्चय ही, एलियट के विचारों से अपना पोषण पाते हुए भी दिनकर एलियट के अनुकर्ता नहीं थे, वे साहित्य के स्वतंत्र विचारक ही थे।

संदर्भ

1. दिनकर : रश्मिलोक, 'मेरी काव्य यात्रा' शीर्षक भूमिका, पृष्ठ ढ-ण
2. वही, पृष्ठ क
3. वही, पृष्ठ ढ
4. वही, पृष्ठ ण
5. वही, पृष्ठ क
6. वही, पृष्ठ ण-त
7. दिनकर : 'काव्य की भूमिका,' पृष्ठ 47
8. 'मिट्टी की ओर', पृष्ठ 36

   द्रष्टव्य : छायावादी-कविता की अतिशय भावुकता के प्रति इन कवियों की सतर्कता के लिए 'काव्य की भूमिका,' पृष्ठ 36 पठनीय।
9. वही, पृष्ठ 63
10. वही, पृष्ठ 34

    द्रष्टव्य : इनकी कविता 'किसी ऐसी अनुभूति पर हाथ डालना नहीं चाहती थी जो समूह की अनुभूति से इतनी दूर हो कि उसकी समझ में ही नहीं आ सके।' वही, पृष्ठ 36
11. वही, पृष्ठ 101
12. वही, पृष्ठ 59
13. वही, पृष्ठ 63
14. 'काव्य की भूमिका', पृष्ठ 47
15. वही, पृष्ठ 48 व 47
16. वही, पृष्ठ 43
17. दिनकर : पंत, प्रसाद और मैथिलीशरण, पृष्ठ 71-72
18. काव्य की भूमिका, पृष्ठ 43
19. वही, पृष्ठ 52

    द्रष्टव्य : अपनी पीढ़ी के विजय-भाव की जो चर्चा उन्होंने की है, उसी की आवृत्ति इन पंक्तियों में भी मिलती है—मैं यह नहीं मानता कि हम लोग जिस युग में आए, वह हिंदी-कविता के उतार का युग था। उसे कविता के प्रसार का युग कहना कहीं अधिक न्याय संगत बात होगी। क्योंकि छायावादी युग में सूक्ष्म और धूमिल सृष्टियाँ चाहे जितनी हुई हों, जन-समुदाय के बीच समकालीन काव्य का जैसा प्रसार हमारे युग में हुआ, वैसा छायावादी युग में न हो पाया था।" पृष्ठ 52। अपने युग में हुए काव्य-प्रसार पर यह गर्व भी छायावाद पर प्रहार करके ही किया गया है।
20. वही, पृष्ठ 51
21. वही, पृष्ठ 50
22. वही, पृष्ठ 51-52
23. वही, पृष्ठ 53-54
24. मिट्टी की ओर, पृष्ठ 39

द्रष्टव्य : काव्य की भूमिका, पृष्ठ 55

25. काव्य की भूमिका, पृष्ठ 50
26. वही, पृष्ठ 54
27. मिट्टी की ओर, पृष्ठ 60
28. वही, पृष्ठ 54
29. एलियट : द यूज़ ऑव् पोइट्री, पृष्ठ 150
30. मिट्टी की ओर, पृष्ठ 44-45
31. काव्य की भूमिका, पृष्ठ 68
32. वही।
33. वही।
34. वही, पृष्ठ 67

    तुलनीय : डॉ. देवराज ने भी लिखा है कि एलियट ''अपनी पीढ़ी का सबसे बड़ा कवि और सबसे बड़ा आलोचक है। वह एक उच्च कोटि का विचारक भी है।'' उच्चता से उनका अभिप्राय यह है कि ''बौद्धिक परिपक्वता में टी.एस. एलियट अपने क्षेत्र में उतनी ही ऊँची कोटि का विचारक है जितना बर्ट्रेंड रसेल तथा आइन्स्टाइन अपने क्षेत्रों में।'' (आधुनिक समीक्षा, पृष्ठ 55 व 103) । हिंदी में दिनकर की पीढ़ी के और निकटवर्ती लेखकों ने भी जो रोमानी-ज्वार के उतार पर आये थे, एलियट के प्रति अकुंठित श्रद्धा व्यक्त की है।
35. एलियट : सैक्रेड वुड, पृष्ठ 32
36. द यूज़, पृष्ठ 89
37. काव्य की भूमिका, पृष्ठ 76

    द्रष्टव्य : 'भविष्य की कविता' निबंध में भी दिनकर ने लिखा है कि ''भावुकता, अतिरंजन और अल्पवयस्कता के विचार, ये कविता में दिनोंदिन कम होते जाएँगे और जब यह कविता अपने पूरे विकास पर पहुँचेगी, उसकी कल्पना पुरुष (या परुष!)-कल्पना और उसके भाव कठोर चिंतक के भाव होंगे।'' (पृष्ठ 104) ।
38. मिट्टी की ओर, पृष्ठ 82-83
39. रश्मिलोक, पृष्ठ ऊ
40. द यूज़, पृष्ठ 19
41. काव्य की भूमिका, पृष्ठ 41
42. मिट्टी की ओर, पृष्ठ 144

    तुलनीय : अज्ञेय का कवि भी रचकर अपने दर्द को पा लेता है, दिनकर के कवि की तरह ही (आत्मनेपद, पृष्ठ 236)।
43. एलियट : ऑन पोइट्री, पृष्ठ 97-98
44. वही, पृष्ठ 122
45. काव्य की भूमिका, पृष्ठ 130
46. वही, पृष्ठ 128

47. ऑन पोइट्री, पृष्ठ 112
48. द यूज़, पृष्ठ 144 व 146
49. ऑन पोइट्री, पृष्ठ 112
50. मिट्टी की ओर, पृष्ठ 149
51. वही, पृष्ठ 148-149
52. रश्मिलोक, भूमिका, पृष्ठ त
53. वही, पृष्ठ घ
तुलनीय : डॉ. नगेन्द्र ने एलियट के, कविता के स्वतः रच आने के विचार की कटु आलोचना करते हुए लिखा है कि ''इलियट की यह स्वतः संभवा अप्रत्याशित घटना तो सर्वथा अवैज्ञानिक है।''
(विचार और विवेचन, पृष्ठ 67) लेकिन वे यह नहीं देख पाये कि इस स्वतः संभवा को एलियट ने दैवी शक्ति का प्रसाद या प्रकोप नहीं माना है, उन्होंने इसकी मनोवैज्ञानिक व्याख्या भी की है।
54. वही।
55. द यूज़, पृष्ठ 130
56. सिलेक्टेड ऐसेज़, पृष्ठ 21
57. काव्य की भूमिका, पृष्ठ 77
द्रष्टव्य : वही पृष्ठ 60, 131, 142, पंत, प्रसाद और मैथिलीशरण, पृष्ठ 72
58. काव्य की भूमिका, पृष्ठ 131
59. द यूज़, पृष्ठ 144; द्रष्टव्य : टिप्पणी 53।
60. ऑन पोइट्री, पृष्ठ 100
61. काव्य की भूमिका, पृष्ठ 129
62. द यूज़, पृष्ठ 148
सिलेक्टेड ऐसेज़, पृष्ठ 17-18
63. काव्य की भूमिका, पृष्ठ 141
64. वही, पृष्ठ 129
65. ऑन पोइट्री, पृष्ठ 101
66. मिट्टी की ओर, पृष्ठ 134
67. सिलेक्टेड ऐसेज़, पृष्ठ 21
68. मिट्टी की ओर, पृष्ठ 19
69. द यूज़, पृष्ठ 16
70. मिट्टी की ओर, पृष्ठ 140
71. सिलेक्टेड ऐसेज़, पृष्ठ 32-33
72. वही, पृष्ठ 24
73. ऑन पोइट्री, पृष्ठ 115
74. मिट्टी की ओर, पृष्ठ 153

75. वही, पृष्ठ 154
76. सिलेक्टेड ऐसेज़, पृष्ठ 33
77. मिट्टी की ओर, पृष्ठ 141
78. सिलेक्टेड ऐसेज़, पृष्ठ 32
79. मिट्टी की ओर, पृष्ठ 143
टिप्पणी : प्रकाश का रूपक मुक्तिबोध में भी है लेकिन वहाँ संदर्भ सृजन का है, दिनकर में संदर्भ रसास्वादन-व्यापार का है।
80. ऑन पोइट्री, पृष्ठ 21
81. मिट्टी की ओर, पृष्ठ 131
82. सिलेक्टेड ऐसेज़, पृष्ठ 203
83. मिट्टी की ओर, पृष्ठ 103
84. रश्मिलोक, पृष्ठ ए
85. द यूज़, पृष्ठ 99-100
86. पंत, प्रसाद और मैथिलीशरण, पृष्ठ 72
87. दिनकर : संस्कृति के चार अध्याय, पृष्ठ 350
88. काव्य की भूमिका, पृष्ठ 84
89. वही, पृष्ठ 82
90. वही, पृष्ठ 83-84
91. मिट्टी की ओर, पृष्ठ 139
92. काव्य की भूमिका, पृष्ठ 104
93. रश्मिलोक, भूमिका, पृष्ठ त
94. वही, पृष्ठ ए
95. सिलेक्टेड ऐसेज़, पृष्ठ 24
96. काव्य की भूमिका, पृष्ठ 45
97. वही, पृष्ठ 81
तुलनीय : सिलेक्टेड ऐसेज़ : मेटाफिज़िकल पोएट्स, पृष्ठ 287-288
98. वही, पृष्ठ 118
99. द यूज़, पृष्ठ 118-119
100. मिट्टी की ओर, पृष्ठ 109
101. वही, पृष्ठ 115
102. सिलेक्टेड ऐसेज़, पृष्ठ 238
103. ऑन पोइट्री, पृष्ठ 24
104. काव्य की भूमिका, पृष्ठ 77
द्रष्टव्य : पृष्ठ 96
'कविता का अर्थ समझने के पहले ही हम पर छंद, वाक्य विन्यास और शब्दों के बैठने की अदा का असर होने लगता है। परिणाम यह होता है कि कविता पढ़ते-पढ़ते हमारे

भाव जग पड़ते हैं, हममें एक विशेष प्रकार की भावदशा उत्पन्न हो जाती है और भावों की जागृति की अवस्था में हम शब्दों से वह अर्थ ले लेते हैं जो कवि हमें बतलाना चाहता है।' (पृष्ठ 96)

105. द यूज़, पृष्ठ 123-125
106. मिट्टी की ओर, पृष्ठ 97
107. वही, पृष्ठ 87
तुलनीय : ऑन पोइट्री, पृष्ठ 255
108. वही, पृष्ठ 19 टिप्पणी-निवैयक्तिकता सिद्धान्त के संशोधित रूप में एलियट ने अपने ढंग से वैयक्तिकता और नवीनता दोनों को समाहित कर लिया है।
109. टिप्पणी : एलियट का बहुचर्चित सिद्धांत 'परंपरा' निबंध में प्रतिपादित, निर्वैयक्तिकता का सिद्धांत है। उसमें उसने स्रष्टा और भोक्ता का कठोर पार्थक्य किया है। लेकिन कालांतर में उसने भी साहित्य में वैयक्तिकता को स्वीकार कर लिया. 'येट्स' निबंध में ही नहीं, उससे बहुत पहले ही। दिनकर में भी हमें वैयक्तिकता और निर्वैयक्तिकता दोनों के समर्थन में कुछ बातें मिल जाएँगी, लेकिन ये बातें एलियट के प्रभावभूत नहीं है। या फिर प्रभाव-प्रक्रिया गहरे स्तर पर घटित होती चली है, सीधे-सीधे सहमति-असहमति के खानों में बँटी हुई नहीं रही है।
110. काव्य की भूमिका, पृष्ठ 120
111. वही, पृष्ठ 121
112. दिनकर : शुद्ध कविता की खोज, पृष्ठ 187
113. सिलेक्टेड ऐसेज़, पृष्ठ 20
114. वही, पृष्ठ 21
115. वही, पृष्ठ 217
116. शुद्ध कविता की खोज, पृष्ठ 187-188
117. सिलेक्टेड ऐसेज़, पृष्ठ 18
118. ऑन पोइट्री, पृष्ठ 255
119. रश्मिलोक, भूमिका, पृष्ठ त-थ
120. वही, पृष्ठ 405-406

121. टिप्पणी : सामान्यतः एलियट के निर्वैयक्तिकता के सिद्धांत के विषक में का प्रवर्तक समझा जाता है कि इसमें उसने व्यक्तित्व का निषेध किया है परंतु समग्रतः स्थिति यह है कि उसने व्यक्तित्व की स्थूल अभिव्यक्ति का निषेध किया है। 'सैकेड वुड' में ही अपने फिलिप... लेकिन 'फिलिप मैसिंजर' निबंध में उसने स्वीकार कर लिया कि कलाकृति की श्रेष्ठता के लिए कलाकार का व्यक्तित्ववान होना आवश्यक है। शेक्सपीयर, मार्लो और जानसन से तुलना करते हुए उसने मैसिंजर को जो तीनों से नीचे दर्जे का नाटककार ठहराया है, उसका कारण यह है कि न केवल मैसिंजर का व्यक्तित्व क्षीण था बल्कि उसमें व्यक्तित्व का अभाव ही था। अपनी कृतियों का निर्माण उसने केवल कौशल के बल पर ही किया था। (आगे चलकर इसी को एलियट ने दोयम श्रेणी की

निर्वैयक्तिकता कहा है)। (सिलेक्टेड ऐसेज़, पृष्ठ 217)।

इसके बाद, हम दिनकर में पढ़ते हैं कि ''जिस कलाकार का जीवन ऊँचा है उसकी कृति में कोई एक विलक्षण गुण आ जाता है जिसकी व्याख्या नहीं की जा सकती। कला की कसौटी पर कसे जाने से बिहारीलाल, तुलसीदास के समकक्ष ही ठहरेंगे। फिर भी, रामचरित मानस बिहारी सतसई से क्यों श्रेष्ठ है। उत्तर इसका रामचरितमानस में प्रयुक्त कला में नहीं, बल्कि, तुलसीदास के व्यक्तित्व में मिलेगा जो बिहारीलाल के व्यक्तित्व से उन्नत और महान था।'' (काव्य की भूमिका, पृष्ठ 139)। इन विचारों को पढ़कर हमें अनायास ही एलियट के उपर्युक्त विचारों का स्मरण हो आता है।

ऐसा लगता है कि एलियट ने जो बात मैसिंजर और शेक्सपीयर के संदर्भ में कही है, कुछ वही बात दिनकर ने बिहारी और तुलसी के संदर्भ में कही है। विवेचन के रूप से इसकी पुष्टि भी होती है; और यदि ऐसा है तो इस प्रसंग को दिनकर के एलियट सिद्धांत को आत्मसात करके उसे व्यावहारिक-आलोचना में चरितार्थ कर दिखाने की उनकी विशिष्ट आलोचनात्मक क्षमता के उदाहरण के रूप में देखा जा सकता है।

इसी प्रकार, एक जगह दिनकर ने लिखा है कि ''कवि चाहे वह कितना ही निर्लिप्त क्यों न हो, जीवन की व्याख्या करते हुए, अपने दृष्टिकोण को नहीं भूल सकता, क्योंकि अपनी दृष्टि उसके लिए स्वाभाविक है और, स्वभावतः वह जो कुछ कहेगा, अपनी ही दृष्टि से कहेगा। उस कथन में उसका व्यक्तित्व समाविष्ट हो जाता है। इसलिए, कलाकार के व्यक्तित्व का ज्ञान उस हद तक, जिस हद तक वह उसकी कृतियों में प्रतिबिंबित होता है, हमारे लिए आवश्यक है।'' (मिट्टी की ओर, पृष्ठ 141-142) एलियट के विकास-क्रम में हमें इस प्रकार के विचारों की अभिव्यक्ति भी मिल जाती है; अंशतः ऐसे विचार हमें मैसिंजर, फोर्ड आदि निबंधों में भी मिल जाते हैं और ये विचार दिनकर की अभिव्यक्ति के निश्चित रूप से पहले के हैं।

122. मिट्टी की ओर, पृष्ठ 90

3. वही, पृष्ठ 87

4. काव्य की भूमिका, पृष्ठ 2

5. मिट्टी की ओर, पृष्ठ 132

टिप्पणी : यह कथन एलियट के इस कथन से तुलनीय है : ''एक ही जाति के अति सभ्य और असभ्य लोगों की भावनाओं में भी एक समानता मिलती है, यही समानता दूसरी भाषा बोलने वाले उसी तरह के लोगों की भावनाओं में नहीं मिलेगी।'' (ऑन पोइट्री, पृष्ठ 20) समानता काफी विस्मयकारक है, लेकिन होनी सांयोगिक ही चाहिए।

6. वही, पृष्ठ 87

टिप्पणी : यह दृष्टि एलियट के परंपरा-सिद्धांत का प्रभाव कही जा सकती है यह संस्कृति के चार अध्याय के लेकखक के सांस्कृतिक मनन-मंथन का नवनीत भी कही जा सकती है, लेकिन उसकी रचना काल बाद का है।

7. वही।

8. वही।

129. काव्य की भूमिका, पृष्ठ 9

130. वही।

131. वही, पृष्ठ 18

132. वही, पृष्ठ 24

133. वही, पृष्ठ 26

134. टिप्पणी : 'साकेत' पर जो विचार 'मिट्टी की ओर' से प्रारंभ हो गया था, उसने अपनी पूर्ण चरितार्थता आलोचना-पुस्तक 'पंत, प्रसाद और मैथिलीशरण' में पाई है।

135. पंत, प्रसाद और मैथिलीशरण, पृष्ठ 15

136. वही, पृष्ठ 10-11

137. दिनकर : आधुनिकता बोध, पृष्ठ 37

138. टिप्पणी : (1) एलियट के परंपरा-सिद्धांत की ओर तो दिनकर का ध्यान 'मिट्टी की ओर' में ही चला गया था लेकिन परंपरा की इन दो धाराओं का सम्यक् ग्रहण उनमें 'संस्कृति के चार अध्याय' लिखे जाने तक हुआ नहीं जान पड़ता। इसका ग्रहण 'आधुनिकता बोध' पुस्तक में ही हुआ जान पड़ता है। परंपरा के इन दो रूपों की चर्चा इसी पुस्तक में अनेक स्थलों पर की गई है।

(2) डॉ. नामवरसिंह ने जिसे 'दूसरी परंपरा' कहा है, वह दिनकर की अभिप्रेत और उनके द्वारा निर्दिष्ट दूसरी परंपरा ही है। 'दूसरी परंपरा की खोज' में डॉ. नामवर सिंह ने शुक्लजी का संबंध पहली परंपरा से जोड़ा है और हजारीप्रसाद द्विवेदी का संबंध दूसरी से।

139. रश्मिलोक, भूमिका।

140. वही, पृष्ठ द।

परिशिष्ट

1. आर्नाल्ड की वेदी पर एलियट की बलि
2. अज्ञेय के दो पत्र

परिशिष्ट-1

आर्नाल्ड की वेदी पर एलियट की बलि*

'सबद निरन्तर' डॉ. **रमेशचन्द्र शाह** की कुछ समय पूर्व प्रकाशित एक विचारोत्तेजक पुस्तक है। इसमें उन्होंने लेखक से एक रचनाकर्मी के रूप में बुद्धिजीवी की भूमिका निभाने का आग्रह किया है। डॉ. शाह का आदर्श आर्नाल्ड है जिसने पश्चिम में यह भूमिका निभाई थी—

यह अकारण नहीं है कि पिछले बरसों में पश्चिम की आलोचक-बुद्धि एलियट और लीविस से असन्तुष्ट होकर मैथ्यू आर्नाल्ड की तरफ मुड़ी—न केवल मैथ्यू आर्नाल्ड की साहित्यिक आलोचना के प्रति बल्कि उसके संस्कृति चिन्तन के प्रति भी। (पृ. 100)

आधुनिक हिन्दी-आलोचना की नई पीढ़ी के प्रतिनिधि के रूप में डॉ. शाह भी इसी पथ पर अग्रसर हैं। साहित्यालोचकों ने एलियट को आर्नाल्ड के शत्रु के रूप में देखा है। यह अकारण नहीं है। अपने साहित्यिक-जीवन का प्रारम्भ एलियट ने आर्नाल्ड की कटु आलोचना से ही किया था। 'सैक्रेड वुड' की भूमिका

---

*हिन्दी में पाश्चात्य-आलोचना का विवेचन करने वाली कई पुस्तकों में एलियट के सिद्धान्तों और विचारों का जो विवेचन मिलता है, वह सन्तोषप्रद भी नहीं बन पड़ा है। मैंने कभी 1977 में एक आलेख तैयार किया था जिसमें दस-बारह पुस्तकों में मिलने वाले एलियट के आधे-अधूरे परिचय पर एक टिप्पणी थी लेकिन आज के सन्दर्भ में वह आकलन पुराना पड़ चुका है। इसलिए इस पुस्तक में उसका समावेश नहीं किया गया है। इधर, एक प्रवृत्ति और देखने में आई है; एलियट के विचारों की मनमानी व्याख्या करने की। संयोग से मुझे अपना ही एक आलेख स्मरण हो आया जो मैंने डॉ. रमेशचन्द्र शाह की एक पुस्तक 'सबद निरन्तर' की समीक्षा लिखते हुए, उसके बाई प्रोडक्ट के तौर पर तैयार किया था। एलियट की मनमानी व्याख्या की जो प्रवृत्ति पनप रही है, उसका निदर्शन इस आलेख में है। ऐसी व्याख्याएँ एलियट के साथ न्याय नहीं हैं और ये आलोचकों की अपनी छवि को भी धूमिल करती हैं। यह आलेख 1988-89 के आसपास ही लिख दिया गया था। अपने भटकन की एक लम्बी यात्रा तय करते हुए अन्ततः यह आलेख हिन्दी अकादमी, दिल्ली की पत्रिका 'इन्द्रप्रस्थ भारती' के जनवरी-फरवरी-मार्च 1992 के अंक में प्रकाशित हुआ था।

में आर्नाल्ड के प्रति कुछ नरम होने की बात करते हुए भी उसने उस पर तीखी टिप्पणी की। उसने यह कहकर साहित्य-जगत् को लगभग चौंका दिया था कि–

...Arnold might have become a critic [P-xiii] आर्नाल्ड आलोचक हो गया होता! याने आर्नाल्ड आलोचक हो नहीं पाया था! ऐसी स्थिति में यह स्वाभाविक ही है कि आर्नाल्ड के प्रति श्रद्धानत होने वाली पीढ़ी एलियट के विरुद्ध खड्गहस्त हो। पश्चिमी आलोचक ही नहीं, डॉ. शाह भी एलियट से असन्तुष्ट हैं। उन्होंने एलियट की आलोचना की है और यहाँ तक की है कि उसके कथनों को तोड़-मरोड़कर उसका अनर्थ करने से भी वे नहीं चूके हैं। एलियट का यह अवमूल्यन और विरूपण (डिस्टार्शन) शाह द्वारा आर्नाल्ड की ओर से, एलियट से लिया गया प्रतिशोध कहा जा सकता है। डॉ. शाह ने लिखा है कि–

ईसाई परम्परा का कवि टी.एस. एलियट विज्ञान की चुनौती का सामना स्वयं धर्मशास्त्र और दर्शन को ज्यादा बड़ी बौद्धिकता का क्षेत्र मानकर कवि-कर्म और चिन्तन दोनों धरातलों पर कर सकता था और वैज्ञानिक मेधा को काव्य मेधा की तुलना में निकृष्ट ठहरा सकता था। कवि कर्म को अत्यन्त गम्भीरतापूर्वक निबाहते हुए भी वह मनुष्य के धार्मिक-संवेदन को उसके काव्य-संवेदन की अपेक्षा बहुत अधिक महत्त्वपूर्ण मानता था–इतना महत्त्वपूर्ण कि एक जगह वह कविता को 'मनोरंजन की श्रेष्ठतर विधा भर' कह देता है। (पृ. 131)

यह सचमुच चौंकाने वाला वक्तव्य है। इसमें एक-दो नहीं, चार-चार मिथ्या कथन हैं! इनकी पुष्टि उनके अन्यत्र दिए गए वक्तव्यों से भी होती है। निरंकुश वक्तव्य की डॉ. शाह की वृत्ति, जिससे उनका लेखन प्रायः आक्रान्त रहा है, का यह घोर चिन्त्य उदाहरण है।

यह तथ्य है कि ये शब्द–कविता एक श्रेष्ठ मनोविनोद है–एलियट के हैं, लेकिन यह सचमुच विचारणीय है कि क्या उसने ऐसा कहते हुए कविता का दर्जा मनोरंजन के हल्के स्तर तक गिरा दिया था? पुनः यह एक तथ्य है कि धार्मिक-सम्वेदन एलियट के लिए महत्त्वपूर्ण हो गया था, लेकिन क्या उसने उसके आगे काव्य-संवेदन का तिरस्कार किया था? उपर्युक्त कथन में यह निहित है कि उसने धार्मिक-सम्वेदन को महत्त्व देने के लिए कविता को मनोरंजन के तल तक गिरा दिया था। लेकिन क्या उसने सचमुच ऐसा किया है? और, क्या उसने धर्मशास्त्र और दर्शन को बौद्धिकता का क्षेत्र नहीं माना था? और क्या वास्तव में उसने वैज्ञानिक-मेधा को काव्य-मेधा की तुलना में श्रेष्ठ माना था? मैं इन सभी प्रश्नों की पड़ताल का प्रस्ताव करता हूँ। मैं अपनी बात अन्तिम प्रश्न से प्रारम्भ करना चाहता हूँ–

एलियट का विचार था कि एक वैज्ञानिक का विकास केवल उसकी बुद्धि का विकास होता है जबकि एक साहित्यिक का विकास उसका पूर्ण बौद्धिक और भावात्मक विकास होता है। अपने एक निबन्ध 'क्लासिक्स एण्ड द मैन ऑव

लैटर्स' में उसने साहित्यिकों और विज्ञान व अन्य कलाओं के साधकों के पाठ्यक्रम में अन्तर का जो विश्लेषण किया है, उससे इसकी भलीभाँति पुष्टि होती है–

आज विज्ञानों का शाखा विस्तार इतना व्यापक और हर शाखा में आत्मसात किए जाने योग्य ज्ञान का विस्तार अनन्त हो गया है, फिर भी वैज्ञानिक वृत्ति के व्यक्ति के प्रशिक्षण (पाठ्य) क्रम का तीक्ष्ण निर्धारण सहज सम्भव है। साहित्य को छोड़कर किसी भी अन्य कला के शिक्षण पर भी यह बात लागू होती है। एक चित्रकार, मूर्तिकार, वास्तुविद, संगीतज्ञ सभी को एक लेखक की अपेक्षा कहीं अधिक सुनिश्चित तकनीक को आयन्त करना होता है। किसी अप्रासंगिक को अपने कला-व्यापार से सम्पृक्त करने या किसी जीवन्त के उच्छेदन में कठिनाई उन्हें अधिक होती है। उनका मूलभूत प्रशिक्षण अपेक्षया अधिक तकनीकी होता है;–जिन विषयों का ज्ञानार्जन उनके लिए अपरिहार्य है, वे अधिक निर्दिष्ट होते हैं; और उन्हें उस वैविध्यपूर्ण सामान्य संस्कृति की आवश्यकता नहीं होती जिसके बिना एक साहित्यिक अल्प या असज्जित होता है।

(टी.एस. एलियट : सिलेक्टेड प्रोज, पृ. 231-32)

इस उद्धरण का अन्तिम अंश जिसे मैंने रेखांकित किया है, शिक्षण के उस पक्ष पर बल देता है जिसके अर्जन का कोई ओर-छोर नहीं है। यही वह पक्ष है जिसकी वजह से रचनाकार की शिक्षा एक वैज्ञानिक की शिक्षा की तुलना में ज्यादा व्यापक ही नहीं, ज्यादा परिश्रमसाध्य भी होती है और एक अर्थ में सतत और जीवन पर्यन्त चलती रहने वाली भी होती है। एलियट ने यह कहकर दोनों के अन्तर को और भी स्पष्ट और, और भी पुष्ट किया है कि–

दूसरा अन्तर जो उपर्युक्त से असम्बद्ध नहीं है, वह यह कि साहित्यिक प्रतिभा, किसी सुनिश्चितता से या उत्कट लक्ष्य-निर्दिष्ट होकर, इतनी शीघ्र चरितार्थ नहीं होती है जितनी अन्य कला के प्रति वृत्ति होती है...सच्ची साहित्यिक प्रतिभा शनैः-शनैः विकसित होती है; उसके लिए अन्य कलाओं के अभ्यास की अपेक्षाओं से कहीं अधिक व्यापक और बहुमुखी पोषण, अधिक वैविध्यपूर्ण तथ्य-ज्ञान और व्यक्तियों और विचारों का महत्तर अनुभव अपेक्षित है। (232-233)

हमारे शास्त्रकारों ने साहित्य की गणना कलाओं में नहीं की है, क्या यह उसकी तर्क संगत व्याख्या नहीं है? बहरहाल, इतने स्पष्ट, बल्कि प्रखर विश्लेषण के रहते डॉ. शाह की बात कैसे मान ली जाए कि एलियट ने वैज्ञानिक-मेधा को काव्य-मेधा की तुलना में अधिक महत्त्व दिया था। कम-से-कम मेरे पढ़ने में ऐसी बात नहीं आई है। शाह अपनी जानकारी स्रोत सहित बताएँ। अवश्य ही, एलियट ने वैज्ञानिक-मेधा को निकृष्ट नहीं ठहराया है, जैसा कि डॉ. शाह ने चाहा है, लेकिन क्या उसे निकृष्ट ठहराना विवेकपूर्ण भी होता? और, क्या वह वास्तव में

निकृष्ट होती भी है? और, यदि हाँ, तो फिर विद्वानों के पारस्परिक विचार-विनियम में वैज्ञानिकों को सम्मिलित किए जाने के डॉ. शाह के आग्रह का औचित्य क्या है?

अन्यत्र, एक और स्थल पर डॉ. शाह ने एलियट पर साहित्य को विज्ञान का मुखापेक्षी बना दिए जाने का आक्षेप लगाया है। यहाँ उस पर विचार करना भी प्रासंगिक होगा उन्होंने लिखा है कि–

जब बीसवीं सदी के कवि एलियट ने अपने उस प्रतिद्वन्द्वी दावेदार के सृजन कर्म और विजन से अपने सृजन कर्म और विजन को अलगाना चाहा–यह कहते हुए 'वैज्ञानिकों की कल्पना शक्ति तो दोयम दरजे की हुआ करती है', तो यह दाँव भी उलटा पड़ गया। क्यों? एक तो इसलिए कि यह क्रिया नहीं, प्रतिक्रिया थी और वास्तव में एलियट खुद अपनी नई कला दृष्टि को, खुद अपने नये विजन को परिभाषित करने के सिलसिले में विज्ञान से ही रूपक उधार लेने को विवश हुआ था, और दूसरे इसलिए भी कि वह उस प्रतिक्रिया के चलते वैज्ञानिक दृष्टि को ललकारते हुए एक दूसरी–और उतनी ही साहित्येतर दृष्टि के आगे समर्पित हो गया। ('सबद निरन्तर' पृष्ठ 147)

इस उद्धरण का दोहरा महत्त्व है; एक तो इसलिए कि विज्ञान के आगे साहित्य को गिराए जाने की बात इसमें दोहराई गई है। इससे यह पुष्ट होता है कि शाह ने एलियट को इसी रूप में पाया है कि उसने साहित्य को विज्ञान से हेय ठहराया है। दूसरे इसलिए कि इसी में यह प्रमाण मौजूद है कि उनका यह पाना भ्रामक है। जो वैज्ञानिक की कल्पना शक्ति को दोयम दर्जे की मान रहा है, वह काव्य-मेधा का महत्त्व घटा कैसे रहा है? क्या महज इसी आधार पर कि उसने कविता की सृजन-प्रक्रिया एक रासायनिक-रूपक के सहारे समझाई है? कैसी विडम्बना है कि बुद्धिजीवियों में सम्वाद की आवश्यकता पर बल देने वाले को विज्ञान से सादृश्य भर ग्रहण कर लिए जाने में ही साहित्य की हेठी दिखाई दे गई है! जबकि मेरा विचार है कि विज्ञान से गृहीत रूपक हटा लिये जाने पर भी एलियट की बात झूठी नहीं पड़ जाती। और, तथ्य तो यह है कि निर्वैयक्तिकता सिद्धान्त ने जो अतिवादी तेवर पाया था वह इस रूपक की वजह से ही पाया था, और अन्ततः उसे जो पीछे हटना पड़ा, वह भी इस अतिवाद के सबब से ही। घोषित रूप से रूपक का अनौचित्य चाहे उसने 'येट्स' (1942) निबन्ध में स्वीकार किया हो, स्पष्ट किन्तु अघोषित स्वीकृति तो 'सैक्रेड वुड' (1920) में ही मौजूद है, यह मैंने अन्यत्र दिखाया है। लेकिन मैं बलपूर्वक कहना चाहता हूँ कि एलियट का पीछे हटना रूपकीय अति से, स्रष्टा और भोक्ता के कठोर पार्थक्य से ही पीछे हटना था, मूल निर्वैयक्तिकता के सिद्धान्त के तात्विक-पक्ष से पीछे हटना कदापि नहीं। अस्तु।

डॉ. शाह ने एलियट पर साहित्येतर-दृष्टि के आगे समर्पित होने का आक्षेप भी लगाय है। उनका आशय, जहाँ तक मैं समझता हूँ, एलियट की धार्मिक-दृष्टि से है। उनके इस आक्षेप पर कुछ कहने से पूर्व मैं उनका ध्यान उन्हीं के निम्नांकित कथन की ओर आकर्षित करना चाहता हूँ—

जहाँ पुराने नीतिशास्त्र की सीमा यह थी कि वह मनुष्य के प्रति, मनुष्य की उदासीनता के प्रति, पर्याप्त सजग नहीं हो पाता था, वहाँ नए नीतिशास्त्र में इसके ठीक विपरीत मानवीय सरोकार का एक ऐसा प्रचंड बौद्धिक अहंकार उभरकर आया जो मनुष्य के स्वयं अपनी मानवीय सीमाओं के विवेक को ही निगलकर उसे मानव नियति का और सारे वस्तुजगत् का एकमात्र नियामक मान बैठने के दंभ से भरने लगा। (वही पृ. 152)

रेखांकित अंश में वाक्य जैसा भी है, इस आशय को बखूबी प्रकट करता है कि मानवीय सरोकार के नाम पर कोरा बौद्धिक आग्रह डॉ. शाह उचित नहीं मानते। इतना ही नहीं, आगे चलकर वे रेशनल के साथ-साथ इर्रेशनल को भी अन्तर्भुक्त कर लेते हैं—

क्या गाँधीजी का विजन और रचनात्मक कर्म एक स्वतः सम्पूर्ण 'रेशनैलिटी' के आग्रह पर आधारित है? क्या मानव मूल्यों की अवधारणा में कहीं 'इर्रेशनल' को भी अंतर्भुक्त नहीं होना चाहिए? सृजन कर्म के पीछे भी जैसा कि स्वयं अज्ञेय ने लक्ष्य किया है—क्या कवि की वर्तमान क्षण के जीते-जागते अनुभव में ही 'अपने से बड़े कुछ' को पहचानने और सम्प्रेषित करने की क्षमता ही नहीं होती? (वही पृ. 155-56)

यहाँ 'इर्रेशनल' शब्द कहाँ तक उपयुक्त है, यह एक अलग सवाल है, प्रासंगिक प्रश्न यह है कि एलियट के सन्दर्भ में जिसका उन्होंने 'साहित्येतर' कहकर तिरस्कार किया है, क्या वह उनके इस 'इर्रेशनल' का नाती नहीं है? क्या 'अपने से बड़े कुछ' की पहचान ही एलियट की तलाश नहीं है? अज्ञेय की तलाश ही चाहे एलियट की न रही हो, लेकिन 'अपने से बड़े कुछ' की तलाश दोनों में है, इसे शाह क्यों भुला देते हैं?

जहाँ तक एलियट के साहित्येतर के प्रति समर्पित हो जाने का प्रश्न है, हमें 'आफ्टर स्ट्रेज गॉड्स' पर ही क्यों थम जाना चाहिए? यह निर्विवाद है कि इस पुस्तक में उसने साहित्य का परीक्षण ईसाई-दृष्टि से ही किया है लेकिन यह क्यों विस्मृत कर दिया जाता है कि आगे चलकर वह इस जकड़ से बहुत कुछ मुक्त भी हो गया था। धार्मिक-दीक्षा ने प्रभाव बाद में भी डाला है लेकिन जिसे शाह समर्पित होना कहते हैं, वह मिथ ही हैं, यह मैंने अन्यत्र दिखाया है। यहाँ मैं इतना ही कह सकता हूँ कि उसके 'गोएथे' (गेटे) और 'फंटियर्स ऑव क्रिट्सिज्म'—आलोचना के सीमान्त—निबन्धों को पढ़कर यह देखा जा सकता है

कि उसमें कितना परिवर्तन आया है। इसी तरह, धर्मशास्त्र और दर्शन को ज्यादा बड़ी बौद्धिकता का क्षेत्र मानने का जहाँ तक प्रश्न है, इसका सही उत्तर पाने के लिए एक बार उसके 'लैंसलोट एंड्रुज', 'पास्कल', 'ब्रैडले' आदि निबन्धों को पढ़ जाना चाहिए। इन लेखकों के प्रति उसके आकर्षण का एक प्रबल हेतु उनकी प्रखर बौद्धिकता भी रही है, ब्रैडले के सन्दर्भ में उसकी दार्शनिकता। एलियट में जो रूढ़ धार्मिकता है, मैं उसका कोई बचाव नहीं कर रहा हूँ लेकिन आर्नाल्ड को प्रतिष्ठित करने के अनुष्ठान में शाह ने एलियट की जो बलि दी है, उसमें उन्होंने एलियट के वास्तव को भी होम दिया है, यह मैं दिखाना चाहता हूँ।

इस घोर बलि का चिन्त्य पक्ष है, शाह द्वारा एलियट के निम्नांकित कथन का किया गया निर्वचन–

एक जगह वह कविता को 'मनोरंजन की श्रेष्ठतर विद्या' भर कह देता है।

हिन्दी में 'श्रेष्ठतर' प्रयोग कितना शुद्ध समझा जाता है, यह यहाँ विचारणीय नहीं है, विचारणीय है, डॉ. शाह द्वारा लिया गया यह अर्थ कि एलियट के निकट धार्मिक-सम्वेदन इतना महत्त्वपूर्ण था कि उसके गौरव के लिए उसने कविता को सस्ते मनोरंजन के धरातल पर ले जा पटका। यदि केवल शब्दों तक ही सीमित रहने की बात हो, तब तो यह सही है कि एलियट ने लिखा है कि Poetry is a superior amusement लेकिन यह कहते हुए यदि हम उसके मंतव्य वास्तव को पाना चाहते हैं तो हमें यह भी देखना होगा कि स्वयं उसने मनोविनोद का प्रयोग किस अर्थ में किया है। उसका कथन है–

कविता एक श्रेष्ठ मनोविनोद है, मेरा आशय यह नहीं है कि यह श्रेष्ठ वर्ग का मनोविनोद है। मैं इसे मनोविनोद इसलिए नहीं कहता कि यह एक सही परिभाषा है बल्कि इसलिए कि यदि आप इसे कुछ और कहेंगे तो इसे और भी अधिक मिथ्या बना दे सकते हैं। यदि हम मनोविनोद की प्रकृति का विचार करें तो कविता मनोविनोदकारी नहीं होती, लेकिन यदि हम किसी और चीज का विचार करें, कविता जिसके जैसी प्रतीत हो, तो हम कहीं अधिक जटिलताओं में फँस जाएँगे। (द सैक्रेड वुड पृ. xiii-ix)

यदि हम इन अंशों की ओर ध्यान दें कि कविता को मनोविनोद कहना कोई सही परिभाषा नहीं है या कि कविता की प्रकृति मनोविनोदकारी नहीं होती, तो हम देखेंगे--एक लाचारी में ही उसने इस शब्द का तदर्थ प्रयोग किया है, धार्मिक सम्वेदन को काव्य-सम्वेदन से अधिक महत्त्वमंडित करने के लिए शिखंडी आड़ रचने के हेतु से नहीं, न ही विज्ञान की किसी चुनौती से घबराकर ही। वैसा कोई सन्दर्भ तो क्या, संकेत भी वहाँ नहीं है। पता नहीं कैसे, डॉ. शाह को एलियट की मुद्रा भी यहाँ क्षमायाची जान पड़ी है–

इसे केवल कवि सुलभ नम्रता कहके नहीं टाला जा सकता कि एलियट

अपनी नई काव्य दृष्टि और उसे फलीभूत करनेवाले युगान्तरकारी सम्प्रेषण आविष्कारों के बावजूद यही मानकर चलता था कि 'काव्य-अंततः एक ऊँचे किस्म का मनोविनोद (ए सुपीरियर फार्म ऑव एम्यूजमेंट) ही है।' तो, जहाँ सबसे समर्थ और सबसे अधिक दृष्टिवान माने जाने वाले कवियों का खुद कविता के बारे में क्षमायाची भाव हो, वहाँ सम्प्रेषण क्रान्ति के इस युग में साहित्य और कला में 'सत्य' को जानने और पाने की अपेक्षा भला किसे होगी? ऐसे में साहित्य या संगीत को 'ज्ञान' का एक विशिष्ट और विलक्षण प्रकार भी भला कौन मानने को तैयार होगा? (पृ. 147)

शाह ने एलियट के प्रति यहाँ जो तरस खाया है, उसके पहले अच्छा होता, वे कविता की विभिन्न परिभाषाओं पर उसने जो विचार किया है, उसे देख लेते। उसने लिखा है कि–

कविता को 'शान्त क्षणों में पुनः स्मृत सम्वेग' कहने से बात नहीं बनेगी, यह एक कवि का अपनी रचना-विधि का आकलन भर है, जिस व्यक्ति को कविता के नए अनुभव के सम्पूर्ण विस्मय और औदार्य की अनुभूति हुई है, उसके निकट तो कविता को 'जीवन की आलोचना' कहने से अधिक शिथिल और कोई संज्ञा हो ही नहीं सकती। और, निश्चय ही, कविता व्यक्ति में नैतिकता के संचार का साधन या राजनीति का दिशा-निर्देश नहीं है, न ही धर्म का समतुल्य जैसा कुछ है, उसे यह सब कुछ कहना शब्दों के विकट दुरुपयोग के अतिरिक्त कुछ नहीं है... (द सैक्रेड वुड पृ. ix)

उपरोक्त अंश, जो रेखांकित किया गया है, वह भली-भाँति दर्शाता है कि डॉ. शाह जो साहित्य को सत्य जानने के विशिष्ट एवं विलक्षण प्रकार के रूप में पाना चाहते हैं, उसको एलियट में पहले से स्वीकृति मिली हुई है। हैरानी तो यह है कि यह अंश किसी अन्य आलेख से नहीं, 'सैक्रेडवुड' की भूमिका से ही उद्धत है जिसमें से उन्होंने कविता की मनोविनोद वाली परिभाषा उद्धृत की है! और, जहाँ तक मुद्रा के क्षमायाची होने की बात है, यह शिकायत उस चिन्तक के प्रति तो उचित हो सकती है जो साहित्य को किसी इतर लक्ष्य का साधन मानता हो लेकिन एलियट तो इस विचार का हामी कभी नहीं रहा, केवल 'सैक्रेडवुड' काल में ही नहीं, उसके बाद भी। ('आफ्टर स्ट्रेंज गॉड्स' अवश्य ही उसकी दीक्षा के बाद की आलोचना पुस्तक है और इसमें उसकी दृष्टि धर्मभावित हो गई है)। यदि हम 'ऑन पोइट्री एंड पोएट्स' में व्यक्त उसके विचारों पर दृष्टिनिरोध करें तो उसमें हमें उसके चिन्तन के विस्मयकारी सातत्य का साक्ष्य मिलेगा, उसका कहना है कि–

यदि हमें कविता की मूलभूत सामाजिक भूमिका को पाना है तो हमें पहले उसके उन अधिक प्रत्यक्ष कार्यों को देखना होगा, जिन्हें उसे करना ही होगा,

यदि उसे कुछ भी करना है। सबसे पहले, जिसके विषय में हम निश्चिन्त हो सकते हैं, वह यह कि कविता को आनन्द देना होगा। यदि आप पूछें कि कैसा आनन्द, तो मैं यही कह सकता हूँ कि वैसा आनन्द जैसा कविता देती है, महज इसलिए कि कोई भी दूसरा उत्तर हमें सौन्दर्यशास्त्र के क्षेत्र में और कला की प्रकृति के सामान्य प्रश्न क्षेत्र में दूर ले जाएगा। (ऑन पोइट्री, पृ. 18)

यदि 'सैक्रेड वुड' में दिए गए उत्तर से इसकी तुलना करें तो पाएँगे कि कुछ अन्तर तो उसमें आया है, 'प्लैजर' शब्द अधिक उपयुक्त समझकर अपना लिया गया है, लेकिन विस्मयकारी चिन्तन-सातत्य भी हमें लक्ष्य करना होगा। स्मरणीय है कि 'द यूज ऑव पोइट्री' में 'कविता क्या है' प्रश्न का उत्तर भी उसने यही दिया है कि आप कविता पढ़कर ही जान सकते हैं कि वह क्या है। ज्यादा महत्त्वपूर्ण बात यह है कि एलियट की पुस्तक 'ऑन पोइट्री' में हमें चिन्तन सातत्य ही नहीं, चिन्तन-विकास भी मिलता है और उस विकास की दिशा भी यही रही है।

मैं सोचता हूँ कि हम यह स्वीकार करेंगे कि हर अच्छा कवि, चाहे वह महत् कवि है या नहीं, हमें आनन्द से परे भी कुछ देता है, क्योंकि यदि यह निरा आनन्द ही हो तो वह स्वयं उच्च कोटि का नहीं हो सकता। किसी भी निर्दिष्ट लक्ष्य, जिसके विभिन्न प्रकार की कविताओं में होने के उदाहरण मैं दे चुका हूँ, से परे कविता में सदैव कुछ रहता है; किसी नये अनुभव का सम्प्रेषण या किसी सुपरिचित की नई समझ, या उसकी अभिव्यक्ति जिसका अनुभव तो हमने किया है लेकिन जिसे व्यक्त करने के लिए कोई शब्द नहीं है, जो हमारी चेतना का सम्वर्द्धन और सम्वेदना का परिष्कार करता है आदि-आदि। परन्तु जैसे कविता से होने वाले किसी वैयक्तिक आनन्द की प्रकृति से, वैसे ही कविता से होने वाले ऐसे किसी वैयक्तिक लाभ से भी इस आलेख का कोई सरोकार नहीं है। मैं सोचता हूँ कि कविता जो आनन्द दे सकती है, और उस आनन्द से परे हमारे जीवन में जिस प्रकार का अन्तर वह ला देती है, इन दोनों बातों को हम सभी समझते हैं। इन दो प्रभावों को यदि वह उत्पन्न नहीं करती तो वह कविता ही नहीं है। (ऑन पोइट्री..., पृ. 18)

ये उद्धरण इस बात के प्रमाण हैं कि कविता-विषयक एलियट का मनन-मंथन सतत रूप से चलता रहा था। डॉ. शाह यदि उसके चिन्तन वास्तव को पाने में बौद्धिक ईमानदारी का परिचय देते तो यह देख लेना उनके लिए कठिन नहीं था कि कविता के नए अनुभव के सम्पूर्ण विस्मय और औदार्य की अनुभूति ही वस्तुतः वह उत्सभूमि है जहाँ से उसका चिन्तन प्रारम्भ होता है और चर्वित-चर्वण से इस परिणति तक आता है कि कविता हमें आनन्द ही नहीं देती, वह हमारे जीवन में अन्तर भी ला देती है। इसका अर्थ यह भी कि साहित्य का सतत आस्वादन जीवन

के प्रति हमारी दृष्टि में भी परिवर्तन ला देता है। इस बात को और भी बोधगम्य ढंग से रखने वाला यह विचार भी उसी का प्रवर्तन है कि एक अच्छी रचना पढ़कर हम वही नहीं रह जाते हैं, जो उसे पढ़ने से पूर्व होते हैं।

मुझे हैरानी होती है कि डॉ. शाह ने एलियट का मत कविता के नए अनुभव के विस्मय और औदार्य में नहीं देखकर, उसे मनोविनोद में स्थिर किया है और मनोविनोद की भी उस व्याख्या से मुँह फेर लिया है जिसे वह अनवरत रूप से संस्कारित करता चला गया है। तथ्य तो यह है कि विस्मय और औदार्य की अनुभूति ही वह भूमि है जिस पर खड़े होकर एलियट ने आर्नाल्ड की आलोचना की थी। डॉ. शाह ने इस बात को समझा होता तो वे एलियट के साथ तो न्याय करते ही, समस्या में सही पैठ भी पाते। लेकिन मुझे ऐसा लगता है कि आलोचना में आर्नाल्डीय आदर्श की पुनः प्रतिष्ठा के लोभ में ही उन्हें एलियट के खंडन की आवश्यकता पड़ी है, और खंडन की सुविधा के लिए ही उन्होंने उसकी मनोविनोद वाली बात पकड़ ली है। प्रहार और खंडन के लिए तो एलियट का यह विरूपीकरण उनके काम आ गया है लेकिन एक लेखक के मंतव्य को इस रूप या कि विरूप में पाना और प्रस्तुत करना कितना उचित और नैतिक है, यह भी कम विचारणीय नहीं है। एक बुद्धिजीवी के रूप में उनका यह प्रयत्न उनके लिए और उससे भी बढ़कर बुद्धिजीवन वाले उनके अभियान के लिए कितना घातक है, इसका हिसाब भी उन्हें करना होगा। जिस क्षेत्र में उनकी आधिकारिक गति है, उन्होंने शोध की है, उसमें उनकी वस्तुनिष्ठता की यह स्थिति है तो उनकी विश्वसनीयता के लिए क्या कहा जाय? क्या इससे ज्ञान के क्षेत्र में घोर अराजकता नहीं छा जाएगी? जो व्यक्ति शाह के माध्यम से एलियट को पाएगा उसका एलियट कितना विकलांग और विरूप होगा? यह विरूपण मुझे इसलिए और भी अधिक अखरता है कि एलियट का विवेचन शाह का प्रतिपाद्य कहीं था ही नहीं। उनका काम एलिएट को बीच में घसीटे बिना बखूबी चल सकता था। लगता है, अपनी विद्वत्ता का आतंक पाठकों पर जमाने के लिए वे गाहे-ब-गाहे एलियट के कान उमेठते चले हैं। और नहीं तो, गलत व्याख्या करके ही सही! यह बौद्धिक और नैतिक दोनों दृष्टियों से कितना अनुचित है, इसका विचार उन्होंने किया ही नहीं है।

जिस आर्नाल्ड की वेदी पर एलियट की यह बलि दी गई है, उसके स्वरूप का कुछ विचार भी यहां प्रासंगिक होगा। आर्नाल्ड अपने युग के सांस्कृतिक ह्रास के विरुद्ध जूझा था। आज का युग क्योंकि उससे भी विकट ह्रास का युग है इसलिए डॉ. शाह को आर्नाल्ड का आदर्श ही वरेण्य जान पड़ा है। आर्नाल्ड ने अपनी भविष्यवाणी से साहित्य-जगत् को आश्वस्त किया था कि आने वाले समय में धर्म का स्थान कविता ले लेगी। इसी के अनुरूप वह कविता को युग के उत्कृष्ट चिंतन के वाहक के रूप में देख रहा था। डॉ. शाह जानते हैं कि वह वाणी फलवती नहीं

हुई, लेकिन इसके उपरांत भी शाह का आदर्श आर्नाल्ड ही रहा है। एलियट ने इस विचार को कभी स्वीकार नहीं किया कि कविता धर्म का स्थानापन्न हो सकती है। उसने लिखा भी है कि–

इस या उस लोक में कोई भी चीज किसी दूसरी का स्थानापन्न नहीं है। यदि आपको लगता है कि आपको धार्मिक आस्था या दार्शनिक विश्वासों के बिना काम चलाना है तो आपको चला लेना चाहिए। (द यूज ऑव् पोइट्री पृ. 113)

वस्तुतः वह कविता की स्थानापन्न भूमिका के पक्ष में नहीं था। वह कविता को कविता के रूप में पाना चाहता था; धर्म, इतिहास, राजनीति या मनो - विश्लेषणात्मक केस के रूप में नहीं। कविता की इतर भूमिका उसे अस्वीकार्य नहीं थी लेकिन कविता का उस हेतु से रचा जाना उसे सर्वथा नागवार था।

रिचड्र्स का मत था कि आधुनिक युग की विभीषिका से कविता हमारा त्राण कर सकती है, लेकिन एलियट ने इसे स्वीकार नहीं किया। उसका कहना था कि कविता हमारा त्राण कर सकती है या नहीं, यह एक अलग सवाल है, पर इस पर विचार करना कवि के रूप में कवि का कार्य नहीं है। कवि का कार्य कविता करना है–

यह कवि के रूप में कवि का कार्य नहीं है कि वह इस या उस लोक में कविता का स्थान निर्धारित करने के प्रयत्नों से कोई सरोकार रखे, चाहे वह ईसाई जगत् में कविता का स्थान तय करने का मारिटेन का प्रयत्न हो या फिर गैर-ईसाई जगत् में रिचड्र्स का। (वही, पृष्ठ 135)

एलियट ने इस बात से इन्कार नहीं किया कि कवि एक बुद्धिजीवी के रूप में भी कार्य करे, वह स्वयं एक प्रचंड बुद्धिजीवी था; न उसने इस बात को नकारा था कि कविता अपने युग की हालत पर टिप्पणी हो सकती है; उसकी अपनी कविता, 'द वेस्टलैंड' विशेष रूप से, उस युग पर तीखी टिप्पणी थी; लेकिन वह साहित्य और साहित्यालोचना में इतर चिंतन को घुला दिए जाने का हामी नहीं था, और न ही उसे यह गवारा था कि कविता किसी निर्दिष्ट लक्ष्य के साधनभूत रची जाए। उसने लिखा भी है कि–

मैं यह नहीं कहता कि कला अपने से परे उद्देश्यों की सेवा में नियोजित न की जाय, लेकिन उनके प्रति उसकी सजगता अपेक्षित नहीं है। और, निश्चय ही उनके प्रति उदासीन रहकर वह अपनी उस भूमिका का निर्वाह ज्यादा अच्छी तरह से कर पाती है; विभिन्न मूल्य-सिद्धांतों के अनुसार वह भूमिका जो भी हो। (सिलेक्टेड ऐसेज, पृष्ठ 24)

'द यूज ऑव पोइट्री' में उसने कहा है कि कविता की व्याख्या और उसका मूल्यांकन न उसके उत्स-ज्ञान से हो सकता है और न ही उसके उपयोगों से। यह भी कविता को कविता के रूप में पाने का आग्रह ही है। उदार होती गई उसकी दृष्टि के बावजूद यह आग्रह उसमें बराबर बना रहा है। **'आफ्टर स्ट्रेंज गॉड्स'** की बात

अलग है, लेकिन उसका भी पुनर्मुद्रण रोककर उसने अपनी मंशा जाहिर कर दी थी।

आर्नाल्ड के प्रति उसकी शिकायत भी इसी की अनुरूपता में है कि वह साहित्य के दायरे में नहीं रह पाया था–

अपने खंडन में, आर्नाल्ड साहित्यिक दायरे से सर्वथा बाहर चला गया था; उसका अधिकांश ऊहापोह राजनीतिक था... (द सैक्रेड वुड, xiii)

इस वृत्ति को चिंतनीय कहते हुए उसने मत प्रकट किया कि जो भूमिका आर्नाल्ड ने निभाई–

वह उसका कोई शिष्य (यदि होता तो) किसी पत्र के संपादक की हैसियत से प्रभावी तौर पर निभा सकता था, उतनी स्वच्छता से चाहे न भी सही... (वही पृ. 13) परंतु यही कार्य स्वयं आर्नाल्ड ने एक आलोचक के रूप में करके (याने इसे अपनी आलोचना में घुलाकर) अपनी शक्ति का अपव्यय किया। यहां ध्यान रखने की बात यह है कि एलियट ने न तो आर्नाल्ड के सांस्कृतिक चिंतन का महत्त्व कम किया है और न ही साहित्यिक-पत्रकारिता का महत्त्व घटाया है। वह स्वयं एक सांस्कृतिक-विचारक था और साहित्यिक-पत्रकार भी। लगभग दो दशकों तक उसने 'क्राइटेरिया' का संपादन किया था। यह पत्रिका अपने समय में समूचे यूरोप के बुद्धिजीवियों के लिए साहित्यिक एवं वैचारिक-मंच थी। अतः एलियट का निषेध रचनाकार की अन्य भूमिकाओं का निषेध नहीं था, वह मूलतः मूल कर्म के अंगभूत इतर प्रयाण का निषेध था। प्रायः साहित्यालोचक ऐसा लोभ संवरण नहीं कर पाते हैं, आर्नाल्ड भी नहीं कर पाया था। एलियट ने लिखा भी है कि–

आर्नाल्ड को दोष देना ठीक नहीं होगा। जैसे कभी-कभी सामर्थ्यवान व्यक्ति कर बैठते हैं, उसने भी अपनी शक्ति क्षय की। उसे लगा कि (यह कार्य) कोई करने वाला नहीं है और कुछ किया जाना चाहिए, (अतः वह स्वयं करने बैठ गया)। विचारों में और प्रमुखतः साहित्य में रुचिवान व्यक्ति में यह वृत्ति अदम्य होती है कि जब तक वह देश का वातावरण स्वच्छ नहीं कर दे साहित्य को ताक पर रख दे। (सैक्रेड वुड, पृष्ठ xiii)

आर्नाल्ड ने भी कुछ ऐसी ही विवशता अनुभव की और वह स्वयं सरस्वती-मंदिर को बुहारने बैठ गया। (डॉ. नामवर सिंह ने अपने लिए एक जगह इस मुहावरे का प्रयोग किया है, उसका उत्स यही है)। इसी संदर्भ में एलियट ने अपने विस्मय का समाधान पाया होगा। उसने एक जगह यह विस्मय प्रकट किया है कि आर्नाल्ड को हम कहीं भी कविता पर, रचयिता के कोण से विचार करते नहीं पाते; इसी से यह संशय होता है कि उसे कविता रचे जाने के दर्द की अनुभूति हुई थी या नहीं। लेकिन आर्नाल्ड की इतर चिंताओं से परिचय के बाद हम इसका समाधान पा लेते हैं (वैसे यह एक प्रमुख अंतर्भूत कारण कहा जा सकता है कि क्यों एलियट ने कविता पर उसके रचे जाने के कोण से ही अधिक विचार किया है)

ठीक यही बात हम डॉ. शाह के लिए नहीं कह सकते। उन्हें सृजन के मर्म की पहचान भी है और उन्होंने उसके लिए चिंता भी दिखाई है। सृजन की अपूर्वानुमेयता की चिंता उन्हें इतनी अधिक है कि आस्था की तार्किकता के दृढ़तर होते जाने में भी (प्रसाद और जैनेन्द्र के संदर्भ में) उन्हें उसकी (अपूर्वानुमेयता की) क्षति की आशंका हुई है; कहीं ऐसा न हो कि 'अवचेतन की खींच कम होती जाय और चेतन का नियन्त्रण बढ़ता जाय!' वर्तमान परिदृश्य तो है ही सृजन की दिशा का अवरोधक। उनका कथन है कि–

सृजन कर्म एक अपूर्वानुमेय घटना है और आधुनिक संचार माध्यमों का ही नहीं, आधुनिक ज्ञान मीमांसाओं का भी पूरा जोर और पूरी वृत्ति इसके विपरीत जान पड़ती है। दोनों के बीच प्रकट सहयोग के बजाय एक प्रच्छन्न द्रोह का दृश्य ही इस पूरे दौर में उभरता दीख पड़ता है। (पृष्ठ 148)

विडंबना यही नहीं है कि आज सारी शक्तियां रचना-कर्म पर विपरीत दिशा से प्रभाव डाल रही हैं बल्कि यह भी है कि उसके प्रति चिंतित होते हुए भी शाह ने भी उसे उसी (विपरीत) दिशा में ही धकेला है।

एक अन्य स्थल पर उन्होंने लिखा है कि–

मुझे ऐसा लगता है कि जब भी किसी तर्क के पीछे कविता को चलाने की कोशिश हुई है कविता की ऐसी-तैसी ही हुई है। और वह तर्क भी अमूमन एक घटिया विचार से प्रेरित होता है। (पृष्ठ 82)

हम देख सकते हैं कि डॉ. शाह भी कुछ एलियट की तरह ही, कविता को साधनभूत नियोजित किए जाने के पक्ष में नहीं हैं। वे यहां ऐसे नियोजन के परिणाम के प्रति चिंतित देखे जा सकते हैं। लेकिन यह डॉ. शाह के विचार का एक पक्ष ही है। इसका दूसरा पक्ष यह है कि उन्होंने कविता के इतर नियोजन का प्रस्ताव भी किया है। यह आर्नाल्ड के प्रभाव का परिणाम है। इसी हेतु से उन्हें उसका उच्चकोटि की वैचारिकता का आदर्श लुभा गया है। उपर्युक्त कथन में भी यह निहित है कि यदि कविता को उच्चकोटि के विचारों के पीछे चलाने का प्रयत्न किया जाए तो वे इसकी अनुमति दे देंगे। कहना कठिन है कि ऐसी अनुमति देते हुए वे सृजन के प्रक्रिया-पक्ष और उसके दर्द का आकलन किए रहेंगे। कहने की आवश्यकता नहीं कि यह एक प्रकार से रचना में इतर-तत्त्व के हस्तक्षेप की अनुमति देना है। और जब आप हस्तक्षेप को स्वीकार करते हैं, तब इस बात से कोई अंतर नहीं पड़ता कि विचार की कोटि श्रेष्ठ है या नहीं। हस्तक्षेप तो वह है ही और उस नाते प्रक्रिया में बाधक भी। मैं फिर एलियट का ही उदाहरण दूंगा, उसने लिखा है कि–

शेक्सपीयर ने यदि किसी श्रेष्ठ दर्शन के अनुसार रचा होता तो वह सर्वथा घटिया कविता रचता। (सिलेक्टेड ऐसेज, पृ. 137)

ऐसा नहीं है कि विचारों की श्रेष्ठता या हेयता स्वयं में बेमानी होती है लेकिन साहित्य

में महत्त्व विचारों के रचनात्मक या भावात्मक रूपांतरण का विशेष होता है। परंतु शाह को यहां उत्कृष्ट वैचारिकता का आदर्श ही मुग्ध करता रहा है। सृजनधर्मी को बुद्धिजीवन की ओर उन्मुख करना चाहने के मूल में भी उनका यही आकर्षण क्रियाशील रहा है। यह मंत्र उन्होंने आर्नाल्ड से ही पाया है। साहित्य की परिभाषा भी उन्होंने 'रेवलेशन ऑव हिडन लाइफ' के बजाय जो 'क्रिटिसिज्म ऑव् लाइफ' में तलाशी है, वह आर्नाल्ड की दी हुई है। इस प्रसंग में उनका यह कथन द्रष्टव्य है–

साहित्य अगर दर्पण है ता उसे हर सामाजिक परिवर्तन को प्रतिबिंबित करना चाहिए और अगर वह जीवन की छुपी हुई संभावना का उद्घाटन है या एक बेहतर सूक्ष्मतर जीवन की सूचना है तो भी शायद एक विधायक प्रेरणा के रूप में उसे सामाजिक परिवर्तन का दिशा-निर्देशक बन सकना चाहिए। (पृ. 19-20)

यानी हर स्थिति में उसे सामाजिक परिवर्तन से सजगतः जुड़े रहना होगा। शाह के इस आग्रह के बाद इस शंका का कुछ समाधान हो जाता है कि एलियट की कविता की परिभाषा की तलाश उन्होंने कवि के नये अनुभव के विस्मय और औदार्य में क्यों नहीं की है, और क्यों वे मनोविनोद पर ही थम गए हैं; और इसका भी, कि क्यों रचनात्मक लेखन में युगीन परिवर्तन की सम्वेदनात्मक साक्षी भी उन्हें पर्याप्त नहीं जान पड़ी है, और क्यों वे उस सोच के हामी होते चले गए हैं जो–

साहित्य को सांस्कृतिक प्रक्रिया का महज साक्षी न मानते हुए उनमें सक्रिय भागीदार बनने का तकाजा महसूस करता है। (पृ. 63)

इस सक्रियता से उनका वास्तविक आशय क्या है, यह हम इस कथन में देख सकते हैं–

स्थिति हमारी यह है कि साक्षरता के अभाव में देश में एक प्रतिशत लोग भी निर्माण कार्य में हिस्सा नहीं ले रहे हैं। जो ले रहे हैं, उनके, सामने भी वे निन्यानवे प्रतिशत नहीं हैं...अगर मुट्ठीभर बुद्धिजीवी अपने-अपने अनुशासनों में सिकुड़े रहें, बाकी पढे-लिखे लोग अपनी आत्मतुष्टि और नव-धनाढ्यता मे लिप्त रहें, और जो असली समाज है वह अपनी दिनोंदिन क्षरित होती जाती वाचिक संस्कार संपन्नता के साथ निरक्षर बना रहे तो यह आधुनिक सम्वेदन संपन्न साहित्य भी आखिर किसके सम्वेदन का विस्तार करेगा? (पृ.127-29)

इस बात से कोई इन्कार नहीं करेगा कि लेखक को 'असली समाज' में (याने निन्यानबे प्रतिशत में और समाज के निर्माण कार्यों में रूचि लेनी चाहिए लेकिन इसके लिए लेखक को उद्देश्यवादी बना देने के सतही एवं अति-सरलीकृत समाधान की ओर धकेलने के अतिरिक्त इस चिन्ता और इस रुचि का और रूप क्या हो, इसका विचार किये जाने की आवश्यकता थी। डॉ. शाह का सही चिन्ता-पथ वही होता; आज के चिंतन की सबसे बड़ी चुनौती भी यही है कि रचनाकर्म की अपूर्वानुमेयता और रचनाकार की सक्रिय भागीदारिता का एकत्र निर्वाह कैसे हो,

इसका गहन विचार किया जाय। यदि डॉ. शाह गहराई में उतरकर इस संकट पर सृजन की राह से विचार करते तो उनका चिन्तन हिन्दी-आलोचना का मूल्यवान दस्तावेज होता लेकिन यह खिन्न विस्मय का विषय है कि उन्होंने सतह पर ही विराम ले लिया है। उनकी यह बात सही है कि वर्तमान समय में सृजन कर्मी होने के नाते साहित्यकार पर विशेष दायित्व आता है। लेकिन यह चिन्तनीय है कि इस दायित्व के स्वरूप का सम्यक् निरूपण वे नहीं कर पाये हैं। इसके अभाव में सबद निरन्तर वास्तव में अबद निरन्तर ही रहा है।

तथ्य तो यह है कि आलोचक से भी उन्होंने यही मांग की है कि–

साहित्यिक स्तर पर सच्चा और मूल्यवान बने रहने के लिए बुद्धिजीवी की उस व्यापक भूमिका से जुड़ना ही पड़ेगा जो महज जनतन्त्र की बुद्धिविलासी अवधारणा के प्रति नहीं, बल्कि अपने देश और समाज की संस्कृति और परिस्थिति के प्रति एक दुहरे दायित्व भाव से अनुप्राणित हो। (पृष्ठ 89)

लेकिन इस दायित्व के दुहरे रूप पर भी उन्होंने अपेक्षित विचार नहीं किया है। आलोचक साहित्य के प्रति सच्चा और कृति के प्रति ईमानदार रहे, यह एक पक्ष है, और सांस्कृतिक संकट को पहचान कर एक बुद्धिजीवी के रूप में अपनी भूमिका निभाये, यह दूसरा पक्ष है। पहले पक्ष में मूल्यवान बने रहने के लिए दूसरे पक्ष की भूमिका आवश्यक हो सकती है लेकिन शाह उस आवश्यकता के स्वरूप का गंभीर एवं सम्यक् प्रतिपादन करने के बजाय मुद्दों के गड्डमड्ड कर गए हैं।

डॉ. शाह का सोच यह रहा हो सकता है कि युगजीवन की समस्याओं में लेखक का सक्रिय साझा हो तो उसका प्रभाव उसके लेखन पर भी आयेगा; यह गलत नहीं है, लेकिन इस बात को इतनी दूर तक नहीं खींचा जा सकता कि उसे शर्त बना दिया जाय! आर्नाल्ड प्रमुखतः कवि था और वह सांस्कृतिक संकट के विरुद्ध संघर्षरत भी था लेकिन स्वयं डॉ. शाह जानते हैं कि इस सबके बावजूद उसकी कविता उस संकट की कोई साक्षी नहीं देती–

यह एक मार्मिक विरोधाभास है, आर्नाल्ड के व्यक्तित्व और भावबोध का, कि जहां एक विचारक की हैसियत से वह युग धर्म को आत्मसात करता हुआ निरन्तर विकास करता जाता है, और विक्टोरियन व्यक्तिवाद और धार्मिक रूढ़िवाद से लड़ता हुआ अधिकाधिक समाजोन्मुख, भविष्योन्मुख बनता जाता है, वहीं एक कवि के रूप में वह इस परिवर्तन और आत्मविकास का अंतर्साक्ष्य नहीं दे पाता। (पृ. 100)

यह कथन स्वयं डॉ. शाह का ही है। ऐसी स्थिति में जबकि डॉ. शाह स्वयं जानते हैं कि एक कवि एक बुद्धिजीवी के रूप में सतत और सजग चिन्तन करे और अपने समय की समस्याओं से सक्रिय रूप से जूझे, तब भी यह संभव है कि उसकी कविता उसकी अभिप्रेत भूमिका न निभाये बल्कि उसकी सजगता की साक्षी भी न दे, तब

क्या यह और भी अधिक विचारणीय नहीं हो जाता कि रचनाकार से की जाने वाली निर्दिष्टता की मांग में ही कहीं कोई खोट है और आलोचक को और गहराई में जाकर रचना और सजगता के रिश्तों का अन्वेषण करना होगा। एक लेखक कई भूमिका यूँ निभाता है और उस पर प्रभाव भी असंख्य हो सकते हैं लेकिन रचना में इनका रूप क्या होगा, इसे पहले से निर्धारित नहीं किया जा सकता। ये सब बातें जानते हुए भी जाने क्यों, डॉ. शाह ने रचना को निर्दिष्ट पथ पर हाँकना चाहा है। जानते वे यह भी हैं कि–

ऐसे अत्यन्त कल्पना-प्रेरित साहित्य का–उसमें रचे गए यथार्थ का भी कुल मिलाकर पाठक पर जो प्रभाव पड़ेगा वह लेखक का उद्दिष्ट प्रभाव होगा, यह कहना कठिन है। (पृष्ठ 30-31)

हैरानी यही देखकर होती है कि सांस्कृतिक-संकट में या देश के निर्माण में लेखक के योगदान की चर्चा करते हुए वे इस पक्ष को विस्मृत कर देते हैं। एक जगह उन्होंने यह चिन्ता प्रकट की है कि आज 'कैलकुलेटिव थिंकिंग' ही 'मेडिटेटिव थिंकिंग' पर हावी हो रहा है–

क्या हमारी कविता और हमारे दार्शनिक चिन्तन ने भी कैलकुलेटिव थिंकिंग की ही लीक पकड़ ली है? (पृ. 138)

लेकिन विचारणीय यह है कि साहित्य की राह तय करते हुए और उसका निर्दिष्ट परिणाम चाहते हुए क्या वे स्वयं भी इसी पथ के पथिक नहीं होते? बहरहाल, यह पथ चुना उन्होंने आर्नाल्ड के प्रभाववश ही है। एलियट का प्रभाव भी उन पर है, लेकिन आर्नाल्ड के अनुयायी को एलियट का विरोधी होना चाहिए, क्या इसी सबब से उन्होंने आर्नाल्ड की वेदी पर एलियट की बलि चढ़ाई है? यहां तक कि उसके मन्तव्यों को तोड़-मरोड़ कर भी, चाहे वह उनका प्रतिपाद्य भी नहीं था!

लेकिन यह सब कहने का अर्थ उस मूल चिन्ता से असहमति दर्शाना कतई नहीं है जिससे प्रेरित होकर 'सबद निरन्तर' लिखी गई है। एक ओर सृजन की अपनी प्रकृति है जिसे डॉ. शाह 'अपूर्वानुमेय' कहते हैं और दूसरी ओर लेखक पर बाहरी जीवन का बढ़ता हुआ दबाव है। इस स्थिति में लेखक के अपने दड़बे से बाहर आने का अर्थ और रूप क्या हो, उस पर खुली बहस की आवश्यकता है। 'सबद निरन्तर' उसी बहस का प्रवर्तन है। यह एक दुर्घटना ही है कि एलियट के मन्तव्यों की डॉ. शाह की व्याख्या भ्रामक बल्कि अनर्थकारी हो गई है। क्योंकि प्रस्तुत आलेख इसी पक्ष पर केन्द्रित है इसलिए अन्य बातों की चर्चा मैंने यहाँ नहीं की है। वह मैंने अन्यत्र की है। इस आलेख को इस सीमा में ही देखा जाना चाहिए।

डॉ. रमेशचन्द्र शह हिन्दी-साहित्य के प्रतिष्ठित विद्वान और आलोचक हैं, इसमें मुझे कोई संदेह नहीं है।

परिशिष्ट-2

अज्ञेय के पत्र

(1)

सच्चिदानन्द वात्सयायन

कैवेंटस ईस्ट, केवेंटरलेन
सरदार पटेल मार्ग
नई दिल्ली-110021
फरवरी 11, 1982

प्रियवर श्री मोहन कृष्ण जी,

आपका पत्र मिला है। आप मेरे नवभारत सम्पादन काल में मिलने आए थे उसका मुझे अच्छी तरह स्मरण है। बल्कि मैंने दो-एक बार राजस्थान के अन्य बन्धुओं से यह जानने की कोशिश भी की थी कि आपकी पुस्तक प्रकाश में आई है या नहीं।

आपको यह सूचना ठीक ही मिली है कि मैं आबू जा रहा हूँ और 13 से 20 फरवरी तक वहीं रहूँगा। आपने अपना निबन्ध पढ़ाने और उस पर चर्चा करने का जो प्रस्ताव किया है वह मैं नहीं जानता आबू में सम्भव होगा कि नहीं क्योंकि वहाँ शिविर के काम में मुझे और कुछ पढ़ने का बहुत ही कम समय मिलेगा। यह भी नहीं जानता कि उसको पढ़कर मैं जो भी प्रतिक्रिया जता सकूँगा उससे आपका क्या लाभ होगा।

लेकिन सिरोही से आबू बहुत नजदीक है। और दिल्ली तो हमेशा दूर ही रहती है, इसलिए यह भी प्रस्ताव नहीं कर सकता कि आप अपने निबन्ध का अंश मुझे यहाँ भेज दें और अनन्तर स्वयं दिल्ली आएँ। मेरी समझ में सबसे अच्छा यही होगा कि सिरोही से आप शिविर के दौरान अपनी सुविधा से एक दिन आबू आ जाएँ और निबन्ध साथ लेते आएँ। वहीं बातचीत हो जाएगी और फिर आप उचित समझेंगे तो निबन्ध वहाँ मेरे पास छोड़ दीजिएगा। उसे तो मैं अनन्तर डाक से लौटा दूँगा।

शिविर का जो कार्यक्रम मेरे पास है उसके अनुसार मेरा अनुमान है कि मंगलवार 16 फरवरी अथवा बुधवार 17 फरवरी को मैं कुछ अधिक समय निकाल सकूँगा। यदि इसमें विशेष कठिनाई हो तो शुक्रवार 19 फरवरी को भी हो सकेगा। आशा है इनमें से कोई न कोई दिन आपके लिए अनुकूल होगा।

आपके महाविद्यालय की ओर से एक विधिवत निमन्त्रण भी मुझे मिला है। उन्हें भी पत्र लिख रहा हूँ। वहाँ आना तो सम्भव न होगा।

आबू में शिविर नक्की झील के पास ब्रह्मकुमारी महाविद्यालय के पाण्डव भवन में होगा। आवास की व्यवस्था उसके पास ही मन्त्री कुटीरों में की गई है और मेरी सूचना के अनुसार मन्त्री-कुटीर न. 9 में शिविर का कार्यालय रहेगा। आप पधारें तो वहीं से मेरा पता मिल जाएगा।

साभिवादन,

श्री मोहन कृष्ण बोहरा
राजकीय महाविद्यालय,
सिरोही-307001

आपका
–सच्चिदानन्द वात्स्यायन

(2)

18.02.84

प्रिय श्री मोहन कृष्ण जी,

आपका पत्र मिला, मुझे आपके निबन्धों का अच्छी तरह स्मरण है। बीच-बीच में कभी-कभी उनकी याद भी आती थी और सोचता था कि उनका प्रकाशन कब का हो जाना चाहिए था। बल्कि आपका पी-एच.डी. का काम भी कब का पूरा हो चुका होना चाहिए था। इस मामले Perfectionist में होना व्यर्थ है। लेकिन लक्ष्य तक पहुँचकर फिर आगे आदमी शोध बढ़ाता रहे वह ठीक है पर कोई यही सोचने लगे कि डिग्री से पहले मुझे इस विषय पर अन्तिम शब्द तक कह डालना है तो यह भूल होगी।

हाँ, एलियट और लारेंस का साथ जोड़ने में कठिनाई तो है। पर यह बताइए, क्या अज्ञेय और इन दोनों को जोड़ने में कम कठिनाई है अब–फिर भी सब इसी लीक पर चलते जाते हैं। यों एलियट ने अगर एक 22-23 वर्षीय युवक के विचारों को कुछ उत्तेजना दी (पर उसके काव्य पर प्रकाश नहीं डाला) और दूसरी ओर लारेंस ने उसी वय के आसपास उसी युवक की भावनाओं को कुछ सहारा देकर कविता की अभिव्यक्ति में योग दिया (पर उसने विचारों पर कोई प्रभाव नहीं डाला) तो फिर कोई बड़ा अचरज तो नहीं है। वास्तविक विरोध यहाँ नहीं है, और कुछ हो भी तो इतना युवा कवियों की रचनाओं में साधारण बात है।

मैं बिल्कुल सहमत हूँ कि ये सब लेख प्रकाशित हो जाने चाहिए। आप

उनमें प्रकट किए गए विचारों में कुछ संशोधन बाद में करते रह सकते हैं। ये पड़े रहेंगे तो फिर पड़े ही रह जाएँगे। कठिनाई लम्बे लेखों की जरूर है—आजकल तो वैसे भी गम्भीर लेखों का प्रकाश न बड़ा कठिन है। पर दो-चार त्रैमासिक तो हैं ही अक्षरा, दस्तावेज़, साक्षात्कार, पूर्वग्रह...और परामर्श (पुणे) भी लम्बे लेख कामना है : गम्भीर विचारों का पत्र भी है। नवनीत (बम्बई) भी कभी कुछ छाप देता है। इनमें किसी को भी आप लेख भेजें तो, मन हो तो, यह लिख दे सकते हैं कि मेरे अनुरोध पर आप लेख वहाँ भेज रहे हैं। मुजफ्फर का नया त्रैमासिक नया आलोचना भी अच्छा है, वहाँ भी मेरा उल्लेख करते हुए लेख भेज सकते हैं—

यों सम्भव हो तो आप अपने निबन्ध के ऐसे अंश निकाल सकते हैं—या निबन्ध संक्षिप्त कर सकते हैं। जिनसे पत्रिका के 10-16 पृष्ठ का लेख बन जाए। कभी एक लेख ऐसा भी हो सकता है जो दो किस्तों में छप जाए—पर केवल कभी-कबाह ही।

आशा है आप प्रसन्न हैं। मेरा स्वास्थ्य तो पिछले दो-तीन महीने से काफी गड़बड़ है। अब कष्ट नहीं है पर इलाज अभी कुछ महीने तो चलेगा ही। आगे समाचार देंगे।

साभिवादन—

आपका

—स.ही. वात्स्यायन